统计学教程

王爱莲 史晓燕 主编

西安交通大学出版社
XI'AN JIAOTONG UNIVERSITY PRESS

内容提要

本书共分为10章,即绪论、统计信息的搜集、统计信息的整理与显示、数据特征的测度、时间序列分析、统计指数、抽样估计、假设检验、相关关系分析、统计分析软件的应用。本书在介绍统计学的基本理论与方法的同时,补充了一些教学体系中的空缺点及统计分析软件在统计中的应用等内容,删减了概率论与数理统计在统计学中重复的内容。每章内容前明确了学习目标,章后附有从不同角度、以不同形式编写的覆盖各个知识点的思考与练习题。

本书简明实用、新颖系统,可作为高校经济类、管理类及其他人文社科类相关专业本科生教材,也可作为从事统计工作及相关人员的参考书。

图书在版编目(CIP)数据

统计学教程/王爱莲,史晓燕主编.—西安:西安交通大学出版社,2019.12(2022.9重印)
ISBN 978-7-5693-1358-1

Ⅰ.①统⋯ Ⅱ.①王⋯②史⋯ Ⅲ.①统计学 Ⅳ.①C8

中国版本图书馆 CIP 数据核字(2019)第 220329 号

书　　名	统计学教程
主　　编	王爱莲　史晓燕
责任编辑	屈晓燕
出版发行	西安交通大学出版社 (西安市兴庆南路1号　邮政编码 710048)
网　　址	http://www.xjtupress.com
电　　话	(029)82668357　82667874(市场营销中心) (029)82668315(总编办)
传　　真	(029)82668280
印　　刷	西安日报社印务中心
开　　本	787 mm×1092 mm　1/16　印张 20　字数 499千字
版次印次	2019年12月第1版　2022年9月第4次印刷
书　　号	ISBN 978-7-5693-1358-1
定　　价	55.00元

如发现印装质量问题,请与本社市场营销中心联系。
订购热线:(029)82665248　(029)82667874
投稿热线:(029)82664954
读者信箱:754093571@qq.com

版权所有　侵权必究

前　言

统计学是一门搜集、整理、分析研究统计数据的方法论科学,是对客观现象进行定量分析的重要工具,是经济、管理类本科专业必修的基础课。统计学课程教学的最终目的是让学生真正掌握收集、整理和分析研究统计数据的一套科学方法,并能正确地使用统计分析方法,以满足对各类问题的实证研究、科学决策和经济管理的需要。

随着社会经济环境日趋复杂和多变,管理者在决策时所面临的不确定性因素也日益增大,社会对统计信息及统计分析方法需求越来越强,也对统计教材的编写提出了更高的要求。

为了适应创新型、应用型人才培养目标的要求,本书遵循理论联系实际、学以致用的原则,在总结多年来的教学经验、并参阅大量的国内外相关资料的基础上编写而成。主要有以下几方面特点:

(1) 教材设计具有开放性。教材在继承《统计学》(王爱莲、史晓燕编,西安交通大学出版社)精华基础上,关注国内外统计学发展的新成果,突破一般教材内容,增加了该学科领域国内外新研究成果,内容上有适当延伸、补充一些教学体系中的空缺点。如相对于其他作者教材,本书平均数部分增加了切尾平均数和温氏化平均数,特殊情况下中位数的确定方法,相关分析中增加了特殊情况下相关关系密切程度的判断方法等;相对于作者以前编写的《统计学》,本书中动态数列分析指标部分增加 A.沙扬尼基法计算平均速度,增加假设检验部分内容,将其扩展为一章篇幅,增加统计软件在统计分析中的应用内容等,充分吸收本学科国内外科学研究和教学研究先进成果。

(2) 突出方法的应用场合的选择及其实用性。在介绍理论方法时,侧重于阐明统计方法背后隐含的统计思想,尽量使用通俗易懂的语言,案(实)例的选择注重结合经济管理中的实际问题;同时突出每种方法实际应用场合的选择,目的是使学生能够合理运用统计分析方法对实际问题进行分析,以满足实证研究需求。

(3) 增加案例比重、重视学生实际应用能力培养。该书删减了与概率论与数理统计重复的内容及公式推导,紧密联系实际,使用通俗易懂的语言,选择学生易接受的社会、经济、管理中的现实案例,从根本上解决两门课程内容重复和理论脱离实际、方法脱离对象的弊端,让学生体会统计方法的实用价值,并加大了案例分析所占比重,重视学生的统计思维能力和实际应用能力的培养。

(4) 配套资源齐备,方便学生学习。首先,每章开篇根据非统计专业统计学教学目的设计有教学目标;根据非统计专业统计学教学能力要求,每章后配套设计有多种形式的思考及练习题,题量大,知识点覆盖面广,方便学生课后自我练习及教师布置作业。其次,配套建成统计学精品课网站,包括统计学多媒体课件、习题集及答案、模拟试卷及答案等内容,形成了立体化教学体系,实现不受时间、地点限制的开放式立体化教学。学生可根据自身的情况进行课后自主学习、自测学习、互相学习或下载资料等,有助于学生个性化发展和创新能力的培养。

本书简明扼要、深入浅出、实用性强，可以作为高等院校经济类、管理类及其他人文社科类相关专业本科及 MBA 教材，也可作为教师及统计工作人员的参考书。

全书编写的具体分工如下：第 1、5、6 章由史晓燕编写；第 2、3、4、7、9 章由王爱莲编写；第 8 章由杨晶编写；第 10 章由刘军峰编写。最后由王爱莲负责全书的总纂和定稿。

本书在编写和出版过程中得到许多专家、部门领导及西安交通大学出版社的大力支持，在此，我们表示衷心的感谢。

由于编者水平有限，书中难免有疏漏或不妥之处，恳请同行专家和读者批评指正，以便我们进一步修改与完善。

目 录

第1章 绪论 ·· (1)
  1.1 统计学的产生与发展 ·· (1)
    1.1.1 古典统计学时期 ·· (1)
    1.1.2 近代统计学时期 ·· (2)
    1.1.3 现代统计学时期 ·· (3)
  1.2 统计学中的基本问题 ·· (3)
    1.2.1 统计与统计学的含义 ·· (3)
    1.2.2 统计学的研究对象和性质 ··· (4)
    1.2.3 统计研究的基本流程 ·· (4)
    1.2.4 统计研究的基本方法 ·· (5)
    1.2.5 统计学的基本分科 ··· (6)
  1.3 统计学与其他学科的联系 ··· (7)
    1.3.1 统计学与数学的关系 ·· (7)
    1.3.2 统计学和其他学科的关系 ··· (7)
    1.3.3 统计中常用的统计软件 ·· (7)
  1.4 统计学中的基本概念 ·· (8)
    1.4.1 统计总体和总体单位 ·· (8)
    1.4.2 标志和变量 ·· (9)
    1.4.3 指标和指标体系 ·· (10)
  思考与练习 ··· (11)

第2章 统计信息的搜集 ··· (13)
  2.1 统计调查的要求 ·· (13)
    2.1.1 统计调查的概念 ·· (13)
    2.1.2 统计调查的要求 ·· (13)
  2.2 统计调查方案的设计 ·· (14)
    2.2.1 确定调查的目的 ·· (14)
    2.2.2 确定调查对象和调查单位 ··· (14)
    2.2.3 拟定调查项目 ·· (14)
    2.2.4 确定调查时间和调查期限 ··· (15)
    2.2.5 选择确定统计信息搜集的组织方式与方法 ···································· (15)
    2.2.6 制定统计信息搜集工作的组织实施计划 ······································· (15)
  2.3 统计信息搜集的方式 ·· (15)

####### 2.3.1 统计报表 (15)
####### 2.3.2 普查 (18)
####### 2.3.3 重点调查 (19)
####### 2.3.4 典型调查 (19)
####### 2.3.5 抽样调查 (19)
2.4 统计信息搜集的种类与方法 (20)
####### 2.4.1 统计信息搜集的种类 (20)
####### 2.4.2 原始资料的获取方法 (20)
2.5 调查项目的承载形式 (23)
####### 2.5.1 调查表 (23)
####### 2.5.2 调查问卷 (24)
思考与练习 (25)

第3章 统计信息的整理与显示 (29)
3.1 统计信息整理的意义与步骤 (29)
####### 3.1.1 统计信息整理的概念与作用 (29)
####### 3.1.2 统计整理的步骤 (29)
3.2 统计分组 (30)
####### 3.2.1 统计分组的概念及原则 (30)
####### 3.2.2 统计分组的作用 (30)
####### 3.2.3 统计分组的方法 (31)
3.3 分配数列 (33)
####### 3.3.1 分配数列的概念 (33)
####### 3.3.2 分配数列种类 (33)
####### 3.3.3 次数分布的主要类型与特征 (35)
3.4 统计资料的显示 (36)
####### 3.4.1 统计表 (36)
####### 3.4.2 统计图 (38)
思考与练习 (42)

第4章 数据特征的测度 (44)
4.1 总和特征的度量——总量指标 (44)
####### 4.1.1 总量指标的概念与作用 (44)
####### 4.1.2 总量指标的计量单位 (44)
####### 4.1.3 总量指标的种类 (45)
####### 4.1.4 总量指标的计算与应用 (46)
4.2 比较特征的度量——相对指标 (47)
####### 4.2.1 相对指标的作用及表现形式 (47)
####### 4.2.2 相对指标的种类及其计算方法 (48)
####### 4.2.3 计算和运用相对指标应注意的问题 (52)

- 4.3 集中趋势的度量——平均指标 …………………………………………………………… (53)
  - 4.3.1 平均指标的概念及特点 ……………………………………………………… (53)
  - 4.3.2 平均指标的作用 ………………………………………………………………… (53)
  - 4.3.3 平均指标的种类及其计算方法 ………………………………………………… (54)
  - 4.3.4 众数、中位数和算术平均数的关系 …………………………………………… (67)
- 4.4 离散程度的度量——标志变异指标 …………………………………………………… (68)
  - 4.4.1 标志变异指标的概念及作用 …………………………………………………… (68)
  - 4.4.2 标志变异指标的种类及其计算方法 …………………………………………… (68)
- 4.5 偏斜度、扁平度的度量——偏态与峰度 ……………………………………………… (74)
  - 4.5.1 偏态及其测定 …………………………………………………………………… (74)
  - 4.5.2 峰度及其测定 …………………………………………………………………… (76)
- 思考与练习 …………………………………………………………………………………… (76)

第5章 时间序列分析 …………………………………………………………………………… (84)
- 5.1 时间序列概述 …………………………………………………………………………… (84)
  - 5.1.1 时间序列的概念及其作用 ……………………………………………………… (84)
  - 5.1.2 时间序列的种类 ………………………………………………………………… (85)
  - 5.1.3 时间序列的影响因素及其模型 ………………………………………………… (85)
  - 5.1.4 时间序列的编制原则 …………………………………………………………… (86)
- 5.2 时间序列的分析指标 …………………………………………………………………… (87)
  - 5.2.1 发展水平和增长量 ……………………………………………………………… (87)
  - 5.2.2 发展速度和增长速度 …………………………………………………………… (88)
  - 5.2.3 增长1%的绝对值 ……………………………………………………………… (90)
  - 5.2.4 平均发展水平和平均增长量 …………………………………………………… (91)
  - 5.2.5 平均速度 ………………………………………………………………………… (96)
- 5.3 长期趋势的测定 ………………………………………………………………………… (100)
  - 5.3.1 测定长期趋势的作用 …………………………………………………………… (100)
  - 5.3.2 长期趋势的测定方法 …………………………………………………………… (100)
- 5.4 季节变动的测定 ………………………………………………………………………… (109)
  - 5.4.1 测定季节变动的目的 …………………………………………………………… (109)
  - 5.4.2 季节变动的测定方法 …………………………………………………………… (109)
  - 5.4.3 利用季节比率进行预测 ………………………………………………………… (112)
- 5.5 循环变动的测量 ………………………………………………………………………… (113)
  - 5.5.1 测量循环变动的意义 …………………………………………………………… (113)
  - 5.5.2 循环变动的测量方法 …………………………………………………………… (114)
- 思考与练习 …………………………………………………………………………………… (116)

第6章 统计指数 …………………………………………………………………………………… (120)
- 6.1 指数的概念和分类 ……………………………………………………………………… (120)
  - 6.1.1 指数的概念 ……………………………………………………………………… (120)

  6.1.2 指数的作用 …………………………………………………………… (120)
  6.1.3 指数的分类 …………………………………………………………… (121)
 6.2 综合指数 …………………………………………………………………… (121)
  6.2.1 综合指数的编制原理 ………………………………………………… (121)
  6.2.2 综合指数的编制 ……………………………………………………… (122)
  6.2.3 综合指数的其他形式 ………………………………………………… (124)
  6.2.4 其他形式综合指数的应用 …………………………………………… (126)
 6.3 平均指数 …………………………………………………………………… (128)
  6.3.1 加权算术平均指数 …………………………………………………… (128)
  6.3.2 加权调和平均指数 …………………………………………………… (130)
 6.4 指数体系及其指数因素分析 ……………………………………………… (131)
  6.4.1 指数体系与指数因素分析的含义 …………………………………… (131)
  6.4.2 总量指标指数因素分析 ……………………………………………… (132)
  6.4.3 平均指标指数及其指数因素分析 …………………………………… (135)
 6.5 指数数列 …………………………………………………………………… (137)
  6.5.1 指数数列的概念 ……………………………………………………… (137)
  6.5.2 指数数列的种类 ……………………………………………………… (137)
  6.5.3 用符号表示各种指数数列 …………………………………………… (138)
 6.6 常见统计指数介绍 ………………………………………………………… (140)
  6.6.1 股票价格指数 ………………………………………………………… (140)
  6.6.2 居民消费价格指数 …………………………………………………… (142)
  6.6.3 工业生产者出厂价格指数 …………………………………………… (144)
 思考与练习 …………………………………………………………………………… (145)

第7章 抽样估计 …………………………………………………………………… (149)

 7.1 抽样估计概述 ……………………………………………………………… (149)
  7.1.1 抽样估计的含义与特点 ……………………………………………… (149)
  7.1.2 抽样估计的作用 ……………………………………………………… (149)
  7.1.3 抽样估计中的基本概念 ……………………………………………… (150)
  7.1.4 抽样方法和样本数目 ………………………………………………… (151)
 7.2 抽样误差 …………………………………………………………………… (153)
  7.2.1 抽样误差的概念及其影响因素 ……………………………………… (153)
  7.2.2 抽样平均误差 ………………………………………………………… (153)
  7.2.3 抽样极限误差 ………………………………………………………… (155)
  7.2.4 抽样极限误差与抽样平均误差的关系 ……………………………… (155)
 7.3 总体参数的估计 …………………………………………………………… (156)
  7.3.1 总体参数估计的优良标准 …………………………………………… (156)
  7.3.2 总体参数的点估计 …………………………………………………… (156)
  7.3.3 总体参数的区间估计 ………………………………………………… (157)
 7.4 抽样的组织方式 …………………………………………………………… (160)

  7.4.1 简单随机抽样 …………………………………………………………………… (160)
  7.4.2 类型抽样 ………………………………………………………………………… (162)
  7.4.3 等距抽样 ………………………………………………………………………… (164)
  7.4.4 整群抽样 ………………………………………………………………………… (166)
  7.4.5 多阶段抽样 ……………………………………………………………………… (167)
 思考与练习 ……………………………………………………………………………………… (170)

第8章 假设检验 …………………………………………………………………………………… (173)
 8.1 假设检验的一般问题 …………………………………………………………………… (173)
  8.1.1 假设检验的概念 ………………………………………………………………… (173)
  8.1.2 原假设和备择假设 ……………………………………………………………… (173)
  8.1.3 假设检验中的两类错误及显著性水平 ………………………………………… (174)
  8.1.4 单侧检验和双侧检验 …………………………………………………………… (175)
  8.1.5 假设检验的步骤 ………………………………………………………………… (176)
 8.2 总体均值的假设检验 …………………………………………………………………… (176)
  8.2.1 单个总体均值的假设检验 ……………………………………………………… (176)
  8.2.2 两个总体均值之差的假设检验 ………………………………………………… (179)
 8.3 总体成数的假设检验 …………………………………………………………………… (183)
  8.3.1 单个总体成数的假设检验 ……………………………………………………… (183)
  8.3.2 两个总体成数之差的假设检验 ………………………………………………… (183)
 8.4 正态总体方差的假设检验 ……………………………………………………………… (186)
  8.4.1 单个总体方差的假设检验 ……………………………………………………… (186)
  8.4.2 两个总体方差比的假设检验 …………………………………………………… (187)
 8.5 假设检验中的其他问题 ………………………………………………………………… (188)
  8.5.1 总体参数区间估计与假设检验的关系 ………………………………………… (188)
  8.5.2 运用假设检验应注意的问题 …………………………………………………… (188)
 思考与练习 ……………………………………………………………………………………… (189)

第9章 相关关系分析 ……………………………………………………………………………… (191)
 9.1 相关关系分析概述 ……………………………………………………………………… (191)
  9.1.1 相关关系的概念 ………………………………………………………………… (191)
  9.1.2 相关关系的种类 ………………………………………………………………… (191)
  9.1.3 相关关系分析的主要内容 ……………………………………………………… (192)
 9.2 相关分析 ………………………………………………………………………………… (193)
  9.2.1 简单线性相关分析 ……………………………………………………………… (193)
  9.2.2 其他形式相关系数的介绍 ……………………………………………………… (201)
 9.3 简单直线回归分析 ……………………………………………………………………… (205)
  9.3.1 简单直线回归分析的意义 ……………………………………………………… (205)
  9.3.2 回归分析与相关分析的联系与区别 …………………………………………… (205)
  9.3.3 简单直线回归方程及其分析 …………………………………………………… (206)

9.3.4 估计标准误差 ……………………………………………………………… (208)
9.3.5 一元线性回归方程的显著性检验 ………………………………………… (212)
9.3.6 一元线性回归预测 …………………………………………………………… (213)
9.4 多元线性回归与曲线回归分析 ……………………………………………………… (215)
9.4.1 多元线性回归 ………………………………………………………………… (215)
9.4.2 曲线回归分析 ………………………………………………………………… (219)
思考与练习 …………………………………………………………………………… (221)

第10章 统计分析软件的应用 …………………………………………………………… (227)
10.1 Excel 在统计中的应用 …………………………………………………………… (227)
10.1.1 Excel 基本操作 ……………………………………………………………… (227)
10.1.2 Excel 在描述统计中的应用 ………………………………………………… (244)
10.1.3 Excel 在抽样推断中的应用 ………………………………………………… (248)
10.1.4 Excel 在相关与回归分析中的应用 ………………………………………… (251)
10.1.5 Excel 在时间数列分析中的应用 …………………………………………… (253)
10.1.6 Excel 在指数分析中的应用 ………………………………………………… (257)
10.2 SPSS 在统计中的应用 …………………………………………………………… (258)
10.2.1 SPSS 的基本操作 …………………………………………………………… (259)
10.2.2 SPSS 在描述统计中的应用 ………………………………………………… (265)
10.2.3 SPSS 在抽样推断中的应用 ………………………………………………… (266)
10.2.4 SPSS 在相关与回归分析中的应用 ………………………………………… (269)
10.2.5 SPSS 在时间数列分析中的应用 …………………………………………… (274)
思考与练习 …………………………………………………………………………… (281)

附录 统计学常用表 ………………………………………………………………………… (283)
附表1 标准正态分布概率表 ……………………………………………………… (283)
附表2 T 分布临界值表 …………………………………………………………… (285)
附表3 χ^2 分布临界值表 …………………………………………………………… (286)
附表4 F 分布临界值表 …………………………………………………………… (288)
附表5 相关系数显著性检验表($n-2$ 为自由度) ……………………………… (300)
附表6 Spearman 等级相关系数检验表 ………………………………………… (301)
附表7 随机数码表(两位数) ……………………………………………………… (302)
附表8 常用对数表 ………………………………………………………………… (303)
附表9 平均增长速度累计法查对表(摘选) ……………………………………… (306)

参考文献 …………………………………………………………………………………… (310)

第1章 绪论

> **学习目标**

了解统计学的产生与发展过程;掌握统计的涵义、统计学的研究对象、研究方法、统计活动过程及统计学与其他学科的联系;理解并掌握有关基本概念,搞清概念间的关系。

1.1 统计学的产生与发展

统计学是统计实践活动发展到一定阶段的产物。统计实践活动发展到一定阶段,人们通过总结统计实践活动的经验并进行理论概括形成了统计学。统计实践活动是随着社会生产的发展和国家管理的需要而产生和发展起来的。原始社会,人类最初的一般计数活动蕴藏着统计实践活动的萌芽。随着奴隶制国家的产生,统治阶级为了对内统治和对外战争,需要征兵、赋税,于是就开始了人口、土地、财产和天文等统计工作。封建社会末期,随着生产力的迅猛发展,社会分工越来越细,这时,不仅政府需要有关国情国力等方面的统计信息,各类企业主和商人为了经营管理和争夺市场,也需要各种商业情报和市场信息,统计逐步扩展到各行各业。17世纪以后,统计实践的发展,客观上要求总结实践经验,使之上升为理论,并进一步指导实践。于是出现了专业的统计机构和研究组织,统计逐步成为社会分工中一个独立的部门和专业,同时欧洲出现了统计理论著作,标志着统计学的产生。

按照统计理论的历史演变,可将统计学发展分为三个阶段,古典统计学时期(统计学萌芽时期,17世纪70年代至19世纪初)、近代统计学时期(统计学形成时期,19世纪初至20世纪初)、现代统计学时期(统计学发展时期,20世纪初至今)。

1.1.1 古典统计学时期

这一时期,统计理论逐步形成了学术派别,主要有政治算术学派和国势学派(记述学派)。17世纪中叶,在英国,威廉·配第《政治算术》一书的问世,标志着古典政治算术学派的诞生,同时也标志着统计学的诞生。在德国,几乎同时,产生了与"政治算术"并存的"国势学",它们在统计学史上形成了长期并存的两大学派。

(1)政治算术学派

17世纪中叶,英国资本主义已经有了很大发展,新兴的资产阶级为了管理国家,发展经济,同荷兰、法国争夺世界霸权,迫切需要了解本国和外国的经济状况,解决国内外社会经济问题,于是在英国产生了政治算术学派。这一学派的创始人是英国的威廉·配第(William Petty)(1623—1687)和约翰·格兰特(John Graunt)(1620—1674)。

配第著有《政治算术》一书,政治算术与政治算术学派的名称由此产生,它奠定了统计学基础。《政治算术》一书是以数字资料为基础,用计算和对比的方法对英、法、荷的实力进行了比较,论证了英国称雄世界的条件和地位。尤其是他主张一切都用数字、重量和尺度来说明,提出了用图表形式概括数字资料的理论和方法。对后来统计学的形成与发展产生了深远的影响。

(2)国势学派

当时正是欧洲封建制解体的时期,由于新大陆的发现,资本主义的萌芽,海外殖民地的发展,各国的统治者要了解国内外的政治经济情况,以便比较各国的实力,权衡轻重得失,决定国策。于是在西欧封建制的德国产生了国势学派。这一学派的创始人是海尔门·康令(Hermann Conring)(1606—1681),代表人物(继承人)为阿亨瓦尔(Gottfried Achenwall)(1719—1772)。康令的代表作是《国情论》。他们在大学中开设了一门新课程,最初叫作"国势学"。其工作主要是对国家重要事项的记录,因此又被称为记述学派。阿亨瓦尔是国势学派的主要继承人,他在 1749 年出版的《近代欧洲各国国势学论》中首先使用了"统计学"这个名称,用统计学代替了国势学,确定了统计学这门学科的名称,但是内容、研究对象及研究方法与以前的国势学并无本质区别。

国势学派的研究对象是社会经济现象的一般情况,研究方法是以文字记述国家的显著事项。其支派表式学派则是以计量为主,用列表的方法表示国家的显著事项,开始体现统计学的特点,并逐渐发展为政府统计,成为统计学的源流之一。这个学派广泛应用了"统计数字资料""数字对比"等统计术语和对比方法,为后人所继承,沿用至今。

政治算术学派与国势学派都是以社会经济作为研究对象,以社会经济的实际调查资料作为立论的基础,学科性质均界定为阐明国情国力的社会学科。其不同在于是否把数量方面的研究作为学科的基本特征。为此使得两大学派共同发展和相互争论达 200 年之久。直到 19 世纪中叶,统计学作为一门对社会经济现象进行数量对比分析的方法论科学已为社会公认。德国一位经济学家和统计学家克尼斯(K. G. A. Knies,1821—1898)于 1850 年发表了论文《独立科学的统计学》,提出了用"国家论"作为国势学的科学命名,"统计学"作为政治算术的科学命名。

1.1.2 近代统计学时期

(1)社会统计学派

19 世纪中叶(1871 年),德国实现了统一。德国的资产阶级为了发展资本主义,并与英法资产阶级争夺海外市场和殖民地,迫切需要掌握国内外大量完整的国民经济资料,并要求进行综合整理,以揭示社会经济现象的规律。于是德国统计学界在英国政治算术学派的影响下形成了社会统计学派。这一学派的先驱者是德国的克尼斯。他把用数值研究社会经济规律的政治算术作为唯一的统计学,把用文字记述的国势学恢复其名称,并排斥于统计学之外。其代表人物是德国的梅尔(Georg von Mayr,1841—1925)和恩格尔(C. L. E. Engel,1821—1896)。

(2)数理统计学派

这一学派产生于 19 世纪中叶,创始人是比利时的阿道夫·凯特勒(A. Quetelet,1796—1874)。19 世纪末和 20 世纪初,资本主义进入了帝国主义阶段,自然科学中有了进化论、细胞学说、能量守恒与转化定律三大发现。凯特勒主张用研究自然科学的方法研究社会现象,把概率论与统计学结合起来,为后来数理统计学的形成与发展奠定了基础。他认为统计学是一门既研究社会现象又研究自然现象的独立的方法论科学。随着社会经济的发展和自然科学技术的进步,统计研究领域不断扩大,概率方法的应用也日渐增多并渐趋成熟,到 19 世纪末,数理统计学从统计学中分离出来自成一派,由于它主要是在英美等国发展起来的,又被称为英美数理统计学派。

1.1.3 现代统计学时期

这一时期是统计学全面发展阶段。由于计算机、信息论等现代科学技术的影响,新的研究分支不断增加,统计应用领域不断扩展。

(1)数理统计学派

当时数理统计学由于同自然科学,工程技术学等紧密结合,被广泛应用而获得迅速发展,进入鼎盛时期,建立了推断统计、假设理论、决策理论等,拓宽了统计学的范围。20世纪60年代后,数理统计学越来越广泛地应用数学方法,出现了许多以数理统计为基础的边缘科学(经济计量学、非参数统计等),数理统计学的应用日益广泛深入。在国际统计学术领域中地位大大提高,因此成为现代统计学的主流学派。

(2)社会经济统计学

社会经济统计学是俄国十月革命后逐步建立起来的。受德国社会统计学派的影响,统计学家认为统计学是一门研究社会经济规律的社会科学。其产生后曾经为社会主义国家高度集中的计划经济服务。在理论上如分组理论、指数理论等也有不少建树,被认为是统计学史上又一次质的飞跃。但是,由于第二次世界大战后国际上的冷战局面和意识形态上的对立,使社会经济统计学不能及时汲取世界各国统计学发展的最新成果,按照科学自身发展规律不断进步,特别是1954年苏联统计科学会议以决议的武断方式来解决学术上的争议,绝对地排斥数理统计,否定统计学的方法论意义,因此扼杀了其发展生机。

新中国的社会经济统计学是直接从苏联引进的,虽然曾经在高度集中的计划经济体制下发挥了重要的作用,但同样进步迟缓。进入20世纪80年代以后,随着经济体制转轨,统计也进入了全面改革的新时期,统计理论界提出了"大统计"的思想。"大统计"是一种理念,一种思想。它强调统计学"大家庭"的成员应相互学习,相互借鉴,共同促进统计学的发展。广义的统计学包括数理统计学和统计学原理,人们通常所说的统计学指的是统计学原理。数理统计学侧重于统计思想、原理、方法的研究,属于一般性科学的范畴。统计学则侧重于各领域数据处理与分析的研究,属于较为具体的科学范畴。统计学的这两个组成部分并不矛盾,在"大统计"的理念下,走向统一,共同发展。

1.2 统计学中的基本问题

1.2.1 统计与统计学的含义

"统计"一词在不同的场合有三种不同的理解,即统计工作、统计资料和统计学。

统计工作是指统计人员利用科学方法对客观现象的数量方面进行搜集、整理和分析研究工作过程的总称。例如,某统计师说我是干统计的,这里的统计指统计工作。统计工作的基本任务是通过统计人员一系列的工作提供个人、企业以及国家所需要的各方面统计资料,并进行统计咨询,实行统计监督。

统计资料是指统计工作过程所取得的各项数字资料以及与之相联系的其他资料的总称,如统计年鉴、统计图表、统计公报、统计手册、分析资料等都是统计工作所取得的资料。例如,电视台所说的"统计显示"中的统计指统计资料。统计资料包括原始调查资料以及经过加工整理、分析而得的系统统计资料。

统计学是研究如何搜集、整理和分析客观现象中数量方面的原理、原则和方式方法的科学。简单地说,统计学是阐明统计理论与方法的科学。

统计的三种含义之间存在着密切的关系,统计工作实践的科学总结形成统计学,统计工作在统计学的指导下去搜集、整理、分析研究统计资料,统计资料是统计工作的成果。

在实际生活中,人们习惯将与"统计"二字有联系的现象均称为统计。这种情况下,将其作为习惯简称是可以的,而将其一概视为统计的科学涵义是不妥的。

统计的实质含义:统计是从数量方面认识总体现象的本质和规律的一种认识活动或调查研究活动。

1.2.2 统计学的研究对象和性质

(1)统计学的研究对象

统计学是从研究社会经济现象中的数量开始的。随着统计方法的不断完善,统计学得以不断发展。统计学发展到今天,不论是自然领域,还是社会经济领域的客观现象的数量方面,都是统计学所要分析和研究的,所以统计学的研究对象是自然、社会客观现象的数量方面。

(2)统计学的性质

统计学最初是作为一门实质性科学建立起来的,它是从数量上研究具体社会经济发展规律的。但是,随着统计学研究范围的不断扩大以及统计方法在社会和自然领域的有效应用,加之统计方法本身的不断发展和完善,促使统计学从研究现象发展规律的实质性科学中分离出来,逐渐发展成为研究统计方法的方法论科学。所以,统计学是研究自然和社会经济现象数量特征和数量关系的一门独立的方法论性质的科学。

1.2.3 统计研究的基本流程

(1)统计设计

统计设计是统计研究的首要阶段,是根据统计研究的目的,结合研究对象的性质、特点,对统计工作各个方面和各个环节作出的整体规划。包括统计指标和统计指标体系、统计分类和分组、统计调查方式和方法、统计分析方法、统计工作组织与协调等方面的设计。统计设计的结果表现为各种设计方案,如统计指标体系、统计分类目录、统计报表制度、统计调查方案、统计汇总或整理方案以及统计分析方案等。

(2)统计调查

统计调查是根据统计设计的要求,采取切实可行的科学调查方式,具体地搜集统计资料的过程。自然科学和工程技术研究有可能通过有控制的科学实验取得数据。而社会经济现象一般无法进行重复实验,要取得有关数据必须到社会总体中选取一定单位进行调查。统计调查在整个统计工作过程中担负着提供基础资料的任务。

(3)统计整理

统计整理是根据统计研究任务,对统计调查所搜集到的原始资料进行科学的加工整理,使之条理化、系统化,并编制成统计图、统计表的过程。统计调查所取得的原始资料是不系统、分散的,还可能带有一定的片面性,因此需要进行分类、汇总、加工。统计资料的整理,属于统计研究的第三阶段,在统计研究中起到承上启下的作用,既是统计调查阶段的继续,又是统计分析的基础和前提。

(4) 统计分析

统计分析是指根据统计研究的目的,在加工整理统计资料的基础上,计算各种统计分析指标,并运用各种统计方法对现象进行分析研究,以认识事物的本质和规律性,并据以对未来的发展作出科学预测。统计分析是统计研究过程中的最终环节。

需要说明的是,在统计设计、调查及整理阶段也需要分析,在统计分析阶段还存在进一步调查、整理的问题,所以不能把四个阶段截然分开。

1.2.4 统计研究的基本方法

统计是研究客观现象数量方面的一门方法论性质的学科,已经形成了一些专门的研究方法,这些方法相互联系、互相影响,构成了统计研究的方法体系。在此仅就对统计研究全过程起重要作用的基本研究方法予以介绍。

(1) 大量观察法

大量观察法是统计研究的一种基本方法,是从客观现象的总体出发,对其全部单位或足够多数单位进行数量观察的统计方法。客观现象的发展是在诸多因素错综复杂的作用下形成的。总体内的各个单位,由于各自的具体条件不同,既受到共同起作用因素的支配,也受着某些特殊的、暂时的因素的影响,使得它们的数量变化带有一定程度的偶然性和随机性。因此,统计研究不能任意抽取个别或少数单位进行观察,而要调查研究总体的足够多数单位,消除偶然性,才能揭示客观现象的特征和规律性。例如,为了研究城乡人民物质生活的提高程度,就要观察足够多数的职工、农民家庭的收支情况,才能得出正确的结论。大量观察法的数学依据是大数定律,是指在对研究对象观察过程中,每次取得的结果不同,这是由偶然性所致的,但大量、重复观察结果的平均值却几乎接近确定的数值。大数定律的本质意义在于经过大量观察,把个别的、偶然的差异性相互抵消,而总体的、必然的规律性便显示出来。"大量"是一个相对的概念,只要所观察的单位能够说明现象总体时,就可以称为"大量"。有些现象总体十分庞大,但在实际中往往只能搜集到总体中一部分单位的资料,只要这一部分单位构成的样本能够代表总体,就可以称为大量观察。同时,统计研究在防止任意抽选个别单位进行观察的同时,并不排斥在某些特定问题的研究中,从总体中选择少数具有代表性的单位进行调查。

(2) 统计分组法

统计分组法是统计研究的基本方法之一。是根据研究目的和现象的总体特征,按照一定的标志把总体划分为不同性质或不同类型的几个组成部分的一种统计方法。统计研究观察与分析现象的数量方面必须以区分现象的不同性质为前提。通过分组可以把相同的部分归并在一起,把组与组明显区别开来。通过分组可以研究总体的构成以及各个组成部分之间的比例关系。如在研究国内生产总值的构成时,把所有经济单位按三次产业划分,可以研究国内生产总值中第一、第二、第三产业增加值分别占多大比重以及第一、第二、第三产业增加值之间的比例关系等。

(3) 统计指标法

统计指标法是统计分析的主要方法,是指运用各种统计指标来反映总体现象一般数量特征和数量关系的方法。通过计算各类统计指标可以从静态和动态综合反映在具体时间、地点条件下总体现象的总规模、内部结构、各组成部分之间的比例关系和依存关系、发展水平和发展速度以及总体的一般水平和变异程度等数量关系与数量特征。

(4) 统计模型法

统计模型法是根据一定的经济理论和假定条件，以实际资料及一套相互联系的统计指标为基础，配合适当的数学模型对总体及其运动过程作出比较完整的、近似的反映或描述，揭示其本质规律的分析方法。是系统理论与统计方法相结合的产物，也可以说是大量观察法、统计分组法和统计指标法的进一步综合化、系统化。

(5) 统计推断法

统计推断法是根据部分总体单位组成的样本数量特征去推断总体数量特征。统计研究时，需要了解的总体往往很大，有时甚至是无限的，以致于不能进行全面调查研究。另外，由于客观现象之间的联系性和相似性，在很多情况下也不需要进行全面的统计调查。因此，统计推断已经成为现代统计学的基本方法，在统计研究中得到了极为广泛的应用，它既可以用于对总体参数的估计，也可以用作对总体某些分布特征的假设检验。

1.2.5 统计学的基本分科

(1) 描述统计学和推断统计学

描述统计学研究如何选择适当的方法取得反映客观现象的数据，并利用科学方法对特定数据的数量特征进行描述，找出客观现象的基本规律。其内容包括统计数据收集、数据加工处理、数据显示及数据分析方法。

推断统计学是在对样本数据描述的基础上，根据样本数据推断总体数量特征的方法，包括参数估计和假设检验。

描述统计学和推断统计学都是以反映客观现象的统计数据作为研究的基础。如果搜集到的是总体数据，通过描述之后就可以达到认识总体数量规律性的目的；如果搜集到的仅是所要研究总体的一部分数据（样本数据），则必须运用抽样法用样本数据推断总体数据，以达到对总体数量规律性的认识。描述统计方法是推断统计方法的基础，统计推断时，首先要对样本数据进行描述，才能进而估计总体数据。推断统计方法是描述统计方法的进一步深化，也是统计理论和方法发展成熟的重要标志。同时由于受到现实条件的限制，研究者往往只能获得样本数据，因此推断统计方法在统计分析中的地位和作用越来越重要，已经成为统计学的核心。

(2) 理论统计学和应用统计学

理论统计学研究统计学的基本理论、原理及统计方法的数学原理。它把研究对象一般化、抽象化，从纯理论的角度，对统计方法加以推导论证。理论统计学是统计学科的基础，正是统计理论的不断发展和成熟，才形成了今天完善的统计学学科体系。

应用统计学研究统计方法在各领域的具体应用。它是从所研究领域或专门问题出发，根据研究对象的特点采用适当的统计方法去解决实际问题。统计方法的应用几乎扩展到了所有的科学研究领域。

可见，理论统计学是以统计方法为中心建立统计基本理论及基本方法体系，而应用统计学则是以各专业领域的专门问题为中心应用统计方法分析解决实际问题。理论统计学和应用统计学互相促进、共同提高，并推动统计学科不断发展。统计学基本理论和基本方法的研究为应用统计的数量分析提供方法，而统计方法在各专业领域的实际应用又促进统计基本理论和方法的进一步完善。

1.3 统计学与其他学科的联系

1.3.1 统计学与数学的关系

统计学与数学既有密切的联系,又有本质的区别。统计方法和数学方法一样,并不能独立地直接研究和探索自然现象和社会现象的本质规律,而是给其他学科提供了一种研究和探索其客观规律的数量方法。同时从学科层次上,数学是基础的数量方法,它为统计理论和统计方法的研究和应用提供了数学基础。

研究理论统计学需要较深的数学知识,应用统计方法也要具备良好的数学基础,这就造成了一种错觉似乎统计学是数学的一个分支,实际上统计学与数学有着本质的区别。虽然统计学与数学都是研究数量的,但数学研究的是可以没有量纲或计量单位的抽象的量,而统计学研究的是有计量单位的具体的数量。同时,统计学与数学研究中所使用的逻辑方法不同,数学研究中所使用的是纯粹的演绎,而统计学则是演绎与归纳相结合,占主导地位的是归纳。

1.3.2 统计学和其他学科的关系

统计学是研究客观现象数量方面的。由于几乎所有的学科都要研究和分析数据,因而统计学与这些学科领域都有或多或少的联系。这种联系表现在统计方法作为一种有用的定量分析工具可以帮助其他学科探索其内在的数量规律性,而对这种规律性的解释只能由各学科自己的研究来完成。例如,利用统计方法对吸烟和不吸烟者患肺癌的数据进行分析,得出吸烟是导致患肺癌的重要原因的结论,而吸烟为什么会患肺癌,仅仅依靠统计学是无法说明的,而必须由医学作出解释。统计学发展的趋势之一就是与其他学科结合,用统计方法解决其他学科的具体问题。所以,统计学的发展动力,越来越多地来自于其他各个学科不断给统计学"出难题"。

1.3.3 统计中常用的统计软件

统计分析软件主要有 SPSS(Statistical Package for the Social Science)、Excel、S-plus(Statistical Analysis System)、SAS(Statistical Analysis System)、Statistica、DPS(Data Processing System)、Eviews(Econometrics Views)等,本书主要介绍和运用 SPSS 和 Excel 统计软件。

1. SPSS 统计软件

SPSS 是一种集成化的计算机数据处理应用软件,其基本功能包括数据管理、统计分析、图表分析、输出管理等。SPSS 统计分析过程包括描述性统计、均值比较、一般线性模型、相关分析、回归分析、对数线性模型、聚类分析、数据简化、生存分析、时间序列分析、多重响应等几大类。SPSS 也有专门的绘图系统,可以根据数据绘制各种统计图形。由于其操作简单,SPSS 统计软件已经在我国的社会科学、自然科学的各个领域发挥了巨大作用。

2. Excel

Excel 是微软公司开发的一种在 Windows 环境下运行的电子制表系统,集数据编辑整理、图表绘制、数据分析、宏命令等于一身。具有强大的数据与公式自动填充功能,方便地数据编辑与透视分析功能,灵活的单元格绝对引用与相对引用功能,完美的图形绘制系统与丰富的内置函数功能。

1.4 统计学中的基本概念

统计学在论述统计理论与统计方法时,要运用一些专门的概念,有些是基本的、常用的概念,有些是在论述专门问题时使用的局部的概念。本节就几个基本的、常用的概念加以阐述。

1.4.1 统计总体和总体单位

1. 总体

(1) 总体的含义

由客观存在并至少具有某种相同性质的许多个别事物或单位组成的整体叫统计总体,简称总体,即研究对象的全体。确定了研究目的,才能确定相应总体。例如了解我国原油生产及加工情况时,全国所有油田企业就构成了一个总体。它是客观存在的,每个油田企业的经济职能相同,都是进行原油生产和加工活动的生产单位。

(2) 总体的种类

总体按其所包含的单位数多少分为有限总体和无限总体。总体中所包含的单位数是有限的,称为有限总体,如全国所有人口所构成的整体。对有限总体根据研究目的既可以进行全面调查,也可以进行非全面调查。总体中所包含的单位数是无限的,称为无限总体,如连续生产的某种产品所构成的整体。对无限总体只能抽取一部分单位进行非全面调查,据以对总体进行推断。

(3) 总体的特征

统计所研究的总体必须同时具有大量性、同质性、差异性三个特征。同质性是指构成总体的各个单位至少具有某一种相同的性质,是形成统计总体的一个必要条件。大量性是指总体是由许多单位组成的。这是由统计研究的目的所决定的,只有大量的总体单位,才能消除个别单位偶然因素的影响,呈现出统计研究所要达到的总体的一般特征和规律性。差异性是指构成总体的单位在一些方面是同质的,但在另一些方面必须是有差异的。全国所有油田企业构成的总体,虽然经济职能相同,但各油田的规模大小、经济效益、职工人数等是不同的。差异性使统计研究成为必要,如果总体内的各个事物之间不存在差异,那么统计研究就变成了毫无意义的活动。所以,统计研究是在大量性和同质性的基础上研究总体的差异性。

2. 总体单位

总体单位是构成统计总体的个别事物或单位,即构成统计总体的最基本单位,是各项统计数据的原始承担者。如全国工业普查时,总体是全国所有的工业企业,总体单位是全国的每一个工业企业。

3. 总体与总体单位具有相对性

总体的范围是根据研究目的来确定的,随着研究任务的改变,总体与总体单位可以相互转化。例如,要比较全国所有高校之间职工的收入差异情况,全国所有高校构成的整体是总体,各个高校(由该校所有职工构成的整体)是总体单位。如果旨在了解某个大学职工之间的收入差异情况,则该大学所有职工构成的整体就成了总体,每位职工就是总体单位了。可见,总体与总体单位不是固定不变的,而是具有相对性。

1.4.2 标志和变量

1. 标志

(1)标志和标志表现

标志是说明总体单位的属性或特征的名称。在标志名称之后所具体表明的文字或数值是标志的具体表现。例如要研究某企业工人的情况,那么每一位工人是总体单位,每一位工人的工种、性别、工龄、工资等是说明总体单位特征的,称为标志,而某工人的性别是女,"女"就是"性别"的具体表现,该工人的月工资额为4 500元,"4 500元"就是"工资"的具体表现。

(2)标志的分类

标志按变异情况可分为不变标志和可变标志。当一个标志在各个单位的具体表现都相同时,这个标志称为不变标志;当一个标志在各个单位的具体表现有可能不同时,这个标志称为可变标志。如人口普查时,作为调查对象的人口总体中,国籍就是不变标志,而性别、年龄、民族、职业等则是可变标志。统计对总体研究时,不变标志和可变标志分别发挥着重要的作用,不变标志是构成统计总体的基础,因为至少必须有一个不变标志将各总体单位联结在一起,才能构成一个总体,如果没有不变标志,总体也就不存在。如果总体中各单位在所有方面都相同即没有可变标志,就不需要进行统计研究,所以,可变标志是统计研究的主要对象。

标志按其性质可以分为品质标志和数量标志。品质标志说明总体单位质的特性,是不能用数值表示的,只能用文字来描述,如工人的性别、民族、工种等。数量标志说明总体单位量的特性,是用数值表示的,如工人的年龄、工资、工龄等。数量标志的具体表现称为标志值。品质标志主要用于分组,将性质不相同的总体单位划分开来,便于计算各组的总体单位数及结构和比例指标。数量标志既可用于分组,也可用于计算标志总量以及其他各种质量指标。

2. 变量

(1)变量的含义

统计学上,把可变的数量标志称为变量。变量的具体表现称为变量值,即可变的数量标志的不同取值。例如,如果研究的总体是所有的工业企业,每个工业企业就是总体单位,每个工业企业的年销售收入就是一个变量,甲工业企业年销售收入8 500万元,则"8 500万元"就是变量"年销售收入"的变量值。

(2)变量的种类

变量按变量值是否连续分为连续型变量和离散型变量。连续型变量的数值是连续不断的,相邻两个数值之间可以作无限分割,可以用小数表示的变量,如零件的尺寸,产品重量、商品销售额等。

离散型变量是各变量值之间是以整数位断开的,只能用整数计量,如工人数、图书出版数量、汽车辆数等。

1.4.3 指标和指标体系

1. 指标

(1)指标的含义

指标指反映总体现象数量特征的范畴或范畴加具体数值。前者仅仅是一种名称或范畴,如人口数、工资总额、工业增加值等。后者不仅包括指标名称,还包括指标的时间、空间和具体数值,如2018年我国原油产量为18 910.6万t,2018年全国国内生产总值为900 309亿元等。指标名称反映总体在某一方面质的规定性,指标数值反映总体在一定时间、地点下量的具体表现。关于指标的这两种理解都是成立的,它们分别用于统计研究的不同环节或不同场合。在统计理论研究和统计设计时,只需要设计指标名称;而统计实践中常常用到范畴加具体数值的指标,不仅要有指标名称,还需要有表明总体现象的数量特征及数量关系的具体数值。

(2)统计指标的特点

①数量性。所有的统计指标都是用数值来表现的,这是统计指标最基本的特点。也使统计研究运用数学方法和现代计算技术成为可能。

②具体性。统计指标反映总体现象在具体时间、地点条件下的数量特征。

③综合性。指标是通过对总体单位调查登记并对其数量标志值加以汇总综合或进一步计算而得到的数值,是许多个体现象数量特征综合的结果。

(3)统计指标的分类

①统计指标按其所说明总体现象的内容不同可分为数量指标和质量指标。

数量指标也称外延指标,是反映总体现象的总规模或总水平的指标,一般是以绝对数形式表现,其数值随总体范围的大小而增减,如总人口数、工资总额、原油产量等。

质量指标也称内涵指标,是说明总体内部数量关系或总体一般水平的指标,一般以相对数或平均数的形式表现,其数值的大小与总体范围的大小无直接关系,如人口密度、平均工资等。

②统计指标按其作用和表现形式不同,可分为总量指标、相对指标和平均指标。其含义、内容、计算方法和作用各不相同,将在第4章中叙述。

2. 指标体系

单个统计指标只能反映总体现象的某个侧面情况,而客观现象是错综复杂的,要反映其全貌,仅靠单个指标是不够的,需要把从不同侧面、不同角度反映同一研究对象的一系列统计指标集合起来建立指标体系进行考察。指标体系是由若干个相互联系、相互制约、相互补充的统计指标所构成的有机整体。

指标体系有两种表现形式,一种是通过数学关系式表现出来的指标体系。如:总成本=产量×单位成本;原材料支出额=产品产量×单位产品原材料消耗量×单位原材料价格。另一种是指标之间仅仅存在一种间接的相互依存关系。例如,科技部出台的《国家高新技术产业开发区评价指标体系》由知识创造和孕育创新能力、产业化和规模经济能力、国际化和参与全球竞争能力、高新区可持续发展能力4个一级指标构成,下设千人拥有研发人员数、单位面积营业总收入、高新技术产品出口额占高新区出口总额的比例、千人拥有的大专(含)学历以上从业人数等44个二级指标。这44个指标从不同的角度和侧面反映高新技术产业开发区的支撑、投入、产出及可持续发展能力。这些指标之间不存在、也没有必要采取数学关系式来反映它们之间的关系，而是存在的一种相互联系又相互补充的关系。

思考与练习

一、判断题

1.（　　）企业拥有的设备台数和铁路部门的客运量都是离散型变量。
2.（　　）要了解某企业职工的文化水平情况，总体单位是该企业的每一位职工。
3.（　　）总体和总体单位的概念是固定不变的。
4.（　　）对有限总体只能进行全面调查，对无限总体只能进行非全面调查。
5.（　　）指标是说明总体的数量特征的，标志是说明总体单位数量特征的。
6.（　　）数量指标数值大小与总体的范围大小有直接关系，质量指标数值大小与总体的范围大小没有直接关系。
7.（　　）城市人均住宅建筑面积是用数值表示的，所以它是数量指标。
8.（　　）统计学是一门研究现象总体数量特征的方法论性质的科学，所以它不考虑个体现象的数量特征。
9.（　　）同质性是构成总体的必要条件。
10.（　　）某班学生的平均成绩有可能是数量标志，也有可能是质量指标。

二、单项选择题

1.考察全国的工业企业的情况时，以下标志中属于数量标志的是（　　）。
A.产业分类　　　　　B.劳动生产率　　　　　C.所有制形式　　　　　D.企业名称
2.要考察全国居民的人均住房面积，其统计总体是（　　）。
A.全国所有居民户　　B.全国的住宅　　　　　C.各省市自治区　　　　D.某一居民户
3.若要了解全国石油企业采油设备情况，则总体单位是（　　）。
A.全国所有油田　　　B.每一个油田　　　　　C.每一台采油设备　　　D.所有采油设备
4.关于指标下列说法正确的是（　　）。
A.指标是说明总体单位数量特征的　　　　　B.指标都是用数字表示的
C.数量指标用数字表示，质量指标用文字表示　D.指标都是用文字表示的
5.属于离散型变量的是（　　）。
A.企业增加值　　　　B.国内生产总值　　　　C.机器台数　　　　　　D.商品销售额
6.关于总体下列说法正确的是（　　）。
A.总体中的单位数都是有限的　　　　　　　B.对于无限总体只能进行全面调查
C.对于有限总体只能进行全面调查　　　　　D.对于无限总体只能进行非全面调查
7.关于总体和总体单位下列说法不正确的是（　　）。
A.总体和总体单位在一定条件下可以相互转换
B.总体和总体单位是固定不变的
C.构成总体的个别单位是总体单位
D.构成总体的各个单位至少具有某种相同的性质
8.关于标志下列说法不正确的是（　　）。
A.标志是说明总体单位特征的　　　　　　　B.品质标志是用文字表示的

C. 数量标志是用数字表示的　　　　　　D. 数量标志说明总体量的特征
9. 关于变量下列说法不正确的是（　　）。
A. 只能取整数的变量是离散变量　　　　B. 可以用小数表示的是连续变量
C. 只能用小数表示的是连续变量　　　　D. 数量标志的具体表现称为变量值
10. 关于指标下列说法不正确的是（　　）。
A. 数量指标说明总体规模和水平　　　　B. 数量指标用绝对数表示
C. 质量指标只能用相对数表示　　　　　D. 质量指标用相对数或平均数表示

三、简答题

1. 说明总体与总体单位、总体与指标、总体单位与标志之间的关系。举一个实例指出相应的总体、总体单位、指标、标志。

2. 简要说明指标和标志的区别与联系。

3. 举例说明什么是变量和变量值？什么是离散型变量、连续型变量？

4. 简述统计的含义及其关系。

第 2 章 统计信息的搜集

学习目标

掌握各种调查组织方式的特点、应用条件;熟悉调查方案的内容及设计;根据研究目的和实际情况选择适当的调查资料获取方法及承载方式。

统计信息是我们利用统计分析方法进行分析的依据,是统计认识的基础。那么,从哪里获取信息资料,采取什么样的方式、方法获取信息资料等是本章研究的主要内容。

2.1 统计调查的要求

2.1.1 统计调查的概念

统计信息的搜集也称统计调查,是指根据统计研究的目的和任务,运用科学的调查方式方法,有计划、有组织地向总体中的全部单位或部分单位搜集统计资料的过程。

统计资料按照来源渠道不同一般分为两种:一种是原始资料,也称第一手资料,指直接对调查单位的情况进行调查、登记所获得的、尚待经过加工整理、由个体过渡到总体的统计资料。另一种是间接资料,也称第二手资料或次级资料,指在某处已经存在、别人为了某种目的而已经收集起来的加工整理过的信息资料。这类统计资料仍然是从所搜集的原始资料加工整理而来,只不过这些原始资料的搜集工作是别人或其他部门进行的。因此,原始资料的搜集是最根本的,这里所说的统计资料主要是指原始资料。

2.1.2 统计调查的要求

统计调查是统计工作的基础环节,担负着提供基础资料的任务,是统计整理和统计分析的前提,一切统计整理和分析工作都要以统计调查提供的资料为依据,它在统计工作中占有十分重要的地位。因此,统计调查所搜集的资料必须具备准确性、及时性和全面性。

准确性要求统计调查所搜集的资料必须真实可靠,符合客观实际情况,不允许虚报、瞒报、拒报。只有资料准确,采用这些资料进行统计整理与分析才能得出正确的结论。

及时性要求必须在统计调查规定的时间内提供统计资料,从时间上满足各部门对统计资料的需求。若统计资料提供地不及时,将会影响整个统计工作的进程,使决策部门失去良机。

全面性又称完整性,要求统计调查必须按照调查方案的规定,对需要调查的单位和项目的资料毫无遗漏地进行搜集。若资料残缺不全,就不能反映被调查事物的全貌,无法正确认识被研究对象的总体特征,难于对研究对象的规律作出正确的判断。

2.2 统计调查方案的设计

统计调查实施前,首先应根据统计研究对象的特点和研究的目的,对统计调查所涉及的各个方面及环节进行通盘的考虑和安排,制定一个周密的统计信息搜集方案,它是统计调查获得成功的前提。一份完整的统计调查方案应包括以下几方面的内容。

2.2.1 确定调查的目的

调查的目的是指调查研究所要达到的具体目标、解决的具体问题,即回答为什么要进行调查。有了明确的调查任务和目的,才能正确地确定调查的对象、内容和方法,才能有的放矢,搜集与目的有关的调查资料,节约人力、物力和财力,缩短调查的时间,提高调查资料的时效性,同时,也不会使调查陷入盲目、混乱状态。

确定调查的目的时,应具体、集中地明确调查所要研究解决的问题。如第四次全国经济普查的主要目的是:全面调查我国第二产业和第三产业的发展规模、布局和效益,了解产业组织、产业结构、产业技术、产业形态的现状以及各生产要素的构成,摸清全部法人单位资产负债状况和新兴产业发展情况,进一步查实各类单位的基本情况和主要产品产量、服务活动,全面准确反映供给侧结构性改革、新动能培育壮大、经济结构优化升级等方面的新进展。通过普查,完善覆盖国民经济各行业的基本单位名录库以及部门共建共享、持续维护更新的机制,进一步夯实统计基础,完善"三新"统计,推进国民经济核算改革,推动加快构建现代化统计调查体系,为加强和改善宏观调控、深化供给侧结构性改革、科学制定中长期发展规划、推进国家治理体系和治理能力现代化提供科学准确的统计支持。

2.2.2 确定调查对象和调查单位

确定调查对象和调查单位是为了解决向谁调查,由谁来具体提供调查资料的问题。

调查对象是根据调查目的所确定的调查研究的总体,即统计调查的总体范围。确定调查对象是为了明确统计调查总体的范围界限。如第四次全国经济普查的普查对象是在我国境内从事第二产业和第三产业的全部法人单位、产业活动单位和个体经营户。

调查单位是调查项目的承担者或载体。调查单位在全面调查时是总体中的所有总体单位,在非全面调查时只是总体中的一部分单位。

实际工作中,应分清调查单位和报告单位。报告单位指负责提供、填报统计资料的单位。调查单位和报告单位有时是一致的,有时又是不一致的,这要根据调查的具体对象、范围、内容而定。

2.2.3 拟定调查项目

调查项目指根据调查目的所确定的具体的调查内容,即统计调查所要调查登记的被调查单位的属性或特征,即标志。它可解决向调查单位调查什么的问题,是调查方案的核心部分,一般以调查表或调查问卷形式表现出来。有关调查表及调查问卷具体内容见 2.5 节。

2.2.4 确定调查时间和调查期限

调查时间指调查资料所属的时期或时点。这里有两种情况：

①调查时期。资料所属的时间是一段时期，即调查资料所属时间是现象发生过程的起止时间。如第四次全国经济普查的时期资料为2018年度，即调查资料所属的时间为2018年1月1日—12月31日。

②调查时点。资料所属的时间是一个时点，即调查资料所属的时间是某一时刻或瞬间，这时要明确规定统一的标准时点。如第四次全国经济普查的标准时点为2018年12月31日，第六次人口普查标准时点为2010年11月1日零时。

调查工作期限简称调查期限，指进行调查工作的时限，包括搜集资料到报送资料整个工作过程所需要的时间。如第六次人口普查的登记工作从2010年11月1日开始到11月10日结束，调查期限为10天。第四次全国经济普查登记时间是2019年1—4月份，调查期限为4个月。一般说来，任何一项调查都应在保证准确性的前提下，尽可能缩短调查工作期限，以保证统计资料的及时性。

2.2.5 选择确定统计信息搜集的组织方式与方法

统计调查方式主要包括统计报表、普查、重点调查、典型调查和抽样调查五种形式。在设计统计调查方案时，要根据调查对象的特点和研究任务，选择一种或多种适当的调查方式。在2.3节我们将进一步讨论这五种统计调查方式。

统计信息搜集方法指获取统计信息资料的具体方法或技术，主要包括直接询问法、观察法、实验法和报告法等。在2.4节我们将进一步讨论这四种获取资料的方法。

2.2.6 制定统计信息搜集工作的组织实施计划

为保证统计信息搜集工作顺利进行，还必须制订周密的统计信息搜集工作组织实施计划，它是从组织上保证调查工作顺利开展的重要依据，主要包括以下几方面内容。

①调查工作的组织领导机构及调查人员的配置；

②调查前的准备工作，包括宣传、培训、试点、文件印刷等；

③调查经费的预算和开支办法；

④调查资料的报送方法；

⑤调查成果的公布时间等。

2.3 统计信息搜集的方式

实际中常用的统计信息搜集方式主要有统计报表、普查、重点调查、典型调查和抽样调查。

2.3.1 统计报表

1. 统计报表的概念与特点

统计报表是政府主管部门根据国家统计法规，按照统一的表式与要求，自上而下统一布置，自下而上逐级提供统计资料的一种调查方式。它的任务是经常地、定期地搜集反映国民经济和社会发展基本情况的资料,为各级政府和有关部门制定国民经济和社会发展计划,以及检查计划执行情况服务。统计报表是我国目前搜集统计资料的一种重要方式,为我国宏观经济管理提供了准确、及时、全面的统计信息,已经形成一套比较完备的统计报表制度。

统计报表具有统一性、全面性、周期性、可靠性的特点。

①统一性。指统计报表的指标体系、表格形式、报送程序和报送时间等都是由国家、地区或隶属部门统一规定的,保证了资料的统一性。

②全面性。在报表实施的范围内,各单位都必须填报,从基层单位的填报,经过部门、地区、全国的汇总便可得到整个国家的基本资料,保证了资料的全面性。

③周期性。统计报表一般都是以定期统计报表的形式出现的,即按照固定的间隔定期进行,如日报、旬报、月报、季报、半年报、年报等,随着时间的变化而连续不断地搜集资料,保证了资料的连续性和周期性。

④可靠性。统计报表是建立在原始记录、统计台账基础上的,统计报表资料若不考虑人为因素干扰的话,具有一定的可靠性。

2. 统计报表的种类

统计报表从不同的角度进行分类,可以划分成不同的类型。主要有如下几种分类。

①按调查对象的范围不同,分为全面统计报表和非全面统计报表。

全面统计报表是对调查对象中的全部单位无一例外地都进行调查。非全面统计报表则是对调查单位中的一部分单位进行调查。

②按报送周期长短不同,分为日报、旬报、季报、半年报和年报。

报表周期的长短与报表的内容详简直接有关。一般来说,周期短的,要求资料上报迅速,填报的项目比较少;周期长的,内容要求全面一些。

③按报表内容和实施范围不同,分为国家统计报表、部门统计报表和地方统计报表。

国家统计报表是国民经济基本统计报表,由国家统计部门统一制发,用以搜集全国性的经济和社会基本情况,包括农业、工业、基建、物资、商业、外贸、劳动工资、财政等方面最基本的统计资料。部门统计报表是为了适应各部门业务管理需要而制定的专业技术报表。地方统计报表是针对地区特点而补充制定的地区性统计报表,是为本地区的计划和管理服务的。

④按填报单位不同,分为基层统计报表和综合统计报表。

基层统计报表是由基层企、事业单位填报的统计报表;综合统计报表是由各地方统计局或主管部门根据基层报表逐级汇总填报的报表。

3. 统计报表的资料来源

统计报表的资料来源是原始记录和统计台账。

①原始记录。原始记录是基层单位通过一定的表格形式,对生产和经营活动所进行的数字和文字记载,一般以表格的形式记录,是未经加工整理的第一手资料。如企业个人或班组的生产记录单、领料单、考勤记录单、产品检验原始记录单等。原始记录的应用范围很广,它可以随生产经营活动的不同而记载不同的内容。它的种类、内容、格式通常不作统一规定,可以根据具体情况而定。但就一般的内容而言,可包括三个方面的要素:一是时间,即生产经营、业务活动发生的时间;二是包含的项目,即生产经营、业务活动的具体内容;三是数量和计量单位,即进行生产经营、业务活动成果的数量和其相应的计量单位。领料单、产品检验原始记录如

表 2-1、表 2-2 所示。

表 2-1 领料单

零件号	零件名	材料名称	计量单位	材料规格	实发数量	领用人	备注

生产组长：　　　　　　发料员：　　　　　　　　　　　　　　　年　月　日

表 2-2 产品检验原始记录表

制造单号		产品名称		目标产量		本日产量		
抽样	外观检验		实验检验		检验包装	及格	待改善	不及格
	色泽	清洁						
1								
2								
3								
4								
5								
6								

检验员：　　　　　　　　　　　　　　　　　　　　　　　　　年　月　日

②统计台账。统计台账是基层单位根据原始记录所设置的一种系统积累资料的表册，即根据统计核算工作的要求，利用一定的表格形式将分散的原始记录资料按时间顺序集中汇总记录在一个表册上。企业中一般设有班组、车间、全厂统计台账。如表 2-3 为工业企业能源统计台账。

表 2-3 工业企业能源统计台账

20　　年

能源名称：　　　　　　　计量单位：　　　　　　　　年初库存：_____

	指标		1月	2月	3月	4月	5月	6月	7月	8月	9月	10月	11月	12月
消费量	总计	本月												
		累计												
	其中:生产用	本月												
		累计												
	非生产用	本月												
		累计												

续表 2-3

	指标		1月	2月	3月	4月	5月	6月	7月	8月	9月	10月	11月	12月
购进量	实物量	本月												
		累计												
	金额（千元）	本月												
		累计												
期末库存		本月												
折标系数		本月												
		累计												

注：1. 企业分品种填写该台账，消费几种能源，就填写几张台账。如企业有汽油和电力消费，应分别填写汽油消费台账和电力消费台账。

2. 年初库存为时点指标，原则上不应有变化。1月份登记后，如没变化，以后每月可以不再重复登记。如有变化，则在变化之月登记。

3. 消费量总计应等于"生产用"+"非生产用"。

4. 折标系数中的"本月"是指本月的实际折标系数，"累计"是指1月至本月这段时间加权平均后得出的平均折标系数。

2.3.2 普查

1. 普查的概念

普查指为了详尽地了解某项重要的国情国力而专门组织的一次性全面调查，如人口普查、经济普查、科技人员普查等。普查主要用来调查某些不宜经常性调查的现象，用以全面、细致、准确地搜集重要的国情国力和资源状况资料，为政府制定经济发展规划、方针政策提供依据。

普查通常是一次性和周期性的。由于普查涉及面广、调查单位多，组织工作繁重，需要耗费大量的人力、物力和财力，因而普查是一次性调查，不宜经常进行，通常需要间隔较长的时间进行一次。如我国的人口普查从1953年至2010年共进行了六次，即1953年7月1日、1964年7月1日、1982年7月1日、1990年7月1日、2000年11月1日、2010年11月1日。以后，我国的人口普查将规范化、制度化，每10年进行一次，每逢末尾数字为"0"的年份进行人口普查。经济普查每10年进行两次，逢3和8年份实施。

2. 普查的组织方式

普查的组织方式有两种：一种是由专门的普查机构负责，配备一定数量的普查人员，对调查单位直接进行登记。这种普查方式，能够搜集经常性调查无法取得的一些资料。如我国历次的全国人口普查、经济普查。另一种是利用调查单位的原始记录和核算资料，颁发调查表，由登记单位填报，如物资库存普查、工业企业设备普查等。

3. 普查的基本要求

为了获得准确、及时、统一、全面的普查资料，普查时应满足以下几方面的要求：

①规定统一的标准时间。为避免调查数据的重复与遗漏，普查一般要规定调查的标准时间，调查资料必须反映调查对象在这一时间上的状况，以保证调查结果的准确性、统一性。例

如,我国第六次人口普查的标准时点为 2010 年 11 月 1 日零时,就是要反映这一时点上我国人口的实际状况。

②确定普查期限。在普查范围内,各单位要同时进行调查,并在规定的时期内完成调查任务,以保证普查资料的时效性,充分发挥普查资料的作用。

③统一规定普查的项目。普查时必须按照统一规定的项目进行登记,不能任意改变或增减,以免影响汇总和综合,降低资料质量。

④同类普查的项目力求前后保持相对一致。同类性质的多次普查,其项目尽量保持不变,以便于资料的动态对比研究和观察社会经济现象发展变化趋势。

2.3.3 重点调查

1. 重点调查的概念

重点调查是专门组织的一种非全面调查,它是在总体中有意识地选择一部分重点单位进行调查,以了解总体的基本情况。重点单位是指在总体中具有举足轻重地位的单位,这些单位的数目虽然不多,但它们的标志总量在总体标志总量中占有绝大部分比重。通过对这些单位的调查,就能掌握总体的基本情况。例如,宝钢、首钢、鞍钢、本钢、武钢等特大型钢铁企业,虽然在全国钢铁企业中只是少数,但它们的钢铁产量却占全国钢铁产量的绝大部分比重。对这些重大企业进行调查,便能省时省力而且及时地了解全国钢铁生产的基本情况,满足调查任务的要求。

2. 重点调查的优点及应用范围

重点调查的优点在于调查单位少,可以调查较多的项目,了解较详细的情况,取得资料及时,使用较少的人力和时间,达到事半功倍的效果。

重点调查适合于标志值具有明显集中趋势现象的调查。当调查任务只要求掌握总体的基本情况,而且总体中确实存在重点单位时,采用重点调查是比较适宜的。

必须指出的是,由于重点单位与一般单位的差别较大,通常不能由重点调查的结果来推算整个调查对象的总体指标。

2.3.4 典型调查

典型调查也是一种非全面调查,它是根据调查研究的目的和要求,在对总体进行全面分析的基础上,有意识地选择其中有代表性的或有典型意义的单位进行深入细致的调查,以便认识事物的一般情况。典型单位是指客观存在的对同类现象某方面的共同特征体现的最充分、最具代表性的单位。只要客观地、正确地选择典型单位,通过对典型单位进行深入细致的调查,便可以深刻认识总体的本质特征,特别是对一些复杂的社会经济问题的研究,典型调查可以了解的更深入、更具体、更详尽。

2.3.5 抽样调查

抽样调查指按照随机原则从调查对象中抽取一部分单位作为样本进行调查,并根据样本调查结果来推断总体数量特征的一种非全面调查方式。抽样调查一般适用于具有损耗性、破坏性或者是总体过于大、总体单位过于分散现象的调查。抽样调查是实际中应用最广泛的一种调查方法,将在第 7 章中详细介绍。

2.4 统计信息搜集的种类与方法

2.4.1 统计信息搜集的种类

统计调查从不同的角度进行分类可以划归为不同的类型,主要有以下几种分类。

1. 按照调查对象的范围不同,分为全面调查和非全面调查

全面调查是对调查对象中的全部单位逐一进行调查。普查、全面统计报表均属于全面调查。

非全面调查则是对调查对象中的一部分单位进行调查。非全面统计报表、重点调查、典型调查、抽样调查属于非全面调查。

2. 按照调查的时间是否连续,分为经常性调查和一次性调查

经常性调查,也称为连续性调查,指随着调查对象的发展变化,连续不断地进行调查登记,以反映现象在一段时间内的数量发展变化情况。如企业的产品生产、原材料的投入、能源的消耗等等,必须在观察期内连续登记,并进行汇总。

一次性调查是间隔一定的时间所作的调查登记,反映现象在某一时点上所处的状态。例如,工业企业设备的拥有量、耕地数量等,这些指标的数值在短期内变化不大,不需要连续登记。

3. 按照调查的组织方式不同,分为统计报表和专门调查

统计报表是按照统一的表式和要求,至上而下统一布置调查任务,至下而上提供统计资料的统计调查方式。它是我国搜集基本统计资料的一种主要调查方式,已经形成一种按照严格的、统一的要求和标准执行的制度,因此也称统计报表制度,例如,工业统计报表制度、农业统计报表制度、商业统计报表制度等。

专门调查是为某一特定目的或任务而组织的一次性调查。普查、抽样调查、重点调查、典型调查均属于专门调查。

2.4.2 原始资料的获取方法

实际中,根据调查的目的、内容和被调查对象的特点,选择不同的数据获取技术或方法。搜集第一手资料的具体方法主要有询问法、观察法、实验法和报告法四种。

1. 询问法

(1) 询问法的概念

询问法是调查人员通过口头、书面、通信等方式向被调查者收集所需资料的一种调查方法,它是第一手资料收集中最常用、最基本的一种方法。询问法根据调查者与被调查者接触的方式不同分为面谈询问调查、邮寄调查、电话调查、留置问卷调查和互联网调查等。

(2) 询问法的种类

① 面谈访问法。面谈访问法指调查人员同被调查者面对面接触,通过有目的的谈话取得所需资料的一种方法。

面谈访问法根据与被调查者的接触方式不同,分为个别访问和集体座谈。个别访问指调查者通过面对面地询问和观察某一个被调查者来收集信息资料的；集体访谈也称开调查会，指调查者邀请若干名被调查者召开座谈会，由调查者围绕主题提出各种问题，通过被调查者的回答、讨论以获取所需资料的方法。

面谈访问法根据谈话的方式不同分为结构性访问和非结构性访问。结构性访问指调查者按照事先拟定好的统一的调查问卷或调查表的具体项目，有顺序地依次提问，由被调查者回答，并一一予以记录的调查方法。非结构性访问指调查人员依据一个粗线条的调查提纲通过与被调查者的交谈以获取所需资料的一种方法。

面谈访问法具有灵活性强，调查工作的成功率高，适应范围广的优点。但它费时，费力，要求访谈者具备较高的访谈技巧。

②邮寄调查法。邮寄调查法指将事先拟定好的调查问卷邮寄给被调查者，由被调查者根据要求填写，然后将问卷寄回的一种搜集资料的方法。其优点是调查区域较大、调查费用较低、需要的调研人员较少、被调查者有较充足的时间填答问卷等。不足是问卷回收率不稳定，一般均偏低，信息反馈时间长等。

③电话调查法。电话调查法指调查人员通过电话与被调查者交谈，以获取所需资料的一种方法。它一般适合于被调查者较熟悉或调查问题较简单、内容较少的现象的调查。具有时间短、速度快的优点。不足是抽样框欠完整，采访时间受限制，调查不能深入，不标准的普通话、地方方言可能造成理解偏差，对调查质量产生影响。

④留置问卷调查法。留置问卷调查法是由调查人员将调查问卷或调查表送交到被调查者手中，并详细说明调查意图和填写要求，由被调查者自行填写，再由调查者按约定的时间收回的一种调查方法。它是介于面谈访问和邮寄调查之间的一种调查方法，较好地结合了两种方法的优势。

⑤互联网调查。互联网调查指调查人员通过互联网络进行询问，以获取所需资料的方法，即调查人员通过将调查问卷或调查表挂放在网站网页上、或发送到被访者的私人电子邮箱中、或通过 QQ 等渠道进行询问，根据被访者的回答以获取所需资料的方法。速度快、费用低、无时空条件限制等是互联网调查的优势。但它存在样本代表性、信息的安全性及无限制样本等问题。

2. 观察法

(1) 观察法的概念

观察法指调查人员有目的有计划地运用自己的感觉器官或借助于科学的观察仪器来观察、记录被调查对象的行为、活动、状况等，以获取所需资料的方法。其使用条件是：所需信息必须是能观察到的或是从观察到的行为中推断出来的，所需观察的行为必须是重复性的、频繁的，要观察的行为必须是相对短期的等，只有这样，才能有效地实施观察法。

(2) 观察法的种类

①按照观察员是否对观察实行控制分为实验观察和非实验观察。实验观察是在人为设计的环境中进行观察。非实验观察法是指被观察对象处在完全自然环境当中对其所进行的观察。

②根据观察者是否置身观察活动中分为参与观察和非参与观察。参与观察，又称局内观察，指观察者参与到被观察者的社会环境、社会关系中，并通过与被观察者的共同活动以取得观察资料的方法。非参与观察，又称局外观察，指观察者不加入被观察者的群体，不参与他们的活动，完全以局外人的身份去观察事情的发生、发展变化情况。

③根据被观察者是否了解自己被观察分为隐蔽观察和非隐蔽观察。隐蔽观察是指在不为被观察对象所知的情况下,对被观察对象进行观察。非隐蔽观察指被观察者知道他们正被观察的情况下进行的观察。

④按照观察的形式分为无结构观察和有结构观察。无结构观察指观察者事先没有拟定好具体观察的项目,仅仅是带着一定的研究目的进行观察的。有结构的观察事先要求观察者设计好观察的项目及要求,制作统一的观察表格、项目清单或卡片,在实地观察中按照设计的要求进行观察,并作详细记录。

(3)观察法的优缺点

直观性、可靠性、灵活性是观察法的主要特点,并且不受被调查者回答意愿和能力等有关问题的影响。其局限性是观察法所获取的资料具有表面性和偶然性,当被调查者意识到或发现自己被观察时,可能会出现不正常的表现,从而导致调查结果失真等。

3. 实验法

(1)实验法的概念

实验调查法也称试验调查法,指实验人员从影响调查对象的若干因素中选出一个或几个因素作为试验因素,在其余各因素均不发生变化的情况下,了解试验因素的变化对研究对象的影响程度,以便获取所需资料的方法。简单说,实验法是指在既定条件下,通过实验对比,对社会现象中某些变量之间的因果关系及其发展变化过程加以观察分析的一种调查方法。

(2)实验法应用的前提条件

实验调研也可称为因果性调研,之所以称之为因果性调研,是因为它有可能去证明一种变量的变化能否引起另一种变量产生一些预见性的变化。即 A 引起 B 的变化,它必须符合三个条件:

①存在相关关系。为了证明 A 的变化引起 B 的某种特殊变化,我们首先必须证明 A 与 B 之间存在相关关系,但是单靠相关性还不能成为因果关系的证据。

②适当时间顺序。为了证明两个变量之间的因果关系,必须证明的第二件事是发生变化存在的适当时间顺序。为了证明 A 的变化引起 B 的变化,调查人员必须能够证明 A 的变化在 B 变化之前发生。然而证明了 A 与 B 的相关和 A 在 B 之前发生变化仍然不能提供充分的证据让我们下结论:A 是引起可观察到的 B 的变化的可能原因。

③排除其他可能的原因性因素。为了得到 A、B 之间可能存在的因果关系,在实验中必须尽可能的剔除其他非实验因素的影响。

(3)实验法的种类

①实验组事前事后对比实验。它是选择一组实验单位作为实验组,通过实验前后实验组的变化作出实验结论的一种方法。这种实验比较简便,且实验单位相同,避免了实验单位前后不同而产生的误差。但是由于事先事后相差一段较长的时间,各种不可控或预想不到的外来因素可能发生变化,从而影响实验结果的准确性。

②对照组同实验组对比实验。它是在同一时期,以对照组的情况同实验组的结果进行比较的一种实验方法。即在同一时期,选择一组实验单位作为实验组,同时,选择一组条件与实验单位类似的单位为对照组,在实验期内,对实验组改变实验因素,对照组不作任何改变,然后对照两个组的结果,以观察实验因素对实验对象的影响情况的一种方法。它是对照组与实验组在同一时期内进行对比实验的,排除了由于时间不同而可能出现的外来因素的影响。但这

种实验没有考虑到两组事前的状况,所以容易受单位不同,条件也有所差异的影响较大。

③有对照组的事前事后对比实验。它是对对照组和实验组分别进行事前和事后测量,然后进行事前事后对比的实验方法。

即在选择一组实验对象作为实验组的同时,再选择一组与实验组条件相同或相似的单位作为对照组,前一时期,两组均不作变化,并将两组结果登记下来,后一个时期,对实验组引入实验因素,而对照组不予变化,观察对比两组事前事后的实验结果,以获取资料的方法。这种方法剔除了非实验因素对实验对象的影响,从而对实验因素的评价更准确客观。

4. 报告法

报告法指报告单位以各种原始记录、统计台账资料为依据,根据统一要求向有关调查部门填报调查资料的方法。我国统计报表制度就是以报告法提供资料的。有些专门调查也是采取报告法获取资料的,如物资库存普查、工业企业设备普查等。

报告法的优点主要有以下几方面:

①资料的统一性高。报告法的表格形式、填报内容、填报口径、计量单位及报送程序等都是统一规定的,各报告单位按照调查表的内容和填表说明进行填报,保证了资料的统一性。

②资料的可靠性强。报告法的资料一般来源于原始记录、统计台账及企业、单位的内部报表等,不考虑人为因素干扰的话,资料的可靠性比较高。

③省时省力。与其他方法相比,报告法一般不需要专门组织调查队伍,由各填报单位根据内部资料按照要求填报调查表,因此节省人力、物力和时间。报告法的缺陷主要是灵敏性比较差,社会经济现象日新月异的状况无法及时体现或获取。

2.5 调查项目的承载形式

2.5.1 调查表

(1)调查表的含义

把各个调查项目(或标志)按照一定的结构和顺序排列成的表格称为调查表。在大多数统计调查中,调查内容通常是以调查表的形式来表现的。

(2)调查表的结构

调查表一般是由表头、表体和表脚三部分组成的。

表头是用来表明调查表的名称以及填写被调查单位的名称、性质、隶属关系等内容的,这些东西并不能用来进行统计分析,但是核实和复查各单位时不可缺少。

表体是调查表的核心部分,表现为表格形式,内容包括调查的项目、计算单位等。

表脚也称表外附加,内容通常包括填表人签名、调查日期、填表说明等。用以明确责任,发现问题,便于查询。如表2-4为第四次全国经济普查表中的单位从业人员情况调查表。

(3)调查表的形式

调查表的形式有单一表和一览表两种。单一表指每一份表只填写一个调查单位,但可以容纳较多的调查项目的调查表。一览表指把多个调查单位的资料填写在一份表上,但容纳的调查项目不多的调查表。基层统计报表一般采用单一表的形式。

表 2－4　非一套表单位从业人员情况调查表

　　　　　　　　　　　　　　　　　　　　　　　　表　号：611－2 表
　　　　　　　　　　　　　　　　　　　　　　　　制定机关：国家统计局
统一社会信用代码□□□□□□□□□□□□□□□□□□　国务院经济普查办公室
尚未领取统一社会信用代码的填原组织机构代码□□□□□□□□－□　文　号：国统字(2018)100 号
单位详细名称：　　　　　　　　　　2018 年　　　　　　有效期至：2019 年 6 月

指标名称	计量单位	代码	本年
甲	乙	丙	1
从业人员期末人数	人	01	
其中：女性	人	02	
其中：具有研究生学历(位)人员	人	03	
具有大学本科学历(位)人员	人	04	
具有大学专科学历人员	人	05	
其中：技能人员	人	06	
高级技师(国家职业资格一级)	人	07	
技　　师(国家职业资格二级)	人	08	
高级技能人员(国家职业资格三级)	人	09	
中级技能人员(国家职业资格四级)	人	10	
初级技能人员(国家职业资格五级)	人	11	

申报人：　　　　　联系电话：　　　　　　　　　　　　日期：20　年　月　日

说明：1. 统计范围：辖区内除一套表调查单位、金融和铁路部门负责普查的单位以外的全部法人单位，技能人员及其分组指标限执行企业会计制度的法人单位填报。

　　　2. 报送日期及方式：2019 年 4 月 30 日 24 时前通过 PAD 完成数据采集。

　　　3. 审核关系：(1)01≥02；(2)01≥03＋04＋05；(3)01＞06；(4)06＝07＋08＋09＋10＋11

2.5.2　调查问卷

1. 调查问卷的概念

调查问卷是调查人员根据调查的目的和要求所设计的，由一系列问题和备选答案以及其他辅助内容所组成的，以书面形式了解被调查者的反映和看法的统计信息调查工具。

2. 调查问卷的一般结构

①调查问卷的标题。概括说明调查研究的主题，是对调查主题的高度概括，一般位于调查问卷的上端居中，如"西安市居民生活情况调查问卷"。

②封面信或卷首语。一封致被调查者的短信，其主要作用在于引起被调查者的重视和兴趣，争取他们的支持与合作。一般地说，封面信的内容包括调查者的身份、调查的目的与意义、对被调查者的希望和请求、问卷调查的匿名性和保密原则、对被调查者表示感谢等。

③指导语或填答说明。它是用来指导被调查者填答问卷的各种解释和说明，其作用与仪器、工具的使用说明相似，主要是告诉问卷填答者如何填写问卷、注意什么事项等。

④调查内容(问题及答案选项)。它是整份问卷的主体，也是调查目的的集中体现。因此，它是整个调查成功与否的关键部分。这部分的内容由一个个的问题及其备选答案组合而成。

⑤编码。赋予每一个问题及其答案选项一个数字作为它的代码,是将每个问题及被调查者的回答转化成数字的工作过程,以便分类整理,方便计算机处理和统计分析。

⑥作业证明记载。这部分内容主要是为了满足调查访问管理和监督的需要而设置的,通常包括调查员的姓名、访问日期、调查时间、调查地点等。

3. 问题的类型

①开放式问题又称自由式问题。指在问卷上不提供或不规定具体的答案选项,被调查者可以根据所提问题自由回答的问题。

②封闭式问题也叫限制性问题。封闭式问题是由问卷设计者将问题的答案选项一一列出,被调查者只需在备选答案中选出适合自己的答案的问题。

③末尾开放式问题。它是开放式问题与封闭式问题的结合,在列出答案选项的同时,将最后一个答案选项设置成开放式。它既可使问题答案选项相对集中,又可以扩大信息搜集量。

4. 问题的表述

在对问题进行表述时,应满足以下几方面要求。

(1)准确性

问题的内容要具体,含义要明确,不能模棱两可,即每一个问题只能包含一项调查内容,避免过于笼统或把两个或两个以上的问题放在一起问;问题的用词要通俗、准确、客观,避免使用抽象的或专业化的述语及一词多义的词或不确切的词。

(2)科学性

提问要用中性词,避免使用诱导性或倾向性或暗示性的词;问题措词的强度要适中;不要以否定的形式提问;设计问题应考虑应答者回答问题的能力;问题与答案应协调一致等。

(3)艺术性

对于敏感性、威胁性、隐私性、有损自我形象的问题,应该在文字表述上做一些处理,努力减轻问题的敏感程度及威胁程度,使被调查者做出真实回答。处理的方法有几下几种。

①委婉法(释疑法)。即采取间接提问的方式,使用委婉的言词,减轻问题的敏感程度。

②转移法。即把问题转移到他人身上,或指出某种行为是普遍存在的,而不是异常现象,然后请被调查者对他人的行为作出评价。

③假设法(虚拟法)。即向被调查者以假设的方式提出问题,然后再询问被调查者对这种假设的看法。

④数值归档法。即对于敏感数字问题的答案选项,用数字段分类,以降低或消除被调查者的心理障碍。

思考与练习

一、判断题

1.(　　)在统计调查中,调查资料的承担者是总体单位。

2.(　　)调查我国几个主要的铁路枢纽货运情况,就可以了解我国铁路货运量的基本情况,这种调查方式属于抽样调查。

3.(　　)抽样调查的目的在于用抽样指标去推断总体指标。

4.（　）对一批电子产品进行质量检验,最适宜采用的调查方法是典型调查。

5.（　）重点调查的重点单位是指这些单位的标志总量占总体标志总量的绝大部分比重。

6.（　）调查单位是调查项目的承担者,它和总体单位有时是一致的,有时是不一致的。

7.（　）对各种不同型号的电冰箱进行使用寿命检查,最好的方法是普查。

8.（　）典型调查是一种为了了解总体现象的基本情况而专门组织的一次非全面调查。

9.（　）随机抽取 200 名本科应届毕业生调查 S 大学 2019 年本科毕业生的就业情况,研究总体是该大学所有的在校学生,调查单位是该大学的每一位学生。

二、单项选择题

1.某市要进行工业企业生产设备状况普查,要求在 1 月 1 日至 20 日全部调查完毕,这一时间是（　）。
   A.调查期限　　　　B.调查时间　　　　C.登记期限　　　　D.标准时间

2.某商店要对某型号的节能灯管进行质量检验,应选择（　）。
   A.普查　　　　　　B.重点调查　　　　C.典型调查　　　　D.抽样调查

3.对全国各铁路交通枢纽的货运量、货物种类等进行调查,以了解我国铁路货运基本情况和问题,这种调查方式属于（　）。
   A.普查　　　　　　B.抽样调查　　　　C.典型调查　　　　D.重点调查

4.重点调查中的重点单位是指（　）。
   A.这些单位举足轻重
   B.这些单位是先进单位
   C.这些单位的数量占总体全部单位的很大比重
   D.这些单位的标志总量在总体标志总量中占绝大部分比重

5.全面调查与非全面调查的划分是以（　）来划分的。
   A.时间是否连续　　　　　　　　　　B.调查组织的规模大小
   C.调查对象所包括的单位是否全面　　D.最后取得的资料是否全面

6.对某市工业企业生产设备状况进行调查,调查对象是（　）。
   A.该市全部工业企业　　　　　　　　B.该市全部工业企业的生产设备
   C.该市每一个工业企业　　　　　　　D.该市工业企业的每一台生产设备

7.抽样调查与重点调查的主要区别是（　）。
   A.作用不同　　　　　　　　　　　　B.组织方式不同
   C.灵活方式不同　　　　　　　　　　D.选取的调查单位不同

8.调查时间是指（　）。
   A.调查资料所属的时间　　　　　　　B.进行调查工作的期限
   C.调查资料报送的时间　　　　　　　D.调查工作登记的时间

9.抽样调查所抽出的调查单位是（　）。
   A.按随机原则抽选的　B.按随意原则抽选的　C.有意识抽选的　　D.典型单位

10.抽样调查所必须遵循的基本原则是（　）。
   A.随意原则　　　　B.可比性原则　　　　C.准确性原则　　　D.随机原则

11.调查单位是指（　）。

A. 调查资料的承担者 　　　　　　　　B. 提供统计资料的单位
C. 构成统计总体的最基本单位 　　　　D. 实施调查的单位

12. 直观性、可靠性、灵活性是（　　）的主要特点,并且不受被调查者回答意愿和能力等有关问题的影响。
　　A. 询问法　　　　B. 观察法　　　　C. 实验法　　　　D. 报告法

13. 基层单位通过一定的表格形式,对生产和经营活动所进行的数字和文字记载是（　　）。
　　A. 统计台账　　　B. 原始记录　　　C. 内部统计报表　　D. 统计报表

14. 基层单位根据统计核算工作的要求,利用一定的表格形式将分散的原始记录资料按时间顺序集中汇总记录在一个表册上是（　　）。
　　A. 统计报表　　　B. 原始记录　　　C. 内部统计报表　　D. 统计台账

15. 报告单位以各种原始记录、统计台账资料为依据,根据统一要求向有关调查部门填报调查资料的方法是（　　）。
　　A. 询问法　　　　B. 观察法　　　　C. 报告法　　　　D. 实验法

三、多项选择题

1. 普查是一种（　　）。
　　A. 专门组织的调查　　B. 经常性调查　　C. 一次性调查　　D. 非全面调查
　　E. 全面调查

2. 在某市工业企业生产设备普查中（　　）。
　　A. 全部工业企业是调查对象　　　　　B. 该市每台工业生产设备是调查单位
　　C. 该市每台工业生产设备是填报单位　　D. 该市每个工业企业是填报单位
　　E. 该市工业企业的全部生产设备是调查对象

3. 按抽样调查法抽取部分单位进行调查,（　　）。
　　A. 部分单位是有意识抽取的
　　B. 部分单位是按随机原则抽取
　　C. 目的是由部分单位的调查结果推断总体的数量特征
　　D. 哪些单位被抽中由调查人员主观意识决定的
　　E. 总体中各个单位都有同等的中选机会

4. 下列情况的调查单位和填报单位不一致的是（　　）。
　　A. 工业企业生产设备调查　　　　B. 工业普查　　　　C. 农产量调查
　　D. 工业企业现状调查　　　　　　E. 城市零售商店销售情况调查

5. 下列统计调查方式,属于专门调查的是（　　）。
　　A. 抽样调查　　　B. 典型调查　　　C. 重点调查　　　D. 统计报表
　　E. 普查

6. 一份完整的统计调查方案应包括确定（　　）。
　　A. 调查目的　　　B. 调查对象　　　C. 调查项目和调查方法
　　D. 调查时间和调查期限　　　　　　E. 调查的组织实施计划

7. 下列关于典型调查说法正确的是（　　）。
　　A. 典型单位是有意识地选取的　　　B. 典型单位只有一个

C. 典型调查是非全面调查　　　　　　　　D. 典型调查是全面调查
E. 典型单位是对同类现象某方面的共同特征体现的最充分的单位

8. 实验调查法的种类主要有(　　)。
A. 试验组事前事后对比实验　　　　　　B. 对照组与实验组对比实验
C. 对照组事前事后对比实验　　　　　　D. 有实验组的事前事后对比实验
E. 有对照组的事前事后对比实验

9. 调查项目的承载形式主要有(　　)。
A. 调查问卷　　　　B. 统计调查表　　　　C. 原始记录　　　　D. 统计台账
E. 内部统计报表

四、简答题

1. 一份完整的统计调查方案应包括哪几方面的内容？
2. 从调查单位的选取和调查的目的两方面说明重点调查、典型调查、抽样调查的区别，并各举一例。
3. 类型抽样、整群抽样分别是如何抽出样本的？比较两种抽样组织方式的特点。
4. 调查单位与填报单位有何区别和联系？
5. 原始统计信息资料的获取方法有哪几种？它们是如何获取调查资料的？
6. 实验法的种类有哪些？每种实验法各有什么优缺点？
7. 什么是调查问卷？一份完整的调查问卷应包括哪几部分内容？
8. 观察法有哪些优点和缺陷？

五、综合练习题

1. 为了全面了解 Y 市网络文化企业的发展状况，为政府和有关部门制定网络文化发展规划和相关政策提供依据。试设计一份完整的 Y 市网络文化活动统计调查方案。

2. 为了了解 A 市居民分性别人口的收入状况和收入结构，了解和掌握城市居民中男女收入的差异，为政府部门研究制定有助于促进男女平等地参与劳动力就业方面的政策提供依据，试设计一份分性别人群收入水平调查方案。

3. 选择一项自己比较熟悉的调研主题，要求：
(1) 写出调查研究目的；
(2) 制定一份结构完整、问题表述清晰、问题先后顺序排列合理、敏感性问题处理适当的调查问卷(至少包含 12 个问题)。

第3章 统计信息的整理与显示

学习目标

了解统计分组的涵义、种类及方法;熟练掌握分配数列的种类、编制原则与编制方法;正确运用统计图、表显示统计资料。

统计资料是我们利用统计分析方法进行分析的依据,是统计认识的基础。通过各种渠道、采取各种方式方法搜集到的资料常常是用来表现个体的、零散的资料,人们很难比较并发现它们的相互关系或规律。那么,怎样才能使我们所获取的原始资料适合于统计分析研究的需要是本章研究的主要内容。

3.1 统计信息整理的意义与步骤

3.1.1 统计信息整理的概念与作用

统计信息整理简称统计整理,指根据统计研究的目的,对统计调查阶段所取得的原始资料进行科学的分类、汇总,为统计分析提供系统化、条理化的综合资料的工作过程。

从统计的工作过程来看,统计整理是统计工作的第三个阶段,是统计调查工作的继续和统计分析的前提,在整个统计工作过程中起着承前启后的作用。从统计认识过程来看,统计整理是一种从个体的实际表现到总体的综合表现的认识的连接点,是对总体现象从感性认识上升到理性认识的过渡阶段。统计认识客观现象的目的不在于认识个体的状况,而在于通过个体来认识总体现象的本质和规律。从统计调查阶段获取的这些反映个体的、零散的资料中只能得出片面的感性认识,只有通过统计整理,才能提供全面系统的资料,使我们对现象的感性认识深化到理性认识。所以,统计整理是统计认识过程中的一个重要阶段,是统计分析的基础。

3.1.2 统计整理的步骤

统计整理是一项细致而周密的工作,必须有组织、有计划地进行。统计整理的基本步骤包括以下几个环节。

①设计统计资料的整理方案。设计统计资料的整理方案是保证统计整理有计划、有组织地进行的首要步骤。统计整理方案主要是确定统计整理原则、明确各种统计分组标志、分组方法,确定各项需汇总计算的统计分析指标等。

②对统计调查资料进行审核。统计调查过程中,往往因各种原因会出现一些差错。要保证统计分析资料的质量,必须在统计整理之前对调查资料进行审核。审核的内容主要是资料的完整性、准确性和时效性。审核资料的完整性,主要是审核应该调查单位是否有遗漏,调查项目填写是否齐全等。审核资料的准确性,主要检查数据是否准确,包括从计算技术和逻辑两

方面的审核。计算技术审核是从计量单位、计算范围及计算方法等方面,审核资料是否真确。如各组数字之和是否等于相应的合计数,各组所占比重之和是否等于1或100%,出现在不同表格上的同一指标数值是否相同等等。逻辑审核是利用指标之间的联系,审核数字之间是否平衡,是否出现矛盾之处等。审核资料的时效性,主要是检查资料是否属于调查时间上的资料,以便保证资料的统一性和可比性。对发现的问题,可以采取补充调查、推算等方法加以解决。

③确定具体的分组方法,对各项指标进行分类、汇总。

④对整理好的资料进行审核,发现并改正在分类、汇总、计算过程中发生的错误。

⑤编制统计表、统计图,系统的积累材料。

3.2 统计分组

3.2.1 统计分组的概念及原则

统计分组是根据统计研究的目的及现象自身的特点,将被研究的总体按照一定的标志区分成若干个不同性质或类型的组成部分。统计分组具有两方面的含义,对于总体而言具有"分"的含义,即将总体区分成性质不同的若干个部分;对个体而言具有"合"的含义,即将性质相同的个体组合在一起形成一个组或类。统计分组的基本要求是,分组后要保证组内资料具有同质性和组间资料具有差异性。具体应遵循的原则如下:

①穷尽性原则。穷尽性原则是指分组后能够使总体内的每一单位都能无一例外地划归到各自所属的组,不能出现有单位无组可归的现象。

②互斥性原则。对总体分组后,每个组的范围应该互不相容、互相排斥,即每个总体单位在特定的分组标志下只能归于某一个组,而不能同时或可能同时出现在两个或更多个组中。

3.2.2 统计分组的作用

(1)划分现象的类型

统计分组的根本作用是区分现象的不同类型或性质。通过分组,可以确定总体内部的各种类型,以便于不同类型特征间进行比较、分析、综合。例如,将我国的工业企业按照生产要素组合特征可划分为资金密集、技术密集和劳动密集形三大类型;又如2017年我国按照登记注册类型分组的企业法人单位类型如表3-1所示。

(2)反映总体的内部结构

现象的各个组成部分不但在性质上不同,而且在总体中所占的比重也不同。在分组的基础上,计算各类型在总体中所占比重,可以说明总体的内部构成情况,通过各组所占比重在不同时间上的变化情况可以说明总体结构的变化趋势及其规律性。

(3)揭示现象之间的依存关系

各种现象之间是相互联系、相互制约的。通过统计分组,可以从数量上揭示现象之间相互依存、相互制约的关系。如机床的使用年限与年维修费用之间,若不经过分组,仅仅将每一台机床的使用年限由低到高,并配合相应的年维修费用——对应平行排列起来,相同使用年限的机床,有的年维修费用高,有的年维修费用低,二者之间的依存关系表现不明显。从表3-2资料中可以看出,在对机床使用年限进行分组的基础上,机床年平均维修费用随着使用年限的延长而不断增加,二者之间的依存关系明显地显示出来。

表 3-1 2017 年按登记注册类型分组的企业法人单位数

企业法人单位按登记注册类型分	单位数/个
(1)国有企业	133 223
(2)城镇集体企业	155 641
(3)股份合作企业	62 350
(4)联营企业	16 550
(5)有限责任公司	2 368 950
(6)股份有限公司	151 259
(7)港、澳、台商投资企业	130 214
(8)外商投资企业	136 997

表 3-2 某企业机床使用年限与维修费用资料

使用年限/年	机床数/台	年平均维修费用/元
2	6	470
3	8	520
4	10	690
5	12	700
6	7	787
8	5	840
9	4	1 080
合　计	52	—

3.2.3 统计分组的方法

(1)统计分组标志的选择

分组标志指分组的标准或依据。分组标志选择的正确与否,关系到能否反映总体的性质特征、实现统计研究的目的问题。分组标志一经选定,必然突出总体在此标志下的性质差异,而掩盖总体在其他标志下的差异。因此,分组时,必须从统计研究的目的出发,选择能够反映事物本质或主要特征的标志作为分组标志。例如,对企业职工进行分类,首先要确定根据职工的什么标志进行分组,是性别、年龄、工龄,还是工资、岗位等,研究的目的不同,选择的分组标志也不同。

(2)确定分组的种类或形式

统计分组根据不同的分类依据具有不同的种类或形式。

①根据分组标志的性质不同,统计分组分为按品质标志分组和按数量标志分组。按品质标志分组是指按照反映事物属性差异的标志进行分组。如人口以性别、民族、职业等分组;企业按经济类型、行业所有制、隶属关系等进行分组。按品质标志分组有的比较简单,分组标志

一经确定,组的名称和组数也就确定了。例如人口按性别分为男女两组。这些组在性质界限上是明确、稳定的。有的比较复杂,两种类型之间存在过渡状态,组限不容易划分。例如,人口按职业分类,产品按经济用途分类等。在统计实践中,为了保证统计分组的统一性、科学性,国家统计局及相关部门制定有各种统一的分类目录与规定标准,如工业产品分类目录、国民经济行业分类标准、中华人民共和国职业分类大典等,它是各企业、各地区、各部门对统计资料进行分类整理的依据。

按数量标志进行分组是指按照反映事物数量特征差异的标志进行的分组。例如,工业企业按照职工人数、总产值、固定资产数量等进行分组。按照数量标志分组,目的并不是单纯确定各组的数量差别,而是要通过数量变化来区分各组的不同类型或性质。例如,学习成绩分为60分以下、60~100分两组,就是为了观察及格与不及格两个不同性质成绩的分布情况。按数量标志分组的组限、组数、组距等问题将在分配数列部分介绍。

②根据选择分组标志的多少不同,统计分组分为简单分组和复合分组。简单分组指对总体只按照一个标志进行分组。如企业按照登记注册类型分组或按照规模进行分组,从业人员根据性别分组或工龄分组等。

复合分组指对同一总体同时选择两个或两个以上的标志层叠起来进行分组。例如,某地区人口按城乡和性别层叠起来进行分组。如图3-1所示。

  (1)城镇
    ①男
    ②女
  (2)乡村
    ①男
    ②女

图3-1 某地区人口按城乡和性别进行复合分组

第一次分组只考虑了城乡的影响,第二次分组同时考虑了城乡和性别的影响。复合分组比简单分组更加具体和深入地反映总体内部的类型和结构特征,而且可以显示结构的层次,说明总体内部类型的主从关系。但是复合分组的标志不宜过多,一般不应超过三个。增加一个分组标志,则组数数倍增加,各组单位数分散,现象的规律性也就难于呈现出来了。

③分组体系选择。为了对研究对象从不同的方面进行观察与分析,以便全面系统地反映总体内部的类型和结构特征,实际中经常需要从不同的角度对总体进行分组,这时会形成一个分组体系。分组体系指对同一总体选择若干个标志进行分组而形成的相互联系、相互补充的分组整体。

根据分组体系中各种分组之间的关系不同,分组体系分为平行分组体系和复合分组体系。

平行分组体系指对同一总体选择两个或两个以上的标志分别进行简单分组所形成的体系。例如,对某工业企业的职工按性别分组,按工龄分组,按工资分组,并作平行排列,所得的分组体系即为平行分组体系,如图3-2所示。

平行分组体系的特点是每次分组只能固定一个因素对差异的影响,不能考虑其他因素对差异的影响。

复合分组体系指对同一总体选择多个标志进行复合分组从而形成的分组体系叫复合分组体系,如图3-1所示。

$$\text{按性别分组}\begin{cases}\text{男}\\\text{女}\end{cases} \quad \text{按工龄分组}\begin{cases}5\text{ 年以下}\\5\sim10\text{ 年}\\10\sim15\text{ 年}\\15\sim20\text{ 年}\\20\text{ 年以上}\end{cases} \quad \text{按工资分组}\begin{cases}4\,000\text{ 元以下}\\4\,000\sim5\,000\text{ 元}\\5\,000\sim6\,000\text{ 元}\\6\,000\sim7\,000\text{ 元}\\7\,000\text{ 元以上}\end{cases}$$

图 3-2 职工按性别、工龄、工资分别分组的平行分组体系

3.3 分配数列

3.3.1 分配数列的概念

在统计分组的基础上,将总体中的所有单位按照一定的标志分组整理,形成总体单位数在各组间的分布叫次数分配。分布在各组的单位数叫次数或频数。各组次数与总次数之比叫频率或比重。分配数列指将各组的组别与次数(或频率)依次排列而形成的数列。分配数列是统计整理结果的一种重要表现形式,也是统计分析的一种重要方法,它可以表明总体的分布特征、结构情况,并且可据以研究总体某一标志不同取值的一般水平等。

3.3.2 分配数列种类

根据分组标志的特征不同,分布数列分为属性分配数列和变量分配数列两种。

1. 属性分配数列

属性分布数列指按品质标志分组所形成的数列。如表 3-3 所示。

表 3-3 2018 年某地区人口的性别分组资料

性别	人数/万人	比重/%
男性	1 198.0	51.94
女性	1 108.6	48.06
合　计	2 306.6	100.00

2. 变量分配数列

变量分配数列指按数量标志分组所形成的数列。例如,某地区家庭按照人口数分类,某车间的工人按照日产量分组、某企业的职工按照月工资分组等。

变量分配数列根据每个组中包含变量值的个数不同分为单项数列和组距数列。

(1) 单项数列

单项数列指按照每一个变量值分别列组所形成的数列,如表 3-4 所示。它一般适用于离散型变量,且在变量的取值不多时使用。

表 3-4　某地区家庭按照人口数分组资料

按家庭人口分组/人	家庭数/户	比重/%
1	80	3.17
2	180	7.14
3	1 060	42.06
4	800	31.75
5	300	11.90
6	100	3.97
合　计	2 520	100.00

(2)组距数列

组距数列指按照变量的每个取值区间分别列组所形成的数列。它一般适用于连续型变量和变量取值很多、不便于一一列举分组的离散型变量。例如,某车间 50 名工人按日加工零件数进行分组,若按每个变量值进行分组,数列会显得十分繁琐,而且也观察不出不同类型的分布情况,在这种情况下,需要增加各组所包括的变量值的范围,减少组数。如表 3-5 所示。

表 3-5　某车间 50 名工人日加工零件数分组表

按零件数分组/个	工人数/人	比重/%
105～109	3	6
110～114	5	10
115～119	8	16
120～124	14	28
125～129	10	20
130～134	6	12
135～139	4	8
合　计	50	100

组距数列根据每组组距是否相等分为等距数列和异距数列。等距数列指每个组的组距都相等的组距数列。适用于标志值变动比较均匀的情况,一般在现象性质差异的变动比较均衡、现象的不同性质或类型可以用等距变量值表现时使用。一般的组距数列都是以等距数列的形式表现的。异距数列即各组组距不相等的数列。在变量值变动幅度较大、现象的不同性质或类型需要用不相等组距的变量值表现时使用。如为了划分大、中、小、微型企业,将工业企业按照从业人员人数多少进行分组,如表 3-6 所示。

表 3-6　某地区工业企业按照从业人员人数分组

从业人员人数/人	企业个数/个	比重/%
20 以下	120	4.88
20～300	800	32.52
300～1 000	1 300	52.84
1 000 以上	240	9.76
合　计	2 460	100.00

编制组距数列需要确定的几个问题：

①确定组距和组数。当一个组中包括许多个变量值时，该组变量值的最大值叫上限，最小值叫下限，上下限之差叫组距。

一般来说，组距的大小和组数成反比关系。组距增大，组数减少，容易把不同性质的单位归为一类；反之，组距缩短，组数增多，又容易把同质的单位分布在不同的组内。因此，组距和组数的多少应适度，必须根据现象的性质和特点，以及数据的分布特征及集中趋势确定。

等距数列编制中，可根据美国学者斯特吉斯(Sturges)提出的经验公式确定组数，即：

$$组数 = 1 + 3.322 \lg n \quad (n为变量值的个数)$$

$$组距 = \frac{全距}{组数} = \frac{全距}{1 + 3.322 \ln n}$$

为了计算方便，组距宜取 5 或 10 的倍数。

②确定组限。组限指决定事物的性质或类型的数量界限。确定组限的基本原则：按这样的组限分组后，要能使性质相同的单位归入同一组内，使性质不同的单位归入不同的组中。

在划分各组的组限时，对于连续型变量，为了使变量值不致发生遗漏及重复统计，相邻组的组限必须重叠，并遵循"上限不在内"原则统计各组的次数。对于离散型变量，相邻组的组限可以断开，也可以重叠。当相邻组的组限断开时，相邻组的组限必须相互衔接；当相邻组的组限重叠时，也应遵循"上限不在内"原则统计各组的次数。

③计算组中值。组中值指一组变量值的代表性数值或中间数值。为了反映各组变量值的一般水平，通常用组中值作为该组数据的代表值。其计算方法为：

上下限都有时，组中值 $= \frac{1}{2}$(上限 + 下限)；

只有上限时，组中值 = 上限 $- \frac{1}{2}$ 相邻组的组距；

只有下限时，组中值 = 下限 $+ \frac{1}{2}$ 相邻组的组距。

④次数密度。异距数列各组次数的多少受组距大小的影响，不能直接准确反映现象实际的分布特征，各组次数也不能直接比较，为了消除组距不等的影响，必须计算次数密度。次数密度是指每组单位变量值分布的次数，是由某一组次数与该组的组距相对比的比值。具体计算公式为：

$$次数密度 = \frac{某组的次数}{相应组的组距}$$

3.3.3 次数分布的主要类型与特征

不同性质的现象有着不同的次数分布，形成各种不同的次数分布特征。各种不同性质现象的次数分布概括起来主要有三种类型：钟型分布、J 型分布和 U 型分布，如图 3-3 所示。

①钟型分布。钟型分布的特征是两头小，中间大，即中间变量值分布的次数多，两端变量值分布次数少。实际中，许多现象服从这种分布。钟型分布又分为对称分布和非对称分布。对称分布特征是中间变量值分布的次数最多，两侧变量值分布的次数随着与中间变量值距离的增大而逐渐减少，并且围绕中间变量值呈对称分布。非对称分布根据长尾拖向分为左偏分布和右偏分布。

②J型分布。次数随着变量值的增大而增多(正J型分布),或次数随着变量值的增大而减少(反J型分布)。如随着价格的提高,商品供给量也在不断地增加,属于正J型分布;随着价格的提高,商品的销售量在不断地减少,属于反J型分布。

③U型分布。与钟型分布相反,两端变量值分布的次数多,中间变量值分布的次数少。如不同年龄段的人口死亡率资料分布图就属于U型分布。

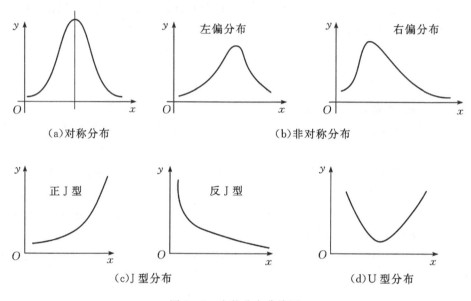

图3-3 次数分布曲线图

3.4 统计资料的显示

统计调查所获得的原始资料经过分类、汇总,最后以统计表或统计图的形式显示出来。

3.4.1 统计表

(1)概念

把经过调查所得来的统计资料经过汇总整理,并按一定顺序填列在一定的表格内就形成了统计表。统计表是表现统计资料的一种形式。其优点在于能使大量的统计资料系统化、条理化,简单明了地表述统计资料的内容,便于资料间比较分析和资料积累。

(2)统计表的构成

统计表从构成要素看,由总标题、横行标题、纵栏标题和数字资料等要素构成。总标题简明扼要地说明全表的内容,置于表的上方;横行标题置于表内的左端,是统计表所要反映的总体的各个组的名称,也称主词,它是统计研究的对象;纵栏标题是用以说明主词的各种指标名称,置于表体内的右上端,也称它为宾词;信息资料即横行与纵栏相交叉处的数据信息,任何一个信息都受横行标题和纵栏标题的限定。此外,有些统计表还有一些补充资料、注释、资料来源、填表单位、填表人、填表时间等,放在表体的下面,统称为表脚。例如,2018年年末全国人口数及其构成资料统计表的构成,如表3-7所示。

表 3-7 2018 年年末全国人口数及其构成 ←总标题

纵栏标题（宾词）

指标		年末数/万人	比重/%
横行标题（主词）	全国总人口	139 538	100.00
	其中：城镇	83 137	59.58
	乡村	56 401	40.42
	其中：男性	71 351	51.10
	女性	68 187	48.90
	其中：0~15 岁（含不满 16 周岁）	24 860	17.80
	16~59 岁（含不满 60 周岁）	89 729	64.30
	60 周岁及以上	24 949	17.90
	其中：65 周岁及以上	16 658	11.90

信息资料

资料来源：2018 年国民经济和社会发展统计公报 ←表脚

(3) 统计表的种类

按主词是否分组及分组的程度不同，统计表分为简单表、简单分组表和复合分组表。

① 简单表。指总体未经任何分组，仅罗列各单位名称或按时间顺序排列的表格，如表 3-8 所示。

表 3-8 2017 年我国各直辖市相关资料

市名	人口数/万人	地区生产总值/亿元
北京	2 171	28 014.94
天津	1 557	18 549.19
上海	2 418	30 632.99
重庆	3 075	19 424.73

② 简单分组表。总体只按一个标志进行分组所构成的表，如表 3-9 所示。

表 3-9 2018 年国内生产总值产业分布资料

产业	国内生产总值/亿元	比重/%
第一产业	64 734	7.19
第二产业	366 001	40.65
第三产业	469 575	52.16
合　计	900 309	100.00

③ 复合分组表。总体按照两个或两个以上的标志层叠起来进行分组所形成的统计表，如表 3-10 所示。

表 3-10　2018年甲高校教师技术职称、性别构成资料

按技术职称、性别分组	人数/人	比重/%
教授	100	8.47
男	56	56.00
女	44	44.00
副教授	280	23.73
男	180	64.29
女	100	35.71
讲师	500	42.37
男	320	64.00
女	180	36.00
助教	300	25.42
男	160	53.33
女	140	46.67
合　计	1 180	100.00

(4)统计表的设计

设计统计表时,应遵循科学、实用、美观的原则。具体要求如下:

①总标题应简明、扼要、确切地说明表的内容、时间和范围。

②表中的指标要注明计量单位。

若全表的计量单位相同,可在表的右上角注明;若表中仅同栏计量单位相同,应在各栏的标题后注明计量单位;若各行计量单位不同时,可以专设"计量单位"栏。

③统计表内上下各栏的数字位数要对齐,同类数字要保留有效的统一位数,没有数字的空格,应以短横线填充。

④统计表左右两端不封闭。

⑤统计表的资料来源及需要进一步说明、解释的事项,可作为注释,置于表下。

3.4.2　统计图

(1)概念

统计资料除了可以用统计表表述外,还可以用统计图来显示。统计图是以各种图形来形象地表现统计资料的一种形式。其特点是可以形象、鲜明、直观地表现统计资料及统计资料之间的关系。常用的统计图主要有直方图、折线图、曲线图、圆形结构图等。

(2)种类

①直方图。它是用直方形的宽度和高度来表明次数分布的图形,一般多用来表示组距数列。对于等距数列,可以各组的组距为宽度,以各组的次数为高度绘制直方图。例如,根据表 3-5 资料绘制的直方图如图 3-4 所示。

对于异距数列,由于各组的组距不同,次数的差异不能直接比较来表明变量分布的特征。因此绘制直方图时,要以各组的组距为宽度,以次数密度为高度绘制直方图。

例如,某企业生产工人按照生产定额完成程度分组资料如表 3-11 所示,绘制成直方图如图 3-5 所示。

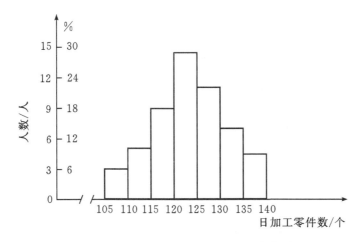

图 3-4　某车间工人日加工零件数的直方图

表 3-11　某企业生产工人按照生产定额完成程度分组资料

定额完成程度/%	工人数/人	组距/%	次数密度
80～100	10	20	0.5
100～110	20	10	2.0
110～120	28	10	2.8
120～150	12	30	0.4
合　　计	64	—	—

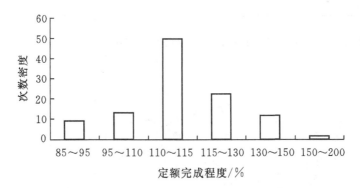

图 3-5　某企业生产工人生产定额完成程度分布直方图

②折线图。折线图是指将各组变量值与对应次数所形成的坐标点用直线线段连接起来所形成的图形。或在直方图的基础上,将每个直方形顶部的中点(即组中值与次数形成的坐标点)用直线线段连接起来而形成的图形。当对应的变量值不是很多或组数不多时,使用折线图。根据表 3-2 某企业机床使用年限分组资料绘制折线图,如图 3-6 所示。

将变量数列各组的次数或比率逐组累计相加形成累计次数。累计次数有向上累计和向下累计两种计算方法。向上累计是由变量值低的组向变量值高的组逐组累计各组的次数或频率;向下累计是由变量值高的组向变量值低的组逐组累计各组的次数或频率。累计次数的分布也可以用折线图来显示。

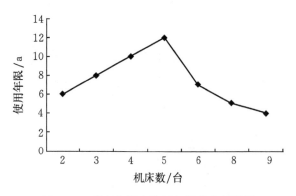

图 3-6 某企业机床使用年限分布折线图

例如,甲某车间工人劳动定额完成程度分布资料,见表 3-12。

表 3-12 甲车间工人劳动定额完成程度分布资料

劳动定额 完成程度/%	人数/人	频率/%	向上累计		向下累计	
			人数/人	频率/%	人数/人	频率/%
80~90	3	10.0	3	10.0	30	100.0
90~100	4	13.3	7	23.3	27	90.0
100~110	12	40.0	19	63.3	23	76.7
110~120	8	26.7	27	90.0	11	36.7
120~130	3	10.0	30	100.0	3	10.0
合　计	30	10.0	—	—	—	—

将表 3-12 资料用折线图表示累计次数分布情况,如图 3-7 所示。

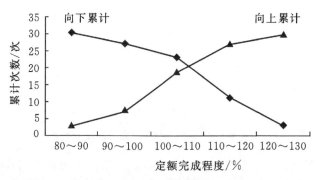

图 3-7 某车间工人劳动定额完成程度累计次数折线图

③曲线图。曲线图是用平滑的曲线将坐标点连接起来所形成的图形。它是组数趋向于无限多时折线图的极限描绘。当变量数列的组数很多时,折线便近似地表现为一条平滑的曲线。曲线图的绘制方法与折线图基本相同,只是曲线图是用平滑的曲线连接各坐标点的。根据表 3-2 某企业机床使用年限分组资料绘制曲线图,如图 3-8 所示。

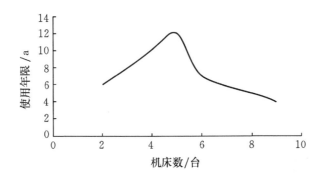

图 3-8 某企业机床使用年限分布曲线图

④圆形图。圆形图也称饼图,它是以圆的面积或圆内各扇形的面积来表示数值大小或总体内部结构的一种图形。圆形图主要用于表示总体中各组成部分所占的比重。在绘制圆形图时,总体中各部分所占的百分比用圆内的各个扇形面积表示,这些扇形的中心角度是按各部分百分比占360°的相应比例确定的。各扇形的中心角度为360°×各组频率。根据表3-10教师技术职称结构资料绘制成圆形图,如图3-9所示。

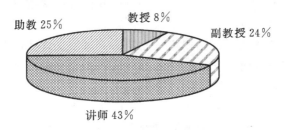

图 3-9 2018年甲高校教师技术职称结构圆形图

⑤茎叶图。由"茎"和"叶"两部分组成,按"茎"把一组数据分为若干行,"茎"相同的数据分在同一行;图形是由数据构成的,以该组数据的高位数作为茎,低位数(尾数)作为叶,树茎一经确定,树叶自然地长在树茎上了。茎叶图类似于横置的直方图,但又有别于直方图。直方图可大体上看出一组数据的分布状况,但没有给出各组的具体数值。茎叶图既能看出数据的分布状况,又能显示出每一组中的原始数值,观察出各组数据的变异状况。如某车间生产工人日加工零件数资料如图3-10所示。

树茎	树叶(个位)	数据个数
10	7 8 8	3
11	0 2 2 3 4 5 7 7 7 8 8 8 9	13
12	0 0 1 2 2 3 3 3 3 4 4 4 4 5 5 6 6 7 7 7 8 8 9	22
13	0 1 3 3 4 4 5 7 9 9	10

图 3-10 某车间工人日加工零件数的茎叶图

思考与练习

一、判断题

1.（　　）在编制组距数列时,对于连续型变量,相邻组的组限必须重叠,并遵循"下限不在内"原则。

2.（　　）在对全部企业按所有制分组的基础上,再按职工人数分组,这属于复合分组。

3.（　　）离散型变量只能以单项数列来表现资料。

4.（　　）统计分组具有两方面的含义,对于总体而言具有"分"的含义,对个体而言具有"合"的含义。

5.（　　）组中值指一组变量值的中间数值或代表性数值。

6.（　　）每个组中只包含一个变量值的数列称为组距数列。

二、单项选择题

1.次数密度是指（　　）。
A.平均每组组内分布的次数　　　　B.平均每组组内单位变量值分布的次数
C.平均每组组内分布的频率　　　　D.组距除以次数

2.（　　）宜编制单项数列。
A.连续性变量且各变量值变动比较均匀　　B.离散型变量且各变量值比较少时
C.连续性变量且各变量值变动幅度较大　　D.离散型变量且变量值多时

3.变量数列中各组频率的总和应该（　　）%。
A.小于100　　B.等于100　　C.大于100　　D.不等于100

4.确定连续型变量的组限时,相邻两组的组限应是（　　）的。
A.断开　　B.重叠　　C.连续　　D.断开但衔接

5.简单分组与复合分组的区别在于（　　）不同。
A.组数的多少　　B.分组标志的多少　　C.分组标志的性质　　D.总体的复杂程度

6.统计分组的基本原则是,按某一标志分组的结果表现出（　　）。
A.组内资料同质性和组间资料差异性　　B.组内资料差异性和组间资料差异性
C.组内资料同质性和组间资料同质性　　D.组内资料差异性和组间资料同质性

7.某企业职工根据工资水平分为4组:5 000元以下;5 000～6 000元;6 000～7 000元;7 000元以上。第一组和第四组的组中值分别是（　　）。
A.4 500元和7 500元　　　　　　B.5 000元和7 000元
C.4 000元和8 000元　　　　　　D.5 000元和7 500元

8.在次数分布数列中,频率是指（　　）。
A.各组的频率相互之比　　　　　B.各组次数相互之比
C.各组分布次数与频率之比　　　D.各组分布次数与总次数之比

9.在全距一定的情况下,组距大小与组数多少成（　　）关系。
A.正比例　　B.反比例　　C.无比例　　D.有时正比例,有时反比例

三、多项选择题

1.统计分组的作用是（　　）。

A. 反映总体的内部结构　　　　　　　B. 比较现象间的一般水平
C. 区分事物的类型　　　　　　　　　D. 反映现象之间的依存关系
E. 分析现象的变化关系

2. 某班学生成绩分组中,不及格的学生人数占总人数的6%,这一数字是(　　)。
A. 频数　　　　　B. 次数密度　　　　C. 频率　　　　　D. 比重
E. 相对次数

3. 对连续型变量(　　)。
A. 宜按每个变量值分别列组
B. 宜编制组距数列
C. 相邻组的组限可以断开,但要相互衔接
D. 相邻组的组限必须重叠,并按"下限不在内"原则统计各组的次数
E. 相邻组的组限必须重叠,并按"上限不在内"原则统计各组的次数

4. 统计分组的含义是(　　)。
A. 将总体区分为性质不同的若干部分　　　B. 将总体区分为性质相同的若干部分
C. 将性质相同的单位组合在一起　　　　　D. 将性质不同的单位组合在一起
E. 在总体内部进行一种定性分类

5. 统计表按主词是否分组及分组的程度,可分为(　　)。
A. 简单表　　　B. 单一表　　　C. 简单分组表　　　D. 一览表　　　E. 复合分组表

四、简答题

1. 说明单项数列和组距数列的含义和适用条件,并各举一例。
2. 编制统计表应注意哪些问题?
3. 什么是统计分组?统计分组的作用主要有哪些?
4. 变量分配数列有哪几种?它们分别在什么条件下使用?

五、综合练习题

1. 2018年我国国内生产总值为900 309亿元,其中,第一产业增加值为64 734亿元,占国内生产总值的比重为7.2%;第二产业增加值为366 001亿元,占国内生产总值的比重为40.7%;第三产业增加值为469 575亿元,占国内生产总值的比重为52.2%。试根据2018年国内生产总值及其构成数据编制分配数列,并绘制圆形图(饼图)。

2. 某班36名学生统计学考试成绩如下:
42　53　56　61　63　65　65　67　68　68　70　70　71　72　72　73　74　74
74　75　75　76　76　76　78　79　80　83　83　84　85　86　88　92　95　96
要求:
(1)根据上面资料编制反映不及格、及格、中等、良好、优秀五个类型学生学习成绩分布情况的分配数列,并计算向上累计频数和向下累计频数;
(2)根据编制的分配数列,绘制学习成绩分布直方图。

3. 我国历年原油产量资料如下表。根据表中历年原油产量资料,绘制曲线图和直方图。

年　份	2011	2012	2013	2014	2015	2016	2017	2018
原油产量/亿 t	2.04	2.07	2.09	2.11	2.15	2.00	1.92	1.89

第4章 数据特征的测度

> **学习目标**

理解各类指标的涵义、特点及其种类;熟练掌握各种指标的计算方法及应用条件,特别是平均指标和标志变异指标;搞清强度相对指标与平均指标的区别、各类有关指标之间的关系;灵活运用所学的各种指标分析具体问题,掌握相对指标在实际应用中注意的问题。

通过对统计信息资料的整理,使我们对研究对象的类型、结构等有了一个概括的了解。为了更进一步综合地反映总体的数量特征、数量关系、总体的分布特征和变化规律,也为了便于同类现象数量之间进行比较,需要计算一系列的统计指标将这些特征、关系及其规律表现出来,以便对研究对象进行进一步的分析。本章将介绍总量指标、相对指标、平均指标、标志变异指标、偏态与峰度。

4.1 总和特征的度量——总量指标

4.1.1 总量指标的概念与作用

总量指标是用来反映现象在一定时间、地点条件下的总规模、总水平的统计指标。总量指标用绝对数表示,其数值的大小与总体范围成正比,它是统计指标中的外延指标。总量指标在社会经济研究与管理中具有重要的作用。

①总量指标是反映一个国家、一个地区、一个企业单位的基本情况的起点指标。例如,一个国家的人口总数、国内生产总值、社会商品零售总额、出口总额、粮食总产量等总量指标,可以反映一个国家的规模及经济发展水平。

②总量指标是实现宏观调控和企业经营管理的基本依据之一。总量指标是国家有关部门制定宏观政策、编制计划,对国民经济运行实行宏观调控的基本数据;是对企业实行科学管理,使企业生产经营活动正常进行的主要依据。

③总量指标是计算其他统计指标的基础。平均指标、相对指标是由总量指标派生出来的,总量指标是否准确,直接影响其他指标的准确性。

4.1.2 总量指标的计量单位

总量指标是有一定经济内容的数值,所以必须有一定的计算单位。根据总量指标所反映现象的性质不同,总量指标的计量单位可以分为三种:实物单位、价值单位、劳动单位。

(1)实物单位

实物单位是根据事物的自然属性和特点而采用的计量单位。主要有以下三种:

①自然计量单位。按事物的自然状况来计量现象总量的单位。如人口以"人"、汽车以

"辆"、电视机以"台"、油井以"口"计量等。

②度量衡计量单位。按统一度量衡制度的规定计量现象总量的单位。如长度以"m"或"km"、面积以"m²"、重量以"kg"或"t"、空间以"m³"、电机容量以"kW"为计量单位等。

③标准实物单位。按统一规定的折算标准计量现象总量的单位。如将各种不同含量的化肥用折纯法折合成含氮量为 100% 的标准化肥量;将含热量不同的煤折合为 7 000 kcal/kg 的标准煤;电石按发气量 300 L/kg 折算等。

$$标准实物总量 = \sum 某种规格的产品总量 \times 折算系数$$

$$折算系数 = \frac{某种产品的实际规格}{标准品规格}$$

(2)价值单位

价值单位也叫货币单位,是用货币来计量现象总量的一种计量单位。它弥补了实物指标的不足,可以反映社会产品、社会财富、劳动成果的总规模和总水平,如总产值、工资总额、总成本、总销售额等都可用元、万元表示。

(3)劳动单位

劳动单位是用劳动时间来计量现象总量的一种单位,如工时、工日等,它广泛应用于企业内部。

以上三种计量单位可以单独使用,也可以结合使用。三种计量单位结合使用时会派生以下两种单位:

①复合计量单位。指将两种或多种计量单位结合起来并列使用的单位。如货物周转量以"t·km"表示,发电量以"kW·h"计量等。

②多重计量单位。同时采用两种或多种计量单位来表示现象之间的数量关系或总体的单位水平的计量单位。一般两重计量单位使用的比较多。如人口密度用"人/km²",万元产值综合能耗标煤用"t/万元",输送单位油气耗电量用"kW·h/t"表示等。

其中,复合单位可以用来计量现象的总数量,而多重单位只能计量总体的单位水平或现象之间的数量关系。

4.1.3 总量指标的种类

(1)总量指标按其反映总体内容不同分为总体单位总量和总体标志总量

总体单位总量是反映总体中总体单位数多少的指标,表示总体本身规模的大小。总体标志总量是反映总体内各单位某一数量标志值总和的指标,表示总体某一特征的总数量或总水平。例如,要研究某企业职工的基本情况,职工总人数是总体单位总量,企业职工的工资总额为总体标志总量。又如,以全国工业企业作为统计的对象,全国工业企业总数是总体单位总量指标,全国工业总产值、全国工业职工总人数为总体标志总量。

当一个总体确定后,总体单位总量指标只有一个,其他的均为标志总量。总体单位总量和总体标志总量不是固定不变的,而是随着研究目的、研究对象的变化而变化的。如上例中的职工人数。

(2)按其反映的时间状况不同分为时期指标和时点指标

时期指标是反映现象在一段时期内发展所达到的总数量的指标,如产品产量、工业总产值、工资总额、利润总额等。时期指标的特点主要是:①时期指标的数值可以连续累计。如

2018年的总产值,它是2018年中12个月总产值之和。②同一总体,时期指标数值的大小与时期长短直接有关。通常,时期越长,指标数值越大。如某个企业一年的总产值要大于一个季度的产值。

时点指标是反映现象在某一时刻或某一时点上所处状况的指标。如职工人数、设备台数、企业个数、商品库存量、原材料库存量等。时点指标的特点主要是:①时点指标的数值只能间断计数。如职工人数只能统计某一天的职工人数,它的每一个数据只能表明一定时点上所处的水平,而不能将某一年每天的人数累加起来表示这一年的总人数,这样就会出现多次重复计算。②时点指标数值的大小与时点间间隔的长短没有直接的联系。年末人口数不一定比其中某月月末人口数多。

(3) 按照计量单位不同分为实物指标、价值指标和劳动量指标

用实物单位计量的总量指标简称实物指标,如原油产量、商品销售量、建筑总面积、总发电量等。实物指标能直接反映产品的使用价值或现象的具体内容,因而能具体地表明事物的规模、水平。但实物指标的综合性能比较差,不同的实物,其内容、性质、计量单位不同,无法进行汇总综合。如某商店销售多种商品,它们的计量单位不同,其销售量不能综合加总,要反映商店的总销售业绩,必须借助价值指标。

用价值单位计量的总量指标简称价值指标,如总产值、基本建设投资额、工资总额等。价值指标具有广泛的综合性能和概括能力,因此使用比较广泛。如不同商品的销售额,不同产品的产值,不同基建项目的投资额等都是可以相加的。但价值指标脱离了物质内容,比较抽象,易受价格因素变动的影响,有时不能完全准确反映现象的总体水平。

劳动量指标也称工作量指标,指用劳动时间为单位计量现象总量的指标。用工时定额乘以产品的实物产量,即得以劳动单位计量的总量指标。劳动量指标具有比较广泛的综合性能,不同产品的劳动量指标可以相加,而且能消除价值指标固有的缺限。但它一般只能在企业内部使用,不同企业劳动量指标无可比性。因为不同企业生产同种产品的工时定额不同;即使是同一企业,在不同时期的工时定额也不尽相同,因此劳动量指标的可比性不强。

4.1.4 总量指标的计算与应用

(1) 总量指标的计算方法

总量指标的计算方法一般有两种:一种是根据统计调查登记的资料进行汇总;另一种是根据客观现象之间的各种数量关系进行推算。

总量指标一般是通过对总体单位及其标志表现进行全面调查登记,采用直接计数、点数或测量等方法,逐步计算汇总得出的。例如,统计报表中的总量指标,普查中的总量指标等都是采用这种直接计量法取得的。推算法是根据客观现象之间的各种数量关系或有关资料进行推算,以取得有关的总量资料的方法。在不能直接计算或不必直接计算总体的总量指标情况下,可用推算法。推算法可以用抽样调查资料进行推算(这部分将在第7章中详细介绍),也可以采取比例推算、因素推算、平衡推算等方法进行推算。例如,根据"期初库存量+本期购进量-本期消费量=期末库存量"平衡关系式,可以推算其中未知的一个指标等。

(2) 计算总量指标的要求

为了使总量指标准确可靠,根据统计调查资料汇总计算总量指标时,应满足以下要求:

①严格确定总量指标的含义、范围和计算方法。总量指标数值在计算方法上比较简单,但

在计算内容上却是相当复杂。总量指标数值的计算并不是一个单纯技术性的加总问题,而必须正确规定总量指标所表示的各种社会经济现象的概念、构成内容和计算范围,确定计算方法,然后才能进行计算汇总,以取得正确反映社会经济现象的总量资料。例如,要正确计算工资总额,必须先明确工资的实质和构成;要计算某个部门职工人数,首先要明确职工的概念和范围等。

②计算实物总量指标应注意现象的同类性。用实物单位计算总量指标,相同经济内容和使用价值的实物量是可以相加总的,而不同经济内容和使用价值的实物量是不能加总的。计算总量指标应注意对指标经济内容、使用价值的区分。

③计算总量指标应注意统一性要求。计算总量指标要注意计算口径、计算方法和计量单位的统一,才能进行汇总计算,便于对比研究。

④计算总量指标应注意区分指标的时间性质。统计指标属于时期指标还是时点指标,在计算之前必须区分清楚,因为指标的时间性质不同,计算方法也会不同。

4.2 比较特征的度量——相对指标

4.2.1 相对指标的作用及表现形式

总量指标是统计分析的基础指标,但是只靠总量指标往往不能对现象作出明确的判断。要对现象作深入的了解,进一步研究现象之间的相互关系或差异程度,就必须在计算总量指标的基础上计算相对指标,对现象进行对比分析。

(1)相对指标的概念及作用

相对指标也简称相对数,指两个有联系的统计指标相对比的比值或比率,用以表明两个指标之间的数量对比关系或差异程度。如某企业 2019 年产值计划完成程度为 102%,它表明实际比计划超 2%,说明实际与计划之间的差异。相对指标将两个对比的具体数值概括化或抽象化,使人们对现象之间所存在的固有联系有一个清晰的概念和深刻的认识。

相对指标的主要作用有以下几个方面:

①可以表明现象之间的数量对比关系,以便更确切、更深入地说明问题。

例如,甲工人本月生产产品 200 件,仅这一数字无法评价他的工作成绩。若将这一数字和他的定额任务 160 件相对比,可看出他本月超额 25%((200−160)/160);若与他去年同期的产量 100 件相比,可看出他比去年同期产量提高了一倍。据此可以看出,他本月的生产成绩是显著的。

②可以使不能直接对比的总量指标取得可比的基础。

【例 4-1】某企业三个车间 2019 年计划产量和实际产量资料如表 4-1 所示。

表 4-1 某企业三个车间 2019 年产量资料

车间	计划产量/t	实际产量/t	计划完成程度/%
一车间	380	399	105
二车间	400	424	106
三车间	500	535	107

该企业三个车间 2019 年计划产量和实际产量均为绝对数,并且三个车间计划任务不相同,仅从这两组数据看不出哪个车间计划执行得好。若计算三个车间产量计划完成程度,其分母计划数抽象成相同的数值(100),则可以进行比较,说明第三车间计划完成得最好。

③相对指标是进行宏观经济管理和评价企业生产经营成果的重要指标。例如,在宏观经济管理中,广泛运用各种相对指标检查、监督和分析国民经济发展的速度、比例、质量、效益、密度等。企业生产经营活动中,作为评价、考核企业生产经营状况的各项评价指标也大都是相对指标。

(2)相对指标的表现形式

相对指标有两种表现形式:名数和无名数。名数指有具体文字计量单位的表现形式,绝大多数的强度相对指标用名数表示,它是将相对指标中分子与分母指标的计量单位同时使用派生的单位,是一种复合单位,如人口密度用"人/km^2"表示。无名数是一种抽象化的无量纲数值,一般以系数、倍数、成数、百分数或千分数表示,它们分别是将对比的基数(分母)抽象化为 1、10、100、1 000 来计量的。

4.2.2 相对指标的种类及其计算方法

随着统计研究的目的不同,两个相互联系的指标数值可以采取不同的比较基础进行对比,从而形成不同的相对指标。相对指标也称相对数,一般有六种形式,即结构相对指标、比例相对指标、比较相对指标、动态相对指标、计划完成程度相对指标和强度相对指标。

1. 结构相对数

对总体现象进行研究时,不仅要认识、掌握总体的总数量,更重要的是认识总体内部的构成情况,这就需要计算结构相对数。

结构相对数是在对总体进行科学分组的基础上,用总体中的某一部分数值与总体的全部数值相对比的结果,用以反映总体内部结构的一种统计分析指标。结构相对数一般用百分数表示,其计算公式为

$$结构相对数 = \frac{总体中某一部分数值}{总体全部数值} \times 100\%$$

由于对比的基础是同一总体的总数值,所以各部分所占比重之和等于 100% 或 1。

【例 4-2】2018 年国内生产总值为 900 309 亿元,第一产业增加值为 64 734 亿元,第二产业增加值为 366 001 亿元,第三产业增加值为 469 575 亿元。通过各产业增加值与国内生产总值的对比可以计算出,第一产业增加值占国内生产总值的比重为 7.19%,第二产业增加值占国内生产总值的比重为 40.65%,第三产业增加值占国内生产总值的比重为 52.16%。三大产业增加值所占比重之和为 100%。通过这几个相对数,可以看出我国三大产业增加值的构成。若计算出不同时期三大产业增加值结构相对数,可以反映三大产业增加值结构的发展变化趋势,分析三大产业增加值结构的演变规律。

2. 比例相对数

比例相对数是在对总体进行科学分组的基础上,用总体中的一部分数值与总体中另一部分数值相对比的结果。如国民收入中积累与消费之比;职工总数中男性人数与女性人数之比;工业总产值中轻工业产值与重工业产值相比等。比例相对指标一般用几比几、系数或倍数的

形式表示,除某些特定指标外,一般来说,其分子与分母可以互换。它是反映总体中各个组成部分之间的比例关系和均衡状况的综合分析指标。计算公式为

$$比例相对数 = \frac{总体中某一部分数值}{总体中另一部分数值}$$

【例 4-3】某地区 2019 年新出生婴儿 30 100 人,其中,男性婴儿 17 000 人,女性婴儿 13 100 人,则该地区 2019 年新出生婴儿性别比为

$$新出生婴儿性别比 = \frac{男性婴儿数}{女性婴儿数} = \frac{15\,900}{14\,200} = 1.12$$

计算比例相对数,有助于我们认识客观事物是否符合按比例协调发展的要求,参照有关经验比例标准,可以判断实际比例关系是否合理,是否协调均衡,以便于我们采取措施进行调整控制。

3. 比较相对数

比较相对数是同一种现象在不同空间上(地区、单位、部门或国家)进行对比的结果。表明同类事物在不同空间条件下的差异程度或相对状态。其计算公式为

$$比较相对数 = \frac{甲地区(单位或部门或国家)某类指标数值}{乙地区(单位或部门或国家)同类指标数值}$$

【例 4-4】2019 年甲地区职工平均工资为 120 000 元,乙地区为 95 000 元,则甲乙两个地区职工平均工资的比较相对数为

$$比较相对数 = \frac{甲地区职工平均工资}{乙地区职工平均工资} \times 100\% = \frac{120\,000}{95\,000} \times 100\% = 126.32\%$$

说明 2019 年甲地区职工平均工资为乙地区职工平均工资的 126.32%,即甲地区职工平均工资比乙地区高出 26.32%。

比较相对数一般用百分数或倍数的形式表示。一般来说其分子与分母可以互换,具体以哪个指标作为比较的基础,应根据研究目的以及哪种方法能更确切地反映问题的实质而定。

用来对比的两个性质相同的指标,其表现形式可以是总量指标,也可以是相对指标或平均指标。通过与同类企业、行业的先进水平或国内、国际先进水平对比,以便找出差距,挖掘潜力,为提高经营管理水平提供依据。

4. 动态相对数

动态相对数是同一种现象在两个不同时间状态下相对比的结果,反映现象在不同时间上发展变化的程度或速度。一般用百分数或倍数表示,其计算公式为

$$动态相对数 = \frac{报告期水平}{基期水平} \times 100\%$$

通常,我们所要研究的时期为报告期或计算期,作为报告期比较标准的时期称为基期。

【例 4-5】某企业职工工资总额 2019 年为 1 176 万元,2018 年为 1 120 万元,则该企业职工工资总额 2019 年为 2018 年的百分比是多少?

$$动态相对数 = \frac{1\,176}{1\,120} \times 100\% = 105\%$$

计算结果表明,该企业职工工资总额 2019 年为 2018 年的 105%,即 2019 年比 2018 年提高 5%。

5. 计划完成相对数

计划完成相对数是以现象的实际完成数与计划任务数相对比的结果。一般用百分数来表示,基本计算公式为

$$计划完成相对数 = \frac{实际完成数}{计划任务数} \times 100\%$$

由于计划任务的表现形成不同,计划完成相对数的计算方法也不尽相同。

① 当计划任务为绝对数或平均数时

$$计划完成程度 = \frac{实际绝对(或平均)水平}{计划绝对(或平均)水平} \times 100\%$$

【例 4-6】某企业工业总产值 2019 年计划为 5 000 万元,实际工业总产值为 5 400 万元,则该企业 2019 年工业总产值计划完成程度为

$$计划完成程度 = \frac{5\,400}{5\,000} \times 100\% = 108\%$$

计算结果表明,该企业工业总产值实际为计划的 108%,实际超计划 8% 完成任务。

【例 4-7】某企业 2019 年职工月平均工资计划达到 7 000 元,实际为 7 300 元,则该企业 2019 年职工月平均工资计划完成程度为

$$计划完成程度 = \frac{7\,300}{7\,000} \times 100\% = 104.28\%$$

计算结果表明,该企业职工月平均工资计划完成程度为 104.28%,实际超计划 4.28%。

② 当计划任务为相对数时

$$计划完成相对数 = \frac{实际达到的相对水平}{计划规定应达到的相对水平} \times 100\%$$

$$= \frac{1 \pm 实际提高(降低)的百分数}{1 \pm 计划提高(降低)的百分数} \times 100\%$$

根据指标数值大小与绩效(效益)的关系不同,将指标分为正指标和逆指标。数值越大越好的指标称为正指标;数值越小越好的指标称为逆指标。一般来说,正指标的计划完成程度大于 100% 为超计划完成任务;逆指标的计划完成程度小于 100% 为超计划完成任务。

【例 4-8】某企业 2019 年计划规定产品销售额比上年提高 10%,实际比上年提高 15%,则该企业 2019 年产品销售额计划完成程度为

$$计划完成程度 = \frac{1 + 15\%}{1 + 10\%} = 104.55\%$$

说明该企业 2019 年产品销售额计划完成程度为 104.55%,实际超计划 4.55% 完成任务。

【例 4-9】某企业单位产品成本计划规定比上年降低 5%,实际比上年降低 7%,则该企业单位产品成本计划完成程度为

$$计划完成程度 = \frac{1 - 7\%}{1 - 5\%} \times 100\% = \frac{93\%}{95\%} \times 100\% = 97.89\%$$

说明该企业单位产品成本计划完成程度为 97.89%,实际比计划多降低了 2.11%,超额完成计划。

③ 长期计划执行情况的检查。计划完成情况检查,分为长期计划完成情况检查和短期计划完成情况检查两种。以上介绍的计算方法是对短期计划完成情况的检查。长期计划(主要指五年计划)由于计划指标有两种不同的制定方法,一种是规定计划期最后一年应达到的水

平,另一种是规定整个计划期应达到的总数量,所以计划完成情况检查也分为水平法和累计法两种。

A. 水平法。在制定长期计划时,只规定计划期最后一年应达到的水平,这时应采用水平法检查长期计划完成情况。水平法是根据计划期最后一年实际达到的水平与同期计划规定应达到的水平相对比,来检查全期是否完成计划,其计算公式为

$$\text{计划完成程度} = \frac{\text{计划期末年实际达到的水平}}{\text{计划期末年计划规定应达到的水平}} \times 100\%$$

【例 4 - 10】2011—2015"十二五"计划期间规定某种产品的产量 2015 年应达到 1 000 万 t 水平,实际执行结果 2015 年达到 1 050 t,则"十二五"计划时期该种产品产量的计划完成程度为

$$\text{计划完成程度} = \frac{1\,050}{1\,000} \times 100\% = 105\%$$

说明"十二五"计划时期该种产品产量的计划完成程度为 105%。

按水平法检查计划的执行情况,只要在计划期内连续一年时间(不论是否在一个日历年度,只要连续 12 个月即可)的实际数等于计划规定最后一年的计划数,则剩余的时间为提前完成计划的时间。如上例,计划规定 2015 年产量应达到 1 000 万 t 水平,实际执行结果,从 2014 年 6 月至 2015 年 5 月连续 12 个月的产量已经达到 1 000 万 t 水平,则可以确定该种产品产量的五年计划提前于 2015 年 5 月完成,即提前了 7 个月完成计划。

一般当现象呈现逐年递增或逐年递减的情况时,采用水平法制定并检查长期计划。

B. 累计法。计划是按照长期计划期累计应该完成的工作量或应达到的水平提出的,这时应按照累计法检查长期计划完成情况。累计法是整个计划期间实际累计完成数与同期计划累计完成数相比较,来计算计划完成程度的,其计算公式为

$$\text{计划完成程度} = \frac{\text{长期计划期实际累计完成数}}{\text{长期计划期计划累计完成数}} \times 100\%$$

【例 4 - 11】某部门"十二五"计划时期计划规定五年累计基本建设投资额为 8 000 万元,实际执行结果五年基本建设累计投资额为 9 200 万元,则该部门"十二五"期间基本建设投资额计划完成程度为

$$\text{计划完成程度} = \frac{9\,200}{8\,000} \times 100\% = 115\%$$

计算结果表明,该部门"十二五"期间基本建设投资额实际超计划 15% 完成任务。

按照累计法检查计划的执行情况,只要从计划期第一天开始至某一时期止,实际累计完成数已达到整个计划时期计划任务数,则剩余的时间为提前完成计划的时间。如上例,该部门截止 2015 年 6 月底实际完成的基建投资额已达到 8 000 万元,则该部门提前半年时间完成"十二五"规划。

若现象的发展变化不稳定,时起时伏,时多时少,一般采用累计法制定并检查长期计划。

④ 计划执行进度的检查。不论是短期计划还是长期计划,为了保证整个计划能顺利完成,需要经常检查计划执行的进度及均衡性,以便为下阶段工作安排作准备。

计划执行进度是用计划期第一天至计算期止的实际累计完成数与计划期全期的计划任务数之比来检查的,其计算公式为

$$\text{计划执行进度} = \frac{\text{计算期止实际累计完成数}}{\text{全期计划数}} \times 100\%$$

【例 4-12】某企业 2019 年总产值计划达到 6 000 万元,第二季度末,总产值实际累计完成了 3 200 万元,则截止到 2019 年第二季度末该企业总产值的计划执行进度为

$$计划执行进度 = \frac{3\ 200}{6\ 000} \times 100\% = 53.33\%$$

从该企业总产值全年计划执行进度来看,截止到第二季度末,整个计划期时间过了一半,即 50%,总产值的计划已经完成了 53.33%,达到了 50% 的要求。

检查计划的执行进度,需结合时间进度进行分析比较,以保证整个计划能如期完成。

6. 强度相对数

强度相对数指两个性质不同、但有密切联系的总体总量指标相对比的结果,用以说明现象的强度、密度、普遍程度等,其计算公式为

$$强度相对数 = \frac{某一总体总量指标}{另一性质不同的总体总量指标}$$

【例 4-13】2018 年末全国总人口为 139 538 万人,土地面积数为 9 634 万 km^2,则人口密度为

$$强度相对数 = \frac{139\ 538\ 万人}{9\ 634\ 万\ km^2} = 145(人/km^2)$$

强度相对指标比总量指标更能反映一个国家、地区的经济实力,便于在不同国家、地区之间进行比较,反映经济发展的差别情况。

与其他五种相对指标相比,强度相对指标是一种特殊的相对数。前面介绍的五种相对指标均是由两个性质相同的指标相对比的结果,而强度相对数是由两个性质不同的总量指标相对比的结果;绝大多数强度相对数的计量单位是由分子分母原有的计量单位组合成的双重单位,如人口密度的计量单位是"人/km^2",人均国内生产总值的计量单位是"元/人"等。

从强度相对指标数值的表现形式上看,虽带有"平均"二字,但却不属于平均数,它与统计平均数有根本的区别。平均数是同一总体中的标志总量与单位总量之比,是将总体的某一数量标志的各个变量值加以平均而得,其分子分母具有完全的依附关系;强度相对数是两个性质不同而有联系的总体总量指标之比,表明两个不同总体总量指标之间的数量对比关系,以说明现象的强度、普遍程度、密度等,其分子分母有密切的联系,但却不是完全的依附关系。

有些情况下,强度相对指标中分子分母也可以互换,因此,强度相对指标有正指标和逆指标之分,正指标如每千人拥有的零售商业机构数、每万人拥有的医院床位数等;相应的,逆指标如单位零售商业机构服务的人数、单位床位服务的人口数等。

4.2.3　计算和运用相对指标应注意的问题

不同的相对指标是从不同的角度反映现象之间的联系的,必须正确计算和应用才能发挥它们的作用,因此,在计算和运用相对指标时应注意以下几个方面的问题。

(1)正确选择对比的基数

相对指标的基数(分母)是进行对比的依据和标准,基数选择是否合理,关系到能否反映现象之间的真实联系,计算结果是否有实际意义。不合理的比较标准会歪曲现象之间的真实联系,甚至得出相反的结论。因此,必须从现象的性质特点出发,结合分析研究的目的选择对比的基数。

(2) 严格保持相对比的两个指标的可比性

计算相对指标时,如果对比的两个指标没有可比性,这样计算的相对指标便失去意义。可比性一方面要求相对比的两个指标是相互联系的,另一方面要求所对比指标的口径、计算方法、计量单位、所属时间等也是可比的。

(3) 相对指标和总量指标结合运用

相对指标与总量指标相比较,它能更清晰地反映现象之间的联系及对比关系,但是,它却将现象的绝对水平抽象化了,看不出现象原有的规模和水平,掩盖了现象绝对数量之间的差异。因此,利用相对指标说明问题时,必须与总量指标相结合。

(4) 多种相对指标结合运用

一种相对指标只能反映一方面的情况,若将多种相对指标结合运用,可全面反映现象的特征与规律性。如要评价一个企业报告期的生产情况,既要计算报告期计划完成相对数,也要计算动态相对数及与先进单位相对比的比较相对数等。只有多种相对指标结合运用,才能对一个企业的生产情况作出全面的分析。

(5) 其他注意问题

此外,还应注意以下几个问题。其一是可加性问题,除结构相对指标外,其余几种相对指标不能简单地进行加减运算,因为其对比的基数不同。其二是负值的处理,若相对比的两个指标均为负数,视作逆指标计算相关指标;若相对比的两个指标其中一个为负数,则二者没有可比性,对比结果没有实际意义,不能解决和说明任何问题。

4.3 集中趋势的度量——平均指标

4.3.1 平均指标的概念及特点

平均指标是反映同质总体内各单位某一数量标志不同取值的一般性水平或代表性水平的指标。我们所要研究的总体中有许多单位,它们对于同一个数量标志有不同的取值,而我们的目的是要对总体的数量特征有一个概括的、一般的认识,显然不能用总体中某一个单位的数量来说明。但是在同质总体内的各个单位,其数量差异总有一定的范围,客观上存着能够代表总体一般水平的数值,这个数值就是平均指标,如职工平均工资、平均每个工人的日产量、学生的平均成绩等。平均指标主要有两个特点:

① 代表性。平均指标用一个数值代表了总体内各单位标志值的一般水平。

② 抽象性。平均指标将总体内各单位变量值之间的数量差异抽象化或掩盖了。

4.3.2 平均指标的作用

(1) 便于同类现象在不同空间、不同时间上进行比较

平均指标属于内涵指标,它消除了总体总规模大小的影响,反映现象单位水平的高低,因此,有利于反映现象在不同空间上的比较。如评价两个不同地区从业人员工资水平的高低,我们不能用工资总额来比较,因为它受从业人员多少的影响,而从业人员平均工资是平均每个人的工资水平,不受总体范围大小、总体单位多少的影响,可以评价两个不同地区从业人员的工资水平。

同理,某地区从业人员历年平均工资资料不受各年从业人员多少的影响,历年从业人员工资水平是可以比较的。工资总额受不同时期从业人员人数多少的影响,则不能比较历年从业人员工资水平的变动情况。

(2)利用平均指标可以分析现象之间的依存关系

研究两个变量之间的关系时,在对其中一个变量进行分组的条件下,分别计算每组所有单位对应变量值的平均数,可以揭示现象之间的依存关系。如研究收入水平与家庭存款额之间的关系,相同收入水平的家庭,其存款额各种各样,若将同等收入水平所有家庭的平均存款额计算出来,可以发现,随着收入水平的增加,家庭存款额也在不断增多。

4.3.3 平均指标的种类及其计算方法

平均指标主要有算术平均数、调和平均数、几何平均数、中位数、众数。其中,算术平均数、调和平均数、几何平均数是依据所有变量值计算而得,故又称为数值平均数;中位数和众数是依据变量值所处的位置确定的,又称为位置平均数。另外,介于数值平均数和位置平均数之间的两种平均数是切尾平均数和温氏化平均数,它们是在对原始变量值进行适当调整后所计算的平均数,因而,统称为修正的算术平均数。平均指标的种类如图4-1所示。

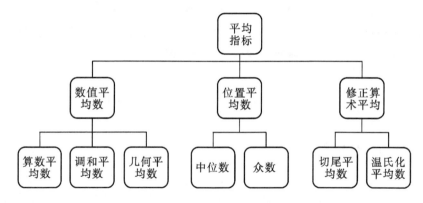

图4-1 平均指标的种类

数值平均数的应用场合:当各个变量值之和等于总体的标志总量时使用算术平均数或调和平均数。其基本计算公式为

$$算术或调和平均数 = \frac{总体标志总量}{总体单位总数}$$

当各个变量值之乘积等于总体总数量时使用几何平均数。

1. 算术平均数

(1)算术平均数的应用场合

相对于调和相对数来说,当我们掌握各个变量值及各个变量值出现的次数时,可以用算术平均数的计算方法对各个变量值求平均值。

算术平均数是最常用的一种平均数,其分子、分母属于同一总体,即用同一个总体中的标志总量与总体单位总数相对比;其分子与分母具有完全的依附关系,即总体单位总量是标志总量的承担者,标志总量是各单位标志值汇总的结果。如某企业报告期职工平均工资是由报告期职工工资总额与报告期职工平均人数之比而得,某班学生统计学平均成绩是由全班学生总成绩与学生人数之比而得。

(2)算术平均数的种类

由于掌握的资料及计算上的复杂程度不同,算术平均数分为简单算术平均数和加权算术平均数两种。

①简单算术平均数。当我们所掌握的资料未经分组,或当各个变量值出现的次数相等时使用。它是将总体内各单位的变量值简单相加,然后除以总体单位总数计算平均数的。

【例 4-14】某生产小组 5 名工人的月工资分别为 5 700 元、5 840 元、5 920 元、5 970 元、6 000 元,则

$$平均工资 = \frac{5\,700+5\,840+5\,920+5\,970+6\,000}{5} = 5\,886(元)$$

将上述计算过程用一个通用公式表示为

$$\bar{x} = \frac{x_1+x_2+\cdots+x_n}{n} = \frac{\sum x}{n}$$

式中:x 代表总体内各单位的变量值;n 代表变量值的个数;$\sum$ 代表总和符号;$\bar{x}$ 代表算术平均数。

之所以被称为简单算术平均数,是因为各个变量值出现的次数相等,平均数大小不受每个变量值出现次数大小的影响。现实中,一个企业相同工资等级的工人不仅仅只有一名,每个工资等级的人数往往不相同,这时需要计算加权算术平均数,将次数分配因素考虑进去。

②加权算术平均数。它是在资料经过分组形成分配数列的情况下,首先求出每组的标志总量,并加总求出总体的标志总量,然后除以总体单位数计算平均数的方法,其基本计算公式为

$$\bar{x} = \frac{x_1 f_1 + x_2 f_2 \cdots + x_n f_n}{f_1 + f_2 + \cdots + f_n} = \frac{\sum xf}{\sum f}$$

式中,f 代表每个变量值出现的次数。

之所以称它为加权算术平均数,是因为它除了受各组变量值大小的影响外,还受各变量值出现的次数占总次数比重大小的影响,很明显,次数占总次数比重大的组的变量值对平均数的影响也大,反之则小。各组的次数对平均数有权衡轻重的作用,因此次数又称权数,考虑权数计算的平均数叫加权算术平均数。当各组出现的次数相等时,加权算术平均数就等于简单算术平均数,权数失去了权衡轻重的作用,它对每一组变量值所起的作用是相等的。

A. 单项数列。

【例 4-15】某车间工人按日产量分组资料见表 4-2,试计算该车间 180 名工人的平均日产量。

解:总产量的计算过程见表 4-2。

$$\bar{x} = \frac{\sum xf}{\sum f} = \frac{3\,240}{180} = 18(件)$$

加权算术平均数的权数可以是绝对数(次数),也可以是相对数(频率)。当权数表现为相对数时,加权算术平均数的计算公式为

$$\bar{x} = \sum x \cdot \frac{f}{\sum f}$$

表 4-2 某车间工人按照日产量分组资料

日产量 x/件	工人人数 f/人	总产量 xf/件
15	10	150
16	20	320
17	30	510
18	50	900
19	40	760
20	30	600
合　计	180	3 240

【例 4-16】某车间工人按照日产量分组资料如表 4-3,试计算该车间工人的平均日产量。

解:计算过程见表 4-3。

表 4-3 某车间工人按照日产量分组资料

日产量 x/件	工人人数比重 $\frac{f}{\sum f}$/%	$x \cdot \frac{f}{\sum f}$
15	5.56	0.834
16	11.11	1.777
17	16.67	2.834
18	27.78	5.000
19	22.22	4.221
20	16.67	3.334
合　计	100.00	18.000

$$\bar{x} = \sum x \cdot \frac{f}{\sum f} = 18(件)$$

其计算结果与绝对数权数计算结果完全相同。

B. 组距数列。组距数列计算算术平均数的方法与单项数列基本相同。不同之处是,要计算各组的组中值,将组距数列转化为单项数列,并以每组的组中值代表该组的变量值计算加权算术平均数。

【例 4-17】甲公司 2019 年 6 月 120 名职工月工资分组资料如表 4-4 所示。试计算该公司职工的平均工资。

解:组中值及工资总额的计算见表 4-4。则该公司平均每个职工的月工资为

$$\bar{x} = \frac{\sum(xf)}{\sum f} = \frac{810\,000}{120} = 6\,750(元)$$

需要指出的是,利用组中值代表各组的变量值计算算术平均数是以假定各单位的标志值在组内是均匀分布为前提的,但实际上完全均匀分布几乎是不可能的。因此利用组中值代表各组的变量值计算的算术平均数只是一个近似值,它与利用每一个单位的原始变量值计算的平均数是不完全相等的。

表 4-4 某公司职工月工资资料

月工资/元	职工人数 f/人	组中值 x/元	工资总额 xf/元
5 000 以下	10	4 500	45 000
5 000~6 000	20	5 500	110 000
6 000~7 000	40	6 500	260 000
7 000~8 000	30	7 500	225 000
8 000 以上	20	8 500	170 000
合　计	120	—	810 000

C. 由相对数或平均数计算平均数。相对数或平均数是由两个指标相对比的比率或比值,计算其平均数时,可根据实际掌握资料的不同选择不同的平均方式。当我们掌握被平均的各个相对数或平均数及其分母资料,而缺少其分子资料时,使用加权算术平均法计算相对数或平均数的平均数。

【例 4-18】某企业下属 16 个车间总产值计划完成程度及计划产值资料如表 4-5 所示,试计算 16 个车间平均计划完成程度。

表 4-5 某公司所属 16 个车间总产值计划完成程度及计划产值资料

计划完成程度/%	组中值 x/%	车间/个	计划产值 f/万元	实际产值 xf/万元
90 以下	85	2	3.00	2.55
90~100	95	3	18.00	17.10
100~110	105	6	32.81	34.45
110~120	115	4	31.00	35.65
120 以上	125	1	2.00	2.50
合　计	—	16	86.81	92.25

解:平均计划完成程度 $= \dfrac{\text{实际总产值}}{\text{计划总产值}} = \dfrac{\sum \text{计划完成程度} \times \text{计划产值}}{\sum \text{计划产值}}$

$$= \frac{\sum xf}{\sum f} = \frac{92.25}{86.81} = 106.27\%$$

计算结果表明,该公司所属 16 个车间总产值平均计划完成程度为 106.27%。

(3)算术平均数的数学性质

了解和掌握算术平均数的数学性质,可以使我们更好地理解和正确地运用算术平均数,简化算术平均数的计算过程,为以后相关内容的学习奠定基础。

①各个变量值与其算术平均数离差之和等于零,即

$$\sum(x-\bar{x})=0 \text{ 或 } \sum(x-\bar{x})f=0$$

②各个变量值与其算术平均数的离差平方和为最小值,即

$$\sum(x-\bar{x})^2=\text{最小值或}\sum(x-\bar{x})^2f=\text{最小值}$$

③两个独立同性质变量和的平均数等于两个变量各自平均数的代数和,即

$$\overline{x+y}=\bar{x}+\bar{y}$$

④两个独立同性质变量乘积的平均数等于两个变量各自平均数的乘积,即

$$\overline{x\cdot y}=\bar{x}\cdot\bar{y}$$

(4)算术平均数的优缺点

算术平均数含义通俗易懂,直观清晰;全部数据都参与运算,因此它是一个可靠的具有代表性的量;任何一组数据都有一个平均数,而且只有一个平均数;具有优良的数学性质,适合于代数方法的运算。但算术平均数容易受极端值的影响。

2. 调和平均数

(1)调和平均数的概念及应用场合

调和平均数是变量值倒数的算术平均数的倒数。由于它是根据变量值的倒数计算的,所以又称倒数平均数。

在已知各个变量值及各个变量值所对应的标志总量,而缺少变量值出现的次数时,则要用调和平均数的形式计算平均数。大多数情况下,调和平均数是作为算术平均数的变形及补充形式来使用的。值得注意的是,只要有一个变量值为零,就不能计算调和平均数。

(2)调和平均数的种类及其计算

根据掌握的具体资料不同,调和平均数分为简单调和平均数和加权调和平均数。

①简单调和平均数。简单调和平均数在各个变量值所对应的各标志总量均为一个单位时使用。

【例 4-19】市场上某种蔬菜早、中、晚的价格分别为 2 元/kg、1.5 元/kg、1.2 元/kg,早、中、晚各买 1 元,则平均每千克疏菜的价格为

$$\bar{x}_H = \frac{3}{\frac{1}{2}+\frac{1}{1.5}+\frac{1}{1.2}} = 1.5(\text{元}/\text{kg})$$

据此,可以归纳出简单调和平均数的一般计算公式:

$$\bar{x}_H = \frac{n}{\sum\frac{1}{x}}$$

式中:$\bar{x}_H$ 代表调和平均数;n 代表总体的标志总量,它和总体的单位总数正好相等。

②加权调和平均数。简单调和平均数是在各个标志值所相对应的标志总量均为一个单位时应用。现实中,各个变量值相对应的标志总量往往是不等的,均为一个单位更是很少见,在这种情况下,需计算加权调和平均数,其计算公式为

$$\bar{x}_H = \frac{\sum m}{\sum\frac{1}{x}m}$$

式中:$m=xf$;m 是一种特殊的权数,代表各组的标志总量。

A. 单项数列。

【例 4-20】某农贸市场上辣椒早、中、晚的价格及购买金额资料如表 4-6 所示。试计算平均每千克辣椒的价格。

表 4-6 辣椒价格及购买金额分组资料

价格 $x/(元 \cdot kg^{-1})$	金额 $m/元$	购买量$(m/x)/kg$
早	5.0	2.5	0.5
中	4.0	4.0	1.0
晚	3.0	6.0	2.0
合 计	—	12.5	—

解:由已知资料计算辣椒购买量,见表 4-6,则辣椒平均每千克的价格为

$$\bar{x}_H = \frac{\sum m}{\sum \frac{1}{x}m} = \frac{12.5}{3.5} = 3.57(元/kg)$$

【例 4-21】某车间工人日产量分组资料及各组的总产量资料见表 4-7,试计算该车间所有工人的平均日产量。

表 4-7 某车间工人日产量及总产量分组资料

日产量 $x/件$	总产量 $m/件$	工人人数$\left(\frac{1}{x}m\right)/人$
15	150	10
16	320	20
17	510	30
18	900	50
19	760	40
20	600	30
合 计	3 240	180

解:由已知资料计算该车间工人人数,见表 4-7,则该车间工人平均日产量为

$$\bar{x}_H = \frac{\sum m}{\sum \frac{1}{x}m} = \frac{3\ 240}{180} = 18(件/人)$$

可见,调和平均数与例 4-15 算术平均数计算结果相同。

B. 组距数列。

【例 4-22】仍以某公司 120 名职工月工资资料为例。现已知该公司 120 名职工月工资及其工资总额资料,如表 4-8 所示,试计算该公司平均每个职工的月工资。

解:由已知资料计算该公司工人人数,见表 4-8。则该公司平均每个职工的月工资为

$$\bar{x}_\mathrm{H} = \frac{\sum m}{\sum \frac{1}{x}m} = \frac{810\,000}{120} = 6\,750(\text{元})$$

计算结果与例 4-17 算术平均数相同。

表 4-8 某公司 120 名职工月工资及其工资总额资料

月工资/元	组中值 x/元	工资总额 m/元	工人人数 $\left(\frac{1}{x}m\right)$/人
5 000 以下	4 500	45 000	10
5 000～6 000	5 500	110 000	20
6 000～7 000	6 500	260 000	40
7 000～8 000	7 500	225 000	30
8 000 以上	8 500	170 000	20
合　计	—	810 000	120

(3) 由相对数或平均数计算平均数

当我们掌握被平均的各个相对数或平均数及其分子资料，而缺少其分母资料时，使用加权调和平均法计算相对数或平均数的平均数。

【例 4-23】某公司所属 16 个车间产值计划完成程度及计划产值资料如表 4-9 所示。试计算 16 个车间平均计划完成程度。

表 4-9 某公司所属 16 个车间产值计划完成程度及计划产值资料

计划完成程度/%	组中值 x/%	车间/个	实际产值 m/万元	计划产值 (m/x)/万元
90 以下	85	2	2.55	3.00
90～100	95	3	17.10	18.00
100～110	105	6	34.45	32.81
110～120	115	4	35.65	31.00
120 以上	125	1	2.50	2.00
合　计	—	16	92.25	86.81

解：已知各组计划完成程度及其分子资料实际产值，缺少计划完成相对数的分母计划产值资料，这时可选用加权调和平均法计算 16 个车间平均计划完成程度。

$$\text{平均计划完成程度} = \frac{\text{实际总产值}}{\text{计划总产值}} = \frac{\sum \text{实际产值}}{\sum \frac{1}{\text{计划完成程度}} \times \text{实际产值}}$$

$$= \frac{\sum m}{\sum \frac{1}{x}m} = \frac{92.25}{86.81} = 106.27\%$$

调和平均数与算术平均数比较，二者的的实质意义及其计算结果是一致的，计算公式也可以相互推算，选择使用哪一种方法完全取决于所掌握的实际资料。

3. 几何平均数

几何平均数是 n 个变量值乘积的 n 次方根。当我们掌握的资料是各个变量值的连乘积等于总体的标志总量时,可以使用几何平均法计算平均数。如流水线作业的各道工序合格率的平均值、发展平稳下各期发展速度平均值、复利下银行每期本利率平均值的计算均可使用几何平均法。根据各个变量值出现的次数不同,几何平均数也分为简单和加权两种。

(1)简单几何平均数

简单几何平均数在各个变量值出现的次数相等时使用,其计算公式为

$$\bar{x}_G = \sqrt[n]{x_1 \cdot x_2 \cdot x_3 \cdots x_n} = \sqrt[n]{\prod x}$$

式中:$\bar{x}_G$ 代表几何平均数;$\prod$ 为连乘符号。

【例 4-24】甲企业历年工业总产值发展速度资料如表 4-10 所示,试计算该企业工业总产值平均每年的发展速度。

表 4-10 某企业历年工业总产值发展速度资料

年份	2016	2017	2018	2019
发展速度/%	105	103	102	108

解:由资料可见,该企业工业总产值每年的发展速度是逐年上升的,可选择几何平均法计算工业总产值平均每年的发展速度,即

$$\bar{x}_G = \sqrt[n]{\prod x} = \sqrt[4]{1.05 \times 1.03 \times 1.02 \times 1.08} = 104.48\%$$

【例 4-25】某工业企业有铸造、锻造、冲压、焊接四道流水线作业工序,其产品的合格率如表 4-11 所示。试计算四个车间的平均合格率和平均不合格率。

表 4-11 某机械厂产品合格率资料

车间	铸造	锻造	冲压	焊接
合格率/%	92	85	90	95
不合格率/%	8	15	10	5

解:该机械厂四个车间的平均合格率为

$$\bar{x}_G = \sqrt[4]{0.92 \times 0.85 \times 0.9 \times 0.95} = 90.43\%$$

由于各车间不合格率的连乘积不等于四个车间的总不合格率,所以不能直接使用几何平均数公式计算。平均不合格率只能根据平均合格率求得,即

平均不合格率=100%-平均合格率=100%-90.43%=9.57%

(2)加权几何平均数

加权几何平均数在各个变量值出现的次数不相等时使用,其计算公式为

$$\bar{x}_G = \sqrt[\Sigma f]{x_1^{f_1} \cdot x_2^{f_2} \cdot x_3^{f_3} \cdots x_n^{f_n}} = \sqrt[\Sigma f]{\prod x^f}$$

【例 4-26】某企业历年利润额的发展速度分别为:2014 年到 2015 年均为 106%,2016 年到 2018 年为 104%,2019 年为 102%,则企业利润额平均每年的发展速度为

$$\bar{x}_G = \sqrt[6]{1.06^2 \times 1.04^3 \times 1.02^1} = 104.32\%$$

【例4-27】某投资银行有笔投资的年利率是按复利计算的,假设20年利率分别是1年为2%、3年为2.5%、6年为3%、8年为3.2%、2年为3.8%,求平均每年的利率。

解:每年本利率的连乘积等于相应时期总的本利率,因此,首先采取几何平均法计算出平均本利率。

$$\bar{x}_G = \sqrt[20]{1.02^1 \times 1.025^3 \times 1.03^6 \times 1.032^8 \times 1.038^2} = 103.03\%$$

则平均年利率为

$$平均年利率 = 平均年本利率 - 100\% = 103.03\% - 100\% = 3.03\%$$

几何平均数较之算术平均数,应用范围较窄。如果变量值中有零或负数,几何平均数计算结果就失去意义。

4. 中位数

中位数指将总体各单位某一数量标志的不同取值按大小顺序排列起来,居于中间位置的变量值。中位数用符号 M_e 表示。由于中位数居于中间位置,有一部分数值比它大,一部分数值比它小,因而中位数可以作为现象的一般水平或代表性水平。中位数的确定方法根据所掌握资料的不同而有所差别。

(1)由未分组资料确定中位数

首先将各个变量值按大小顺序排列,其次由公式 $\frac{1}{2}(n+1)$ 确定中位数所处的位置,最后根据其位置确定中位数。若变量值的项数是奇数,则居于中间位置的那个变量值就是中位数;若变量值的项数是偶数,则居于中间位置的两个变量值的平均数即为中位数。

【例4-28】现有5名工人的日产量分别为5、6、7、8、9件,试确定日产量的中位数。

解:中位数的位置为 $\frac{1}{2}(5+1)=3$,说明数列中的第三项日产量7件是中位数。

【例4-29】现有6名工人其日产量分别为5、6、7、8、9、10件,试确定日产量的中位数。

解:中位数的位置为 $\frac{1}{2}(6+1)=3.5$,表示中位数的位置在第三、第四两项之间,则中位数为 $\frac{1}{2}(7+8)=7.5$(件)。

(2)由分组资料确定中位数

①单项数列。与未分组资料求中位数的方法略有区别,分组资料由于存在次数分布问题,所以需要采用累计次数的方法确定中位数。

首先,计算出该分配数列的累计次数,可向上累计,即由第一组次数到最后组次数累计,也可向下累计,即由最后一组开始向第一组方向累计。其次,根据 $\frac{\sum f}{2}$ 确定中位数的位置;最后,对各组的累计次数进行观察,凡第一个达到或包含 $\frac{\sum f}{2}$ 在内的组即为中位数所在的组,该组所对应的变量值为中位数。

【例4-30】某车间工人日产量的次数分布资料见表4-12。试确定该车间工人日产量的中位数。

解:中位数的位置为 $\frac{\sum f}{2} = \frac{21}{2} = 10.5$。

对向上累计次数进行观察,发现第三组的累计次数11最先包含10.5在内,则中位数的位置在第三组,第三组的日产量67件为中位数;对向下累计次数进行观察,同样中位数的位置也在第三组,第三组的日产量67件为中位数。绝大多数情况下,由向上累计次数和向下累计次数确定的中位数是相同的。

表 4-12 某车间工人日产量次数分布资料

日产量 x/件	工人数 f/人	向上累计次数	向下累计次数
59	2	2	21
62	4	6	19
67	5	11	15
69	6	17	10
71	3	20	4
73	1	21	1
合　计	21	—	—

当累计次数中出现 $\dfrac{\sum f}{2}$ 值时,由向上累计次数和向下累计次数确定的中位数为两个不同的值,这时,可对这两个数值求平均值即为中位数。

【例 4-31】某车间工人日产量资料如表 4-13 所示,试确定该车间工人日产量的中位数。

表 4-13 某车间工人日产量资料

日产量/kg	工人数/人	向上累计次数	向下累计次数
8	3	3	28
9	4	7	25
10	7	14	21
11	6	20	14
12	5	25	8
13	3	28	3
合　计	28	—	—

解:中位数的位置为 $\dfrac{\sum f}{2}=\dfrac{28}{2}=14$。

计算各组的累计次数,对向上累计次数进行观察,发现第三组的累计次数14最先包含14在内,则中位数的位置在第三组,第三组的日产量10件为中位数;对向下累计次数进行观察,中位数的位置在第四组,第四组的日产量11件为中位数。可见,由向上累计次数和向下累计次数确定的中位数为两个不同的值,这时,中位数为

$$\frac{10+11}{2}=10.5(\mathrm{kg})$$

②组距数列。和单项数列类似,利用累计次数,我们能观察到中位数在哪一组,但是,组距数列每组有若干个变量值,这时可利用比例插值法估计中位数的近似值,其计算公式如下。

下限公式(向上累计时使用)： $M_e = X_L + \dfrac{\dfrac{\sum f}{2} - s_{m-1}}{f_m} \cdot d$

上限公式(向下累计时使用)： $M_e = X_U - \dfrac{\dfrac{\sum f}{2} - s_{m+1}}{f_m} \cdot d$

式中：M_e 代表中位数；f_m 代表中位数所在组的次数；s_{m-1} 代表中位数所在组以前组的累计次数；s_{m+1} 代表中位数所在组以上组的累计次数；X_L、X_U 分别代表中位数所在组的下限、上限；d 代表中位数所在组的组距。

【例 4-32】某地区 3 000 农户年人均收入额分组资料见表 4-14，试确定 3 000 农户年人均收入额的中位数。

表 4-14 某地区农户年人均收入额资料

年人均收入额/元	农户数/户	向上累计次数	向下累计次数
10 000 以下	240	240	3 000
10 000~15 000	480	720	2 760
15 000~20 000	1 050	1 770	2 280
20 000~25 000	600	2 370	1 230
25 000~30 000	270	2 640	630
30 000~35 000	210	2 850	360
35 000~40 000	120	2 970	150
40 000 以上	30	3 000	30
合 计	3 000	—	—

解：中位数在数列中所处的位置为：$\dfrac{\sum f}{2} = \dfrac{1}{2} \times 3\,000 = 1\,500$；无论由向上累计次数还是向下累计次数观察，最先包含 1 500 在内的累积次数都在第三组，说明中位数在第三组。根据公式计算结果如下：

下限公式：$M_e = X_L + \dfrac{\dfrac{\sum f}{2} - s_{m-1}}{f_m} \cdot d = 15\,000 + \dfrac{1\,500 - 720}{1\,050} \times 5\,000 = 18\,714.5(元)$

上限公式：$M_e = X_U - \dfrac{\dfrac{\sum f}{2} - s_{m+1}}{f_m} \cdot d = 20\,000 - \dfrac{1\,500 - 1\,230}{1\,050} \times 5\,000 = 18\,714.5(元)$

计算结果表明，该地区 3 000 农户年人均收入额的中位数为 18 714.5 元。

与单项数列类似，若累计次数中出现 $\dfrac{\sum f}{2}$ 值时，由向上累计次数和向下累计次数确定的中位数在两个不同的组，这时，中位数为这两个组重叠的组限或为两个组相邻组组限的平均值。

中位数是由其在所有标志值中所处的位置确定变量值的代表性水平的，简明易懂，便于确定；不受变量值中极大或极小值影响，从而在一定程度上提高了中位数对所有变量值的代表性；对于某些不能用数据测量的现象可以用中位数测定其代表性水平。但中位数只取决于中间位置的数值,未利用全部数据信息确定代表性水平,因而缺乏敏感性,不适宜于代数运算。

5. 众数

(1)概念及存在条件

众数是指总体中出现次数最多的变量值,用符号 M_0 表示。如商业领域所掌握的销售量最多的衣服、鞋、帽、袜子等商品的尺码就是众数尺码,农贸市场上某种农副产品成交量最多的价格就是众数价格等。

由众数概念可以看出,只有当总体单位数较多,且有明显的集中趋势时才存在众数。在单位数很少或单位数虽多,但没有明显集中趋势时,计算众数是没有任何意义的。

(2)确定方法

①由单项数列确定众数。由单项数列确定众数比较简单,即次数最多的标志值就是众数。

【例 4-33】某商店上月女式皮鞋销售量资料见表 4-15,试确定女式皮鞋尺码的众数。

表 4-15 某商店女式皮鞋销售量资料

尺码/cm	销售量/双	比重/%
22.0	6	5
22.5	2	15
23.0	30	25
23.5	48	40
24.0	12	10
24.5	6	5
合　计	120	100

解:通过观察,23.5 cm 女式皮鞋的销售量为 48 双,占的比重最大,则女式皮鞋尺码的众数为 23.5 cm。

②组距数列。首先,由最高次数来确定众数所在的组,其次,求众数值。

粗略的做法是以众数所在组的组中值作为整个数列的众数,这是基于整个数列分布属于对称分布,且在众数组内分布均匀时。实际中,完全对称分布是很少存在的。显然,如果众数组的前一组次数比其后一组次数多,则众数就处在由组中值移向下限这一边的位置上(偏向下限);反之,若众数组的后一组次数比其前一组次数多,则众数处在由组中值移向上限这一边的位置上(偏向上限)。我们可以利用比例插值法来确定众数的位置,然后确定众数,其计算公式如下:

$$\text{下限公式}:M_0 = X_L + \frac{\Delta_1}{\Delta_1 + \Delta_2} \cdot d$$

$$\text{上限公式}:M_0 = X_U - \frac{\Delta_2}{\Delta_1 + \Delta_2} \cdot d$$

式中:M_0 代表众数;X_L、X_U 分别代表众数所在组的下限、上限;d 代表众数组的组距;Δ_1 为众数所在组次数与其前一组次数之差;Δ_2 为众数所在组次数与其后一组次数之差。

【例 4-34】某地区 3 000 农户年人均收入额分组资料见表 4-16。试确定 3 000 农户年人均收入额的众数。

表 4-16 某地区农户年人均收入额资料

年人均收入额/万元	1.0以下	1.0~1.5	1.5~2	2~2.5	2.5~3	3~3.5	3.5~4	4以上
农户数/户	240	480	1 050	600	270	210	120	30

解：通过观察，最高次数为 1 050，其对应的组 1.5 万元~2 万元为众数组。根据众数计算公式计算如下：

下限公式：$M_0 = 1.5 + \dfrac{1\,050 - 480}{(1\,050 - 480) + (1\,050 - 600)} \times 0.5 = 1.78$（万元）

上限公式：$M_0 = 2 - \dfrac{1\,050 - 600}{(1\,050 - 480) + (1\,050 - 600)} \times 0.5 = 1.78$（万元）

（3）评价

众数是一种位置平均数，容易理解，单项数列的众数便于确定；不受分布数列极端值的影响，从而增强了众数对分布数列的代表性；不能用数值测量的现象可用众数确定其代表性水平。但由于众数的计算只利用了众数组的数据信息，未利用全部数据信息，因此缺乏敏感性，不适合于进一步代数运算；众数经常因分组不同而改变其数值；有的资料根本不存在众数；当资料中包括多个众数时，很难对它进行比较和说明，应用不如算术平均数广泛。

6. 切尾平均数和温氏化平均数

数值平均数是根据所有变量值计算的平均数，但易受极端值的影响；位置平均数只考虑到个别或少部分变量值的影响，因此缺乏敏感性。实际中有时应用介于二者之间的一类平均数——切尾平均数和温氏化平均数，它们是对原始数值进行修正、调整之后而计算的算术平均数，因而，将二者统称为修正算术平均数。

（1）切尾平均数

切尾平均数也称截尾平均数，指将首尾各去掉一定量的变量值后计算的平均数。它综合了均值和位置平均数的优点，在各种大奖赛平均分值的计算、专家意见代表性水平的确定等情况下多使用切尾平均数，其计算公式为

$$\bar{x}_\alpha = \dfrac{x_{([n\alpha]+1)} + x_{([n\alpha]+2)} + \cdots + x_{(n-[n\alpha])}}{n - 2[n\alpha]}$$

式中：n 为项数；α 为人们给定的一个数，即将数据由小到大排列后，前后各切去数据的项数占总项数的比重，$0 \leq \alpha \leq \dfrac{1}{2}$；$x$ 表示被平均的数据；$[\ ]$ 表示取整数。

当 $\alpha = 0$ 时，$\bar{x}_\alpha = \bar{x}$；当 $\alpha = \dfrac{1}{2}$ 时，$\bar{x}_\alpha$ 接近或等于 M_e。

【例 4-35】某企业对某种商品在 2020 年的销售量难以确定，因而聘请了 15 位专家进行预测，预测结果（单位：万 t）如下：20、22、28、30、30、31、32、32、32、45、48、50、52、60、80。试用切尾平均数计算 15 位专家预测值的代表性水平。

解：通过对预测值的观察，发现首尾各有两个预测值比较离群，因此，取 $\alpha = \dfrac{2}{15}$

$$\bar{x}_\alpha = \dfrac{x_3 + x_4 + \cdots + x_{13}}{11}$$

$$= \dfrac{28 + 30 \times 2 + 31 + 32 \times 3 + 45 + 48 + 50 + 52}{11} = 37.27（万 t）$$

切尾平均数不受异常值的影响,相对于位置平均数,考虑到了较多变量值对平均数的影响,但它仍然未考虑所有变量值的影响。

(2)温氏化平均数

它是将低于第一四分位数 Q_1 的变量值均以 Q_1 取代,将所有高于第三四分位数 Q_3 的变量值均以 Q_3 取代,然后计算修订后变量值的平均数的方法。

将所有变量值由小到大排列后,由三个分割点分成四等分,每一个分割点称为四分位数。

Q_1 的位置:$\dfrac{n+1}{4}$ Q_3 的位置:$\dfrac{3(n+1)}{4}$

【例 4-36】某企业对某种商品在 2020 年的销售量难以确定,因而聘请了 15 位专家进行预测,预测结果(单位:万 t)如下:20、22、28、30、30、31、32、32、32、45、48、50、52、60、80。试用温氏化平均数计算 15 位专家预测值的代表性水平。

解:Q_1 的位置为:$\dfrac{15+1}{4}=4$ Q_3 的位置为:$\dfrac{3\times(15+1)}{4}=12$

第四个变量值 30 以前的数均以 30 代替,第十二个变量值 50 以后的数均以 50 代替。则温氏化平均数为

$$\bar{x}_w = \frac{30\times 5+31+32\times 3+45+48+50\times 4}{15}=38(万\ t)$$

相对于切尾平均数,温氏化平均数考虑到所有变量值对平均数的影响,但又不受异常值的影响。

4.3.4 众数、中位数和算术平均数的关系

算术平均数与中位数、众数之间在数量上存在着一定关系,这种关系取决于总体内次数分布的状况。如图 4-2 所示。

①若次数分布为对称分布时,$\bar{x}=M_e=M_0$
②若次数分配呈右偏分布时,$\bar{x}>M_e>M_0$
③若次数分布呈左偏分布时,$\bar{x}<M_e<M_0$

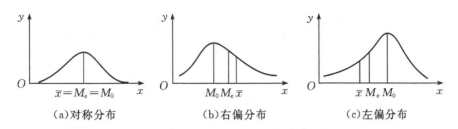

(a)对称分布   (b)右偏分布   (c)左偏分布

图 4-2 算术平均数、中位数和众数关系示意图

根据经验,在分布适度偏斜的情况下,不论右偏还是左偏,三者之间存在一个比较稳定的比例关系,用公式表示为

$$3|\bar{x}-M_e|=|\bar{x}-M_0|$$

可以利用此关系式,根据已知的两个平均指标近似地推算另一个未知的平均指标。

【例 4-37】根据某市从业人员月收入水平抽样调查资料计算,该市从业人员月工资的众数为 7 500 元,算术平均数为 8 400 元,试确定该市从业人员月工资的中位数,并判断该市从业

人员月工资的分布特征。

解：由 $3|\bar{x}-M_e|=|\bar{x}-M_0|$ 可得

$$M_e = \frac{1}{3}(M_0 + 2\bar{x}) = \frac{1}{3} \times (7\,500 + 2 \times 8\,400) = 8\,100(元)$$

由于 $\bar{x} > M_e > M_0$，因此，该市从业人员月工资呈右偏分布。

4.4 离散程度的度量——标志变异指标

4.4.1 标志变异指标的概念及作用

标志变异指标指反映总体内各单位标志值之间离散程度或差异程度的指标。它是反映总体分布特征的另一个重要的指标。

平均指标反映总体各单位标志值的一般水平的同时，掩盖了总体各单位标志值的数量差异。总体各单位标志值之间的差异状况怎样？平均数的代表性有多强？需要借助标志变异指标来说明。平均指标反映总体各单位标志值的集中趋势，而标志变异指标则说明总体各单位标志值的离中趋势。标志变异指标的作用主要有以下几点：

①标志变异指标是衡量平均数代表性大小的依据。标志变异指标越大，平均数的代表性越小；反之，标志变异指标越小，平均数的代表性越强。

如现有甲乙两个班，统计学考试成绩的平均数均为 75 分。但是甲班学生统计学成绩比较分散，最高分 98 分，最低分 2 分；乙班学生统计学考试成绩比较集中，最高分 80 分，最低分 60 分。虽然两个班平均成绩都是 75 分，很明显，乙班平均值 75 分的代表性比甲班强。

②标志变异指标可以说明现象发展变化的均衡性和稳定性。标志变异指标越小，说明现象的发展变化越均衡、越稳定；反之，标志变异指标越大，说明现象的发展变化越不均衡、越不稳定。

【例 4-38】现有生产同种产品的两个车间，其 2019 年产量计划任务数均为 150 万 t，两个车间各月的实际产量见表 4-17。

表 4-17 甲乙车间 2019 年各月产量资料 单位：万 t

月份	1	2	3	4	5	6	7	8	9	10	11	12	合计
甲车间	12	11	14	12	12	14	13	12	12	14	11	13	150
乙车间	8	6	7	8	8	7	14	16	18	18	19	21	150

由表 4-17 资料可以看出，两个车间均已完成计划任务 150 万 t。但是两个车间计划执行过程却不同。甲车间计划执行过程比较平稳，月产量最低 11 万 t，最高 14 万 t；乙车间计划执行过程出现前松后紧的现象，各月产量变动幅度较大，月产量最低 6 万 t，最高 21 万 t，计划执行过程不均衡。

4.4.2 标志变异指标的种类及其计算方法

常用的标志变异指标主要有全距、平均差、标准差和标志变异系数。

在两组性质相同变量值的平均数相等时，可以使用全距、平均差和标准差中任意一种方法来测定两个平均数的代表性或变量值之间的离散程度,一般常用标准差比较;在两组变量值的平均数不相等或两组变量值的性质不相同时,必须使用标志变异系数测定两个平均数的代表性或变量值之间的离散程度。

1. 全距

(1)全距的概念及基本计算公式

全距也称为极差,指总体内各单位变量值中最大值与最小值之差,即

$$全距 = 最大标志值 - 最小标志值$$

用符号表示为

$$R = x_{\max} - x_{\min}$$

式中:R 代表全距;$x_{\max}$ 代表变量值中的最大值;$x_{\min}$ 代表变量值中的最小值。

【例 4-39】某车间两组工人的日产量(件)资料如下:

$$甲组:50、60、70、80、90$$
$$乙组:60、65、70、75、80$$

两组工人的平均日产量均为 70 件。试计算两组工人日产量的全距,并说明哪组工人日产量之间的差异程度大,哪组工人平均日产量的代表性强。

解:根据全距的计算公式可得

$$R_{甲} = 90 - 50 = 40(件)$$
$$R_{乙} = 80 - 60 = 20(件)$$

计算结果说明,甲组工人日产量之间的差异程度比乙组大,乙组工人平均日产量的代表性比甲组强。

(2)组距数列全距的计算

①若资料为封闭式组距数列,则全距的计算公式为

$$R = 最高组的上限 - 最低组的下限$$

【例 4-40】某车间工人按日产量分组资料见表 4-18。试计算该车间工人日产量的全距。

表 4-18 某车间工人日产量分组资料

日产量 x/件	1~5	6~10	10~15	16~20	26~30	合计
工人数 f/人	10	20	30	50	30	180

解:根据封闭式组距数列全距的计算公式可得

$$R = 最高组的上限 - 最低组的下限 = 30 - 1 = 29(件)$$

②若资料为首尾两组是开口组的组距数列,则全距的计算公式为

$$R = (最高组的下限 + 相临组的组距) - (最低组的上限 - 相临组的组距)$$

【例 4-41】某公司职工按月工资分组资料见表 4-19。试计算该公司职工工资的全距。

解:表 4-18 资料首尾两组是开口组,则该公司职工工资的全距为

$$R = (最高组的下限 + 相临组的组距) - (最低组的上限 - 相临组的组距)$$
$$= (8\,000 + 1\,000) - (5\,000 - 1\,000)$$
$$= 5\,000(元)$$

表 4-19 某公司职工月工资资料

月工资/元	职工人数 f/人
5 000 以下	10
5 000~6 000	20
6 000~7 000	40
7 000~8 000	30
8 000 以上	20
合　计	120

(3) 评价

全距计算简便,易于理解。但它只受两个极端数值大小的影响,没有考虑所有的变量值对标志变异指标的影响,因而它只是一种粗略的测定方法,测定的结果往往不能充分反映现象的实际差异程度,特别是当变量值存在异常值时。

2. 平均差

平均差是总体各单位标志值与其算术平均数离差绝对值的算术平均数。它综合反映总体各单位标志值与平均数的平均差异程度,常用符号 $A.D$ 表示。其计算方法有简单平均式和加权平均式两种。

(1) 简单平均式

资料未分组时计算平均差用简单平均式。其计算公式为

$$A.D = \frac{\sum |x-\bar{x}|}{n}$$

【例 4-42】仍以例 4-39 中某车间甲乙两组工人的日产量资料为例,该车间两组工人的日产量(件)资料如下:

$$\text{甲组}:50、60、70、80、90$$
$$\text{乙组}:60、65、70、75、80$$

试分别计算两组工人日产量的平均差,并说明计算结果的意义。

解:甲乙两组工人日产量的平均差分别为

$$A.D_\text{甲} = \frac{|50-70|+|60-70|+|70-70|+|80-70|+|90-70|}{5} = 12(\text{件})$$

$$A.D_\text{乙} = \frac{|60-70|+|65-70|+|70-70|+|75-70|+|80-70|}{5} = 6(\text{件})$$

计算结果说明,甲组工人日产量之间的差异程度比乙组大,也说明乙组工人平均日产量的代表性比甲组强。

(2) 加权平均式

在资料经过分组形成分配数列的情况下,计算平均差用加权平均式。其计算公式为

$$A.D = \frac{\sum(|x-\bar{x}|f)}{\sum f}$$

【例 4-43】某车间工人按日产量分组资料如表 4-20。试计算该车间工人日产量的平

均差。

解:根据表 4-20 资料分别计算平均日产量和平均差

$$\bar{x} = \frac{\sum(xf)}{\sum f} = \frac{4\,200}{100} = 42(\text{kg}) \qquad A.D = \frac{\sum(|x-\bar{x}|f)}{\sum f} = \frac{660}{100} = 6.6(\text{kg})$$

计算结果表明该车间工人日产量之间平均相差 6.6 kg。

表 4-20 某车间工人日产量分组资料

日产量/kg	工人数 f/人	组中值 x/人	xf	$\lvert x-\bar{x}\rvert$	$\lvert x-\bar{x}\rvert f$
30 以下	5	25	125	17	85
30~40	35	35	1 225	7	245
40~50	45	45	2 025	3	135
50 以上	15	55	825	13	195
合　计	100	—	4 200	—	660

平均差考虑到了所有的标志值对变异指标的影响,有较强的代表性,并且容易理解。

但平均差由于有绝对值符号,不适合于进一步进行代数方法处理,因而应用受到了很大限制。

3. 标准差

(1)标准差的概念

标准差又称均方差,是各个变量值与其算术平均数离差平方算术平均数的平方根,一般用 σ 表示。标准差是最重要、也是最常用的一种标志变异指标。

(2)标准差的计算

根据资料是否分组,标准差的计算也分为简单平均式(未分组资料)和加权平均式(分组资料)。

①简单平均式。简单平均式在资料未分组时使用,公式为

$$\sigma = \sqrt{\frac{\sum(x-\bar{x})^2}{n}}$$

【例 4-44】仍以例 4-39 中某车间甲乙两组工人的日产量资料为例,该车间两组工人的日产量(件)资料如下:

甲组:50、60、70、80、90

乙组:60、65、70、75、80

试分别计算两组工人日产量的标准差,并说明计算结果的意义。

解:两组工人的平均日产量均为 70 件,则两组工人日产量的标准差分别为

$$\sigma_{甲} = \sqrt{\frac{(50-70)^2+(60-70)^2+(70-70)^2+(80-70)^2+(90-70)^2}{5}} = 14.1(\text{件})$$

$$\sigma_{乙} = \sqrt{\frac{(60-70)^2+(65-70)^2+(70-70)^2+(75-70)^2+(80-70)^2}{5}} = 7.07(\text{件})$$

计算结果表明,甲组工人日产量之间的差异程度比乙组大,也说明乙组工人平均日产量的代表性比甲组强。

②加权平均式。加权平均式在资料为分配数列时使用,公式为

$$\sigma = \sqrt{\frac{\sum(x-\bar{x})^2 f}{\sum f}}$$

【例 4-45】甲车间工人日产量分组资料见表 4-21,试计算该企业工人日产量的标准差。

表 4-21 甲车间工人日产量分组资料及标准差计算表

日产量/kg	工人数 f/人	组中值 x/人	xf	$(x-\bar{x})$	$(x-\bar{x})^2 f$
20~30	5	25	125	−17	1 445
30~40	35	35	1 225	−7	1 715
40~50	45	45	2 025	3	405
50~60	15	55	825	13	2 535
合　计	100	—	4 200	—	6 100

解:根据表 4-21 资料,计算甲车间工人日产量的平均数及标准差:

$$\bar{x} = \frac{4\,200}{100} = 42(\text{kg})$$

$$\sigma = \sqrt{\frac{\sum(x-\bar{x})^2 f}{\sum f}} = \sqrt{\frac{6\,100}{100}} = 7.81(\text{kg})$$

计算结果表明该车间工人日产量的标准差为 7.81 kg。

③是非标志的标准差。实际中,有时把总体的全部单位按照某个标志分为具有某种属性的单位和不具有某种属性的单位两组,如产品按照质量分为合格品和不合格品,人口按性别分为男女两类等,这种用是、不是,有、没有等表示的标志叫是非标志。

由于是非标志只有两个标志表现,所以用 1 表示具有某种属性的单位的标志值,用 0 表示不具有某种属性的单位的标志值。

总体单位数用 N 表示,N_1 表示具有某种属性的单位数,N_0 表示不具有某种属性的单位数,则 $N=N_1+N_0$。

N_1 和 N_0 在总体中所占的比重称为成数,可分别表示为 $p=\frac{N_1}{N}$　$q=\frac{N_0}{N}$

两个成数之和等于 1,即 $p+q=1$。

是非标志的平均数与标准差分别如下:

$$\bar{x} = \frac{\sum xf}{\sum f} = \frac{0 \times N_0 + 1 \times N_1}{N} = \frac{N_1}{N} = p$$

$$\sigma = \sqrt{\frac{\sum(x-\bar{x})^2 f}{\sum f}} = \sqrt{\frac{(0-p)^2 N_0 + (1-p)^2 N_1}{N}}$$
$$= \sqrt{p^2(1-p) + (1-p)^2 p} = \sqrt{p(1-p)}$$

(3)标准差的数学性质

标准差的平方即方差。方差是各个变量值与其算术平均数离差平方的平均数,以 σ^2 表

示。方差的计量单位不便于从经济意义上进行解释,所以实际工作中多用方差的算术平方根——标准差来测度变量值的差异程度。只要了解了方差的数学性质,也就掌握了标准差的数学性质。了解和掌握标准差的数学性质,可以使我们更好地理解和正确地运用标准差、简化标准差的计算过程。标准差的数学性质很多,这里只介绍后面用到的两个数学性质。

①变量的方差等于变量平方的平均数减变量平均数的平方,即

$$\sigma^2 = \overline{x^2} - (\overline{x})^2$$

②变量对其算术平均数的方差小于或等于对任意常数的方差,即

$$\frac{\sum(x-\overline{x})^2}{n} \leqslant \frac{\sum(x-A)^2}{n}$$

(4)标准差的优缺点

标准差是根据所有变量值计算的,能反映全部数据的差异情况,并且是对离差加以平方取消离差正负号的,适合进一步进行代数运算,因而较全距、平均差用途更广泛。但它计算较繁,与其他指标相比,不易理解。

4. 标志变异系数

极差、平均差、标准差三种标志变异指标,在比较性质相同、且平均数相等的两个平均数的代表性时可以使用。但现实中,对于具有不同平均水平或不同性质的变量值,不能直接用以上几种指标比较其离散程度,而应计算其相对离散程度指标,以便使二者取得可比的基础。标志变异系数也称离散系数,主要有平均差系数和标准差系数,最常用的是标准差系数。

(1)平均差系数

平均差系数指平均差与其相应的平均数的比率,用 $V_{A.D}$ 表示。其计算公式为

$$V_{A.D} = \frac{A.D}{\overline{x}} \times 100\%$$

【例 4-46】现有甲乙两个班,其统计学平均成绩及平均差分别为:$\overline{x}_\text{甲}=70$ 分,$\overline{x}_\text{乙}=82$ 分,$A.D_\text{甲}=7$ 分,$A.D_\text{乙}=7$ 分。试比较哪个班统计学平均成绩的代表性强。

解:因两个班统计学平均成绩不等,因此应使用平均差系数进行比较,即

$$V_{A.D\text{甲}} = \frac{A.D}{\overline{x}} \times 100\% = \frac{8}{66} \times 100\% = 12.12\%$$

$$V_{A.D\text{乙}} = \frac{A.D}{\overline{x}} \times 100\% = \frac{9}{80} \times 100\% = 11.25\%$$

计算结果表明,乙班统计学平均成绩的代表性比甲班强。

(2)标准差系数

标准差系数指标准差与其平均数相对比的比率,用 V_σ 表示,其计算公式为

$$V_\sigma = \frac{\sigma}{\overline{x}} \times 100\%$$

【例 4-47】现有甲乙两个企业,职工的月平均工资、职工月工资的标准差资料见表4-22。试比较哪个企业职工月平均工资的代表性强。

表 4-22 职工平均工资及标准差资料

企业	平均工资 $\overline{x}$/元	标准差 σ/元
甲企业	8 000	500
乙企业	5 000	400

解:因甲乙两个企业职工月平均工资不相等,因此,不能直接用标准差进行比较,而应计算标准差系数。

$$V_{\sigma甲} = \frac{\sigma}{\bar{x}} \times 100\% = \frac{250}{3\,800} \times 100\% = 6.58\%$$

$$V_{\sigma乙} = \frac{\sigma}{\bar{x}} \times 100\% = \frac{200}{2\,800} \times 100\% = 7.14\%$$

计算结果说明,甲企业职工月平均工资比乙企业职工月平均工资的代表性强。

4.5 偏斜度、扁平度的度量——偏态与峰度

平均指标和标志变异指标是反映总体分布的两个重要特征值,要全面了解总体分布的特点,还需进一步确定总体分布的偏斜情况及分布的扁平程度等。

4.5.1 偏态及其测定

根据平均数、中位数、众数三者之间的关系,很容易判断总体的分布是否对称,非对称分布是左偏还是右偏等。要测定非对称分布偏斜的程度,则需要计算偏态指标来判断。

偏态指非对称分布偏斜的状态,包括偏斜的方向与偏斜的程度。偏态的测定方法主要有以下几种。

(1)皮尔逊偏态系数法

它是用 $\bar{x}$、M_e 和 M_0 三者之间的距离来测定偏态的。

当分布为对称分布时,三者重合;当分布为非对称分布时,三者分离。

由于 M_e 始终处于 $\bar{x}$ 与 M_0 之间,所以用 $\bar{x}$ 与 M_0 之间的距离测定偏态。$\bar{x}$ 与 M_0 之间的距离越大,非对称分布程度越大。

由于偏态的绝对数是有计量单位的,不同性质、不同计量单位的偏态无法比较,所以用标准差 σ 作为比较标准,得出相对的偏态系数 K,用来反映数列的非对称程度。

$$K = \frac{\bar{x} - M_0}{\sigma}$$

由于众数不够稳定,利用 $M_0 = \bar{x} - 3(\bar{x} - M_e)$,可将上面公式转化为

$$K = \frac{3(\bar{x} - M_e)}{\sigma}$$

经验证明,$-3 \leqslant K \leqslant 3$。$K$ 等于 0 时,说明次数分布为对称分布;K 为负值时,表示分布为左偏;K 为正值时,表示分布为右偏。K 的绝对值等于 3,表示极端偏态。

【例4-48】根据两个班学生英语考试成绩分别计算得到如下资料:

甲班:$\bar{x} = 70$ 分,$M_e = 78$ 分,$\sigma = 12$ 分

乙班:$\bar{x} = 82$ 分,$M_e = 76$ 分,$\sigma = 10$ 分

试根据皮尔逊偏态系数法测定两个班英语成绩的偏斜程度,并对计算结果进行比较。

解:两个班英语成绩的偏斜程度分别为

$$K_甲 = \frac{3 \times (70 - 78)}{12} = -2 \qquad K_乙 = \frac{36 \times (82 - 76)}{10} = 1.8$$

计算结果表明,甲班的变量值属于左偏分布,乙班的变量值属于右偏分布。甲班的偏斜度

比乙班的偏斜度要大。

(2) 中心距偏态系数测定法

中心距指 $x-\bar{x}$ 的 k 次方的平均值,也称中心动差。其计算公式为

$$m_k = \frac{\sum (x-\bar{x})^k f}{\sum f}$$

当 $k=1$ 时,m_1 称为一阶中心矩或一阶中心动差,这时 $m_1=0$,即离差的平均数;

当 $k=2$ 时,m_2 称为二阶中心矩或二阶中心动差,这时 $m_2=\sigma^2$,即方差;

当 $k=3$ 时,m_3 称为三阶中心矩或三阶中心动差;

当 $k=4$ 时,m_4 称为四阶中心矩或四阶中心动差。

一阶中心矩恒为零;偶数阶中心矩为正数;奇数阶中心矩有负有正,可以反映分布的偏度。统计上常以三阶中心矩作为测定偏态的重要指标。由于三阶中心距有计量单位,不便于比较,因此用三阶中心距除以标准差的三次方 σ^3,以消除计量单位的影响。中心距偏态系数用符号 α_3 表示,计算公式为

$$\alpha_3 = \frac{m_3}{\sigma_3}$$

当 $\alpha_3=0$ 时,为完全对称分布;

当 $\alpha_3>0$ 时,为右偏分布;

当 $\alpha_3<0$ 时,为左偏分布。

α_3 的绝对值越大,说明偏斜程度越大。

【例 4-49】 某企业工人日产量见表 4-23,根据表中资料计算出该企业工人日产量的平均数为 82.62 kg,标准差为 14.85 kg。试计算该企业工人日产量的中心距偏态系数。

表 4-23 某企业工人日产量偏态及峰度计算表

日产量/kg	工人数 f/人	组中值 x/kg	$(x-\bar{x})$	$(x-\bar{x})^3 f$	$(x-\bar{x})^4 f$
60 以下	10	55	−27.62	−210 703.15	5 819 621.00
60~70	19	65	−17.62	−103 937.27	1 831 374.70
70~80	50	75	−7.62	−22 122.54	168 573.75
80~90	36	85	2.38	485.33	1 155.09
90~100	27	95	12.38	51 230.16	634 229.38
100~110	14	105	22.38	156 930.83	3 512 111.98
110 以上	8	115	32.38	271 594.22	8 794 220.84
合 计	164	—	—	143 477.58	20 761 286.74

解:中心距偏态系数相关资料的计算过程见表 4-23。

$$m_3 = \frac{\sum (x-\bar{x})^3 f}{\sum f} = \frac{143\ 477.58}{164} = 874.86$$

$$\sigma^3 = 14.85^3 = 3\ 274.76$$

$$\alpha_3 = \frac{m_3}{\sigma^3} = \frac{874.86}{3\ 274.76} = 0.27$$

计算结果表明,该企业工人日产量的分布为右偏分布,偏斜程度不大。

4.5.2 峰度及其测定

峰度是反映现象次数分布的另一特征,是对分布曲线尖峭或平缓程度的测度。它是指次数分布曲线与正态分布曲线相比较,曲线顶端尖峭的程度。若分布曲线比正态分布曲线更高、更窄,称其为尖峰分布;若分布曲线比正态分布曲线更矮、更宽,则称其为平峰分布或扁平分布,如图4-3所示。

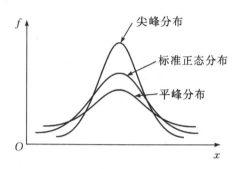

图 4-3 尖峰分布与平峰分布示意图

统计上通常以四阶中心距 m_4 测定峰度。为了消除计量单位的影响,以便于不同数列间峰度的比较,用四阶中心距 m_4 除以 σ^4 作为峰度的相对指标 α_4,称 α_4 为峰度系数,其计算公式为

$$\alpha_4 = \frac{m_4}{\sigma^4}$$

(1)$\alpha_4 = 3$ 时,次数分布曲线为正态分布曲线,峰度适中;
(2)$\alpha_4 > 3$ 时,次数分布曲线为尖峰分布;
(3)$\alpha_4 < 3$ 时,次数分布曲线为平峰分布;
(4)α_4 越小于3,分布曲线顶端越平坦;α_4 越大于3,分布曲线顶端越尖峭;
(5)当 α_4 接近于1.8时,次数分布趋于一条水平线,小于1.8时,分布呈现U型分布。

【例 4-50】 根据表4-23资料,计算该企业工人日产量分布的峰度系数。

解:峰度系数相关资料的计算过程见表4-23。

$$\alpha_4 = \frac{m_4}{\sigma^4} = \frac{\sum (x-\bar{x})^4 f}{\sum f} / \sigma^4 = \frac{20\ 761\ 286.74}{164} / 14.85^4 = \frac{126\ 593.21}{48\ 630.19} = 2.60$$

由计算结果可知,该企业工人日产量分布的峰度系数低于3,说明次数分布曲线为平峰分布,比正态分布曲线略微平坦。

思考与练习

一、判断题

1.(　　)时期指标数值的大小与时期的长短直接相关,而时点指标数值大小与时点间间隔长短无直接关系。

2.(　　)某企业全员劳动生产率计划在去年的基础上提高3%,计划执行结果提高了

6%,则劳动生产率超计划一倍完成任务。

3.(　　)某企业单位产品成本在去年的基础上计划降低4%,实际降低2%,则该企业单位产品成本实际为计划102.08%(98%÷96%),超计划完成任务。

4.(　　)已知某银行定期存款额占全部存款额的65%,则该成数的标准差为$\sqrt{0.65\times0.35}$。

5.(　　)相对指标可以直接进行加减运算。

6.(　　)每个变量值与其算术平均数离差之和恒为最小值。

7.(　　)已知各个小组工人平均产量和总产量时,计算所有工人的平均产量宜用加权调和平均法。

8.(　　)若两组数列计量单位不同,在比较两数列离散程度大小时,一般采用标准差。

9.(　　)某商场报告期电视机共销售了5 000台,年底库存150台,这两个指标中,前者是时期指标,后者是时点指标。

10.(　　)计算平均差时,之所以给离差加以绝对值符号,是因为离差有正有负、离差之和恒为零。

11.(　　)现有甲乙两个数列,已知$\sigma_甲<\sigma_乙$,则甲数列平均数的代表性比乙数列平均数的代表性强。

12.(　　)偏态指非对称分布偏斜的状态。

13.(　　)峰度是次数分布曲线与正态分布曲线相比较曲线顶端尖峭的程度,是对分布曲线尖峭或平缓程度的测度。一般用四阶中心距m_4测定峰度。

14.(　　)三阶中心矩是测定次数分布偏态的指标之一。

二、单项选择题

1.某企业计划产值比上年提高5%,实际比上年提高8%,则其计划完成程度为(　　)。
A.102.86%　　　　B.103%　　　　C.160%　　　　D.97.22%

2.在分配数列中,当标志值较小而其权数较大时,计算出来的算术平均数(　　)。
A.接近于标志值大的一方　　　　B.接近于标志值小的一方
C.接近于大小合适的标志值　　　D.不受权数的影响

3.全国人均粮食产量是一个(　　)。
A.强度相对指标　　B.结构相对指标　　C.比较相对指标　　D.平均指标

4.两个数值对比,若分母数值比分子数值大很多时,常用的相对数形式是(　　)。
A.倍数　　　　B.百分数　　　　C.系数　　　　D.千分数

5.已知两个同类型企业的职工工资水平的标准差分别为80元/人、105元/人,则甲、乙两个企业职工平均工资的代表性是(　　)。
A.一样的　　　　　　　　　　B.甲企业>乙企业
C.甲企业<乙企业　　　　　　D.无法判断

6.2019年某地区国内生产总值为1 520亿元,全部人口为3 000万人,平均每人的国内生产总值为5 066.67元。这个指标是(　　)。
A.平均指标　　B.强度相对指标　　C.比较相对指标　　D.比例相对指标

7.计算变异指标是为了比较(　　)。
A.不同数列的相对集中程度　　　　B.变量值之间的差异程度大小

C. 两个数列平均数的绝对差异　　　　　D. 以上都不对
8. 当总体各单位标志值都不相同时(　　)。
　A. 众数不存在　　　　　　　　　　　B. 众数就是中间的数值
　C. 众数就是最大的数值　　　　　　　D. 众数就是最小的数值
9. 某企业有三个流水线生产车间,第一车间产品的废品率为1%,第二车间产品的废品率为3%,第三车间产品的废品率为5%,则这三个车间产品的平均废品率为(　　)。
　A. 9.00%　　　　B. 3.01%　　　　C. 3.00%　　　　D. 2.47%
10. 权数对算术平均数的影响作用,实质上取决于(　　)。
　A. 各组标志值占总体标志总量比重的大小　　C. 标志值本身的大小
　B. 各组单位数占总体单位数比重的大小　　　D. 各组单位数的多少
11. 众数是总体中(　　)的标志值。
　A. 位置居中　　　B. 数值最大　　　C. 出现次数较多　　　D. 出现次数最多
12. 标准差数值越小,则反映变量值(　　)。
　A. 越分散,平均数代表性越低　　　　B. 越集中,平均数代表性越高
　C. 越分散,平均数代表性越高　　　　D. 越集中,平均数代表性越低
13. 变量数列的分布呈右偏分布时(　　)。
　A. 算术平均数值最小　B. 算术平均数值最大　C. 众数值最大　　　D. 中位数值最小
14. 平均差的最大缺点是(　　)。
　A. 只受极端值的影响　　　　　　　　B. 计算方法较复杂
　C. 计算结果未反映标志变异程度　　　D. 不便于代数运算
15. 已知各组工人的平均产量和工人数时,计算所有工人的平均产量宜用(　　)。
　A. 加权调和平均法　　　　　　　　　B. 加权算术平均法
　C. 几何平均法　　　　　　　　　　　D. 简单算术平均法
16. 全距的最大缺点是(　　)。
　A. 未考虑所有变量值对其的影响　　　B. 计算方法复杂
　C. 计算结果不反映标志变异情况　　　D. 不便于代数运算
17. 下列指标中,属于时点指标的有(　　)。
　A. 原材料库存量　　　　　　　　　　B. 报告期平均职工人数
　C. 产品产量　　　　　　　　　　　　D. 工资总额
18. 假如每组变量值的次数都增加100个单位,那么算术平均数会(　　)。
　A. 增加到100倍　　　　　　　　　　B. 增加100个单位
　C. 不变　　　　　　　　　　　　　　D. 不能预期平均数的变化
19. 经验证明,皮尔逊偏态系数的取值范围是(　　)。
　A. $-3 \leqslant k \leqslant 3$　　　B. $-1.8 \leqslant k \leqslant 1.8$　　　C. $-1 \leqslant k \leqslant 1$　　　D. $0 \leqslant k \leqslant 3$

三、多项选择题
1. 下列指标属于强度指标的有(　　)。
　A. 某企业全员劳动生产率　　　　　　B. 某地区人均原煤产量
　C. 某地区人口出生率　　　　　　　　D. 某地区人均GDP
　E. 某地区人口密度

2. 在什么条件下,加权算术平均数等于简单算术平均数(　　)。
   A. 各组次数相等　　　　　　　　　　B. 各组变量值不等
   C. 变量数列为组距数列　　　　　　　D. 各组次数均为 1
   E. 各组次数占总次数的比重相等

3. 下列属于平均指标的有(　　)。
   A. 人均粮食产量　　　B. 职工平均工资　　　C. 人均国内生产总值
   D. 工人平均劳动生产率　　　E. 产品的单位成本

4. 相对指标中,分子与分母可以互换的有(　　)。
   A. 结构相对指标　　　B. 强度相对指标　　　C. 比例相对指标
   D. 动态相对指标　　　E. 比较相对指标

5. 时期指标的特点是(　　)。
   A. 不同时期的指标可以累计　　　　　B. 不同时期的指标不可以累计
   C. 其数值的大小与其时期长短相关
   D. 其数值的大小与其时期长短无直接关系
   E. 时期指标可以说明总体内部的数量关系

6. 下列指标中属于结构相对数的有(　　)。
   A. 某企业生产工人人数占职工总数的比重　　B. 某产品产量比上年年增长 30%
   C. 甲企业平均工资为乙企业的 120%　　　　D. 某地区新出生婴儿性别比为 110
   E. 2018 年我国国内生产总值中,第三产业增加值所占比重为 52.16%

7. 下列指标属于总量指标的有(　　)。
   A. 国内生产总值　　　B. 人均利税总额　　　C. 利税总额　　　D. 职工人数
   E. 固定资产原值

8. 根据标志值在总体中所处的特殊位置确定的平均指标有(　　)
   A. 算术平均数　　　B. 调和平均数　　　C. 几何平均数　　　D. 众数
   E. 中位数

9. 标志变异指标有(　　)
   A. 全距　　　B. 平均差　　　C. 标准差　　　D. 变异系数
   E. 相关系数

10. 标准差系数可以在(　　)时使用。
    A. 已知 $\bar{x}_甲 = \bar{x}_乙$,比较两组数列平均数的代表性
    B. 已知 $\bar{x}_甲 \neq \bar{x}_乙$,$\sigma_甲 < \sigma_乙$,比较两组数列平均数的代表性
    C. 已知两组性质不同数列的标准差和平均数,比较两组数列的离散程度
    D. 已知 $\bar{x}_甲 \neq \bar{x}_乙$ 和 $\sigma_甲 = \sigma_乙$,比较两组数列平均数的代表性
    E. 已知 $\bar{x}_甲 = \bar{x}_乙$ 和 $\sigma_甲 > \sigma_乙$,比较两组数列平均数的代表性

11. 会计一班和二班统计学考试成绩的平均数分别为 78 分和 70 分,标准差分别为 9.5 分和 11.9 分,可以判断(　　)。
    A. 一班统计学成绩之间差异程度比二班小　　B. 两个班平均成绩有相同代表性
    C. 二班统计学成绩之间差异程度比一班小　　D. 无法判断
    E. 一班统计学平均成绩的代表性比二班强

12. 在各种平均指标中,受极端值影响的有( )。
A. 算术平均数　　　B. 众数　　　　　C. 中位数　　　　D. 几何平均数
E. 调和平均数

四、简答题

1. 什么是总体单位总量和总体标志总量？分别举一例说明。
2. 时期指标和时点指标如何区分？分别举出一例时期指标和时点指标。
3. 如何区分平均指标与强度相对指标？
4. 比较相对指标、结构相对指标及强度相对指标在计算和作用方面有什么不同？
5. 总量指标的计量单位有哪几种？各种计量单位的优缺点分别是什么？
6. 什么是相对指标？相对指标有哪几种？其中可以用名数计量的是哪一种？
7. 在总体不同分布情况下,算术平均数、中位数、众数三者之间有什么关系？
8. 什么是标志变异指标？它有哪些主要的作用？
9. 标志变异系数的应用条件是什么？为什么？
10. 分别简述全距、平均差、标准差的优缺点。

五、计算题

1. 某企业工业总产值计划比上年增长5％,实际执行结果,该企业工业总产值比上年增长了8％,试计算该企业工业总产值的计划完成程度。

2. 某企业计划规定,某产品单位成本2019年应比2018年降低7％,实际执行结果,该产品单位成本2019年比2018年降低了5％,试计算2019年该产品单位成本计划完成程度。

3. 某企业本年计划规定利润额比上年增长5％,计划完成程度为105％,试计算利润额实际比上年增长百分之几？

4. 某企业工人日产量资料如下表,试计算该企业工人平均日产量。

日产量/件	人数/人
11	20
12	40
13	80
14	30
15	10
合　计	180

5. 某企业职工工资资料如下表,试计算该企业职工平均工资。

工资/元	人数/人
5 500 以下	10
5 500～6 000	50
6 000～6 500	80
6 500～7 000	40
7 000 以上	20
合　计	200

6. 某厂生产某种机床配件要经过三道工序，各加工工序的合格率分别为 97%，92%，96%。要求：

(1) 计算三道工序的平均合格率；

(2) 说明所采用的计算方法及原因。

7. 某企业两个生产小组，两组工人生产某种产品的日产量资料如下表。试计算有关指标，比较哪个组平均日产量高，并说明原因。

日产量/件	甲组工人数/人	乙组工人数比重/%
3～5	3	10
5～7	5	40
7～9	14	30
9～11	3	20
合计	25	100

8. 某车间所属的 5 个组报告期资料如下表，试计算这 5 个组的平均劳动生产率水平。

班组	平均劳动生产率 x/(件·h^{-1})	实际工时/h
第一组	14	120
第二组	10	150
第三组	12	200
第四组	17	350
第五组	15	240
合计	—	1 060

9. 某车间报告期所属的 5 个组生产资料如下表，试计算 5 个组的平均劳动生产率水平。

班组	平均劳动生产率 x/(件·h^{-1})	产品产量/件
第一组	12	4 500
第二组	25	6 000
第三组	14	2 940
第四组	16	2 240
第五组	20	5 000
合计	—	20 680

10. 某车间有甲、乙两生产小组，甲组平均每个工人的日产量为 36 件，标准差为 9.6 件；乙组每个工人日产量资料如下表。要求：

(1) 计算乙组平均每个工人的日产量和标准差；

(2) 比较甲、乙两个生产小组平均日产量的代表性强弱。

日产量/件	工人数/人
15	15
25	38
35	34
45	13
55	5
合　计	105

11. 某公司职工的月平均工资水平为 7 565 元，全公司职工月工资收入中位数为 6 720 元，试计算全公司职工月工资的众数，并判断该公司职工月工资数列的分布状态。

12. 某地区抽样调查职工家庭收入资料如下表。要求：
(1)计算平均每户家庭人均月收入水平(用算术平均数公式)；
(2)由下限公式计算中位数和众数；
(3)说明总体的分布特征。

家庭人均月收入/元	职工户数/户
8 000 以下	16
8 000～11 000	70
11 000～14 000	90
14 000～17 000	240
17 000～20 000	60
20 000～23 000	30
23 000～26 000	20
26 000 以上	14

13. 现从生产同种电子元件的甲、乙两企业分别抽查 50 件电子产品，其耐用时间资料如下表。要求：

耐用时间/h	元件数量/件	
	甲企业	乙企业
1 600 以下	4	3
1 600～1 800	20	12
1 800～2 000	15	25
2 000～2 200	5	6
2 200 以上	6	4
合　计	50	50

(1)计算并比较哪个企业电子元件平均耐用时间长？

(2) 计算并比较哪个企业电子元件耐用时间之间差异程度较大?

(3) 分别计算两个企业电子元件耐用时间的众数和中位数,并判断两个企业电子元件耐用时间的分布属于何种分布。

14. 某企业三个车间 2019 年产品生产情况如下表。要求:

(1) 若这三个车间是流水线作业关系,计算三个车间的平均合格率、平均废品率及全厂的总合格率;

(2) 若这三个车间完成同样的工序,计算三个车间的平均合格率、平均废品率及全厂总合格率。

车间	合格率/%	合格品产量/辆
A	98	19 600
B	95	18 620
C	99	18 434
合　计	—	56 654

15. 某企业职工工资资料如下表,试计算该企业职工工资分布的中心距偏态系数和峰度系数。

工资/元	人数/人
5 500 以下	10
5 500～6 000	50
6 000～6 500	80
6 500～7 000	40
7 000 以上	20
合　计	200

16. 甲乙两个班学生统计学成绩资料如下:

甲班:$\bar{x}=73$ 分,$M_e=70$ 分,$\sigma_x=10$ 分

乙班:$\bar{x}=78$ 分,$M_e=75$ 分,$\sigma_x=8$ 分

试分别计算两个班成绩分布的皮尔逊偏态系数,并比较哪个班成绩分布的偏斜程度大。

第 5 章　时间序列分析

> **学习目标**
>
> 了解时间数列的概念和种类;熟练掌握时间数列各项分析指标的计算方法,搞清平均发展速度两种计算方法的应用场合及条件;理解并掌握长期趋势、季节变动的测定方法,特别是测定长期趋势的最小二乘法、测定季节变动的同期平均法,了解绝大多数曲线趋势方程求解参数的途径。

5.1　时间序列概述

5.1.1　时间序列的概念及其作用

客观现象总是随着时间的推移发展变化的,所以,统计研究不仅要从静态上揭示现象在具体时间、地点条件下的数量特征和数量关系,还需要从动态上描述和分析客观现象发展变化的过程及规律性,并预测其未来的发展趋势。时间序列是进行动态分析的基础。

时间序列也称时间数列或动态数列,是指将某一指标在不同时间上的数值,按照时间先后顺序排列起来所形成的序列。任何一个时间序列均由两个基本要素构成,一是现象所属的时间,可以是年、季、月、日等时间形式,时间的间隔长度可以相等,也可以不等;二是现象在不同时间上的观察值,现象的观察值可以是绝对数、相对数或平均数。各种时间序列如表 5-1 所示。

表 5-1　2013—2017 年我国就业人员和工资资料

年份	城镇非私营单位就业人员工资总额/亿元	年底就业人员数/万人	第三产业年末就业人员比重/%	城镇非私营单位就业人员平均工资/元
2013	93 064.3	76 977	38.5	51 483
2014	102 817.2	77 253	40.6	56 360
2015	112 007.8	77 451	42.4	62 029
2016	120 074.8	77 603	43.5	67 569
2017	129 889.1	77 640	44.9	74 318

资料来源:《中国统计年鉴 2018》,中国统计出版社。

通过编制时间序列,可以反映客观现象随时间推移发展变化的过程;根据时间序列计算各种动态分析指标,反映客观现象在某一段时间内发展变化的水平或速度;还可以分析和测定影响时间序列发展变化的各种因素,掌握现象发展变化的规律性,进而对未来的趋势作出判断和预测。

5.1.2 时间序列的种类

根据其观察值表现形式不同,时间序列可分为绝对数、相对数和平均数时间序列。

1. 绝对数时间序列

绝对数时间序列是指将反映现象总规模、总水平的某一总量指标在不同时间上的观察数值按时间先后顺序排列起来所形成的数列。它反映客观现象在不同时间上达到的绝对水平及其发展变化情况。按其指标所反映时间状况不同,绝对数时间序列又分为时期数列和时点数列。如表5-1中所列2013—2017年我国城镇非私营单位就业人员工资总额数列是时期数列,年底就业人员数数列是时点数列。

2. 相对数时间序列

把某一相对指标在不同时间上的数值按照时间先后顺序排列起来所形成的数列叫相对数时间序列。它反映客观现象之间的数量对比关系或说明现象的结构、速度的发展变化过程。如表5-1中所列2013—2017年年底我国第三产业就业人员比重数列是相对数时间序列。不同时间上的相对数相加没有意义,所以不能直接相加。

3. 平均数时间序列

把某一平均指标在不同时间上的数值按时间先后顺序排列起来所形成的数列叫平均数时间序列。它反映客观现象一般水平的变化过程或发展趋势。如表5-1中所列2013—2017年我国城镇非私营单位就业人员平均工资数列为平均数时间序列。不同时间上的平均数相加也没有意义,所以也不能直接相加。

5.1.3 时间序列的影响因素及其模型

1. 时间序列的影响因素

客观现象的发展变化是许多因素共同影响的结果,而且各种现象发展变化的趋势和规律不尽相同,在分析时间序列的变动规律时,不可能将每一种影响因素都分别测定出来。我们可以对各种影响因素按照性质不同进行概括和归类。影响时间数列的因素一般分为长期趋势、季节变动、循环变动和不规则变动四种。

①长期趋势(T)。长期趋势是现象在某一个相当长时期内持续发展变化的总趋势,具体表现为持续上升、持续下降、水平发展或某种曲线趋势,它是由各个时期普遍起作用的根本性因素所决定的。如从改革开放至今,我国国内生产总值呈不断上升的趋势,是由于改革开放社会生产力水平逐年提高这个决定性因素影响的结果;中华人民共和国成立以来我国人口死亡率呈现持续下降的趋势,是医疗科学的不断进步和人民生活水平不断提高这些根本性因素作用的结果。

②季节变动(S)。季节变动是指现象在一年内由于受自然因素和社会因素的影响而发生的具有周期性、规律性的重复变动。如受气候条件影响,羽绒服在一年内夏季销量小,冬季销量大的变动规律;中国的风俗习惯导致每年春节前后为客运旺季;工作、学习制度导致一日内市内交通在上下班(学)时间为高峰期等。

③循环变动(C)。循环变动是指现象因某种原因而发生的周期较长(通常在一年以上)的涨落起伏波动。由于引起波动的原因不同,因而每个循环周期长短及波动程度也不同,后一周

期并不是前一周期的简单重复。如经济的周期性波动就是最典型的循环变动,虽然每个周期都要经历危机→萧条→复苏→繁荣的过程,但周期长短及波动程度却不同;市场上某类产品的更新换代过程,从第一代产品投产→成长→成熟→衰退到被第二代产品替代开始了另一个周期,也符合循环变动的特点。

④不规则变动(I)。不规则变动指由于偶然的、临时的因素作用,而引起现象局部的、非周期性或趋势性的随机变动。它是由于自然或社会的偶然性、临时性或不可预见的因素引起的。如自然灾害、战争等无法预见的因素引起的波动。

2. 时间序列影响因素的组合模型

时间序列的影响因素构成时间数列的总变动,根据四种因素对时间序列的影响形式不同,形成两种不同组合模型。

(1)加法模型

加法模型是假定四种变动因素的影响是独立的,时间序列中各期的观察值(y)表现为各种影响因素的总和,即 $y=T+S+C+I$

(2)乘法模型

乘法模型是假定四种变动因素之间存在交互作用,时间序列的观察值(y)是四种要素相乘的结果,即 $y=T \cdot S \cdot C \cdot I$

实际社会经济现象中,影响时间序列的四种要素之间不可能是完全独立的,时间序列趋势分析中普遍运用的是乘法模型。实际工作中,应根据研究的目的和所掌握的资料情况来确定选用何种模型。本书以乘法模型为依据进行分析。

5.1.4 时间序列的编制原则

编制时间序列的目的是通过数列中各时期指标值的比较,来研究现象发展变化过程及其规律性。保证同一时间序列中各个指标数值具有可比性是编制时间序列的前提条件,为此编制时间序列应遵守以下原则:

①时间长短一致,即要求各指标值所属时间的一致性。对时期数列而言,由于各指标值的大小与所属时期的长短直接相关,因此各指标值所属时间长短应该前后一致,否则不便于对比分析。当然也不能绝对化,有时为了特殊研究目的,也可以编制时期长短不等的时间序列。对于时点数列,由于数列上的指标值均表示一个时刻上的状态,不存在包含时期长短的因素,只是间隔问题,而两时点间间隔长短与指标值大小无直接关系,所以间隔可以相等,也可以不等,但为了便于动态分析,两时点间的间隔也应尽可能相等。

②总体范围一致。在一个时间序列中,各指标数值所属的总体范围必须一致。若不一致,必须对资料进行调整,使总体范围前后一致,这样资料才具可比性,才能正确反映所研究问题的动态变化情况。例如,研究西安市的人口发展情况,不同的历史时期西安市的行政区划有变动,前后人口数就不能直接进行对比,此时应对指标数值进行调整,使总体范围前后达到一致,然后再作动态分析。

③经济内容一致,是指时间序列中各指标内涵的一致性。随着社会经济条件的变化,有些指标虽然名称相同但经济内涵发生了变化,就需要作相应的调整,否则也不具备可比性。

④计算方法一致。对于指标名称、总体范围和经济内容都相同的指标计算方法不同也会导致数值差异,有时甚至是极大的差异。如国内生产总值的计算有三种方法,即生产法、支出

法和收入法,理论上这三种方法的计算结果应该相同,但由于资料获得的渠道不同,三种方法计算的国内生产总值往往存在差异。因此,同一时间序列中,各个指标值的计算方法要保持前后一致。

⑤计算价格和计量单位一致。如果时间序列中的指标值是价值量指标,就涉及以现行价格或不变价格进行计算的问题,在同一数列中,各指标值的计算价格应该保持一致。如果是实物量指标,就应采取统一的计量单位,否则就违背了指标值可比性的原则。

5.2 时间序列的分析指标

通过编制时间序列,可以概括地说明客观现象发展变化的基本情况。为了更深入地对时间序列进行分析研究,还需要进一步计算时间序列分析指标,具体地反映事物发展变化的水平和速度。

5.2.1 发展水平和增长量

1. 发展水平

发展水平是时间序列中每项指标数值,具体反映某种现象在不同发展时期或时点上实际达到的水平。它是计算其他时间序列分析指标的基础。发展水平可以是绝对数,如表 5-1 中我国城镇单位就业人员工资总额和年底就业人员数;也可以是相对数或平均数,如表 5-1 中我国第三产业就业人员比重和城镇单位就业人员平均工资。发展水平用符号表示见表 5-2。

表 5-2 时间及发展水平的代表符号

时间	t_0	t_1	t_2	…	t_{n-1}	t_n
发展水平	a_0	a_1	a_2	…	a_{n-1}	a_n

根据发展水平在时间序列中所处的位置不同,通常把时间序列中的第一项指标值 a_0 称为最初水平,最后一项 a_n 称为最末水平,中间各项发展水平称为中间水平。在进行动态分析对比时,通常把作为比较基准时期的发展水平称为基期水平,把所研究时期的发展水平称为报告期水平。随着研究内容和目的的变化,基期和报告期也会相应发生改变。

发展水平在文字说明上习惯用"增加到、增加为""降低到、降低为"表示。例如,我国城镇非私营单位就业人员平均工资 2013 年为 51 483 元,到 2017 年增加到(为)74 318 元。

2. 增长量

(1)增长量的基本公式

增长量是用来说明某种现象在一定时期内增减绝对数量的指标,反映报告期比基期增减的水平大小。其计算公式为:增长量=报告期水平-基期水平。

由于报告期水平可以大于基期水平,也可以等于或小于基期水平,所以增长量可以为正,也可以为零或负,它们分别表示正增长、零增长或负增长,增长量也因此被称为增减量。

(2)增长量的种类

由于所选择基期不同,增长量可分为逐期增长量和累计增长量。

①逐期增长量:报告期水平与其前一期水平之差。反映报告期比前一期增长的绝对数。

即：$a_1-a_0, a_2-a_1, a_3-a_2, \cdots, a_n-a_{n-1}$

②累计增长量：报告期水平与某一固定基期水平（通常为最初水平）之差。反映现象在某一个较长时期内总的增长量。即：$a_1-a_0, a_2-a_0, a_3-a_0, \cdots, a_n-a_0$

(3)逐期增长量和累计增长量之间的关系

同一时间序列，逐期增长量和累计增长量之间存在一定的数量关系。

①累计增长量等于相应时期内各逐期增长量之和。即

$$a_n - a_0 = (a_1 - a_0) + (a_2 - a_1) + \cdots + (a_n - a_{n-1})$$

②两相邻时期累计增长量之差等于相应时期的逐期增长量。即

$$(a_n - a_0) - (a_{n-1} - a_0) = (a_n - a_{n-1})$$

实际统计分析时，可以根据以上关系进行相互推算。另外，在实际工作中，为了消除季节变动的影响便于对比分析，常计算"年距增长量"指标，表明本期发展水平比上年同期发展水平的增减数量，年距增长量＝本期发展水平－上年同期发展水平。

5.2.2 发展速度和增长速度

1. 发展速度

(1)发展速度的基本公式

发展速度说明报告期水平已经发展到基期水平的若干倍或百分之几。其计算公式为

$$发展速度 = \frac{报告期水平}{基期水平}$$

发展速度大于1(或100%)表示上升，小于1(或100%)表示下降。

(2)发展速度的种类

由于采用的基期不同，发展速度可分为环比发展速度和定基发展速度。

①环比发展速度是各期水平与前一期水平的对比，其结果说明报告期水平已经发展到其前一期水平的若干倍或百分之几，某一特定时间序列中一系列环比发展速度可以表明现象逐期发展变化的情况。

即：$\dfrac{a_1}{a_0}, \dfrac{a_2}{a_1}, \cdots, \dfrac{a_{n-1}}{a_{n-2}}, \dfrac{a_n}{a_{n-1}}$

②定基发展速度指报告期水平与某一固定时期水平（通常为最初水平）之比。表明现象在研究期内总的发展速度。

即：$\dfrac{a_1}{a_0}, \dfrac{a_2}{a_0}, \cdots, \dfrac{a_{n-1}}{a_0}, \dfrac{a_n}{a_0}$

(3)环比发展速度和定基发展速度之间的关系

在同一时间序列资料下计算的环比发展速度和定基发展速度之间存在一定的数量关系。

①定基发展速度等于相应时期内各环比发展速度的连乘积。即：

$$\frac{a_n}{a_0} = \frac{a_1}{a_0} \times \frac{a_2}{a_1} \times \cdots \times \frac{a_n}{a_{n-1}}$$

②两个相邻的定基发展速度相除等于相应时期的环比发展速度。即：

$$\frac{a_n}{a_0} \div \frac{a_{n-1}}{a_0} = \frac{a_n}{a_{n-1}}$$

在实际工作中，我们可以根据以上换算关系，进行相互推算。

为了避免季节变动的影响,实际工作中还可以计算年距发展速度。用以说明本期发展水平相对于上年同期发展水平发展变化的方向与程度,其计算公式为

$$年距发展速度 = \frac{本期发展水平}{上年同期发展水平}$$

此外,还可以选用历史最高水平的时间作为对比的基础,以反映报告期已经发展到历史最高水平的程度。

2. 增长速度

增长速度是表明现象增长程度的相对指标,说明报告期水平比基期水平增长了若干倍或百分之几。其计算公式为

$$增长速度 = \frac{增长量}{基期水平} = 发展速度 - 1(或100\%)$$

增长速度为正值,说明现象呈现增长趋势;其为负值,表示现象降低的程度。增长速度也因此被称为增减速度。

由于采用的基期不同,增长速度也可分为环比增长速度和定基增长速度。环比增长速度是指逐期增长量与其前一期水平之比,表明现象报告期比前一期增长了百分之几。

$$环比增长速度 = \frac{逐期增长量}{前一期水平} = 环比发展速度 - 1(或100\%)$$

即:$\frac{a_1 - a_0}{a_0}, \frac{a_2 - a_1}{a_1}, \cdots, \frac{a_n - a_{n-1}}{a_{n-1}}$ 或 $\frac{a_1}{a_0} - 1, \frac{a_2}{a_1} - 1, \cdots, \frac{a_n}{a_{n-1}} - 1$

定基增长速度是累计增长量与某一固定时期水平(通常为最初水平)之比,表明现象在研究期内总的增长程度。

$$定基增长速度 = \frac{累计增长量}{最初水平} = 定基发展速度 - 1(或100\%)$$

即:$\frac{a_1 - a_0}{a_0}, \frac{a_2 - a_0}{a_0}, \cdots, \frac{a_{n-1} - a_0}{a_0}, \frac{a_n - a_0}{a_0}$

或 $\frac{a_1}{a_0} - 1, \frac{a_2}{a_0} - 1, \cdots, \frac{a_{n-1}}{a_0} - 1, \frac{a_n}{a_0} - 1$

定基增长速度与环比增长速度之间没有直接的换算关系。在由环比增长速度推算定基增长速度或由定基增长速度推算环比增长速度时,可先将相应的增长速度加1换算成发展速度,借助于环比发展速度和定基发展速度之间的关系,将其结果减1,即得相应的增长速度。

此外,在实际统计工作中,为了消除季节性变动的影响,在年距增长量的基础上,可进一步计算年距增长速度也叫同比增长速度,用来表明本期比上年同期增长(或降低)的程度。年距增长速度是实际统计分析中经常应用的速度指标,其计算公式为

$$年距增长速度 = \frac{年距增长量}{上年同期发展水平} = 年距发展速度 - 1$$

对于大多数时间序列,特别是有关社会经济现象的时间序列,我们经常利用速度来描述其发展变化的数量特征。但当时间序列中的观察值出现0或负数时,就不宜计算速度指标。比如,假定某企业连续五年的利润额分别为4万元、1.5万元、0万元、−2万元、1万元,针对类似于这样的数列,适宜直接用绝对数分析指标进行动态分析。

5.2.3 增长1%的绝对值

增长速度说明现象增长的相对程度,是对现象进行时间序列分析的基本指标,但是速度是一个相对值,它与对比的基期值的大小有很大关系。高的速度背后,其隐含的增长绝对值可能很小;低的速度背后,其隐含的增长绝对值可能很大。也就是说,由于对比的基点不同,可能会造成速度上的虚假现象。

【例5-1】现有甲、乙两个生产条件基本相同的企业,其利润额资料见表5-3。依据表中资料计算利润额增长速度及增长1%的绝对值,对比其生产经营业绩优劣。

表5-3 甲、乙两个企业利润额及增长速度等指标计算表

年份	甲企业			乙企业		
	利润额/万元	增长率/%	增长1%的绝对值/万元	利润额/万元	增长率/%	增长1%的绝对值/万元
2018	3 000	—	—	600	—	—
2019	3 500	16.67	30	840	40	6

如果仅就两个企业利润额增长速度而言,乙企业的增长速度比甲企业高出1倍多,如果由此得出乙企业的生产经营业绩比甲企业要好得多的结论显然有悖于客观事实。显然甲企业的生产经营业绩明显优于乙企业,因为甲企业利润额的绝对值远远高于乙企业。造成乙企业利润额增长速度比甲企业高的原因是其基期利润额比甲企业低。因此,由于两个企业的生产起点不同,即基期利润额不同,要对甲、乙两个企业生产经营业绩进行分析评价,不能单纯利用利润额增长速度指标,因为甲企业低速度背后隐藏着高的绝对额,而乙企业高速度背后隐藏着低的绝对额,所以只有增长速度与其绝对量结合起来综合分析,才能得出正确的结论。

从例5-1分析不难得出,在进行动态分析尤其是企业之间、地区之间及国家之间进行横向比较时,为了对客观现象的发展有一个全面认识,有必要把相对指标和与其所依据的绝对量指标结合起来分析,即把增长速度和增长量指标联系起来进行观察,计算现象每增长1%所包含的绝对值,能避免单纯用增长速度评价经济发展或工作优劣的弊端。

增长1%的绝对值是指报告期与基期相比每增长1%所包含的绝对量。其计算公式为

$$\text{增长1\%的绝对值} = \frac{\text{逐期增长量}}{\text{环比增长速度}} \times 1\%$$

$$= \frac{\text{基期水平}}{100}$$

由于定基增长速度的基期相同,每增长1%的水平值是一个常数,没有必要计算,因此,增长1%的绝对值一般按逐期增长量和环比增长速度计算。

例5-1中,甲企业速度每增长1%增加的利润额为30万元,而乙企业则为6万元,甲企业远高于乙企业。这说明虽然甲企业利润额的增长速度比乙企业低,但其实际的生产经营业绩还是较乙企业好。

【例5-2】根据表5-4中资料计算增长量、发展速度、增长速度及增长1%的绝对值指标。

表 5-4 我国 2013—2018 年人均国内生产总值动态指标计算表

年份		2013	2014	2015	2016	2017	2018
人均国内生产总值/元（发展水平）		43 852 a_0	47 203 a_1	50 251 a_2	53 935 a_3	59 660 a_4	64 644 a_5
增长量/元	逐期	—	3 351	3 048	3 684	5 725	4 984
	累计	—	3 351	6 399	10 083	15 808	20 792
发展速度/%	环比	—	107.64	106.46	107.33	110.61	108.35
	定基	—	107.64	114.59	122.99	136.05	147.41
增长速度/%	环比	—	7.64	6.46	7.33	10.61	8.35
	定基	—	7.64	14.59	22.99	36.05	47.41
增长1%的绝对值/元		—	438.52	472.03	502.51	539.35	596.60

资料来源：《中国统计年鉴 2018》，中国统计出版社；《2018 年国民经济和社会发展统计公报》。

5.2.4 平均发展水平和平均增长量

1. 平均发展水平

平均发展水平是时间序列中各期发展水平的平均数，又称为序时平均数或动态平均数。它可以概括性地描述现象在一段时期内的一般水平或代表水平。平均发展水平作为平均数的一种，与一般平均数（又称静态平均数）具有相同特征，都抽象了现象数量值之间的个别差异，以反映现象总体数量值的一般水平。但二者又有明显的区别，主要表现在，平均发展水平是根据时间序列计算的，抽象的是现象在不同时间上的数量差异，它能够从动态上说明某一事物在不同时间上发展的一般水平；一般平均数是根据变量数列计算的，它抽象的是总体各单位某一数量标志值在同一时间上的数量差异，从静态上说明现象总体各单位某一数量标志值的一般水平。

由于不同种类时间序列具有不同的特点，因而，根据各种时间序列计算平均发展水平时需要采用不同的方法。

(1) 根据绝对数时间序列计算平均发展水平

1) 根据时期数列计算

由于时期数列的各项指标数值连续相加有经济含义，所以只需采用简单算术平均的方法计算平均发展水平，即将时期数列中各项指标数值之和除以时期项数即可。其计算公式为

$$\bar{a} = \frac{a_1 + a_2 + \cdots + a_n}{n} = \frac{\sum a}{n}$$

式中：$\bar{a}$ 代表平均发展水平；$a_1, a_2, \cdots, a_n$ 代表各期发展水平；n 代表观察值的个数。

【例 5-3】根据表 5-5 中资料，计算我国 2014—2018 年期间平均原油产量。

表 5-5 2014—2018 年我国原油产量资料

年份	2014	2015	2016	2017	2018
原油产量/万 t	21 142.92	21 455.58	19 968.52	19 150.61	18 910.60

资料来源：《中国统计年鉴 2018》，中国统计出版社；《2018 年国民经济和社会发展统计公报》。

2014—2018 年我国原油产量构成了一个时期数列,所以,其平均原油产量为

$$\bar{a} = \frac{\sum a}{n} = \frac{21\,142.92 + 21\,455.58 + 19\,968.52 + 19\,150.61 + 18\,910.6}{5}$$

$$= \frac{100\,628.23}{5} = 20\,125.646(万\,t)$$

计算结果表明,2014—2018 年期间我国原油产量平均每年为 20 125.646 万吨。

2)根据时点数列计算

根据研究期内的时点资料是否按日统计,把时点数列分为连续性时点数列和间断性时点数列。

①根据连续性时点数列计算。时点数列中的指标值都是瞬间资料,数列中两个相邻时点间始终都有间隔,因此,时点数列一般都是不连续数列,理论上要精确计算时点数列平均发展水平就应该登记每一瞬间的资料。不难想象,如果以秒、分钟或小时作为瞬间来登记时点资料,在实际中几乎是不可能的,所以统计实践中通常以日作为瞬间(或时点),即以"一天"作为最小时间单位。如果掌握了研究期内每天的时点资料,这时的时点数列就被视为连续性时点数列,即当作时期数列研究,用算术平均法,将研究期内每天的时点资料加总起来除以总天数计算平均发展水平。连续性时点数列又有两种情况。

一种是逐日排列的连续性时点数列,即掌握了研究期内每天的资料,直接用简单算术平均的方法计算平均发展水平,其计算公式为

$$\bar{a} = \frac{\sum a}{n}$$

【例 5-4】根据表 5-6 中资料,计算该企业该月上旬平均每天的职工人数。

表 5-6 某企业某月上旬每天的职工人数资料

日期	1	2	3	4	5	6	7	8	9	10
职工人数/人	1 000	1 003	1 005	1 005	1 007	1 010	1 010	1 013	1 009	1 011

则该企业该月上旬平均每天职工人数为

$$\bar{a} = \frac{\sum a}{n} = \frac{1\,000 + 1\,003 + \cdots + 1\,009 + 1\,011}{10}$$

$$\approx 1\,007(人)$$

另一种是非逐日排列的连续性时点数列,是指被研究现象不是逐日变动,没有必要每天统计,只在指标值发生变动时才登记一次,所得资料反映出相邻两个时点指标值之间的关系是前一时点指标值一直维持到后一时点的前一时刻,在后一时点上才发生瞬间变化的,可见,还是掌握了研究期内每天的时点资料,本质上仍为连续性。此时用每一指标值持续天数(f)为权数,用加权算术平均法计算平均发展水平,其计算公式为

$$\bar{a} = \frac{\sum af}{\sum f}$$

【例 5-5】根据表 5-7 中资料,计算该商场 6 月份平均每天库存量。

表 5-7　某商场某种商品 6 月份库存量资料

日期	1—4	5—7	8—13	14—20	21—23	24—28	29—30
库存量/台	500	520	390	450	430	380	510

根据上表资料计算可得每一指标值持续天数 f 分别为 4、3、6、7、3、5、2。

则该商场 6 月份平均每天库存量为

$$\bar{a} = \frac{\sum af}{\sum f} = \frac{500 \times 4 + 520 \times 3 + 390 \times 6 + 450 \times 7 + 430 \times 3 + 380 \times 5 + 510 \times 2}{30}$$

$$= 442(台)$$

②根据间断性时点数列计算。实际统计工作中,为了简化登记手续,并不是逐日对时点数据进行统计,而是隔一段时间(如一月、一季度、一年等)对期初或期末时点数据进行登记,所得资料反映出相邻两个时点指标值之间的关系是后一时点的数据是由前一时点数据逐渐变化而来,但具体是如何变化的并不得而知,所以此时并不是掌握了研究期内每天的时点资料,因此,这样的时点数列称为间断性时点数列。我们假设相邻两个时点指标值之间的发展变化是均匀变动,可计算两个时点数据的简单平均数作为两个时点之间的代表值,并进一步计算平均发展水平。

间断性时点数列又有间隔相等和间隔不等两种情况。如果每隔相同的时间登记一次,所得数列称为间隔相等的间断时点数列;如果每两次登记时间的间隔不尽相同,所得数列称为间隔不等的间断时点数列。依据其计算平均发展水平的具体方法也有所区别。

A. 间隔期相等的时点数列。当其时点资料是以月度、季度、年度为时间间隔单位,我们已不可能像连续时点资料那样求得准确的时点平均数。如果掌握的是间隔相等的间断性时点数列,需要假定我们所研究的现象在两个相邻时点之间的变动是均匀的,因而可以将相邻两个时点指标数值相加后除以 2,求得两个时点之间的序时平均数,然后把这些序时平均数相加除以序时平均数个数,求得整个研究期内的平均发展水平。

【例 5-6】根据表 5-8 中资料,计算我国 2014—2018 年平均总人口。

表 5-8　2013—2018 年我国年末总人口资料

年份	2013	2014	2015	2016	2017	2018
总人口/万人	136 072	136 782	137 462	138 271	139 008	139 538

解:2014—2018 年我国平均总人口为

$$\bar{a} = \frac{136\,427 + 137\,122 + 137\,866.5 + 138\,639.5 + 139\,273}{5} = \frac{689\,328}{5}$$

$$= 137\,865.6(万人)$$

据此总结其一般计算公式为

$$\bar{a} = \frac{\dfrac{a_1+a_2}{2} + \dfrac{a_2+a_3}{2} + \cdots + \dfrac{a_{n-1}+a_n}{2}}{n-1} = \frac{\dfrac{a_1}{2} + a_2 + \cdots + a_{n-1} + \dfrac{a_n}{2}}{n-1}$$

该公式常常称为"首末折半法"。

如果现象在两个相邻时点之间的变动是均匀的,根据上述公式计算的平均发展水平是精确的,但是,由于现象的变动通常并不是完全均匀的,因此,用上述公式计算的平均发展水平只能是一个近似值。要想使其更接近于实际,可缩短时点间的间隔。

B.间隔期不等的时点数列。间隔不等的时点数列计算平均发展水平的思路与间隔相等的基本相同,同样假设相邻两个时点的数值变化是均匀的,先计算两个时点数据的简单平均数作为代表值。但由于时点间隔不同,计算整个研究期内的平均发展水平时,需要用时点间隔为权数进行加权平均。由于客观现象往往并不是均匀变动的,因此计算结果也是一个近似值。

【例5-7】根据表5-9中资料计算该商场2019年平均月商品库存额。

表5-9 某商场2019年商品库存额资料

月份	1月初	3月初	6月初	7月初	10月初	12月末
库存额/万元	48.45	64.02	87.2	80.4	50.5	45.1

解:根据上表资料计算相邻时点的间隔期(月)(f)分别为:2,3,1,3,3。则该商场2019年平均月商品库存额为

$$\bar{a} = \frac{\frac{48.45+64.02}{2}\times 2 + \frac{64.02+87.2}{2}\times 3 + \frac{87.2+80.4}{2}\times 1 + \frac{80.4+50.5}{2}\times 3 + \frac{50.5+45.1}{2}\times 3}{2+3+1+3+3}$$

$$=63.57(万元)$$

据此,概括间隔期不相等的时点数列计算平均发展水平的通用公式为

$$\bar{a} = \frac{\frac{a_1+a_2}{2}f_1 + \frac{a_2+a_3}{2}f_2 + \cdots + \frac{a_{n-1}+a_n}{2}f_{n-1}}{f_1+f_2+\cdots+f_{n-1}} = \frac{\sum \frac{a_i+a_{i+1}}{2}f_i}{\sum f}$$

(2)根据相对数或平均数时间序列计算平均发展水平

由于相对数和平均数时间序列的各项指标值不能直接相加,因此,不能直接根据该相对数或平均数时间序列中各项发展水平简单平均计算其平均发展水平。其基本方法是先分别计算构成该相对数或平均数数列的分子数列和分母数列的平均发展水平,然后将其对比得到相对数或平均数时间序列的平均发展水平。相对数和平均数是两个有一定联系的绝对数对比的结果,假如相对数或平均数用符号表示为 $c=\frac{a}{b}$,则根据相对数或平均数时间序列计算平均发展水平的计算公式应为

$$\bar{c} = \frac{\bar{a}}{\bar{b}}$$

上式中分子数列平均发展水平 $\bar{a}$ 和分母数列平均发展水平 $\bar{b}$ 的计算方法同绝对数时间序列平均发展水平的计算方法。可见,计算相对数或平均数时间序列的平均发展水平是以绝对数时间序列平均发展水平计算为基础。具体计算时主要有三种情况:a、b 均为时期数列;a、b 均为时点数列;a、b 分别为时期和时点数列。

①a、b 均为时期数列。

【例5-8】根据表5-10中资料,计算2012—2017我国城镇居民国内旅游花费平均比重。2012—2017年我国城镇居民国内旅游花费所占比重所构成的时间序列(c)是一个相对数时间序列,它是由两个时期数列(居民总花费数列 b 和城镇居民花费数列 a)各对应指标的比值形成的。计算城镇居民旅游花费所占平均比重时,须先分别计算分子数列(城镇居民花费数列)

表 5-10 2012—2017 年我国城镇居民国内旅游花费资料

年份	居民国内旅游总花费 b/亿元	城镇居民国内旅游花费 a/亿元	城镇居民国内旅游花费所占比重 c/%
2012	22 706.2	17 678.0	77.86
2013	26 276.1	20 692.6	78.75
2014	30 311.9	24 219.8	79.90
2015	34 195.1	27 610.9	80.75
2016	39 390.0	32 241.3	81.85
2017	45 660.8	37 673.0	82.51

资料来源:《中国统计年鉴 2018》,中国统计出版社。

和分母数列(居民总花费数列)的平均数,然后再将其结果相除。即

$$\bar{c} = \frac{\bar{a}}{\bar{b}} = \frac{\sum a}{n} \div \frac{\sum b}{n} = \frac{\sum a}{\sum b}$$

$$= \frac{17\ 678.0 + 20\ 692.6 + 24\ 219.8 + 27\ 610.9 + 32\ 241.3 + 37\ 673}{22\ 706.2 + 26\ 276.1 + 30\ 311.9 + 34\ 195.1 + 39\ 390 + 45\ 660.8}$$

$$= \frac{160\ 115.6}{198\ 540.1} \approx 80.65\%$$

② a、b 均为时点数列。

【例 5-9】根据表 5-11 中资料,计算 2013—2017 我国第三产业就业人员的平均比重。

表 5-11 2012—2017 年末我国第三产业就业人员资料

年份	就业人员数 b/万人	第三产业就业人员数 a/万人	第三产业就业人员所占比重 c/%
2012	76 704	27 690	36.1
2013	76 977	29 636	38.5
2014	77 253	31 364	40.6
2015	77 451	32 839	42.4
2016	77 603	33 757	43.5
2017	77 640	34 872	44.9

资料来源:《中国统计年鉴 2018》,中国统计出版社。

我国第三产业就业人员比重数列(c)是一个相对数时间序列,它是由两个间隔相等的间断性时点数列(就业人员数数列 b 和第三产业就业人员数数列 a)各对应指标的比值形成的。则 2013—2017 我国第三产业就业人员的平均比重为

$$\bar{c} = \frac{\bar{a}}{\bar{b}} = \frac{\dfrac{\dfrac{a_1}{2} + a_2 + \cdots + a_{n-1} + \dfrac{a_n}{2}}{n-1}}{\dfrac{\dfrac{b_1}{2} + b_2 + \cdots + b_{n-1} + \dfrac{b_n}{2}}{n-1}} = \dfrac{\dfrac{a_1}{2} + a_2 + \cdots + a_{n-1} + \dfrac{a_n}{2}}{\dfrac{b_1}{2} + b_2 + \cdots + b_{n-1} + \dfrac{b_n}{2}}$$

$$= \frac{\dfrac{27\ 690}{2} + 29\ 636 + 31\ 364 + 32\ 839 + 33\ 757 + \dfrac{34\ 872}{2}}{\dfrac{76\ 704}{2} + 76\ 977 + 77\ 253 + 77\ 451 + 77\ 603 + \dfrac{77\ 640}{2}} = \frac{158\ 877}{386\ 456} \approx 41.11\%$$

③ a 为时期数列、b 为时点数列。

$$\bar{c} = \frac{\bar{a}}{\bar{b}} = \frac{(\sum a)/n}{(b_1/2 + b_2 + \cdots + b_{m-1} + b_m/2)/(m-1)}$$

【例 5-10】 根据表 5-12 某企业职工人数及工资额资料,计算该企业 2019 年第四季度月平均工资的平均发展水平。

表 5-12 某企业 2019 年第四季度职工人数及工资额资料

月份	9 月份	10 月份	11 月份	12 月份
职工工资总额 a/万元	—	252	266	270
月末职工人数 b/人	600	612	620	638

该企业第四季度三个月的月平均工资构成了一个平均数时间序列(c),它是由一个时期数列(职工工资总额数列 a)和一个时点数列(月末职工人数数列 b)各对应指标的比值形成的。则该企业 2019 年第四季度月平均工资的平均发展水平为

$$\bar{c} = \frac{(252+266+270)/3}{\left(\frac{600}{2}+612+620+\frac{638}{2}\right)/(4-1)} = 4\,257.16(元/人)$$

2. 平均增长量

平均增长量是时间序列各逐期增长量的平均数,用以说明某现象在一定时期内平均每期增长的绝对数量,其计算公式为

$$平均增长量 = \frac{逐期增长量之和}{逐期增长量个数} = \frac{累计增长量}{动态数列项数-1}$$

或

$$平均增长量 = \frac{(a_1-a_0)+(a_2-a_1)+\cdots+(a_n-a_{n-1})}{n} = \frac{a_n-a_0}{n}$$

【例 5-11】 根据表 5-4 中资料,计算我国 2014—2018 年人均国内生产总值的平均增长量。

解:

$$平均增长量 = \frac{3\,351+3\,048+3\,684+5\,725+4\,984}{5} = 4\,158.4(元)$$

或

$$平均增长量 = \frac{20\,792}{5} = 4\,158.4(元)$$

5.2.5 平均速度

由于现象在一个较长时期内逐年发展或增长程度快慢不尽相同,为了研究较长时期内逐年平均发展或增长程度,就需要将各个环比速度间差异抽象化,计算环比速度的序时平均数,即平均速度指标。平均速度指标有平均发展速度和平均增长速度。平均发展速度说明现象在整个观察期内平均发展变化的程度,它是各个时期环比发展速度的一般性水平或代表性水平;平均增长速度则是环比增长速度的代表值,说明现象逐期递增(减)的平均程度。它们的关系为:平均增长速度=平均发展速度-1。在实际统计工作中,常用的计算平均速度的方法有几何平均法(也称水平法)和方程法(也称累计法)两种。

1. 几何平均法

由于时间数列的总速度等于各期环比发展速度之乘积,因此各期环比发展速度的序时平均数可以根据几何平均法计算。其实质是从最初水平 a_0 出发,按照平均发展速度 $\bar{x}$ 逐期发展,经过 n 期后,达到最末水平 a_n。用 $\bar{x}$ 表示平均发展速度,则计算公式如下:

$$\bar{x} = \sqrt[n]{\frac{a_1}{a_0} \times \frac{a_2}{a_1} \times \cdots \times \frac{a_n}{a_{n-1}}} = \sqrt[n]{\frac{a_n}{a_0}}$$

由于环比增长速度与定基增长速度没有直接的换算关系,不能直接根据环比增长速度计算平均增长速度,而应根据平均增长速度与平均发展速度之间的关系换算。

【例 5-12】2014—2018 年各年我国人均国内生产总值的发展速度(%)为 109.90、109.61、107.64、105.91、106.10,试计算这一时期人均国内生产总值的平均速度。

解:所给资料比较平稳地逐年增长,且为研究期内各期环比发展速度,则 2014—2018 年我国人均国内生产总值平均发展速度和平均增长速度为

$$\bar{x} = \sqrt[n]{x_1 x_2 \cdots x_n} = \sqrt[5]{109.9\% \times 109.61\% \times 107.64\% \times 105.91\% \times 106.1\%} = 107.82\%$$

$$\text{平均增长速度} = 107.82\% - 1 = 7.82\%$$

【例 5-13】根据表 5-13 中资料计算 2013—2018 年我国第三产业增加值的平均速度。

表 5-13 我国第三产业增加值资料

年份	2012	2013	2014	2015	2016	2017	2018
第三产业增加值/亿元	244 821.9	277 959.3	308 058.6	346 149.7	383 365.0	427 031.5	469 575

资料来源:《中国统计年鉴 2018》,中国统计出版社;《2018 年国民经济和社会发展统计公报》。

解:由于第三产业增加值逐年上升,且掌握每年的发展水平资料,因此可用几何平均法计算平均发展速度。则第三产业增加值平均发展速度和平均增长速度分别为

$$\bar{x} = \sqrt[n]{\frac{a_n}{a_0}} = \sqrt[6]{\frac{469\,575}{244\,821.9}} = \sqrt[6]{1.918} = 111.47\%$$

$$\text{平均增长速度} = 111.47\% - 1 = 11.47\%$$

2. 方程法

假设 a_0 为数列的最初水平,$\bar{x}$ 是用方程式法求得的平均发展速度,这样根据 a_0 和 $\bar{x}$ 可表示出各年的发展水平分别为:第一期为 $a_0\bar{x}$,第二期为 $a_0\bar{x}^2$,第三期为 $a_0\bar{x}^3$,…,第 n 期为 $a_0\bar{x}^n$。

方程法的基本出发点:从最初水平 a_0 出发,每期按照 $\bar{x}$ 向前发展,在 n 期后,各期理论水平之和应等于各期实际水平之和,即 $a_0\bar{x} + a_0\bar{x}^2 + \cdots + a_0\bar{x}^n = a_1 + a_2 + \cdots + a_n$,整理方程得

$$\bar{x} + \bar{x}^2 + \cdots + \bar{x}^n - \frac{\sum a}{a_0} = 0$$

解此高次方程,所得正根即为方程法所求的平均发展速度 $\bar{x}$。要解这个高次方程是很困难的,一般根据事先编制好的"平均增长速度查对表"查得所需的平均发展速度。使用查对表的步骤:

首先,计算出 $\dfrac{\sum a}{a_0}$ 的数值。

其次,用 $\dfrac{\sum a}{a_0} \div n >$（或$<$）$1$ 来判断现象是递增还是递减。当 $\dfrac{\sum a}{a_0} \div n > 1$ 时,说明现象是递增的,应查找递增速度表,当 $\dfrac{\sum a}{a_0} \div n < 1$ 时,说明现象是递减的,应查找递减速度表。

最后,根据 n 和 $\dfrac{\sum a}{a_0}$ 的值查表得到平均增长速度,并根据平均增长速度和平均发展速度之间的关系可得平均发展速度。

【例5-14】根据表5-14中资料用方程式法计算2014—2018年我国全社会固定资产投资总额平均速度。

表5-14　我国2013—2018年全社会固定资产投资总额资料

年份	2013	2014	2015	2016	2017	2018
固定资产投资总额/亿元	446 294.1 a_0	512 020.7 a_1	561 999.8 a_2	606 465.7 a_3	641 238.4 a_4	645 675 a_5

资料来源:《中国统计年鉴2018》,中国统计出版社;《2018年国民经济和社会发展统计公报》。

第一步,计算各年发展水平总和为基期水平的‰,即

$$\dfrac{\sum a}{a_0} = \dfrac{512\,020.7 + 561\,999.8 + 606\,465.7 + 641\,238.4 + 645\,675}{446\,294.1}$$

$$= \dfrac{2\,967\,399.6}{446\,294.1} \approx 664.9\%$$

第二步,根据所给资料计算 $\dfrac{\sum a}{a_0} \div n$

$$\dfrac{\sum a}{a_0} \div n = \dfrac{512\,020.7 + 561\,999.8 + 606\,465.7 + 641\,238.4 + 645\,675}{446\,294.1} \div 5$$

$$= \dfrac{2\,967\,399.6}{446\,294.1} \div 5 = 1.33 > 1$$

计算结果表明,现象是递增类型,应查递增速度查对表。

第三步,查表。依据664.898%和5两个数值查表,在表5-15中"5年"栏内,最接近664.90%的数值为665.72%,则该数同行左边的9.7%就是平均递增速度。

第四步,计算平均发展速度。

$$\text{平均发展速度} = 9.7\% + 100\% = 109.7\%$$

若缺少平均增长速度查对表,可用A.沙扬尼基法计算平均增长速度。A.沙扬尼基法是1974年苏联统计学家A.沙扬尼基提出的平均增长速度计算方法,其计算公式为

$$\bar{x} = \dfrac{-3}{2(n-1)} + \sqrt{\dfrac{9}{4(n-1)^2} + \dfrac{6}{n(n^2-1)}\left(\dfrac{\sum a_i}{a_0} - n\right)}$$

当 $n = 5$ 时,公式为

$$\bar{x} = -\frac{3}{8} + \sqrt{\frac{9}{64} + \frac{1}{20}\left(\frac{\sum a_i}{a_0} - 5\right)}$$

当 $n=10$ 时,公式为

$$\bar{x} = -\frac{1}{6} + \sqrt{\frac{1}{36} + \frac{1}{165}\left(\frac{\sum a_i}{a_0} - 10\right)}$$

式中代表符号含义同方程法一致,计算结果也与方程法一致。

表 5－15 累计法平均增长速度查对表(摘选) 递增速度

平均每年增长率%	各年发展水平总和为基期水平的百分比/%				
	1 年	2 年	3 年	4 年	5 年
…	…	…	…	…	…
9.6	109.60	229.72	361.37	505.66	663.80
9.7	109.70	230.04	362.05	506.86	665.72
9.8	109.80	230.36	362.73	508.07	667.65
9.9	109.90	230.68	363.42	509.30	669.62
10.0	110.00	231.00	364.10	510.51	671.56
…	…	…	…	…	…

【例 5－15】 以例 5－14 资料为例,试根据表 5－14 资料,利用 A. 沙杨尼基法计算 2014—2018 年我国全社会固定资产投资总额平均每年的增长速度和平均每年的发展速度。

解:已知 $n=5$, $a_0=446\,294.1$,则平均增长速度为

$$\begin{aligned}\bar{x} &= -\frac{3}{8} + \sqrt{\frac{9}{64} + \frac{1}{20}\left(\frac{\sum a_i}{a_0} - 5\right)} \\ &= -\frac{3}{8} + \sqrt{\frac{9}{64} + \frac{1}{20}\left(\frac{2\,967\,399.6}{446\,294.1} - 5\right)} \\ &= 9.7\%\end{aligned}$$

平均每年的发展速度 $= 100\% +$ 平均增长速度 $= 100\% + 9.7\% = 109.7$

计算结果与方程法一致。

3. 几何平均法和方程法的应用场合

由于几何平均法和方程法计算平均速度的理论依据和计算方法不尽相同,使得二者适用于不同场合,实际应用时主要从以下几个方面分析确定其计算方法:

①根据研究的侧重点确定。几何平均法主要考虑最后一年的发展水平,即着重解决按什么平均速度才能达到最后一年的发展水平。所以,如果重点关注现象最后一期达到的水平,如人口、产量、产值等指标,通常考察长期计划的最末一年应达到的水平,采用几何平均法计算平均速度比较合适;而方程法则考虑整个时期累计应达到的水平,即着重解决什么样的平均速度才能使各期计算水平之和与各期实际发展水平之和相一致。所以,当研究目的在于考察全期发展水平总和,如基本建设投资总额、造林总面积等指标侧重考察长期计划的累计完成量,采用方程法计算平均速度较合理。

②根据现象发展变化的规律或特点确定。由于几何平均法仅受最初水平和最末水平的影响,可以看出,用几何平均法计算平均发展速度着重考虑最后一期所达到的发展水平,不论中间发展水平变化过程怎样,只要期初、期末水平确定,中间发展水平对平均发展速度的计算结果没有影响,因此,只有当时间数列各期发展水平比较平稳地逐期上升或逐期下降时,可选择使用几何平均法计算平均发展速度。当现象升降交替,无规律可循时,必须考虑中间各期发展水平的影响,选择累计法。

③根据所掌握资料是否完整和计算工具是否齐备确定。用方程法计算平均速度,需要各期发展水平之和资料,不能缺少其中任何一项发展水平,而且计算方法比较复杂,要借助于查对表,若资料不完整,计算工具不齐备,会带来计算上的不便,这时,即使现象适用用方程法,也只能选择几何平均法。

5.3 长期趋势的测定

5.3.1 测定长期趋势的作用

长期趋势是时间序列的主要构成要素,测定与分析时间序列长期趋势,可以有以下几方面的作用。

①可以正确地反映现象发展变化的方向与趋势,从而认识和掌握现象发展变化的规律性,为领导决策、指挥生产、实行科学管理提供依据。

②利用现象发展的长期趋势,预测未来可能达到的发展水平,作为制定政策、编制计划的参考。

③通过测量长期趋势,可以剔除原有时间序列中长期趋势的影响,以便更好地反映季节变动的规律。

长期趋势是事物持续发展变化的方向性趋势,但事物在向这个方向性趋势发展的过程中不可避免会受到其他因素的干扰,长期趋势测量的目的就在于把混杂在一起的各种因素分解,剔除其他因素的影响。统计实践中,用一定的方法对原时间序列进行修匀,修匀后的数列在一定程度上能消除季节变动、不规则变动等因素的影响,使时间序列呈现出其基本趋势,为进一步统计分析研究提供依据。

5.3.2 长期趋势的测定方法

长期趋势测定的方法主要有时距扩大法、移动平均法和数学模型法三种。

1. 时距扩大法

时距扩大法是把原有时间序列中各个时期的资料加以合并,扩大每段计算所包含的时间距离,得出较长时距的新时间序列,以消除时距较短而受偶然因素影响所引起的波动,清晰地显示出现象发展变动的趋势和方向。它把较短的时间跨度扩大为较长的时间跨度,如日长度可转化为旬、周、月,月转化为季,季转化为年,每年转化为若干年等。

当原始时间序列中各指标数值上下波动,使现象变化趋势表现不明显时,可通过扩大时间序列的时间间隔,使得较短时距数值所受到的偶然因素的影响相互抵消,以反映现象发展变化的长期趋势。

【例 5-16】 根据表 5-16 中资料,用时距扩大法测定羊毛衫销售量长期趋势。

表 5-16 某企业 2015—2019 年各月羊毛衫销售量资料　　　　单位:万件

月份	2015 年	2016 年	2017 年	2018 年	2019 年
1	200.3	200.1	230.0	242.1	250.6
2	210.1	210.3	240.0	251.0	259.7
3	150.6	130.4	170.1	185.0	203.0
4	90.5	80.8	100.2	106.7	122.0
5	70.2	80.2	90.8	95.8	100.5
6	60.3	70.0	50.9	75.3	89.0
7	50.1	49.9	60.3	70.5	80.1
8	41.7	38.9	50.4	61.5	68.6
9	80.2	90.2	100.8	110.9	120.7
10	85.3	90.5	110.6	123.1	128.4
11	110.8	120.0	122.9	131.8	140.5
12	190.4	210.6	230.1	235.6	245.0

就每年同月来看,该企业羊毛衫销售量呈现不断上升的基本趋势,当然也存在偶然因素影响所引起的微小的波动;但就各年内而言,各月销售量明显受季节更替的影响。所以,要测量其长期趋势,必须消除季节变动和偶然因素的影响,只要时距扩大适当,采用时距扩大法不仅能消除偶然因素的影响,也能消除季节变动的影响。因为是分月资料,现将时距扩大为年度,如表 5-17 所示。

表 5-17 时距扩大后的新时间序列　　　　单位:万件

年份	2015 年	2016 年	2017 年	2018 年	2019 年
总销售量	1 340.5	1 371.9	1 557.1	1 689.3	1 808.1
平均月销售量	111.71	114.33	129.76	140.76	150.68

由表 5-17 资料可见,不论是总销售量还是平均月销售量,新时间序列均呈现明显的上升趋势,原有的季节变动和偶然因素的影响被削弱或剔除。

时距扩大后的时间序列,既可以用总量表示,也可用平均数表示。但是由于时点指标不能直接相加,所以总量指标只适用于时期数列,而平均指标同时适用于时期数列和时点数列。

应用时距扩大法应注意的问题:①扩大后的时距长短应该一致,以便于互相比较分析。②扩大时距长短应视现象的变化特点而定。以年为单位的数列,如果现象的发展有循环变动影响,应以循环变动的周期长度或其倍数作为扩大时距,这样在消除循环变动的同时,也消除了不规则变动的影响。没有明显循环变动影响时,只需要考虑不规则变动的影响,可以视具体情况而定,实践中多扩大为 3 或五项;按月排列的数列,一般以季度或年度为扩大后的时距等。③扩大时距的长度应适中。时距长度越大,越能更好地消除其他因素影响,长期趋势就越明显,但时距长度过大,使新数列项数过少,有可能掩盖现象发展的固有规律或趋势。

时距扩大法是测定长期趋势最原始的方法,其计算简便,但是新数列的项数太少,同时,也不能据以深入地进行趋势分析和预测。

2. 移动平均法

移动平均法的原理及思路与时距扩大法类似,也是通过扩大时距来削弱时间序列中的不规则变动和其他变动的影响。同时,为了弥补时距扩大法损失信息量多的不足,移动平均法是采取逐期递移的方法分别计算一系列扩大时距的序时平均数,形成由一系列新序时平均数组成的时间序列,因为消除或削弱了其他因素的影响,新数列呈现出现象在较长时期内的基本发展趋势。移动平均法有奇数项和偶数项移动平均两种。

【例 5-17】根据表 5-18 中资料,采用移动平均法测定我国谷物单位面积产量的长期趋势。

表 5-18　1999—2017 年我国谷物单位面积产量移动平均法　　　单位:kg/hm²

年份	谷物单产	五项移动平均	四项移动平均	
			四项移动平均值	两项移正平均值
1999	4 945	—		
2000	4 753			
2001	4 800	4 851.2	4 845.75	4 835.75
2002	4 885	4 899.6	4 827.75	4 882.00
2003	4 873	4 994.0	4 936.25	4 989.38
2004	5 187	5 096.0	5 042.50	5 095.63
2005	5 225	5 183.0	5 148.75	5 204.63
2006	5 310	5 318.0	5 260.50	5 305.63
2007	5 320	5 370.0	5 350.75	5 378.50
2008	5 548	5 429.8	5 406.25	5 433.00
2009	5 447	5 509.2	5 459.75	5 508.13
2010	5 524	5 610.0	5 556.50	5 591.00
2011	5 707	5 679.2	5 625.50	5 681.38
2012	5 824	5 768.2	5 737.25	5 783.25
2013	5 894	5 860.2	5 829.25	5 863.88
2014	5 892	5 919.6	5 898.50	5 921.00
2015	5 984	5 975.8	5 943.50	5 969.88
2016	6 004	—	5 996.25	—
2017	6 105	—		—

资料来源:《中国统计年鉴 2018》,中国统计出版社。

从我国谷物单位面积产量原时间序列资料可以看出,虽然从长期观察,总的趋势是上升的,但存在升降交替现象,这里采取五项和四项移动平均对原时间数列进行修匀。需要说明的是,四项移动平均值未与原时间数列的值相对应,必须进行移正平均,即再进行一次两项移动平均,具体见表 5-18。确定移动平均项数的一般原则与时距扩大法相同,应根据现象的变化特点而定。将原时间序列和新时间序列绘制成趋势图,可以更直观地观察出它们之间的区别,如图 5-1 所示。

与原数列相比较,无论是五项移动平均,还是四项移动平均,所得到的新时间序列都削弱了偶然因素的影响,明显呈现出我国谷物单位面积产量不断上升的基本发展趋势。同时,较时

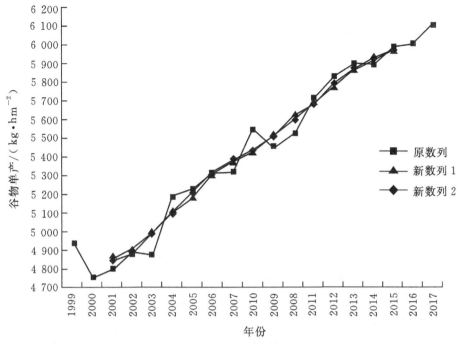

图 5-1 数列移动平均前后图线对比

距扩大法损失信息量少,所以,移动平均法是对时距扩大法的一种改进。但是结果仍然会损失一定的信息量,也不能据此对未来时期的数值进行分析和预测。

3. 数学模型法

数学模型法是运用相关理论知识或通过实际观察,对时间序列发展变化的规律作出基本判断,从而构造一个适当的数学方程式(通常称为趋势方程),并计算各期的趋势值,用以描述其长期趋势的一种统计方法。由各期的趋势值组成的新数列可以消除或削弱其他因素的影响,使数列的变化更加均匀,长期趋势更加明显。数学模型法不仅可以运用趋势方程严格地计算各期指标的理论值,比较贴近地拟定原时间数列,而且可以进行外推预测。时间序列所表现出的长期趋势有线性(直线)趋势和非线性(曲线)趋势。

(1)直线趋势的测定

当时间数列各期增长量大致相等或观察点分布在一条直线周围时,可对时间序列配合直线趋势方程,并计算出各期的趋势值,从而揭示数列直线上升或下降的长期趋势。

设直线趋势方程为:$\hat{y}=a+bt$

①用最小二乘法建立趋势方程。最小二乘法也称为最小平方法,是计算方程参数最普遍采用的方法。它的中心思想是根据时间序列的发展趋势,配合一条较为理想的趋势直线,使得时间序列中的各实际值与趋势值离差平方之和为最小值,即:$\sum(y-\hat{y})^2=$ 最小值

令 $$\theta=\sum(y-\hat{y})^2=\sum(y-a-bt)^2$$

根据函数极值定理,对参数 a 和 b 分别求偏导并令偏导为零,可得下列两个方程:

$$\begin{cases} \sum y = na + b\sum t \\ \sum ty = a\sum t + b\sum t^2 \end{cases}$$

联立求解方程组,得参数 a 和 b 的计算公式:$\begin{cases} b = \dfrac{n\sum ty - \sum t \sum y}{n\sum t^2 - (\sum t)^2} \\ a = \bar{y} - b\bar{t} \end{cases}$

②最小二乘法简捷计算法建立趋势方程。为了方便计算,赋予时间 t 值时,可取时间 t 中间一项为原点 0,原点之前各项为负,原点之后各项为正。当数列的总项数为奇数时,时间 t 的取值依次为…、-4、-3、-2、-1、0、1、2、3、4、…,当数列的总项数为偶数时,时间 t 的取值依次为…、-7、-5、-3、-1、1、3、5、…,此时 $\sum t = 0$,参数 a 和 b 计算公式可简化为

$$\begin{cases} b = \dfrac{\sum ty}{\sum t^2} \\ a = \bar{y} = \dfrac{\sum y}{n} \end{cases}$$

【例 5-18】某地区棉花产量资料见表 5-19,试根据表中资料分别用最小平方法的基本方法和简捷法配合该地区棉花产量的直线趋势方程。

表 5-19 某地区棉花产量直线趋势方程计算表

年份	t	产量 y/万 kg	逐期增长量	t^2	ty	$\hat{y}=535.67+6.497t$
2010	1	550	—	1	550	542.167
2011	2	553	3	4	1 106	548.664
2012	3	558	5	9	1 674	555.161
2013	4	550	-8	16	2 200	561.658
2014	5	560	10	25	2 800	568.155
2015	6	571	11	36	3 426	574.652
2016	7	580	9	49	4 060	581.149
2017	8	592	12	64	4 736	587.646
2018	9	589	-3	81	5 301	594.143
2019	10	611	12	100	6 110	600.640
合 计	55	5 714	—	385	31 963	5 714.035

解:①最小二乘法的基本方法。根据各年棉花产量资料,计算逐期增长量,棉花产量逐期增长量大致相等,可配合直线趋势方程:$\hat{y} = a + bt$

对年份赋予自然数,使其转化为变量值,同时,计算参数 a、b 计算公式中所需资料,并代入公式中,得 a、b 的值:

$$b = \dfrac{n\sum ty - \sum t \sum y}{n\sum t^2 - (\sum t)^2} = \dfrac{10 \times 31\,963 - 55 \times 5\,714}{10 \times 385 - 55^2} = 6.5$$

$$a = \bar{y} - b\bar{x} = \dfrac{5\,714}{10} - 6.497 \times \dfrac{55}{10} = 535.67$$

$$\hat{y} = 535.67 + 6.5t$$

把各项 t 值代入方程,计算可得各年的趋势值如表 5-19 所示。可见 $\sum y$ 和 $\sum \hat{y}$ 的数值

非常接近,两者达到了最佳配合。

②最小二乘法的简捷法。根据 $\sum t = 0$ 赋予自变量时间值,并计算相应数据,如表 5-20 所示。

表 5-20　某地区棉花产量直线趋势方程计算表

年份	产量 y/万 kg	t	t^2	ty	$\hat{y}=571.4+3.248t$
2010	550	−9	81	−4 950	542.168
2011	553	−7	49	−3 871	548.664
2012	558	−5	25	−2 790	555.160
2013	550	−3	9	−1 650	561.656
2014	560	−1	1	−560	568.152
2015	571	1	1	571	574.648
2016	580	3	9	1 740	581.144
2017	592	5	25	2 960	587.640
2018	589	7	49	4 123	594.136
2019	611	9	81	5 499	600.632
合计	5 714	0	330	1 072	5 714

把相应资料代入公式中,得到 a、b 的值:

$$a = \frac{\sum y}{n} = \frac{5\,714}{10} = 571.4 \quad b = \frac{\sum ty}{\sum t^2} = \frac{1\,072}{330} = 3.248$$

则趋势方程为:$\hat{y}=571.4+3.248t$

将各项 t 值代入方程,计算可得各年的趋势值 $\hat{y}$,如表 5-20 所示。可见 $\sum y$ 和 $\sum \hat{y}$ 的数值一致,两者达到了最佳配合。

从图 5-2 不难看出,用两种时间值计算参数得到的两条趋势线几乎是重合的,而且在对

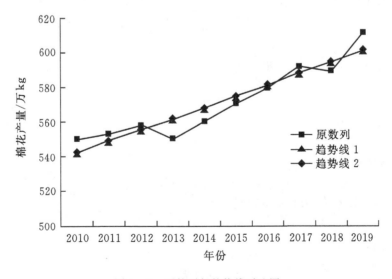

图 5-2　原数列与趋势线对比图

原数列修匀的基础上,明显显示出该地区棉花产量直线上升的总趋势。

(2)曲线趋势的测定

现实中,现象的长期趋势并非总是呈现线性趋势,有时会呈现某种形态的曲线变化趋势。曲线趋势的变动形式多种多样,不同的曲线拟合方法不尽相同。曲线趋势方程分为可线性化的曲线方程和不可线性化曲线方程两种,这里主要介绍可线性化曲线方程求解参数的途径。

首先,对已掌握的实际资料,利用散点图对观察点的分布特征进行分析判断,并结合一些已知的函数图形知识,或利用变量值的变动规律选择适当的曲线趋势方程,如指数曲线、二次曲线、对数曲线等。其次,对于可线性化的曲线方程,通过变量代换方式转化成直线方程,并根据直线方程求解参数的方法求解参数;最后将直线方程还原成曲线趋势方程。下面介绍几种常见的可线性化的曲线方程。

① 指数曲线方程 1

$$y = ab^t$$

对方程两边取对数得

$$\lg y = \lg a + t \lg b$$

令 $y' = \lg y, A = \lg a, B = \lg b$,则得直线方程

$$y' = A + Bt$$

② 指数曲线方程 2

$$y = de^{bt}$$

方程两边取自然对数得

$$\ln y = \ln d + bt \ln e$$

令 $y' = \ln y, a = \ln d$,则得直线方程

$$y' = a + bt$$

③ 指数曲线方程 3

$$y = de^{b\frac{1}{t}}$$

方程两边取自然对数得

$$\ln y = \ln d + b \frac{1}{t} \ln e$$

令 $y' = \ln y, t' = \frac{1}{t}, a = \ln d$,则得直线方程

$$y' = a + bt'$$

④ 幂函数曲线方程

$$y = dt^b$$

方程两边取常数对数得

$$\lg y = \lg d + b \lg t$$

令 $y' = \lg y, a = \lg d, t' = \lg t$,则得直线方程

$$y' = a + bt'$$

⑤ 双曲线方程

$$y = a + b \frac{1}{t}$$

令 $t' = \dfrac{1}{t}$，则得直线方程
$$y = a + bt'$$

⑥ S 型曲线方程
$$y = \dfrac{1}{a + be^{-t}}$$

令 $y' = \dfrac{1}{y}, t' = e^{-t}$，则得直线方程
$$y' = a + bt'$$

⑦ 对数曲线方程
$$y = a + b\lg t$$

令 $t' = \lg t$，则得直线方程
$$y = a + bt'$$

下面以指数曲线为例，说明可线性化趋势方程求解参数的过程。

【例 5-19】某市历年人口数资料见表 5-21，根据表中资料配合趋势方程。

解：由于该市人口环比发展速度大致相等，应拟合指数曲线趋势方程：$\hat{y} = ab^t$
方程两边同取对数得：$\lg \hat{y} = \lg a + t\lg b$，令 $\lg \hat{y} = \hat{y}'$，$\lg a = A$，$\lg b = B$
则有 $\hat{y}' = A + Bt$，依据 $\lg y$ 及 t 资料，根据最小二乘法求解直线方程中的参数 A、B。

表 5-21　某市历年人口资料及指数趋势方程计算表

年份	t	人口数 y/万人	$\lg y = y'$	t^2	ty'
2011	1	3 605.00	3.556 9	1	3.556 9
2012	2	3 789.22	3.578 5	4	7.157
2013	3	3 907.44	3.591 9	9	10.775 7
2014	4	4 026.62	3.604 9	16	14.419 6
2015	5	4 119.23	3.614 8	25	18.074
2016	6	4 203.26	3.623 6	36	21.741 6
2017	7	4 264.62	3.629 9	49	25.409 3
2018	8	4 307.27	3.634 2	64	29.073 6
2019	9	4 308.56	3.634 3	81	32.708 7
合　计	45	36 531.22	32.469 1	285	162.916 4

将相应数据代入方程
$$\begin{cases} \sum y' = nA + b\sum t \\ \sum ty' = A\sum t + B\sum t^2 \end{cases}$$
$$\begin{cases} 32.469\ 1 = 9A + 45B \\ 162.92 = 45A + 285B \end{cases}$$

求得：$A = 3.560\ 1$，$B = 0.009\ 5$
则直线趋势方程为：$\hat{y}' = 3.560\ 1 + 0.009\ 5t$
还原成指数曲线方程：$\hat{y} = 3\ 632 \times 1.022^t$

对于不可线性化曲线趋势方程,一般可直接采用最小二乘法求解方程中的参数。这里以二次曲线趋势方程为例。

二次曲线趋势测定的思路与直线趋势测定基本相同。首先确定时间序列是否属于抛物线变化趋势。用散点图或二级增长量是否大致相等的变动规律判断;其次,拟合抛物线趋势方程 $\hat{y}=a+bt+ct^2$;最后,用最小二乘法计算 a、b、c 三个参数,进而拟合二次曲线趋势方程。根据最小二乘法,令 $\sum(y-\hat{y})^2=$ 最小值,即 $\theta=\sum(y-a-bt-ct^2)^2=$ 最小值,分别对参数 a、b、c 求偏导,使其等于 0,得出三个联立方程,即:

$$\begin{cases} \sum y = na + b\sum t + c\sum t^2 \\ \sum ty = a\sum t + b\sum t^2 + c\sum t^3 \\ \sum t^2 y = a\sum t^2 + b\sum t^3 + c\sum t^4 \end{cases}$$

当 $\sum t = 0$ 时,方程组为

$$\begin{cases} \sum y = na + c\sum t^2 \\ \sum ty = b\sum t^2 \\ \sum t^2 y = a\sum t^2 + c\sum t^4 \end{cases}$$

计算参数 a、b、c,进而得到趋势方程。

【例 5-20】某企业产品销售量资料见表 5-22。试根据表中资料用最小平方法的简捷法配合二次曲线趋势方程。

表 5-22 某企业产品销售量抛物线趋势方程计算表

年份	t	销售量 y/万件	增量 一次	增量 二次	t^2	t^4	ty	$t^2 y$	$\hat{y}$
2005	-7	83	—	—	49	2 401	-581	4 067	73.05
2006	-6	91	8	—	36	1 296	-546	3 276	88.40
2007	-5	97	6	-2	25	625	-485	2 425	101.82
2008	-4	108	11	5	16	256	-432	1 728	113.30
2009	-3	117	9	-2	9	81	-351	1 053	122.85
2010	-2	121	4	-5	4	16	-242	484	130.47
2011	-1	131	10	6	1	1	-131	131	136.15
2012	0	143	12	2	0	0	0	0	139.91
2013	1	144	1	-10	1	1	144	144	141.73
2014	2	148	4	3	4	16	296	592	141.61
2015	3	150	2	-2	9	81	450	1 350	139.57
2016	4	143	-7	-5	16	256	572	2 288	135.59
2017	5	132	-11	-4	25	625	660	3 300	129.67
2018	6	114	-18	-7	36	1 296	684	4 104	121.83
2019	7	106	-8	-10	49	2 401	742	5 194	112.05
合计	0	1 828	—	—	280	9 352	780	30 136	1 828

解:计算逐期增长量及二级增长量,可以认为二级增长量大致相等,可配合二次曲线趋势方程。根据最小二乘法的简捷法将时间转化成变量值,并计算相关数据。

将相应数据代入方程组:$\begin{cases} 1\,828 = 15a + 280c \\ 780 = 280b \\ 30\,136 = 280a + 9\,352c \end{cases}$

联立求解参数可得:$\begin{cases} a = 139.906\,1 \\ b = 2.785\,7 \\ c = -0.966\,4 \end{cases}$

则抛物线趋势方程为:$\hat{y} = 139.906\,1 + 2.785\,7t - 0.966\,4t^2$,带入 t 值可计算出各年趋势值。

5.4 季节变动的测定

5.4.1 测定季节变动的目的

测定季节变动的主要目的:

① 掌握季节变动的周期、数量累限和规律性,便于制定行之有效的计划,采取适当措施,进行合理调度,更好地组织生产、流通和运输,安排好人民的生活,做到淡季不淡。

② 利用测定出的季节比率,可进行季节变动预测,并可配合长期趋势的测定,规划未来的行动,做出长期决策。

③ 可消除季节变动因素对时间序列的影响,取得不含有季节变动因素影响的数据,以便于更准确地分析其他因素对时间数列的影响。

5.4.2 季节变动的测定方法

测定季节变动的主要方法是计算季节比率,用来反映季节变动的程度,季节比率高者为旺季,低者为淡季。若季节比率没有高低,则说明该现象不存在季节变动影响。由于时间序列的最大周期为一年,所以在以年为单位的时间序列中不可能有季节变动。测量季节变动,一般需要掌握五年或五年以上分月或分季资料,以免因资料太少而受偶然因素影响,难以显示季节变动的规律性。

1. 同期平均法

同期平均法也称为按月(或季)平均法,它是在若干年同期数值没有明显的不断上升或不断下降趋势,不需要剔除长期趋势的影响时,直接计算季节变动比率的方法。其具体步骤如下:

第一,计算各年同期平均数;

第二,计算若干年总的平均数(所有月或季的平均数);

第三,计算季节比率 = $\dfrac{\text{同期平均数}}{\text{总平均数}}$;

第四,若季节比率之和不等于理论季节比率之和,需计算调整系数对季节比率进行调整。

$$\text{调整系数} = \dfrac{\text{理论季节比率之和}(1\,200\% \text{ 或 } 400\%)}{\text{实际季节比率之和}}$$

【例 5-21】某旅游景区旅游收入(万元)资料见表 5-23,根据表中资料计算季节变动比率。

解：通过对旅游收入资料观察，每年同月旅游收入未呈逐年不断上升或不断下降趋势，选择同期平均法计算季节变动比率，具体见表 5-23。

表 5-23　某旅游景区旅游收入季节变动比率计算表

月份	2015	2016	2017	2018	2019	同月平均数	季节比率(%)
1	108	109	109	110	113	109.8	17.497
2	109	109	110	115	114	111.4	17.752
3	208	209	209	211	213	210	33.463
4	320	322	323	330	332	325.4	51.852
5	650	651	656	660	662	655.8	104.502
6	1 520	1 541	1 603	1 642	1 720	1 605.2	255.788
7	2 001	2 050	2 120	2 324	2 721	2 903.2	357.454
8	1 290	1 331	1 392	1 432	1 503	1 389.6	221.433
9	360	375	381	385	390	378.2	60.266
10	250	254	251	259	261	255	40.634
11	120	122	123	125	138	125.6	20.014
12	98	111	124	135	139	121.4	19.345
合计	7 034	7 184	7 401	7 728	8 306	7 530.6	1 200
平均	586.17	598.67	616.75	644	692.17	627.55	100

若不存在季节变动影响，若干年各月（季）的平均值会完全相等，总平均数对全年各月（季）平均数会有完全的代表性，若干年同月（季）的平均数与总平均数之比等于 100%，12(4) 个月（季）的季节比率之和应为 1 200%(400%)；若存在季节性变动影响，各月（季）的平均数会存在差异，各月（季）的平均数与总平均数相比不一定为 100%，有的高于 100%，有的低于 100%，不考虑小数进舍位影响，实际季节比率之和应等于 1 200%(400%)。本例中，12 个月的季节比率之和等于 1 200%，不需要调整。

根据以上季节比率计算结果可以发现，该旅游景区旅游收入的季节变动趋势，每年的 5 月份至 8 月份为旅游旺季，其中，7 月份季节比率高达 357.454% 而进入顶峰；1、2 及 11、12 几个月份为旅游淡季。把表 5-23 中季节比率资料绘制成季节变动图，可更明显地看出季节变动的趋势，如图 5-3 所示。

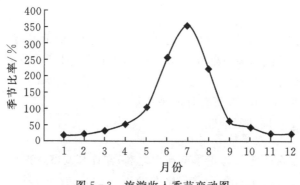

图 5-3　旅游收入季节变动图

同期平均法计算简便，容易理解，但是没有考虑数列中长期趋势的影响。如例 5-22 中资

110

料显示,后一年的数值比前一年同期数值高,即存在长期趋势变动。此时,用同期平均法得出的季节比率就不够准确。长期趋势剔除法就能解决这一问题。

2. 长期趋势剔除法

长期趋势剔除法是在时间序列有明显长期趋势影响的情况下($y=T \cdot S \cdot I$),根据按月(季)编制的时间序列,先求各期的长期趋势值,然后用实际值除以趋势值,得到不含长期趋势影响的相对数时间序列,最后,用同期平均法计算同月或同季平均数,以消除不规则变动的影响,得到季节变动比率。其具体过程为:

①计算趋势值(用移动平均法或数学模型法);
②用各月(季)实际值除以趋势值,得到消除长期趋势影响的时间序列;
③计算新时间序列各年同月(季)平均数,即为季节变动比率;
④若季节比率之和不等于理论值,计算调整系数进行调整,得到调整后的季节比率。

【例 5-22】根据某水产品加工企业连续六年各季产值资料用长期趋势剔除法计算季节比率如表 5-24 和表 5-25。

表 5-24 长期趋势剔除法季节比率计算表

年份	季度	产值 y/万元	四项移动	两项移正 T	剔除趋势值 $\frac{y}{T}$/%
2014	1	67		—	—
	2	103	95.25	—	—
	3	135	96.50	95.875	140.81
	4	76	98.25	97.375	78.05
2015	1	72	98.50	98.375	73.19
	2	110	100.00	99.250	110.83
	3	136	101.00	100.500	135.32
	4	82	102.50	101.750	80.59
2016	1	76	104.25	103.375	73.52
	2	116	106.00	105.125	110.34
	3	143	107.00	106.500	134.27
	4	89	110.50	108.750	81.84
2017	1	80	115.00	112.750	70.95
	2	130	116.75	115.875	112.19
	3	161	116.50	116.625	138.05
	4	96	124.75	120.625	79.59
2018	1	79	134.75	129.750	60.89
	2	163	136.00	135.375	120.41
	3	201	137.25	136.625	147.12
	4	101	146.50	141.875	71.19
2019	1	84	155.00	150.750	55.72
	2	200	155.25	155.125	128.93
	3	235		—	—
	4	102		—	—

为了计算同季平均数,将表5-24中最后一栏的资料重新排列,见表5-25。

表5-25 长期趋势剔除法季节比率计算表(%)

年份	第一季度	第二季度	第三季度	第四季度	合　计
2014	—	—	140.81	78.05	—
2015	73.19	110.83	135.32	80.59	—
2016	73.52	110.34	134.27	81.84	—
2017	70.95	112.19	138.05	79.59	—
2018	60.89	120.41	147.12	71.19	—
2019	55.72	128.93	—	—	—
同季合计	334.27	582.7	695.57	391.26	2 003.8
同季平均(季节比率)	66.854	116.54	139.114	78.252	400.76
调整后季节比率	66.73	116.32	138.85	78.1	400

表5-25中同季平均数为调整前的季节比率,四个季度季节比率之和为400.76%,需要调整,计算调整系数。

$$调整系数 = \frac{400\%}{400.76\%} = 0.9981$$

调整后的季节比率=调整前的季节比率×调整系数,具体见表5-25。水产品产值季节变动规律如图5-4所示。

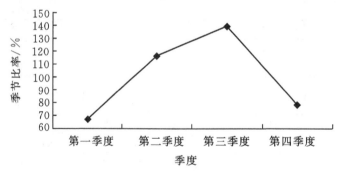

图5-4 水产品产值季节变动图

5.4.3 利用季节比率进行预测

1. 已知本年某几个月(季)的实际值,预测本年其他月(季)的值或全年总值

(1)已知本年某几个月(季)的实际值,预测本年未来月(季)的值

$$\frac{已知月实际值之和}{已知月季节比率之和} = \frac{x月的实际值}{x月的季节比率}$$

$$x月的实际值 = \frac{已知月实际值之和}{已知月季比率之比} \times x月的季节比率$$

【例5-23】某市冷饮销售量资料1~4月份的季节比率(%)分别为:18.70、24.56、27.50、48.76。又知2019年1~4月份的销售量分别为21、26、29、50千瓶,试预测2019年6、7、8、9各月的销售量。

解:2019 年已知月的实际值与季节比率的比值为

$$\text{销售量与季节比率的比值} = \frac{21+26+29+50}{0.187+0.245\,6+0.275+0.487\,6} = \frac{126}{1.195\,2} = 105.42$$

则:$\hat{y}_6 = 105.42 \times 1.61 = 169.72$(千瓶) $\hat{y}_7 = 105.42 \times 2.83 = 298.34$(千瓶)
$\hat{y}_8 = 105.42 \times 2.742\,3 = 289.09$(千瓶) $\hat{y}_9 = 105.42 \times 1.80 = 189.756$(千瓶)

(2)已知本年某几个月(季)的实际值,预测全年总值

$$\frac{\text{已知月(季)的实际值之和}}{\text{已知月(季)的季节比率之和}} = \frac{\text{全年预测值}}{1\,200\%(400\%)}$$

$$\text{全年预测值} = \frac{\text{已知月的实际值之和}}{\text{已知月的季节比率之和}} \times 1\,200\%$$

【例 5-24】仍用例 5-23 资料,试预测 2019 年全年的销售额。

解:该市冷饮销售量 2019 年全年的销售额为

$$\text{全年预测值} = \frac{21+26+29+50}{0.187+0.245\,6+0.275+0.487\,6} \times 1\,200\% = 1\,265.04(\text{千瓶})$$

2. 已知年度预测值,求月(季)预测值

由未来年度没有考虑季节影响的预测值乘以相应的季节比率,得到未来年度内各期包含季节变动影响的预测值。即当预测者掌握预测变量的年度预测值(也可表现为年度计划值)时,可通过以下步骤求得各月或季的预测值。

(1)计算预测年度月或季的平均值

$$\text{月(季)平均值} = \frac{\text{年预测值}}{12(4)}$$

(2)计算各月(季)的预测值

$$\text{某月(季)预测值} = \text{该月(季)季节比率} \times \text{月(季)平均值}$$

【例 5-25】某市 T 恤衫销售额各季的季节比率(%)分别为:28.9、208.9、147.2、15,又知 2019 年 T 恤衫销售额为 4 126.68 千元,预测 2019 年各季度的销售额。

若不考虑季节变动因素的影响,2019 年各季度 T 恤衫销售额的平均值(将 2019 年的销售额平均分配在各季度)为

$$\hat{y}_t = \frac{4\,126.68}{4} = 1\,031.67(\text{千元})$$

考虑季节变动因素影响的各季度 T 恤衫销售额分别为:
$\hat{y}_{s1} = 1\,031.67 \times 0.289 = 298.15$(千元) $\hat{y}_{s2} = 1\,031.67 \times 2.089 = 2\,155.16$(千元)
$\hat{y}_{s3} = 1\,031.67 \times 1.472 = 1\,518.62$(千元) $\hat{y}_{s4} = 1\,031.67 \times 0.15 = 154.75$(千元)

5.5 循环变动的测量

5.5.1 测量循环变动的意义

循环变动存在于很多社会经济现象中,如产品一般有导入期、成长期、成熟期、衰退期等寿命周期,又如市场经济条件下,经济现象盛衰交替的周期性波动,再如由于固定资产更新和周期性的技术变革引起的周期性波动等。测量循环变动的意义主要有:①通过测定现象循环变

动的影响因素和变动程度,可以掌握现象波动的规律性,以便充分利用有利因素,避免不利因素,使国民经济持续稳定的发展。②可以了解过去经济循环的轨迹,掌握当前经济波动的实况,为制定准确可靠的计划提供资料。③掌握经济循环的信息,为制定消除经济循环波动的政策和措施提供依据。

5.5.2 循环变动的测量方法

循环变动各个不同的时期产生的原因各不相同,没有固定的变动期限或规律,很难事先预知,在不同时期的振幅有明显的差异。而季节变动原因基本相同、周期相对稳定,因此循环变动不能像测定季节变动那样有固定的测定方法。实际中,循环变动的测定是比较困难的,测定循环变动的方法主要采用剩余法。

剩余法又称分解法,是测量循环变动常用的方法。剩余法的基本思路是,时间序列的变动是由四个因素共同影响的结果,即 $y = T \cdot S \cdot C \cdot I$,先通过分解法逐步消除长期趋势及季节变动 $\left(C \cdot I = \dfrac{y}{T \cdot S}\right)$,然后再用移动平均法消除不规则变动 $\left(C = \dfrac{y}{T \cdot S \cdot I}\right)$,剩余部分基本上能呈现出循环变动。具体计算步骤如下:

首先,计算季节比率,并用原数列除以季节比率,求得一列无季节变动的资料;

其次,计算趋势值,并以无季节变动资料除以趋势值,以消除长期趋势,得到一列含循环变动与不规则变动的资料;

最后,将上述结果进行移动平均,以消除不规则波动,即得循环波动值。

应该指出,循环变动往往需要的资料较多,很多中长周期波动现象在三、五年内呈现不出循环变动规律;另外,循环变动分析和长期趋势分析不同,在很大程度上要依靠经济分析,仅对历史资料作统计处理是不够的。

【例 5-26】我国历年苹果产量资料见表 5-26。试根据表中资料对我国苹果产量进行循环变动的测定。

表 5-26 循环变动测定计算表

年份	产量 y/万 t	五项移动平均 T	$\dfrac{y}{T} = C \cdot I$/%	三项移动平均 C
1986	333.68	—	—	—
1987	426.38	—	—	—
1988	434.44	415.27	104.62	—
1989	449.90	439.34	102.40	98.68
1990	431.93	485.18	89.02	89.92
1991	454.04	579.68	78.33	86.46
1992	655.58	712.28	92.04	90.16
1993	906.96	906.65	100.10	96.13
1994	1 112.90	1 156.19	96.26	99.55
1995	1 400.77	1 369.44	102.29	102.20
1996	1 704.73	1 577.67	108.05	102.52
1997	1 721.86	1 771.11	97.22	102.61
1998	1 948.07	1 899.59	102.55	101.99

续表 5-26

年份	产量 y/万 t	五项移动平均 T	$\frac{y}{T}=C \cdot I$/%	三项移动平均 C
1999	2 080.16	1 958.94	106.19	103.64
2000	2 043.12	1 999.39	102.19	102.30
2001	2 001.50	2 031.81	98.51	97.60
2002	1 924.10	2 089.29	92.09	96.08
2003	2 110.18	2 160.89	97.65	97.83
2004	2 367.55	2 281.77	103.76	99.89
2005	2 401.11	2 443.89	98.25	100.72
2006	2 605.93	2 601.76	100.16	99.43
2007	2 734.70	2 737.75	99.89	100.12
2008	2 899.50	2 890.51	100.31	100.12
2009	3 047.50	3 042.70	100.16	99.67
2010	3 164.90	3 212.12	98.53	99.65
2011	3 367.30	3 358.18	100.27	100.42
2012	3 581.40	3 495.76	102.45	100.81
2013	3 629.80	3 640.76	99.70	100.37
2014	3 735.40	3 775.16	98.95	99.58
2015	3 889.90	3 886.68	100.08	—
2016	4 039.30	—	—	—
2017	4 139.00	—	—	—

资料来源:《中国统计年鉴2018》,中国统计出版社。

1986—2017年我国苹果产量组成了一个时间序列,因为是以年为单位的资料,所以该时间序列不反映季节变动,即 $y=T \cdot C \cdot I$。

首先,用五项移动平均法计算趋势值 T;

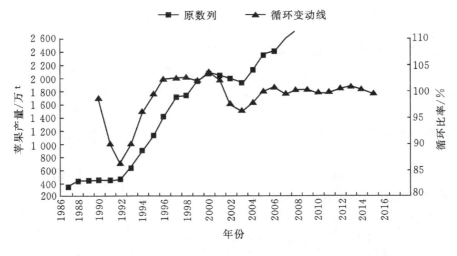

图 5-5 苹果产量循环变动图

然后,用实际值 y 除以趋势值 T,剔除长期趋势影响,得到一个包含循环变动和不规则变动的相对数时间序列,即 $C \cdot I = \dfrac{y}{T}$;

最后,用 3 项移动平均法消除不规则变动影响,得到一个仅包含循环变动的时间序列,即 $C = \dfrac{y}{T \cdot I}$。

思考与练习

一、判断题

1.( )各时期环比发展速度的连乘积等于相应时期的定基发展速度。

2.( )某公司销售收入 2019 年是 2014 年的 130%,则 2015—2019 年的平均发展速度为 $\sqrt[5]{130\%}$。

3.( )甲企业生产某种产品,其产量 2019 年比 2014 年增长了 20%,2018 年比 2014 年增长了 15%,则 2019 年比 2018 年增长了 20%÷15%。

4.( )在用按季平均法计算季节变动比率时,各月季节比率之和应等于 1 200%。

5.( )定基发展速度等于相应时期各环比发展速度之和。

6.( )相邻两个累计增长量之差等于相应时期的逐期增长量。

7.( )可以配合指数曲线方程的条件是时间序列实际值的一级增长量大致相等。

8.( )季节变动的测定方法主要有同期平均法和数学模型法两种。

9.( )当时间数列的资料升降交替,变动幅度比较大时,计算平均发展速度应使用累计法。

10.( )用最小二乘法配合直线趋势方程应满足的基本条件是 $\sum (y - \hat{y}) = 0$。

二、单项选择题

1.某省苹果产量 2017 年比 2016 年增长 5%,2018 年比 2017 年增长 4%,2019 年比 2018 年增长 2%,则 2017 年到 2019 年该省苹果产量总的增长了( )。

A.5%×4%×2%　　　　　　　　B.5%+4%+2%

C.105%×104%×102%－1　　　　D.105%×104%×102%

2.如果时间序列环比增长速度大致相等时,可配合( )。

A.上升直线　　　B.抛物线　　　C.指数曲线　　　D.下降直线

3.某企业增加值(万元)基期、报告期分别为 200、300,则增长 1% 的绝对值为( )万元。

A.20　　　B.30　　　C.2　　　D.3

4.某商品销售量前三个季度季节比率分别为 112%,88%,90%,则第四个季度季节比率为( )。

A.102%　　　B.110%　　　C.98%　　　D.100%

5.时间序列中,两个不同时期发展水平之差称为( )。

A.发展速度　　　B.增长速度　　　C.增长量　　　D.平均增长量

6.时间序列中,每个指标数值可以相加的是( )。

A.相对数动态数列　　B.时期数列　　C.时点数列　　D.平均数动态数列

7. 某企业某年 7、8、9、10 月初人数分别为 890 人、896 人、893 人和 902 人,则该企业第二季度平均职工人数的计算方法为(   )。

A. $\dfrac{890+896+893+902}{4}$ B. $\dfrac{\dfrac{890}{2}+896+893+\dfrac{902}{2}}{4-1}$

C. $\dfrac{890+896+893}{3}$ D. $\dfrac{890+896+893+902}{3}$

8. 间隔相等的间断性时点数列计算序时平均数应采用(   )。
   A. 几何平均法   B. 加权算术平均法   C. 简单算术平均法   D. 首末折半法

9. 某商场销售额逐年增加 20 万元,则该商场销售额的环比增长速度(   )。
   A. 逐年下降   B. 逐年增长   C. 每年保持不变   D. 无法做结论

10. 某超市鸡蛋的价格 5 月份比 4 月份下降了 2%,6 月份比 5 月份上升了 5%,则该超市鸡蛋的价格 6 月份比 4 月份(   )。
    A. 上升了 3%   B. 上升了 2.9%   C. 上升了 102.9%   D. 上升了 2.5%

三、简答题

1. 说明时间序列的影响因素及其组合方式。
2. 举例说明计算平均发展速度的几何平均法与方程式法各适用哪些现象?
3. 测定长期趋势的方法有哪些?各有什么特点?
4. 测定季节变动的方法有哪些?它们分别在什么情况下使用?
5. 可线性化曲线趋势方程求解参数的途径是什么?

四、计算题

1. 根据指标间的关系,填齐下表中所缺数据。

年份	2015	2016	2017	2018	2019
销售量/万件					665
累计增长量/万件	—	32			
环比发展速度/%	—		104		
定基增长速度/%	—			20	
增长1%绝对值/万件	—	5			
平均发展速度/%					
平均增长速度/%					

2. 某企业 2019 年上半年职工人数如下表,试计算该企业 2019 年上半年平均职工人数。

时间	1月1日	2月1日	3月1日	4月1日	5月1日	6月1日	7月1日
人数/人	1 210	1 018	1 031	1 130	1 138	1 202	1 205

3. 某企业 2018 年产品库存(件)资料如下表,试计算 2018 年产品平均库存量。

时间	1月1日	3月31日	5月31日	8月31日	10月31日	12月31日
库存数/件	210	226	240	230	245	238

4. 某厂 2019 年工人数和工业增加值资料如下表。试根据表中资料计算该厂上半年：
(1)平均人数；(2)平均增加值；(3)平均月劳动生产率；(4)劳动生产率。

月份	月初人数/人	增加值/万元
1	1 000	350
2	1 050	360
3	950	371
4	1 150	423
5	1 160	475
6	1 158	480
7	1 200	500

5. 2014—2019 年某企业职工人数和非生产人员资料如下表，试计算该企业 2015—2019 年非生产人员占全部职工数的平均比重。

年份	2014	2015	2016	2017	2018	2019
年末职工人数/人	550	563	560	565	558	562
年末非生产人员/人	62	65	60	54	53	49

6. 某省 2019 年国内生产总值 500 亿元，(1)若从 2020 年起，平均每年比上年递增 10%，2025 年国内生产总值应达到多少？(2)如果 2025 年要求达到 650 亿元，平均每年的发展速度应达到多少？

7. 某省 2011—2019 年基本建设投资额资料如下表。根据表中资料用最小平方法配合抛物线趋势方程。

年份	投资额/亿元	年份	投资额/亿元
2011	2 291	2016	2 845
2012	2 362	2017	3 018
2013	2 450	2018	3 210
2014	2 562	2019	3 420
2015	2 695		

8. 某地区 2008—2019 年苹果产量资料如下表。要求：(1)用三年移动平均法计算趋势值；(2)用最小平方法配合苹果产量的直线趋势方程。

年份	苹果产量/万斤	年份	苹果产量/万斤
2008	494	2014	560
2009	508	2015	559
2010	527	2016	575
2011	536	2017	606
2012	550	2018	625
2013	542	2019	650

9.某企业 2012—2019 年某种产品销售量(万件)资料如下表。要求:(1)判断该企业产品销售量趋势是否接近指数曲线趋势;(2)如果接近指数曲线趋势,配合指数曲线方程。

年份	2012	2013	2014	2015	2016	2017	2018	2019
销售量/万件	53.2	61.2	72.3	83.9	98.7	113.4	141.7	164.2

10.某商场 2015—2019 年各月某服装销售额资料如下表。根据表中资料用同期平均法计算该商品销售额的季节比率,并指出其季节变动规律。

月份	销售额/万元				
	2015 年	2016 年	2017 年	2018 年	2019 年
1	1.1	1.1	1.4	1.4	1.3
2	1.2	1.5	2.1	2.1	2.2
3	1.9	2.2	3.1	3.1	3.3
4	3.6	3.9	5.2	5.0	4.9
5	4.2	6.4	6.8	6.6	7.0
6	4.2	16.4	18.8	19.5	20.0
7	24.0	28.0	31.0	31.5	31.8
8	9.5	12.0	14.0	14.5	15.3
9	3.8	3.9	4.8	4.9	5.1
10	1.8	1.8	2.4	2.5	2.6
11	1.2	1.3	1.2	1.4	1.4
12	0.9	1.0	1.1	1.2	1.1

11.某省近五年公路客运量分季资料如下表。试根据上表资料用趋势剔除法计算该省公路客运量的季节比率,并指出其季节变动规律。

季度	客运量/万人				
	2015 年	2016 年	2017 年	2018 年	2019 年
1	770	785	793	805	810
2	1 040	1 100	1 150	1 290	1 320
3	1 060	1 150	1 220	1 310	1 331
4	760	820	880	950	980

第6章 统计指数

> **学习目标**
>
> 理解和掌握统计指数的涵义及种类;掌握综合指数、平均指数和平均指标指数的编制原则与方法,了解其他各种不同综合指数的编制方法;灵活运用指数体系对复杂现象发展变化情况进行因素分析。

6.1 指数的概念和分类

6.1.1 指数的概念

统计学中所说的指数是一种相对分析指标,与数学上的指数、指数函数等是完全不同的概念。统计上指数的概念有广义和狭义两种理解。广义上的指数指凡是两个有联系的数值相对比所形成的相对数,一般用百分数表示。它可以是同类现象在不同空间、不同时间、总体的不同部分、实际与计划等相对比的相对数,也可以是不同性质但有联系的指标相对比的相对数,通常是不同时间现象指标值的对比。狭义上的指数是指反映复杂现象综合变动情况的相对数,即用来反映不能直接相加的、由多要素组成的复杂现象综合变动情况的相对数。

例如,要反映多种产品产量的综合变动情况,由于各种产品的使用价值、计量单位等不同,不能直接将各种产品的产量直接加总计算各个时期的总产量,因而无法将两个时期的总产量进行对比来说明多种产品产量的综合变动情况,而狭义上的指数就是用来解决这一矛盾的。本章所介绍的指数主要指狭义上的指数,同时空间指数和计划完成程度指数可以看作是动态指数的拓展。

指数作为一种特殊的相对数具有以下特点:首先,指数是一种度量某一变量在不同条件下对比关系的相对数。不论是反映单一现象相对程度的指数,还是反映复杂现象综合对比关系的指数,也不论是动态指数还是空间或计划完成程度指数都是相对数。其次,反映复杂现象变动程度的指数具有综合性质,它综合反映复杂现象总体数量变动程度与方向。如居民消费品价格有的上涨,有的下降,有的不变,即使是同方向变动,变动幅度也不尽相同,居民消费价格指数是综合了各种消费品价格变动的结果。最后,反映复杂现象变动程度的指数具有平均的特点,它反映复杂现象总体中个体变动程度的平均水平。

6.1.2 指数的作用

(1)运用统计指数可以分析复杂现象总体变动方向和程度

在对客观现象进行统计分析时,常常需要研究不能直接加总的复杂现象的综合变动方向和程度,这时可以通过编制指数来解决。如工业产品品种繁多,其使用价值、规格、型号、计量单位等不尽相同,其产量不能直接相加。通过编制工业生产指数可以反映工业产品产量的综合变动方向和程度。

(2)运用指数可以对现象的总变动进行因素分析

经济现象的数量变动,受多个因素的影响,复杂现象总变动是由各种因素综合影响的结果。利用指数体系理论可以测定复杂现象总变动及各构成因素变动对现象总变动的影响情况,并对现象变化作出综合评价。利用指数理论,一方面可以分析复杂社会经济现象总体变动中各个构成因素变动对总体变动的影响程度和影响方向;另一方面可以分析现象总平均水平的变动中各个因素变动对总平均水平变动的影响。

(3)运用指数可以分析经济现象在较长时期内发展变化的趋势

编制一系列反映同类现象变动情况的指数并按时间顺序排列形成指数数列,可以反映被研究现象的变动趋势。

6.1.3 指数的分类

(1)按其所反映现象的范围不同,指数分为个体指数和总指数

个体指数是反映单一现象变动情况的相对数,一般用字母 k 表示。如反映某一种型号摄像机的价格或销售量的变动情况。通常价格个体指数用 k_p 表示、销售量或产量个体指数用 k_q 表示、单位成本个体指数用 k_z 表示。总指数是反映复杂现象综合变动情况的相对数,一般用字母 I 或 $\bar{k}$ 表示。

(2)按其所反映指标的性质不同,指数分为数量指标指数和质量指标指数

数量指标指数是反映数量指标变动情况的相对数,如产品产量指数、商品销售量指数等。质量指标指数是反映质量指标变动情况的相对数,如物价指数、产品单位成本指数等。

(3)按其所采用的基期不同,指数分为定基指数和环比指数

定基指数是指在指数数列中以某一固定时期水平作对比标准的指数;环比指数则是以其前一期水平作为对比标准的指数。

(4)按其所反映的时间状况不同,指数分为动态指数和静态指数

动态指数是由两个不同时期的同类经济现象数值对比形成的指数,说明现象在不同时间上发展变化的过程和程度。静态指数是反映现象在同一时间下,不同空间、实际与计划等相对比的相对数。空间指数是将不同空间(不同国家、地区、部门、企业等)的同类现象进行比较的结果,反映同类现象在不同空间的差异程度;计划完成程度指数是某种现象的实际水平与计划水平对比而形成的指数,反映计划执行情况。

6.2 综合指数

根据掌握资料的具体情况以及编制方法的不同,总指数有综合指数和平均指数两种编制形式方法。综合指数是总指数的基本编制方法。

6.2.1 综合指数的编制原理

综合指数是由两个价值形态的总量指标相对比的结果。即凡是一个总量指标可以分解为两个或两个以上的因素指标时,将其中的一个或一个以上的因素指标固定下来,仅仅观察其中另一个因素指标的变动情况,这样的总指数称为综合指数。编制综合指数的基本原理是根据

客观现象之间的内在联系,首先给研究现象加入与其有关的同度量因素,把不能直接相加的现象数值转化为可以加总的价值形态总量;然后将同度量因素的时期加以固定;最后将两个不同时期的价值总量指标进行对比,以反映研究现象的综合变动情况。同度量因素是指把不能直接相加的指标过渡为能够相加指标的加入因素。例如,各种商品销售量不能直接加总,需将销售量乘以商品价格,将不能直接加总的销售量转化为可以加总的销售额,然后将同度量因素商品价格的时期加以固定,仅仅观察多种商品销售量的综合变动情况,这样编制的总指数即为综合指数。

6.2.2 综合指数的编制

根据综合指数的含义可知,编制综合指数需要解决两个问题:一个是相加问题,另一个是同度量因素的固定时期问题。

依据所反映变动因素的指标性质不同,指数分为数量指标指数和质量指标指数,指标性质不同,综合指数编制方法也有所差异。

1. 数量指标指数的编制

数量指标指数是反映数量指标变动情况的相对数,如产品产量指数、商品销售量指数、居民消费品数量指数等。下面以商品销售量指数为例来说明数量指标指数的一般编制方法。

【例 6-1】某超市四种商品销售量和价格资料见表 6-1。根据表中资料,测定该超市四种商品销售量综合变动情况。

表 6-1 商品销售资料及计算表

商品	计量单位	销售量		价格/元		销售额/元			
		基期 q_0	报告期 q_1	基期 p_0	报告期 p_1	$q_0 p_0$	$q_1 p_0$	$q_1 p_1$	$q_0 p_1$
鲜蛋	kg	1 000	1 150	5.8	6.9	5 800	6 670	7 935	6 900
罐头	瓶	800	860	5.0	4.0	4 000	4 300	3 440	3 200
猪肉	kg	500	400	18.0	18.8	9 000	7 200	7 520	9 400
酸奶	盒	2 000	2 100	3.2	3.0	6 400	6 720	6 300	6 000
合计	—	—	—	—	—	25 200	24 890	25 195	25 500

解:四种商品实物形态与计量单位不同,销售量不能直接相加。为了使不能直接相加的销售量变为可以相加的价值量指标销售额,需要根据现象之间的联系,引入同度量因素价格,将各种产品销售量转化为销售额。为了使两个时期销售额的对比单纯反映销售量的变动,必须使价格固定下来,以消除价格因素变动的影响。然而,在通常情况下,基期和报告期的价格是不同的,采用不同时期的价格作为同度量因素,销售量综合指数的计算公式及结果也不同。

(1)若以基期价格作为同度量因素

$$I_q = \frac{\sum q_1 p_0}{\sum q_0 p_0} \tag{6.1}$$

分子与分母之差为数量指标的变动对总价值量指标影响的绝对数。

将表 6-1 中计算的相应资料代入公式(6.1),计算可得

$$I_q = \frac{\sum q_1 p_0}{\sum q_0 p_0} = \frac{24\,890}{25\,200} = 98.77\%$$

销售量的变动对销售额影响的绝对数为

$$\sum q_1 p_0 - \sum q_0 p_0 = 24\,890 - 25\,200 = -310(元)$$

计算结果表明,四种商品销售量报告期比基期综合下降了 1.23%,由于销售量的减少使销售额减少了 310 元。

(2)若以报告期价格作为同度量因素

$$I_q = \frac{\sum q_1 p_1}{\sum q_0 p_1} \tag{6.2}$$

分子与分母之差为数量指标的变动对总价值量指标影响的绝对数。

将表 6-1 中计算的相应资料代入公式(6.2),计算可得

$$I_q = \frac{\sum q_1 p_1}{\sum q_0 p_1} = \frac{25\,195}{25\,500} = 98.80\%$$

销售量的变动对销售额影响的绝对数为

$$\sum q_1 p_1 - \sum q_0 p_1 = 25\,195 - 25\,500 = -305(元)$$

计算结果表明,四种商品销售量报告期比基期综合下降了 1.21%,由于销售量的减少使销售额减少了 305 元。

可见,同度量因素固定时期不同,计算结果也不同。因此,在计算商品销售量指数时,要考虑研究目的及计算结果是否有现实经济意义来选择同度量因素价格的固定时期。

式(6.1)把价格固定在基期,是在价格水平不变的情况下,反映销售量的综合变动情况。所以式(6.1)不包含价格变动,符合计算目的。

式(6.2)把价格固定在报告期,实际上从基期到报告期价格已经发生了变化,所以根据报告期价格计算的销售量指数,不仅反映销售量变动,也包含价格变动,不符合计算目的。

综上所述,在编制销售量指数时,应该把作为同度量因素的价格固定在基期。销售量指数的这种计算方法,同样适用于其他数量指标指数。

由此可以得出数量指标指数的一般编制原则,即在编制数量指标指数时,选择质量指标为同度量因素,并把质量指标固定在基期。

2. 质量指标指数的编制方法

质量指标指数是反映质量指标变动情况的相对数,如单位产品成本指数、商品销售价格指数等。下面以商品销售价格指数为例来说明质量指标指数的一般编制方法。

【例 6-2】 某超市四种商品价格和销售量资料见表 6-1。根据表中资料,测定该超市四种商品价格综合变动情况。

解:由于四种商品价格依附于不同的实物形态,不能直接相加。需要加入与价格有联系的同度量因素销售量,使各种商品价格转化为销售额,然后借助于两个时期的销售额对比反映价格的综合变动。为了使两个时期销售额对比单纯反映价格的变动,必须把作为同度量因素的销售量固定下来。采用不同时期的销售量作为同度量因素,产生不同的计算结果。

(1)若以基期销售量作为同度量因素

$$I_p = \frac{\sum q_0 p_1}{\sum q_0 p_0} \tag{6.3}$$

分子与分母之差额为质量指标的变动对总价值量指标影响的绝对数。

将表 6-1 中相关资料代入式(6.3)计算可得

$$I_p = \frac{\sum q_0 p_1}{\sum q_0 p_0} = \frac{25\,500}{25\,200} = 101.19\%$$

销售价格的变动对销售额影响的绝对数为

$$\sum q_0 p_1 - \sum q_0 p_0 = 25\,500 - 25\,200 = 300(元)$$

计算结果表明,四种商品价格报告期比基期增长了 1.19%,由于价格的上升使销售额增加了 300 元。

(2)若以报告期销售量作为同度量因素

$$I_p = \frac{\sum q_1 p_1}{\sum q_1 p_0} \tag{6.4}$$

分子与分母之差为质量指标的变动对总价值量指标影响的绝对数。

将表 6-1 中相关资料代入式(6.4)计算可得

$$I_p = \frac{\sum q_1 p_1}{\sum q_1 p_0} = \frac{25\,195}{24\,890} = 101.23\%$$

销售价格的变动对销售额影响的绝对数为

$$\sum q_1 p_1 - \sum q_1 p_0 = 25\,195 - 24\,890 = 305(元)$$

计算结果表明,四种商品价格报告期比基期增长了 1.23%,由于价格的上升使销售额增加了 305 元。

可见,采用不同时期的销售量作为同度量因素,计算结果也不同。在编制商品价格指数时,也存在把同度量因素销售量固定在那个时期的选择问题。

式(6.3)把销售量固定在基期,指数单纯反映价格变动情况,不含销售量变化。但其分子与分母差额说明由于价格变化,可使基期销售额增加或减少多少,显然缺乏现实经济意义。从实际生产生活角度看,人们更关心在报告期销售量条件下,由于价格变动对当前生产或生活的影响。

式(6.4)是把销售量固定在报告期,其指数能够反映价格变动程度,同时也包含销售量变动。其分子与分母差额说明由于价格变化,可使报告期销售额增加或减少多少,具有明显的现实经济意义。

综上分析,同时考虑到建立综合指数体系的要求,把作为同度量因素的销售量固定在报告期。价格指数的这种编制方法,同样适用于其他质量指标指数。由此可以得出编制质量指标综合指数的一般原则,即在编制质量指标指数时,选择数量指标作为同度量因素,并且把这个数量指标固定在报告期。

6.2.3 综合指数的其他形式

在编制综合指数时,需要解决两个问题,一个是同度量因素的选择,另一个是同度量因素的固定时期。前者根据现象之间的经济关系很好确定,后者的确定比较麻烦,因同度量因素的固定时期不同,也就产生了不同形式的综合指数。

(1) 拉氏指数

拉氏指数(Laspeyres Index)是指不论编制什么性质指标指数,一律将同度量因素固定在基期的综合指数,是由德国学者埃蒂恩·拉斯贝尔(Etienne Laspeyres)在1864年提出的,故称之为拉氏指数。数量指标指数和质量指标指数公式分别为

$$I_q = \frac{\sum q_1 p_0}{\sum q_0 p_0} \qquad I_p = \frac{\sum q_0 p_1}{\sum q_0 p_0}$$

我国在编制数量指标指数时采纳了拉氏指数观点。

(2) 派氏指数

派氏指数(Paasche Index)是指不论编制什么性质指标指数,一律将同度量因素固定在报告期的综合指数。该观点是由德国学者哈曼·派许(Herman Paasche)在1874年提出的,故称之为派氏指数。数量指标指数和质量指标指数公式分别为

$$I_q = \frac{\sum q_1 p_1}{\sum q_0 p_1} \qquad I_p = \frac{\sum q_1 p_1}{\sum q_1 p_0}$$

我国在编制质量指标指数时采纳了派氏指数观点。

拉氏指数和派氏指数在指数理论中是影响较大的两大学派。同度量因素固定时期不同,拉氏指数和派氏指数计算结果也不一致,二者各有一定的实际经济意义。使用哪种指数为好,应根据计算的目的选择。但是,拉氏和派氏指数在量的测定上存在或大或小的问题,即当拉氏指数偏大时,派氏指数则偏小;反之,当拉氏指数偏小时,派氏指数计算结果便偏大。对此,理论界又产生了几种形式的指数。

(3) 马埃指数

马埃指数是由英国经济学家马歇尔(Alfred Marshall)于1887年提出的,以加入因素基期和报告期的简单平均值作为权数编制的综合物价指数,后又被英国统计学家埃奇沃斯(Francis Ysidro Edgeworth)推广到编制数量指标指数,故被称为马埃指数。数量指标指数和质量指标指数公式分别为

$$I_q = \frac{\sum q_1 \left(\frac{p_0 + p_1}{2}\right)}{\sum q_0 \left(\frac{p_0 + p_1}{2}\right)} = \frac{\sum q_1 p_0 + \sum q_1 p_1}{\sum q_0 p_0 + \sum q_0 p_1} \qquad I_p = \frac{\sum p_1 \left(\frac{q_0 + q_1}{2}\right)}{\sum p_0 \left(\frac{q_0 + q_1}{2}\right)} = \frac{\sum p_1 q_0 + \sum p_1 q_1}{\sum p_0 q_0 + \sum p_0 q_1}$$

马埃指数其分子与分母分别是拉氏和派氏指数分子、分母之和,计算结果介于拉氏和派氏之间。马埃指数虽然从数量测定上不偏不倚,但却缺乏明确的经济意义。我国地区物价比较指数采用马埃指数编制。

(4) 费雪指数

费雪指数是由美国统计学家费雪(Irving Fisher)在1911年提出的指数编制方法。它是拉氏指数和派氏指数的几何平均值。数量指标指数和质量指标指数公式分别为

$$I_q = \sqrt{\frac{\sum q_1 p_0}{\sum q_0 p_0} \times \frac{\sum q_1 p_1}{\sum q_0 p_1}} \qquad I_p = \sqrt{\frac{\sum q_0 p_1}{\sum q_0 p_0} \times \frac{\sum q_1 p_1}{\sum q_1 p_0}}$$

费雪系统地总结了各种指数编制方法的特点,提出了对指数优劣的三种测验方法,即时间互换测验、因子互换测验和循环测验。费雪对各种指数进行了测验,绝大多数指数不符合这三种检验,唯有他的公式通过检验,故自称他的公式为理想公式。费雪指数同马埃指数一样,计算结果不偏不倚,但同样缺乏明确的经济意义,而且所用资料更多,计算较困难。费雪的价格指数在国际比较中用的比较多,如联合国编制的地域差别生活费指数采用费雪的价格指数公式。

(5)固定权数的综合指数

将同度量因素固定在某一特定时期的水平上。这种方法是英国学者杨格(A. Young)于1818年首先采用的,故又称之为杨格公式。数量指标指数和质量指标指数公式分别为

$$I_q = \frac{\sum q_1 p_n}{\sum q_0 p_n} \qquad I_p = \frac{\sum p_1 q_n}{\sum p_0 q_n}$$

该指数的同度量因素既不固定在基期水平,也不固定在报告期水平,而是固定在某一特定水平上。选择固定的同度量因素,不仅简化了指数计算,而且便于观察现象长期发展变化的趋势。因此,杨格公式在实践中经常采用。当然,同度量因素使用一段时间后,随着实际情况变化应及时加以修正和调整,通常以5年、10年更换一次权数,以避免指数的计算结果不能真实反映客观现象的变化。我国工业产品产量指数是采用不变价格为固定权数编制的。

6.2.4 其他形式综合指数的应用

1. 空间价格指数

空间价格指数概括反映同一时间,不同国家、地区或企业各种商品价格水平的差异,也称为区域价格指数。它是一种静态指数,它的编制有不同于动态指数的特殊要求。根据指数的一般编制原则,编制质量指标指数一般以报告期(分子地区)的数量指标为权数(同度量因素),即派氏指数编制,但因结果有偏大或偏小问题,因此,计算区域物价比较指数一般用马埃指数来编制。

$$I_p = \frac{\sum q_乙 p_甲 + \sum q_甲 p_甲}{\sum q_乙 p_乙 + \sum q_甲 p_乙}$$

【例6-3】甲、乙两市场商品销售资料见表6-2。试根据表中资料计算两个市场商品价格指数。

表6-2　甲、乙两市场商品销售资料

商品	单位	销售量		价格/(元·kg^{-1})		销售额/元			
		甲市场 $q_甲$	乙市场 $q_乙$	甲市场 $p_甲$	乙市场 $p_乙$	$p_甲 q_乙$	$p_乙 q_乙$	$p_乙 q_甲$	$p_甲 q_甲$
柑桔	kg	3 000	2 000	4.0	5.0	8 000	10 000	15 000	12 000
酥梨	kg	1 000	3 000	3.0	2.0	9 000	6 000	2 000	3 000
苹果	kg	300	350	2.5	2.5	875	875	750	750
合计	—	—	—	—	—	17 875	16 875	17 750	15 750

解:(1)采用拉氏、派氏指数编制区域价格比较指数

拉氏指数一般以基期(分母地区)的数量指标为权数(同度量因素),即

$$I_p = \frac{\sum q_乙 p_甲}{\sum q_乙 p_乙} = \frac{17\,875}{16\,875} = 105.93\%$$

派氏指数一般以报告期(分子地区)的数量指标为权数(同度量因素),即

$$I_p = \frac{\sum q_甲 p_甲}{\sum q_甲 p_乙} = \frac{15\,750}{17\,750} = 88.73\%$$

可见,在两个市场销售量构成差异比较大时,拉氏指数计算结果偏大,派氏指数计算结果偏小。因此必须采用马埃指数编制区域价格指数。

(2)采用马埃指数编制区域价格指数

这里以乙市场为对比基础,则有

$$I_p = \frac{\sum q_乙 p_甲 + \sum q_甲 p_甲}{\sum q_乙 p_乙 + \sum q_甲 p_乙} = \frac{33\,625}{34\,625} = 97.11\%$$

计算结果表明,综合来说三种商品价格甲市场比乙市场低 2.89%。

2. 成本计划综合完成指数

检查成本综合计划完成情况时,需编制成本计划综合完成指数,其原理与综合指数基本相同。编制质量指标指数,根据指数编制原则,一般用报告期(分子)数量指标做权数。但是,由于实际产量的品种构成可能会背离计划要求的品种构成,因此,为了严格保持生产计划的要求,在检查成本综合计划完成程度时,一般用比较基础计划产量作为同度量因素。

即

$$I_z = \frac{\sum z_1 q_n}{\sum z_n q_n}$$

式中:z_1 为实际单位成本;z_n 为计划单位成本;q_n 为计划产量。

【例 6-4】根据表 6-3 中资料编制成本计划完成指数,分析该企业三种产品成本综合计划完成程度。

表 6-3 产品成本资料表

产品名称	计量单位	单位成本/元		产量		总成本/万元			
		z_n	z_1	q_n	q_1	$z_1 q_n$	$z_n q_n$	$z_1 q_1$	$z_n q_1$
甲	台	1 900	1 950	400	340	78	76	66.3	64.6
乙	件	440	420	800	1 000	33.6	35.2	42	44
丙	t	3 500	3 500	76	76	26.6	26.6	26.6	26.6
合计	—	—	—			138.2	137.8	134.9	135.2

解:表中计算所需资料,代入成本计划完成指数公式

$$I_z = \frac{\sum z_1 q_n}{\sum z_n q_n} = \frac{138.2}{137.8} = 100.29\%$$

计算结果表明,该企业三种产品实际成本为计划成本的 100.29%,即实际成本综合比计划成本高出 0.29%,说明该企业总体上没有完成成本降低计划。

如果以实际产量为同度量因素编制成本计划完成指数,由于实际产量的品种构成可能背离计划,其计算结果有可能出现相反的结论。

若以实际产量 q_1 为权数,成本计划完成指数为

$$I_z = \frac{\sum z_1 q_1}{\sum z_n q_1} = \frac{134.9}{135.2} = 99.78\%$$

计算结果表明,总体来说,该企业超额完成成本降低计划。但这是在实际产量构成背离计划要求的情况下实现的。因此,为了严格保证计划生产的要求,在编制成本计划完成指数,检查成本计划完成程度时,必须用计划产量为权数计算。

6.3 平均指数

平均指数也是总指数的编制方法之一。它是以数量指标或质量指标的个体指数为基础,找出一个适当的权数后对其进行加权平均,来观察现象的综合变动情况的。这里的权数所起的作用是,加权后的指标必须可以加总,这就决定了权数不可能是计算个体指数的数量指标或质量指标本身,必须选用一个适当的指标作为权数。

综合指数是总指数的基本形式,它能完善地说明统计指数的经济内容,但是它的计算不仅需要掌握所研究现象全面的资料,而且还需要掌握所需权数的具体资料,资料搜集工作量较大,有时甚至难以取得。所以,如果所掌握资料不能直接用综合指数方法计算时,可以选择以所研究现象个体指数为基础的平均指数的编制方法计算所研究现象的综合变动程度。平均指数和综合指数的联系主要表现为在一定的权数条件下,两类指数间有变形关系。由于这种变形关系的存在,针对同一资料,平均指数与其相应的综合指数具有完全相同的经济意义和计算结果。

指数应用中,综合指数需要研究总体的全面资料,起综合作用的同度量因素的资料要求比较严格,一般应采用与指数化指标有明确经济联系的指标。而平均指数既可以用全面资料,也可以使用非全面资料。所以,平均指数比综合指数方法更灵活,应用更广泛。

个体指数由于加权后变量值可以直接加总求出总数量,因此平均指数可以用加权算术平均法和加权调和平均法计算。

6.3.1 加权算术平均指数

1. 与综合指数具有变形关系的加权算术平均指数

它是以数量指标的个体指数为变量,以基期的价值总量指标为权数,采取加权算术平均的方式进行加权平均,来计算数量指标平均变动程度的。与综合指数具有变形关系的加权算术平均指数只能用来编制数量指标指数。其计算公式为

$$I_q = \frac{\sum k_q q_0 p_0}{\sum q_0 p_0} \tag{6.5}$$

分子与分母之差为由于数量指标的变动对总价值量指标影响的绝对数。

公式(6.5)与数量指标综合指数公式 $I_q = \dfrac{\sum q_1 p_0}{\sum q_0 p_0}$ 具有变形关系。

而质量指标个体指数以实际价值总量资料为权数、采取加权算术平均法编制指数,与综合指数不具有变形关系,即不符合指数的一般编制原则,因此,质量指标指数不适合用加权算术平均指数的方法编制。

【例 6-5】 某超市四种商品销售量个体指数及销售额资料见表 6-4。试根据表中资料计算四种商品销售量平均变动情况。

表 6-4 商品销售量指数计算表

商品	销售量个体指数 k_q /%	销售额/元 $q_0 p_0$	销售额/元 $q_1 p_1$	按基期价格计算的报告期销售额 $k_q q_0 p_0$ /元
鲜蛋	115.0	5 800	7 935	6 670
罐头	107.5	4 000	3 440	4 300
猪肉	80.0	9 000	7 520	7 200
酸奶	105.0	6 400	6 300	6 720
合计	—	25 200	25 195	24 890

解:根据表中资料可知,已知数量指标销售量的个体指数及总价值量实际销售额资料,选择加权算术平均指数编制销售量指数。计算所需资料并代入式(6.5)计算可得

$$I_q = \frac{\sum k_q q_0 p_0}{\sum q_0 p_0} = \frac{24\ 890}{25\ 200} = 98.77\%$$

销售量的变动对销售额影响的绝对数为

$$\sum k_q q_0 p_0 - \sum q_0 p_0 = 24\ 890 - 25\ 200 = -310(元)$$

计算结果表明,四种商品销售量报告期比基期下降了 1.23%,由于销售量的下降使销售额减少了 310 元。与综合指数计算结果一致。

2. 固定权数加权算术平均指数

实际中,为了简化指数编制工作,加权算术平均指数有时所使用的权数并不是基期实际价值总量资料,往往采用经过调整的某一时期的价值总量结构作为固定权数 w。固定权数一经确定,便连续使用若干个指数编制时期。因此,它计算简便,能及时反映现象的综合变动情况。固定权数计算的加权算术平均指数公式为

$$I = \frac{\sum kw}{\sum w}$$

式中: k 代表数量指标或质量指标的个体指数; w 代表用相对数表示的固定权数,它是在某一时期基础上经过调整计算的总价值量指标的结构相对数。

由于固定权数计算的加权算术平均指数和数量指标综合指数不具有变形关系,因此,它既可以用来编制数量指标指数,也可以用来编制质量指标指数。另外,固定权数计算的加权算术平均指数其分子分母不是根据数量指标和质量指标的实际资料计算的总价值量,因此不能计算现象变动的绝对数。

【例 6-6】 某市 2019 年居民消费支出构成及消费品价格类指数(以上年为基期)如表 6-5 所示。试计算 2019 年该市居民消费价格综合变动程度。

表 6-5 2019 年某市居民消费价格指数计算表

生活消费品大类	价格类指数 k_p/%	固定权数 w	$k_p w$
食品烟酒	101.6	29	29.46
衣着	101.3	7	7.09
居住	102.6	22	22.57
生活用品及服务	101.0	6	6.06
交通和通信	101.0	14	14.14
教育文化和娱乐	102.4	11	11.26
医疗保健	106.0	8	8.48
其他用品和服务	102.4	3	3.07
合　计	—	100	102.13

解：表 6-5 中计算所需资料并代入固定权数的加权算术平均指数公式

$$I_p = \frac{\sum k_p w}{\sum w} = \frac{102.13}{100} = 102.13\%$$

计算结果表明，该市居民消费价格 2019 年比上年提高了 2.13%。

消费品支出额所占的比重之和为 100。实际中，只需将分子求出，即可得居民消费价格综合变动程度。

6.3.2　加权调和平均指数

1. 与综合指数具有变形关系的加权调和平均指数

它是以质量指标的个体指数为变量，以报告期的价值总量指标为权数，采取加权调和平均的方式进行加权平均，来计算质量指标平均变动程度的。与综合指数具有变形关系的加权调和平均指数只能用来编制质量指标指数。其计算公式为

$$I_p = \frac{\sum p_1 q_1}{\sum \frac{1}{k_p} p_1 q_1} \tag{6.6}$$

分子与分母之差为由于质量指标的变动对总价值量指标影响的绝对数。

公式 (6.6) 与质量指标综合指数公式 $I_p = \dfrac{\sum q_1 p_1}{\sum q_1 p_0}$ 具有变形关系。

而数量指标个体指数以实际价值总量资料为权数，采用加权调和平均法编制指数，与综合指数不具有变形关系，即不符合指数的一般编制原则，因此，数量指标指数不适合用加权调和平均指数的方法编制。

【例 6-7】某超市四种商品销售价格个体指数及销售额资料见表 6-6。试根据表中资料计算四种商品销售价格平均变动情况。

解：根据表中资料可知，已知质量指标销售价格的个体指数及价值总量实际销售额资料，选择加权调和平均指数编制销售价格指数。计算所需资料并代入式 (6.6) 计算可得

$$I_p = \frac{\sum p_1 q_1}{\sum \frac{1}{k_p} p_1 q_1} = \frac{25\ 195}{24\ 890} = 101.23\%$$

销售价格变动对销售额影响的绝对数为

$$\sum p_1 q_1 - \sum \frac{1}{k_p} p_1 q_1 = 25\ 195 - 24\ 890 = 305(元)$$

计算结果表明，四种商品价格报告期比基期增长了1.23%，由于价格的提高使销售额增加了305元。与综合指数计算结果一致。

表 6-6 商品价格指数计算表

商品	价格个体指数 k_p/%	销售额/元		按基期价格计算的报告期销售额/元
		$q_0 p_0$	$q_1 p_1$	$\frac{1}{k_p} p_1 q_1$
鲜蛋	118.97	5 800	7 935	6 670
罐头	80.00	4 000	3 440	4 300
猪肉	104.44	9 000	7 520	7 200
酸奶	93.75	6 400	6 300	6 720
合计	—	25 200	25 195	24 890

2. 固定权数加权调和平均指数

固定权数计算的加权算术平均指数既可编制数量指标指数，也可编制质量指标指数，因此，实际中被经常使用。固定权数计算的加权调和平均指数在实际工作中应用较少。

$$I = \frac{\sum w}{\sum \frac{1}{k} w}$$

6.4 指数体系及其指数因素分析

6.4.1 指数体系与指数因素分析的含义

1. 指数体系的概念

社会经济现象是一个复杂的总体，各种现象之间是互相联系，彼此制约的。如商品销售额的变化受商品销售量和销售价格影响；总成本受产量和单位产品成本影响等。这种经济关系可以用关系式表达出来。

销售额＝销售量×销售价格

总成本＝产量×单位产品成本

现象之间的这种关系，不仅表现在静态上，动态上同样保持这种关系。即：

销售额指数＝销售量指数×销售价格指数

总成本指数＝产量指数×单位产品成本指数

则销售额指数、销售量指数和销售价格指数形成一个指数体系；总成本指数、产量指数和单位成本指数也形成了一个指数体系。

指数体系是指经济上有联系,数量上保持一定关系的三个或三个以上指数形成的整体。

指数体系有总量指标指数体系和平均指标指数体系,其具体含义将在6.4.3中详述。总量指标指数体系根据因素指数的多少分为两因素总量指标指数体系和多因素总量指标指数体系。

2. 指数因素分析的含义

指数因素分析指借助于指数体系,分析研究复杂现象总变动中受各构成因素变动影响的程度及绝对额的统计分析方法。指数因素分析包括相对数分析和绝对数分析。相对数分析是指根据指标之间的因果关系,建立相应的指数体系,据此分析现象总体总量指标或平均指标的变动程度及各构成因素影响的程度。绝对数分析是指建立指数体系中各个指数分子与分母之差所形成的绝对数之间的关系式,即各因素指数分子与分母之差的总和等于复杂现象总变动指数分子与分母之差额,据此分析现象总体总量指标或平均指标变动的绝对额及各构成因素影响的绝对额。

6.4.2 总量指标指数因素分析

1. 两因素总量指标指数因素分析

一个总量指标可以分解成两个构成因素指标时,对其进行指数因素分析可以直接遵循综合指数的一般编制原则。

【例6-8】某企业产量及出厂价格资料见表6-7。试根据表中资料从相对数和绝对数两方面对该企业三种产品总产值的综合变动情况及其变动原因进行计算与分析。

表6-7 某企业产量及出厂价格资料

产品名称	计量单位	产量		出厂价格/万元		总产值/万元		
		基期 q_0	报告期 q_1	基期 p_0	报告期 p_1	$q_0 p_0$	$q_1 p_0$	$q_1 p_1$
甲	万t	60	50	210	200	12 600	10 500	10 000
乙	万台	100	120	150	160	15 000	18 000	19 200
丙	万件	500	510	50	50	25 000	25 500	25 500
合计	—	—	—	—	—	52 600	54 000	54 700

解:根据所给资料,计算表中总产值资料。

(1)总产值的综合变动情况

$$I = \frac{\sum q_1 p_1}{\sum q_0 p_0} = \frac{54\ 700}{52\ 600} = 103.99\%$$

总产值变动的绝对额为

$$\sum q_1 p_1 - \sum q_0 p_0 = 54\ 700 - 52\ 600 = 2\ 100(万元)$$

计算结果表明,该企业三种产品总产值报告期比基期增长了3.99%,总产值增加的绝对数为2 100万元。

(2) 产量变动对总产值变动的影响

$$I_q = \frac{\sum q_1 p_0}{\sum q_0 p_0} = \frac{54\ 000}{52\ 600} = 102.66\%$$

产量变动对总产值变动影响的绝对数为

$$\sum q_1 p_0 - \sum q_0 p_0 = 54\ 000 - 52\ 600 = 1\ 400(万元)$$

计算结果表明：该企业三种产品产量报告期比基期增长了 2.66%，由于产量增加使总产值增加了 1 400 万元。

(3) 出厂价格变动对总产值变动的影响

$$I_p = \frac{\sum q_1 p_1}{\sum q_1 p_0} = \frac{54\ 700}{54\ 000} = 101.30\%$$

价格变动对总产值变动影响的绝对额为

$$\sum q_1 p_1 - \sum q_1 p_0 = 54\ 700 - 54\ 000 = 700(万元)$$

计算结果表明，该企业三种产品出厂价格报告期比基期增长了 1.30%，由于出厂价格上升使总产值报告期比基期增加了 700 万元。

以上三个指数及绝对额之间的关系分别为

$$103.99\% = 102.66\% \times 101.30\%$$
$$2\ 100\ 万元 = 1\ 400\ 万元 + 700\ 万元$$

综上所述，从相对数来说，该企业三种产品总产值报告期比基期增长了 3.99%，是产量增长了 2.66% 和出厂价格提高了 1.30% 两个因素共同影响的结果。从绝对数来说，三种产品产值报告期比基期增加了 2 100 万元，是产量增加使总产值增加了 1 400 万元和出厂价格上升使总产值增加了 700 万元两个因素共同影响的结果。

2. 多因素总量指标指数因素分析

总量指标可以分解为三个或三个以上构成因素指标时，对总量指标指数进行因素分析需要考虑两方面的因素。首先，要遵循综合指数的一般原则；其次，需要根据现象之间的经济联系，合理排列各构成因素指标之间的先后顺序，以此来确定多个加入因素的固定时期。

【例 6-9】某企业产品原材料消耗资料见表 6-8。根据表中资料从相对数和绝对数两方面对该企业原材料支出额的变动情况及变动原因进行计算与分析。

表 6-8 某企业产品原材料消耗资料

产品	原材料	产品产量		单位产品原材料消耗量		原材料购进价格/元	
		基期 q_0	报告期 q_1	基期 m_0	报告期 m_1	基期 p_0	报告期 p_1
甲(件)	A/m	30 000	35 000	200	190	150	175
乙(套)	B/m	15 000	17 000	150	160	70	80
丙(台)	C/kg	1 000	1 100	80	70	50	55

解：根据表 6-8 中资料与原材料支出额之间的经济关系计算原材料支出额及计算分析所需资料，如表 6-9 所示。

表 6-9 某企业原材料支出额计算表

产品	原材料	原材料支出额/万元			
		$q_0 m_0 p_0$	$q_1 m_1 p_1$	$q_1 m_0 p_0$	$q_1 m_1 p_0$
甲(件)	A/m	90 000	116 375	105 000	99 750
乙(套)	B/m	15 750	21 760	17 850	19 040
丙(台)	C/kg	400	423.5	440	385
合计	—	106 150	138 558.5	123 290	119 175

(1)原材料支出额的变动情况

$$I = \frac{\sum q_1 m_1 p_1}{\sum q_0 m_0 p_0} = \frac{138\,558.5}{106\,150} = 130.53\%$$

原材料支出额变动的绝对额为

$$\sum q_1 m_1 p_1 - \sum q_0 m_0 p_0 = 138\,558.5 - 106\,150 = 32\,408.5(万元)$$

计算结果表明,该企业原材料支出额报告期比基期增长了 30.53%,增加的绝对额为 32 408.5 万元。

(2)产量变动对原材料支出额变动的影响

$$I_q = \frac{\sum q_1 m_0 p_0}{\sum q_0 m_0 p_0} = \frac{123\,290}{106\,150} = 116.15\%$$

产量变动对原材料支出额影响的绝对数为

$$\sum q_1 m_0 p_0 - \sum q_0 m_0 p_0 = 123\,290 - 106\,150 = 17\,140(万元)$$

计算结果表明,由于该企业产品产量的增加,使原材料支出额报告期比基期增长了 16.15%,使原材料支出额增加了 17 140 万元。

(3)单位产品原材料消耗量变动对原材料支出额变动的影响

$$I_m = \frac{\sum q_1 m_1 p_0}{\sum q_1 m_0 p_0} = \frac{119\,175}{123\,290} = 96.66\%$$

单位产品原材料消耗量变动对原材料支出额影响的绝对数为

$$\sum q_1 m_1 p_0 - \sum q_1 m_0 p_0 = 119\,175 - 123\,290 = -4\,115(万元)$$

计算结果表明,由于该企业单位产品原材料消耗量的减少,使原材料支出额报告期比基期降低了 3.34%,使原材料支出额减少的绝对数为 4 115 万元。

(4)原材料购进价格变动对原材料支出额变动的影响

$$I_m = \frac{\sum q_1 m_1 p_1}{\sum q_1 m_1 p_0} = \frac{138\,558.5}{119\,175} = 116.26\%$$

原材料购进价格变动对原材料支出额影响的绝对数为

$$\sum q_1 m_1 p_1 - \sum q_1 m_1 p_0 = 138\,558.5 - 119\,175 = 19\,383.5(万元)$$

计算结果表明,由于该企业原材料购进价格的上升,使原材料支出额报告期比基期增长了

6.26%,使原材料支出额增加了 19 383.5 万元。

以上四个指数及绝对额之间的关系分别为

$$130.53\% = 116.15\% \times 96.66\% \times 116.26\%$$

$$32\ 408.5\ 万元 = 17\ 140\ 万元 + (-4\ 115)\ 万元 + 19\ 383.5\ 万元$$

综上所述,从相对数来说,该企业原材料支出额报告期比基期增长了 30.53%,是由于产品产量的增加使原材料支出额增长了 16.15%、单位产品原材料消耗量的减少使原材料支出额降低了 3.34% 及原材料价格的上升使原材料支出额增长了 16.26% 三个因素共同影响的结果。从绝对数来说,该企业原材料支出额增加了 32 408.5 万元是由于产品产量增加使原材料支出额增加了 17 140 万元、单位产品原材料消耗量降低使原材料支出额减少了 4 115 万元及原材料价格增长上升使原材料支出额增加 19 383.5 万元三个因素共同影响的结果。

6.4.3 平均指标指数及其指数因素分析

1. 平均指标指数

平均指标指数指由两个不同时期同一经济内容的平均指标相对比所形成的指数,是反映平均指标变动情况的相对数,如反映企业平均工资的变动情况、反映总平均劳动生产率的变动情况、反映学生总平均成绩的变动情况等。平均指标指数的基本计算公式为

$$I = \frac{\overline{x}_1}{\overline{x}_0}$$

实际中,每个变量值出现的次数都相等的现象是很少,因此,计算报告期和基期的平均数一般用加权算术平均法。平均指标的大小受各组变量值或平均数和各组单位数占总体单位数比重两个因素的影响。平均指标的变动同样受两个因素变动的影响。为了分析平均指标的变动情况及其变动原因,需要编制三个指数。

(1) 可变构成指数

可变构成指数是反映总平均指标变动情况的指数,即反映各组平均水平及其总体结构两个因素变动的总平均指标指数。

$$I_{\overline{\pi}} = \frac{\overline{x}_1}{\overline{x}_0} = \frac{\sum x_1 f_1}{\sum f_1} \div \frac{\sum x_0 f_0}{\sum f_0} \tag{6.7}$$

平均指标变动的绝对额为

$$\frac{\sum x_1 f_1}{\sum f_1} - \frac{\sum x_0 f_0}{\sum f_0}$$

式中:$\overline{x}$ 代表总平均指标;x 为各组标志值即各组平均水平;f 为各组单位数。

(2) 固定构成指数

固定构成指数指将总体内部构成固定下来,仅仅反映各组平均水平(或变量值)的变动对总平均指标变动的影响的指数。平均指标公式中的权数相对于各组平均水平而言是数量指标,所以,遵循综合指数的基本编制原则,编制固定构成指数时,把权数即各组单位数所占比重固定在报告期。

$$I_{固} = \frac{\sum x_1 f_1}{\sum f_1} \div \frac{\sum x_0 f_1}{\sum f_1} \tag{6.8}$$

各组变量值的变动对总平均指标影响的绝对数为

$$\frac{\sum x_1 f_1}{\sum f_1} - \frac{\sum x_0 f_1}{\sum f_1}$$

(3)结构影响指数

结构影响指数指将各组平均水平(变量值)固定下来,仅仅反映总体结构变动对总平均指标变动的影响的指数。遵循综合指数的基本编制原则,结构影响指数将各组平均水平固定在基期。

$$I_{\text{开}} = \frac{\sum x_0 f_1}{\sum f_1} \div \frac{\sum x_0 f_0}{\sum f_0} \tag{6.9}$$

总体构成的变动对总平均指标影响的绝对数为

$$\frac{\sum x_0 f_1}{\sum f_1} - \frac{\sum x_0 f_0}{\sum f_0}$$

平均指标的三个指数间的关系为

可变构成指数＝固定结构指数×结构影响指数

绝对数之间的关系为

$$\frac{\sum x_1 f_1}{\sum f_1} - \frac{\sum x_0 f_0}{\sum f_0} = \left[\frac{\sum x_1 f_1}{\sum f_1} - \frac{\sum x_0 f_1}{\sum f_1}\right] + \left[\frac{\sum x_0 f_1}{\sum f_1} - \frac{\sum x_0 f_0}{\sum f_0}\right]$$

【例 6-10】某总公司下属两个子公司,其单位成本及产量资料见表 6-10。根据表中资料从相对数和绝对数两方面对总公司平均成本的变动情况及变动原因进行计算与分析。

表 6-10 平均成本指数计算表

公司名称	单位成本/元		生产量/件		总成本/元		
	x_0	x_1	f_0	f_1	$x_0 f_0$	$x_1 f_1$	$x_0 f_1$
甲公司	20.0	19.0	400	1 400	8 000	26 600	28 000
乙公司	22.0	25.0	800	800	17 600	20 000	17 600
总公司	—	—	1 200	2 200	25 600	46 600	45 600

解:根据所给资料,表中计算所需总成本资料。

(1)总公司平均成本的变动情况

$$I_{\text{开}} = \frac{46\,600}{2\,200} \div \frac{25\,600}{1\,200} = \frac{21.18}{21.33} = 99.31\%$$

总公司平均成本变动的绝对数为

$$21.18 - 21.33 = -0.15(\text{元})$$

(2)各分公司单位产品成本的变动对总公司平均成本变动的影响

$$I_{\text{固}} = \frac{46\,600}{2\,200} \div \frac{45\,600}{2\,200} = \frac{21.18}{20.73} = 102.17\%$$

各分公司单位产品成本的变动对总公司平均成本影响的绝对数为

$$21.18 - 20.73 = 0.45(\text{元})$$

(3)产量构成变动对总公司平均成本变动的影响

$$I_{构} = \frac{45\,600}{2\,200} \div \frac{25\,600}{1\,200} = \frac{20.73}{21.33} = 97.19\%$$

产量构成变动对总公司平均成本影响的绝对数为

$$20.73 - 21.33 = -0.6(元)$$

指数体系为

$$99.31\% = 102.17\% \times 97.19\%$$

绝对数之间的数量关系为

$$-0.15 = 0.45 - 0.6$$

计算结果表明,从相对数来说,总公司产品平均单位成本报告期比基期下降了0.69%,是分公司成本水平上升使总厂平均单位成本报告期比基期上升了2.17%和分公司产量结构变动使总公司平均单位成本报告期比基期下降了2.81%两个因素共同影响的结果。从绝对数来说,总公司产品平均单位成本报告期比基期减少了0.15元,是分公司成本水平的上升使总公司平均单位成本报告期比基期增加了0.45元和产量结构变动使总公司平均单位成本报告期比基期减少了0.6元两个因素共同影响的结果。

6.5 指数数列

6.5.1 指数数列的概念

指数数列是将某种现象在各个时期的一系列指数按照时间先后顺序排列起来所形成的数列。通过指数数列可以分析经济现象变动的趋势和规律。如居民消费价格指数数列、商品零售价格指数数列、工业生产指数数列等。

6.5.2 指数数列的种类

①指数数列按其反映现象的范围不同,分为个体指数数列和总指数数列。个体指数数列中的每个指数均是反映一种现象的变动程度的数列,即动态相对数动态数列,用以反映一种现象长期的发展变化趋势。如历年某种产品产量的环比或定基发展速度动态数列。总指数数列中的每个数值都是用来反映复杂现象综合变动情况的指数,它反映复杂现象总体在较长时期的发展变化趋势。如居民消费价格指数数列、工业生产指数数列等。这里所介绍的指数数列主要指总指数数列。

②指数数列按其采用的基期不同,分为定基指数数列和环比指数数列。定基指数数列中各个时期的指数都是采用同一固定时期为基期计算的指数,表明现象在较长时间内发展变化的趋势和程度。如以2010年为固定基期计算的历年居民消费价格指数数列。环比指数数列是指数数列中各个时期的指数都是以其前一时期为基期计算的指数,表明现象逐期发展变化的趋势和程度。如以上年为基期计算的居民消费价格指数数列。

③指数数列按照同度量因素所属时期是否变动,分为可变权数指数数列和不变权数指数数列。可变权数指数数列指在指数数列中,各时期指数用不同时期的同度量因素加权计算。不变权数是指在指数数列中,各时期指数的同度量因素固定在同一时期水平上。

④指数数列按照数列中变动因素的指标性质不同,分为数量指标指数数列和质量指标指数数列。数量指标指数数列是指数列中的每一个指数都是用来反映数量指标变动情况的指数。质量指标指数数列是指数列中的每一个指数都是用来反映质量指标变动情况的指数。

6.5.3 用符号表示各种指数数列

1. 数量指标指数数列

(1) 环比指数数列

① $\dfrac{\sum q_1 p_0}{\sum q_0 p_0}, \dfrac{\sum q_2 p_1}{\sum q_1 p_1}, \dfrac{\sum q_3 p_2}{\sum q_2 p_2}, \cdots, \dfrac{\sum q_m p_{m-1}}{\sum q_{m-1} p_{m-1}}$ (可变权数)

② $\dfrac{\sum q_1 p_n}{\sum q_0 p_n}, \dfrac{\sum q_2 p_n}{\sum q_1 p_n}, \dfrac{\sum q_3 p_n}{\sum q_2 p_n}, \cdots, \dfrac{\sum q_m p_n}{\sum q_{m-1} p_n}$ (不变权数)

(2) 定基指数数列

① $\dfrac{\sum q_1 p_0}{\sum q_0 p_0}, \dfrac{\sum q_2 p_0}{\sum q_0 p_0}, \dfrac{\sum q_3 p_0}{\sum q_0 p_0}, \cdots, \dfrac{\sum q_m p_0}{\sum q_0 p_0}$ (不变权数)

② $\dfrac{\sum q_1 p_n}{\sum q_0 p_n}, \dfrac{\sum q_2 p_n}{\sum q_0 p_n}, \dfrac{\sum q_3 p_n}{\sum q_0 p_n}, \cdots, \dfrac{\sum q_m p_n}{\sum q_0 p_n}$ (不变权数)

2. 质量指标指数

(1) 环比指数数列

① $\dfrac{\sum q_1 p_1}{\sum q_1 p_0}, \dfrac{\sum q_2 p_2}{\sum q_2 p_1}, \dfrac{\sum q_3 p_3}{\sum q_3 p_2}, \cdots, \dfrac{\sum q_m p_m}{\sum q_m p_{m-1}}$ (可变权数)

② $\dfrac{\sum q_n p_1}{\sum q_n p_0}, \dfrac{\sum q_n p_2}{\sum q_n p_1}, \dfrac{\sum q_n p_3}{\sum q_n p_2}, \cdots, \dfrac{\sum q_n p_m}{\sum q_n p_{m-1}}$ (不变权数)

(2) 定基指数数列

① $\dfrac{\sum q_1 p_1}{\sum q_1 p_0}, \dfrac{\sum q_2 p_2}{\sum q_2 p_0}, \dfrac{\sum q_3 p_3}{\sum q_3 p_0}, \cdots, \dfrac{\sum q_m p_m}{\sum q_m p_0}$ (可变权数)

② $\dfrac{\sum q_n p_1}{\sum q_n p_0}, \dfrac{\sum q_n p_2}{\sum q_n p_0}, \dfrac{\sum q_n p_3}{\sum q_n p_0}, \cdots, \dfrac{\sum q_n p_m}{\sum q_n p_0}$ (不变权数)

实际中,我国计算工农业产量指数时采用不变价格作为同度量因素。只有使用不变权数计算的指数数列,存在着各期环比指数的连乘积等于相应时期内的定基指数关系。如用不变价格 p_n 为权数计算的产量指数数列(1−m 期):

$$\dfrac{\sum q_1 p_n}{\sum q_0 p_n} \times \dfrac{\sum q_2 p_n}{\sum q_1 p_n} \times \dfrac{\sum q_3 p_n}{\sum q_2 p_n} \times \cdots \times \dfrac{\sum q_m p_n}{\sum q_{m-1} p_n} = \dfrac{\sum q_m p_n}{\sum q_0 p_n}$$

【例6-11】2012—2017 年我国居民消费价格指数如表 6-11 所示。试观察分析我国居民消费价格的变动趋势与幅度。

表 6-11 我国居民消费价格指数

年份	2012	2013	2014	2015	2016	2017
环比指数（以上年价格为100）	102.6	102.6	102.0	101.4	102	101.6
定基指数（以1978年价格为100）	579.7	594.8	606.7	615.2	627.5	637.5

资料来源：《中国统计年鉴2018》

由表 6-11 资料可以看出，2012—2017 年我国居民消费价格水平总的趋势是上升的，逐年平均上升 2.03%。2017 年我国居民消费价格水平与 1978 年相比，增长了 537.5%，有较大幅度的上升。

【例 6-12】某地区"十二五"期间不变价格计算的工农业产量定基指数和环比指数如表 6-12 所示。试观察定基指数与相应时期内各期环比指数之间的关系。

表 6-12 某地区工农业产量指数

年份	农业产量指数		工业产量指数	
	以上年为100	以2010年为100	以上年为100	以2010年为100
2011	105.6	105.60	107.6	107.60
2012	104.3	110.14	106.5	114.59
2013	104.4	114.99	107.4	123.07
2014	104.9	120.62	109.2	134.39
2015	105.4	127.13	107.8	144.87

由表 6-12 资料可以看出，定基指数与相应时期内各期环比指数之间的关系，即：
农业产量指数：105.6% × 104.3% × 104.4% × 104.9% × 105.4% = 127.13%
工业产量指数：107.6% × 106.5% × 107.4% × 109.2% × 107.8% = 144.87%

值得注意的是，不变价格不是绝对不变的，使用一段时间后又需要制定新的不变价格。若比较长的指数数列中，不同阶段分别使用不同的不变价格，则需进行价格换算，使整个指数数列使用同一种不变价格，这样数列中的指数才具可比性。这时需要计算价格换算系数，以消除不变价格变动的影响。

【例 6-13】某企业 2008 年的工业总产值按照 2000 年的不变价格计算为 2 500 万元，2018 年的总产值按照 2010 年的不变价格计算为 6 800 万元。试将两年的总产值换算成相同的不变价格，并计算产量指数。

解：若按照不同的不变价格计算产量指数

$$I_q = \frac{\sum q_{2018} p_{2010}}{\sum q_{2008} p_{2000}} = \frac{6\,800}{2\,500} = 272\%$$

显然，计算结果中不仅包含了产量的变动情况，也包含了不变价格的变动情况。为了消除不变价格变动的影响，需计算价格换算系数。计算价格换算系数需要更替年份按照两种不变价格计算的总产值资料。

假设更替年份 2011 年该企业的总产值按照 2000 年不变价格计算为 3 700 万元，按照 2010 年不变价格计算为 4 000 元，则

$$价格换算系数 = \frac{\sum q_{2011} p_{2010}}{\sum q_{2011} p_{2000}} = \frac{4\,000}{3\,700} = 108.11\%$$

将按照 2000 年不变价格计算的 2008 年的总产值换算为按照 2010 年不变价格计算的总产值,即

$$2\,500 \times 108.11\% = 2\,702.75(万元)$$

换算成相同不变价格后的产量指数为

$$I_q = \frac{\sum q_{2018} p_{2010}}{\sum q_{2008} p_{2010}} = \frac{6\,800}{2\,702.75} = 251.6\%$$

计算结果说明该企业 2018 年的产量比 2008 年增长了 151.6%。

同理,也可将按照 2010 年不变价格计算的 2018 年的总产值换算为按照 2000 年不变价格计算的总产值。要换算成那年不变价格计算的总价值量指标,则价格换算系数中将那一年不变价格计算的交替年份产值放在分子上。

6.6 常见统计指数介绍

6.6.1 股票价格指数

1. 股票价格综合指数

股票价格指数是描述股票市场整体价格水平或某类股票价格变动情况的指标。股票价格的波动和走向是反映经济景气状况的敏感性指标,已成为反映一个国家或地区经济形势变化的晴雨表,也是影响投资人决策和行为的主要因素之一。

股票价格指数的编制方法有多种,其中综合指数是重要的编制方法。国内外影响较大的香港恒生股票价格指数、美国标准普尔指数、上海证券交易所股票价格指数、深圳证券交易所股票价格指数等,均是采用综合指数方法编制股票价格指数的。因股价涨跌迅速,一般要求按日编制。其计算公式为

$$I_p = \frac{\sum q_0 p_1}{\sum q_0 p_0}$$

式中,股票发行量一般是以基期股票发行量或流通量为同度量因素编制的。

下面主要介绍上海证券交易所股票价格指数和深圳证券交易所股票价格指数。

(1)上海证券交易所股票价格指数

上海证券交易所股票价格指数主要有根据所有上市股票编制的股票价格综合指数和根据挑选出样本股股票编制的股票价格成份指数。

上海证券交易所股票价格综合指数是以当日平均股价为基数,以上市股票的发行量为权数,采用派氏加权综合价格指数公式计算的股票价格指数,公式为

$$报告期指数 = \left(\frac{报告日上证所上市所有股票的市价总值}{基日上证所上市所有股票的市价总值}\right) \times 100$$

其中:市价总值 = Σ(个股市价 × 发行股数)。

上海证券交易所 180 指数系上海证券交易所股票价格成份指数。它是对原上海证券交易所股票价格 30 指数进行调整进一步完善并更名后产生的指数。其编制目的在于通过科学客观的方法挑选出最具代表性的样本股票,建立一个反映上海证券市场的概貌和运行状况,能够作为投资评价尺度及金融衍生产品基础的基准指数。上海证券交易所 180 指数的样本数量为 180 只股票,而且依据样本稳定性和动态跟踪相结合的原则,一般情况下每半年调整一次成份股,每次调整比例一般不超过 10%。它计算采用派许加权综合价格指数公式,以成份股的调整股本数为权数进行加权计算,计算公式为

报告期指数＝(报告期成份股的调整市值÷基日成份股的调整市值)×1 000

其中,调整市值＝$\sum$(市价×调整股本数)。

上海证券交易所 180 指数是 1996 年 7 月 1 日起正式发布的上证 30 指数的延续,从 2002 年 7 月 1 日起正式发布,基点为 2002 年 6 月 28 日上证 30 指数的收盘点数。上海证券交易所 180 指数是根据科学客观的选样方法挑选出的样本股计算的指数,所以能准确地反映股票市场变动情况。

(2)深圳证券交易所股票价格指数

深圳证券交易所股票价格指数也有根据所有上市股票编制的股票价格综合指数和根据挑选出样本股股票编制的股票价格成份指数。

深圳证券交易所股票价格综合指数是由我国深圳证券交易所编制和公布的股票价格指数。它以 1991 年 4 月 3 日为基期,以全部上市公司股票为采样股,采用以报告期发行量为权数的派氏公式,即用报告期的市价总额除以基期的市价总额,再乘以 100。实际计算时按连环法进行推算,其公式为

报告期股票价格指数＝上期股票价格指数×(报告期市价总额÷上期市价总额)

深圳证券交易所股票价格成份指数是深圳证券交易所于 1994 年推出,按一定标准选择 40 家代表性上市公司作为成份股,以成份股的可流通股数作为权数,采用综合指数法编制而成。该指数以 1994 年 7 月 18 日为基准日,基准日指数为 1 000 点。深圳证券交易所采用成份股指数以来,得到了投资者的认同,取得了较好的效果。

2. 股票价格平均指数

除了常用的股票价格综合指数外,股票价格指数还可采用算术平均法来编制。美国著名的道·琼斯指数就是采用平均法编制的。其计算公式为

$$I_p = \frac{\bar{p}_1}{\bar{p}_0}$$

式中:$\bar{p}_1 = \frac{\sum p_{1i}}{n}$($p_{1i}$ 为第 i 只股票报告期的价格);$\bar{p}_0 = \frac{\sum p_{0i}}{n}$($p_{0i}$ 为第 i 只股票基期的价格)。

股票价格平均指数中没有使用权数,这样计算主要是简化资料搜集及指数的编制,很大程度上也是习惯使然。股票价格平均指数的不足是未考虑股票成交额结构权重的影响,忽视了不同股票在指数中的重要程度。

6.6.2 居民消费价格指数

1. 编制居民消费价格指数的含义

居民消费价格指数(Consumer Price Index,CPI),是反映一定时期内城乡居民所购买的生活消费品和服务项目价格变动趋势和程度的相对数。编制这一指数的目的在于观察和分析消费品和服务项价格变动的趋势和程度及其对居民生活费用支出的影响,也可据以消除价格因素的影响,计算职工实际工资指数,从而为我们掌握居民消费价格状况,研究和制定居民消费政策、价格政策、工资政策、货币政策等提供科学依据。居民消费价格指数还可以在一定程度上反映通货膨胀或通货紧缩的程度。所以,它也是进行经济分析和决策及国民经济核算的重要指标。

2. 我国编制居民消费价格指数的商品分类

居民消费价格指数要根据市场上的实际商品价格来计算,我国居民消费价格指数的商品分类按用途划分为八大类:食品、烟酒及用品、衣着、家庭设备用品及维修服务、医疗保健及个人用品、交通和通信、娱乐教育文化用品及服务、居住。在这八大类中选择了262个基本分类。从数量繁多的商品和服务中选择有600种左右的商品和服务项目的代表规格品,作为经常性调查项目。

3. 我国编制居民消费价格指数代表规格品的选择

通常在选择代表规格品时遵从以下原则:第一,消费数量较大,供应相对稳定,价格易于采集;第二,价格变动趋势和变动程度有较强的代表性,即选中规格品的价格变动特征与未选中规格品之间价格变动的相关性愈高愈好;第三,选中的工业消费品必须是合格产品,产品包装上有注册商标、产地、规格等级等标识。

4. 我国居民消费价格指数的编制方法

①采用简单算术平均方法计算代表规格品的平均价格。计算公式为

$$p_t = \frac{\sum p_{ti}}{n}$$

式中:p_t 为第 t 个规格品的平均价格;p_{ti} 为调查期第 t 个规格品的第 i 次调查的价格;n 为调查期第 t 个规格品的调查次数。

【例6-14】假定调查员分别到3个调查点对代表规格品一级大米采价,每个调查点每月采价三次。其资料如表6-13所示,试计算代表规格品的平均价格。

表6-13 一级大米各调查点的时点价格统计表　　　　　单位:元/kg

调查日	调查点		
	调查点甲	调查点乙	调查点丙
第一调查日	3.238	3.248	3.456
第二调查日	3.667	3.734	3.886
第三调查日	3.555	3.679	3.816

解:代表规格品一级大米的月平均价格为

$$p_t = \frac{\sum p_{ti}}{n}$$
$$= \frac{3.238+3.248+3.456+3.667+3.734+3.886+3.555+3.679+3.816}{9}$$
$$= 3.586(元/kg)$$

②计算基本分类的价格指数。根据所属代表规格品价格变动相对数,采用几何平均法计算环比指数。计算公式为

$$k_t = \sqrt[n]{G_{t1} \times G_{t2} \times \cdots \times G_{tn}} \times 100\%$$

其中,G_{t1},G_{t1},…,G_{tn}分别为第 1 至第 n 个规格品报告期(t)价格与上期($t-1$)价格对比的相对数。

【例 6-15】 2019 年 1 月大米的一种规格品价格是 3.314 元/kg,2019 年 2 月份的价格是 3.357 元/kg,则该种代表规格品大米本月平均价与上月平均价对比的相对数为

$$G_{tn} = \frac{3.357}{3.314} = 1.013$$

假设大米基本分类共有 5 个代表规格品,在各调查点代表规格品月平均价格的基础上,分别计算出 5 个代表规格品的价格变动相对数分别为 $G_1 = 1.013$,$G_2 = 1.015$,$G_3 = 1.023$,$G_4 = 1.035$,$G_5 = 1.073$。试用几何平均法计算该基本分类的月环比价格指数。

解:大米基本分类的月环比价格指数为

$$k_t = \sqrt[n]{G_{t1} \times G_{t2} \times \cdots \times G_{tn}} \times 100\%$$
$$= \sqrt[5]{1.013 \times 1.015 \times 1.023 \times 1.035 \times 1.073} \times 100\%$$
$$= 103.2\%$$

定基指数等于月环比指数的连乘积。计算公式为

$$I_{定} = k_1 \times k_2 \times \cdots \times k_i$$

其中,k_1,k_2,…,k_t 分别表示基期至报告期间各期的月环比指数。

③采用加权算术平均法,逐级计算类别指数及总指数。
其计算公式为

$$L_t = \left[\sum w_{t-1} \frac{P_t}{P_{t-1}}\right] \times L_{t-1}$$

式中:w 代表权数;P 代表价格;t 表示报告期;$t-1$ 表示报告期的上一时期;$\frac{P_t}{P_{t-1}}$ 代表本期月环比指数。

公式中的权数是指居民在某商品或服务上的支出占全部消费商品和服务总支出的比重。一般来说,保持权数在一个时期内的相对稳定有利于消除因权数频繁调整的结构性因素对指数的影响,使指数能更好地反映一定时期内的"纯价格"变动。但科技进步促使居民的消费结构和消费品的更新换代日益加快,客观上又要求对权数进行及时的更新以使指数更客观地反映居民消费价格的当期变动,我国目前处于经济快速发展时期,对权数进行及时调整是十分必要的。鉴于此,我国在确定每五年对产品分组目录及其权数进行全面更新的基础上,每年均根据居民消费支出变动情况对权数进行及时调整和修正。我国现行的 CPI 编制方法实行以 2005 年为对比基期,2005 至 2010 年这五年为一个权数周期,每年略作调整,以确保指数能准

确地反映城乡居民的最新消费模式,同时也可以确保居民消费价格指数的准确性和可比性。

6.6.3 工业生产者出厂价格指数

1. 工业生产者出厂价格指数的含义

工业生产者出厂价格是工业品第一次出售时的出厂价格。工业生产者出厂价格指数(Producer's Price Index for Manufactured Products,PPI),亦名工业品出厂价格指数,是反映工业品出厂价格变动趋势和程度的相对数。编制工业生产者出厂价格指数,要涉及到代表企业和代表产品(规格)的选择问题。

2. 选择代表产品

编制工业品价格指数,是以代表产品的价格变动来反映全部产品的价格变化趋势。对于每个代表产品(规格品),每个城市要选择1~3个企业进行填报。代表产品的选择,对工业品价格指数能否正确反映工业品价格变动的实际情况影响极大。如果代表产品过少,会造成代表性不足、价格指数不准确,而过多又会增加工作量,造成不必要的浪费。我国编制工业品出厂价格指数选用了4 000多种产品(9 500多个规格),上述代表产品所代表的行业销售额超过当年全国工业品销售总额70%,已具有足够的代表性。

3. 工业生产者出厂价格指数的编制

该指数采用重点调查与抽样调查相结合的方法取得被调查单位的价格资料,然后按如下步骤编制。

第一步,利用几何平均法编制代表规格品的价格指数。其计算公式为

$$k_i = \sqrt[n]{k_1 \times k_2 \times \cdots \times k_n}$$

式中:$k_1, k_2, \cdots, k_n$ 为第1至第n个企业的规格品价格指数。这里的企业规格品价格指数是指其报告期单价除以基期单价。

第二步,通过简单算术平均法计算代表产品的价格指数。计算公式为

$$k_j = \frac{\sum k_i}{n}$$

式中:k_j 为代表产品价格指数;k_i 为第i个代表规格品价格指数;n 为代表规格品数。

代表产品的价格指数是指其不同规格品价格指数的简单平均值。采用简单平均方法的原因:一是代表规格品的权数资料几乎无法取得;二是代表规格品的生产经常发生变化,其权重无法确定。

第三步,利用加权算术平均法计算工业品出厂价格总指数。计算公式为

$$\overline{K} = \frac{\sum k_j w_j}{\sum w_j}$$

式中:$\overline{K}$ 为工业生产者出厂价格总指数;k_j 为第j个代表产品价格指数;w_j 为第j个代表产品的权数。

用上述方法同样可计算各小类行业、中类行业、大类行业及某些特定行业的价格指数。

公式中的权数是根据产品销售额资料,按现行"行业分层分摊权数法"计算权数。这就是,先根据各行业的销售额占总销售额的比重计算各行业的权数,然后再根据本行业代表产品的

销售额计算代表产品的权数,本行业代表产品权数之和等于本行业的权数,从而将非代表品权数按比例分摊到各代表产品上。权数是衡量每种产品重要性的指标。编制工业生产者价格指数所用的权数,是用工业品销售额计算的。计算资料来源于工业普查数据。若近期没有工业普查数据时,采用工业统计资料和部门统计资料来推算。权数一般五年更换一次。现行工业品出厂价格调查的大、中类权数是利用2004年第一次经济普查资料及当年的工业年报资料计算的,2010年是工业品价格调查权数调整的基准年。

思考与练习

一、判断题

1.( )某商场报告期比基期销售量增长5%,价格下降5%,则销售额指数为100%。
2.( )某企业在价格不变的条件下,报告期产量比基期上升10%,则产值增长10%。
3.( )同度量因素也具有权数的作用。
4.( )某地区2019年与2018年相比社会商品零售价格指数为116.52%,这一结果说明由于物价的上涨使商品零售额提高了16.52%。
5.( )和综合指数具有变形关系的加权算术平均指数只能用来编制数量指标指数,它是以数量指标的个体指数为变量,以基期的总价值量指标为权数进行加权平均计算的。
6.( )指数体系中总变动指数等于各因素指数的代数和,总变动指数的绝对增减额等于各因素指数绝对增减额的乘积。
7.( )在物价上涨后,同样多的人民币少购买商品3%,则物价指数为103.09%。
8.( )若总成本增长50%,产量增长25%,则单位成本增长25%。
9.( )某企业所有职工的总平均工资报告期比基期提高了10%,由于职工构成的变动使该企业所有职工的总平均工资降低了4%,则由于各类职工工资水平的变动使该企业总平均工资提高了14.58%。
10.( )把各组平均水平固定下来,单纯反映结构变动的指数是固定构成指数。

二、单项选择题

1.按照个体价格指数和报告期总产值资料计算的价格总指数是( )。
  A.综合指数   B.平均指标指数
  C.加权算术平均指数   D.加权调和平均指数
2.下列指数中的数量指标指数是( )。
  A.劳动生产率指数   B.价格指数   C.单位成本指数   D.产品产量指数
3.某企业生产多种产品,实际与计划相比,其产品单位成本总指数为98%,则说明平均来说该企业( )。
  A.未完成成本降低的计划   B.超额完成成本降低的计划
  C.产品单位成本上升2%   D.总成本下降2%
4.设 q 为产品产量,m 为单位产品原材料消耗量,p 为单位产品原材料价格,则公式 $\sum q_1 m_1 p_0 - \sum q_1 m_0 p_0$ 的意义是( )。
  A.反映费用总额变动的绝对额
  B.反映由于单耗的变动使费用总额变动的绝对额

C. 反映由于产品产量的变动使费用总额变动的绝对额

D. 反映由于单位产品原材料价格的变动使费用总额变动的绝对额

5. 设 q 为产品产量，m 为单位产品原材料消耗量，p 为单位产品原材料价格，则公式 $\dfrac{\sum q_1 m_1 p_1}{\sum q_1 m_1 p_0}$ 的意义是（　　）。

A. 反映费用总额变动的程度　　　　　　B. 反映产品产量变动的程度

C. 反映单耗变动的程度　　　　　　　　D. 反映单位产品原材料价格变动的程度

6. 设 q 为产品产量，z 为单位产品成本，则公式 $\dfrac{\sum q_1 z_1}{\sum \dfrac{1}{k_z} q_1 z_1}$ 的意义是（　　）。

A. 反映总成本变动的程度　　　　　　　B. 反映产品产量变动的程度

C. 反映单位成本变动的绝对额　　　　　D. 反映单位产品成本变动的程度

7. 设 q 为产品产量，p 为单位产品价格，则公式 $\sum k_q q_0 p_0 - \sum q_0 p_0$ 的意义是（　　）。

A. 反映由于产品产量的变动使费用总产值变动的绝对额

B. 反映由于单位产品价格的变动使总产值变动的绝对额

C. 反映总产值变动的绝对额

D. 反映由于产品产量的变动使费用总产值变动的程度

8. 已知某工厂生产三种不同产品，在掌握其基期、报告期的总产值和个体产量指数时，编制三种产品产量总指数应采用（　　）。

A. 加权算术平均指数　B. 数量综合指数　C. 加权调和平均指数　D. 质量综合指数

9. 某企业报告期产量比基期增长了 15%，生产费用增长了 10%，则其产品单位成本降低了（　　）。

A. 33.33%　　　　　　B. 95.65%　　　　　C. 5%　　　　　　　D. 4.35%

10. 如果产值增长 20%，职工人数增长 10%，则全员劳动生产率增长（　　）。

A. 9.09%　　　　　　　B. 2%　　　　　　　C. 32%　　　　　　D. 132%

三、计算题

1. 某企业三种产品产量和价格资料如下表。试计算：

(1) 三种产品产量总指数以及由于产量变动使总产值变动的绝对额；

(2) 价格总指数以及由于价格变动使总产值变动的绝对额。

产品	2018 年		2019 年	
	产量/万台	价格/元	产量/万台	价格/元
甲	10	1 100	13	1 050
乙	9	1 000	9	1 000
丙	8	3 000	6	3 100
合计	—	—	—	—

2. 某工厂资料如下表。试计算三种产品产量总指数以及由于产量变动对企业总产值影响

的绝对数。

产品	产值/万元		2019年比2018年产量增长/%
	2018年	2019年	
甲	200	250	5
乙	100	130	3
丙	250	300	6
合计	—	—	—

3. 某企业资料如下表。试计算三种产品价格总指数以及由于价格变动使销售额变动的绝对额。

产品	销售额/万元		个体价格指数/%
	基期	报告期	
甲	200	220	104
乙	100	150	95
丙	260	300	107
合计	—	—	—

4. 某工厂资料如下表。试从相对数和绝对数两方面计算与分析该厂总产值的变动情况及其变动的原因。

产品	产品产量		出厂价格/元	
	基期	报告期	基期	报告期
甲/件	100	150	200	220
乙/台	300	400	1 000	950
丙/套	100	200	3 000	3 500
合计	—	—	—	—

5. 某企业三种产品的有关资料如下表。要求从相对数和绝对数两方面计算与分析该企业总成本的变动情况及其变动原因。

产品	基期		报告期	
	产量	单位成本/元	产量	单位成本/元
甲/百t	15	1 000	16	1 000
乙/百台	8	500	9	400
丙/百箱	10	100	15	100

6. 已知某地区2018年的农副产品收购总额为500亿元,2019年比上年的收购总额增长15%,农副产品收购价格总指数为110%。要求计算分析该地区2019年与2018年对比:

(1)农民因出售农副产品共增加多少收入?
(2)农副产品收购量增长了百分之几?农民因此增加了多少收入?
(3)由于农副产品收购价格提高了10%,农民又增加了多少收入?
(4)验证以上三方面的分析结论能否保持协调一致。

7.某企业有关资料如下表。试从相对数和绝对数两方面对该企业平均工资的变动情况及其影响因素进行计算与分析。

工人类别	工人数/人		平均工资/元	
	基期	报告期	基期	报告期
技术工	300	500	6 000	6 500
普通工	200	500	5 000	5 600

第7章 抽样估计

> **学习目标**

理解并掌握抽样估计的基本概念、特点、抽样的方法、大小样本的界限;掌握抽样误差的形成原因及其影响因素;掌握抽样平均误差、极限误差的含义及计算;理解概率度、概率的含义及对应的关系,估计的准确性和把握度之间的关系;灵活运用样本指标对总体参数进行区间估计等。

7.1 抽样估计概述

7.1.1 抽样估计的含义与特点

1. 抽样估计的含义

抽样估计是按照随机性原则从总体中抽取一部分调查单位进行观察,并依据所获得的部分单位的数量特征对全部研究对象的数量特征做出具有一定可靠性的估计和判断,从而达到对总体现象认识的一种统计方法。

2. 抽样估计的特点

①按照随机性原则抽取调查单位。随机性原则指在抽取调查单位时,完全排除调查者主观因素的影响,保证总体中每个单位都有相同中选机会。抽样估计是按照随机原则从总体中抽取样本单位。正因为选择样本单位的随机性,使得抽样估计方法科学、严谨、客观,并广泛应用于对现象的分析研究中。

②用部分单位的指标数值估计总体指标数值。统计研究的目的是要认识总体现象的数量特征,但并非所有的现象都可以或可能进行全面调查来达到这种目的,有许多现象我们只能对总体中的一部分单位进行调查,而在认识上又必须对总体的数量特征做出估计和判断,这就产生了矛盾。例如,对某企业生产的一批烟花产品进行质量检验,要了解一种棉花纤维的长度,要了解某型号炮弹的射程等。抽样估计法就是用来解决这一矛盾的。

③抽样误差是不可避免的,但可以事先计算并加以控制。样本对总体的代表性总会发生误差,但是抽样误差范围可以事先通过有关资料加以计算,并通过一定组织措施来控制这个误差范围,保证抽样估计结果达到一定的可靠程度。

7.1.2 抽样估计的作用

1. 在无法或很困难进行全面调查的情况下,应使用抽样估计来了解全面情况

(1)具有破坏性和损耗性的检查和试验

有些产品的质量检查和试验具有破坏性和损耗性,不可能进行全面调查。如轮胎的行驶里程、灯泡的耐用时间、炮弹的杀伤力等产品检查都具有破坏性,不可能进行一一的检查试验,只能进行抽样估计。

(2)总体过大、单位过于分散的现象

有些现象的总体过大,单位过于分散,不可能进行全面调查。例如,要掌握某水库鱼苗数多少、某森林木材积蓄量的大小等,理论上可以进行全面调查,但实际上很难办到,只能采用抽样估计方法。又如,要了解全国城乡人民的家庭生活状况,从理论上讲可以挨门逐户进行全面调查,但是调查范围太大,调查单位太多,实际上难以办到,也没有必要。采用抽样调查可以节约时间、人力、物力和财力,提高调查结果的时效性,又能达到和全面调查同样的目的和效果。

2. 抽样估计结果可以对全面调查结果进行检查和修正

全面调查涉及面宽,工作量大,参加人员多,调查结果容易出现差错。因此,在全面调查之后进行抽样调查,根据抽查结果计算差错率,并以此为依据检查和修正全面调查结果,从而提高全面调查质量。例如,全国人口普查,在填报和复查完毕后,按照规定再抽取一定比例的人数,重新进行调查,由于抽样调查人数少,登记性误差小,调查比较准确,将两次调查结果进行比较,并计算全面调查重复或遗漏的差错率,修正普查数字。

3. 抽样估计可以用于工业生产过程的质量控制

在生产过程中,利用抽样调查可以对成批或大量连续生产的工业产品进行检验,根据产品质量的合格与否判断生产过程是否正常,是否存在某些系统性偏误,及时提供有关信息,进行生产过程的控制,便于采取措施,预防大批次品、废品的发生,以保证产品质量稳定。

7.1.3 抽样估计中的基本概念

1. 全及总体和样本总体

(1)全及总体

全及总体简称总体,是指所要认识对象的全体,是由具有某种共同性质的许多单位组成的。例如,要研究某城市职工的生活水平,该市全部职工就构成总体;要对某企业产品质量进行检验,该厂所有产品构成一个总体。通常总体单位数用 N 表示。

按所研究标志的性质不同,总体分为变量总体和属性总体。对于一个总体,若被研究的标志属于数量标志,则称此总体为变量总体;对于一个总体,若被研究的标志属于品质标志,则称此总体为属性总体。

(2)样本总体

样本总体简称样本,是指从总体中随机抽取的,代表全及总体的那部分单位所组成的整体。从一个总体中可能抽取的样本数目称为样本个数。样本中所包含的单位数称为样本容量,通常用 n 表示。按照容量大小,样本可以分为大样本和小样本。$n \geqslant 30$ 为大样本,$n < 30$ 为小样本。对社会经济现象进行抽样调查时,多数采用大样本。

假设某城市有 30 万居民住户,如果采用抽样估计方法研究该市居民家庭收支情况,则该市全部居民住户构成总体,$N=30$ 万。如果从全部居民住户中随机抽取 1 000 户进行调查,则被抽中的 1 000 户构成样本,样本容量 $n=1 000$。

对于某一特定问题,作为认识对象的总体是唯一确定的,但作为观察对象的样本不是唯一的,从一个总体中可以抽取多个样本组合,每次抽到哪个样本组合是随机的。

2. 全及指标和样本指标

(1)全及指标

全及指标是根据总体各个单位标志值或标志特征计算的、用来反映总体某种特征的指标，也称为总体参数。全及指标是唯一确定且是未知的，只能通过样本指标进行估算。一个总体常常有多个全及指标，它们从不同角度反映总体数量特征。

①变量总体的全及指标。变量总体的全及指标主要有总体平均数 $\overline{X}$ 和总体标准差 σ，即

$$\overline{X} = \frac{\sum X}{N} \quad \text{或} \quad \overline{X} = \frac{\sum XF}{\sum F}$$

$$\sigma = \sqrt{\frac{\sum (X-\overline{X})^2}{N}} \quad \text{或} \quad \sigma = \sqrt{\frac{\sum (X-\overline{X})^2 F}{\sum F}}$$

②属性总体的全及指标。属性总体的全及指标主要有总体成数 P 和总体成数的标准差 σ_P，即

$$P = \frac{N_1}{N} \qquad \sigma_P = \sqrt{P(1-P)}$$

(2)样本指标

样本指标是根据样本总体中各个单位的标志值或标志特征计算的指标，又称为样本统计量。样本指标也是一个随机变量，但当抽定一个样本后，样本指标可以具体计算。与全及指标相对应，样本指标有样本平均数及标准差 s_x、样本成数 $\hat{p}$ 及标准差 $s_{\hat{p}}$。

变量总体：$\overline{x} = \frac{\sum x}{n}$ 或 $\overline{x} = \frac{\sum xf}{\sum f}, s_x = \sqrt{\frac{\sum (x-\overline{x})^2}{n}}$ 或 $s_x = \sqrt{\frac{\sum (x-\overline{x})^2 f}{\sum f}}$

属性总体：$\hat{p} = \frac{n_1}{n}, s_{\hat{p}} = \sqrt{\hat{p}(1-\hat{p})}$

7.1.4 抽样方法和样本数目

从一个总体中可以抽取多少个样本，既与样本单位数有关，也与抽样方法有关。当样本单位数一定时，样本数目取决于抽样方法。

1. 根据取样方式不同，抽样方法分为重复抽样和不重复抽样

(1)重复抽样

重复抽样也称重置抽样，是指从总体 N 个单位中，随机抽取一个容量为 n 的样本，每次从总体中抽取一个单位，把它看作一次试验，每抽出一个单位并登记后，又放回总体中，参加下一次抽选，连续进行 n 次试验就构成一个样本。重复抽样的特点是由 n 次相互独立的试验构成，每次试验是在相同条件下进行的，即在整个抽取样本过程中，总体单位数始终保持不变，每个单位中选机会在各次是相等的。

从总体 N 个单位中随机重复抽取 n 个单位构成一个样本，可抽取 N^n 个样本。

(2)不重复抽样

不重复抽样也称不重置抽样，是指从总体 N 个单位中，抽取一个容量为 n 样本，每次从总体中抽取一个单位，不再放回参加下一次的抽选，连续进行 n 次抽取，就构成了一个样本。不

重复抽样的特点是样本是由 n 次连续抽取结果构成,实质上等于一次同时从总体中抽取 n 个样本单位,所以连续 n 次抽选结果不是相互独立的;第一次抽取结果影响下一次抽取,每抽一次,总体单位数就减少一个;每个单位中选机会在各次是不相等的。

从总体 N 个单位中,随机不重复抽取 n 个单位构成一个样本,共有样本个数

$$N(N-1)(N-2)\cdots(N-n+1) = \frac{N!}{(N-n)!}$$

可见,在相同样本容量下,不重复抽样样本组合个数比重复抽样少。

2. 根据对样本要求不同,抽样方法有考虑顺序抽样和不考虑顺序抽样

考虑顺序的抽样是指从总体 N 个单位中随机抽取 n 个单位构成样本,不但要考虑样本各单位的组成成份,而且要考虑各单位中选顺序。如 AB、BA 两个样本虽然组成成份相同,但中选顺序不同,在考虑顺序的情况下算两个不同的样本。

不考虑顺序的抽样指从总体 N 个单位中随机抽取 n 个单位构成样本,只考虑样本各单位的组成成份,不考虑各单位中选顺序。如 AB、BA 虽然顺序不同,但二者的组成成份相同,在不考虑顺序条件下,只能算一个样本。

3. 互叉抽样的样本数目

(1)考虑顺序的不重复抽样的样本数目

考虑顺序的不重复抽样的样本数目即不重复排列数。从总体 N 个单位中每次抽取 n 个单位不重复排列,组成样本的数目记作 A_N^n。

$$A_N^n = N(N-1)(N-2)\cdots(N-n+1) = \frac{N!}{(N-n)!}$$

(2)考虑顺序的重复抽样的样本数目

考虑顺序的重复抽样的样本数目即可重复排列数。从总体 N 个单位中每次抽取 n 个允许重复的排列,组成样本的数目记作 B_N^n。

$$B_N^n = N^n$$

(3)不考虑顺序的不重复抽样的样本数目

不考虑顺序的不重复抽样的样本数目即不重复组合数。从总体 N 个单位中每次抽取 n 个不允许重复的组合,组成样本的数目记作 C_N^n。

$$C_N^n = \frac{A_N^n}{n!} = \frac{N!}{(N-n)!n!} = \frac{N(N-1)\cdots(N-n+1)}{n!}$$

(4)不考虑顺序的重复抽样的样本数目

不考虑顺序的重复抽样的样本数目即可重复的组合数目。从总体 N 个单位中每次抽取 n 个允许重复的组合,组成样本的数目记作 D_N^n。它等于从 $N+n-1$ 个单位中抽取 n 个单位的不重复组合数,即

$$D_N^n = C_{N+n-1}^n = \frac{A_{N+n-1}^n}{n!} = \frac{(N+n-1)!}{(N+n-1-n)!n!}$$

7.2 抽样误差

7.2.1 抽样误差的概念及其影响因素

1. 抽样误差的概念

在抽样调查过程中,会产生各种各样的误差,根据其产生原因不同可以分为登记性误差和代表性误差。登记性误差是指由于观察、登记、计量、计算上的差错而产生的样本指标与总体指标之间的误差。代表性误差是指由于样本结构不足以代表总体结构而产生的样本指标与总体指标之间的误差。代表性误差又分为非随机性误差和随机性误差。非随机性误差也称系统性误差,是指抽取样本单位时,由于违背了随机原则,而有意识地选取较好或较差的单位而产生的样本代表性差所引起的误差。随机性误差也称抽样误差,是指随机抽样的偶然因素致使样本各单位的结构不足以代表总体各单位的结构,而引起的样本指标和总体指标之间的误差。

非随机性误差和登记性误差是抽样中由于技术、思想工作等所造成的,可以预防和避免。而随机性误差是抽样推断方法所固有的、不可避免的误差,但可以采取一定措施加以控制。

2. 影响抽样误差大小的因素

(1)样本的单位数 n

在其他条件不变的情况下,抽样单位数越多,抽样误差愈小,反之抽样误差愈大。当 $n=N$ 时,抽样指标等于总体指标,此时没有抽样误差。

(2)总体被研究标志值的变异程度 σ

其他条件不变时,总体被研究标志值的变异程度愈小,抽样误差也愈小;反之抽样误差愈大。如果总体各单位标志值相等,标志变异程度等于 0,样本指标就完全等于总体指标,抽样误差就不存在了。

(3)抽样的方法

抽样方法不同,抽样误差大小也不同。一般来说,在其他条件相同情况下,重复抽样比不重复抽样误差大。

(4)抽样的组织方式

不同的抽样组织方式(将在 7.4 中详细论述),其抽样误差大小也不同。一般来说,类型抽样、等距抽样方法组织抽样调查,由于经过分类或排队,可以使样本结构与总体结构类似,或样本单位在总体中分布较均匀,在其他条件相同情况下,其误差要比简单随机抽样小。

7.2.2 抽样平均误差

1. 抽样平均误差的含义

由于从一个总体中可能抽取许多个样本,样本指标也就有许多不同的数值,因而样本指标与总体指标之间的离差也就有大有小,有必要用一个指标来衡量抽样误差的一般水平。抽样平均误差是反映抽样误差一般水平的指标,即所有可能出现的样本指标与全及指标之间离差的平均值。其计算原理同变量值的标准差,即

$$\mu_{\bar{x}} = \sqrt{\frac{\sum(\bar{x}-\bar{X})^2}{M}}, \quad \mu_p = \sqrt{\frac{\sum(\hat{p}-P)^2}{M}}$$

式中:$\mu_{\bar{x}}$ 为样本平均数的平均误差;μ_p 为样本成数的平均误差;M 为全部可能的样本数目。

数理统计已经证明,样本平均数的平均数等于总体平均数,即 $E(\bar{x})=\bar{X}$,样本成数的平均数等于总体成数,即 $E(\hat{p})=P$,因而,抽样平均误差通常也被称为样本指标的标准差,即

$$\mu_{\bar{x}} = \sigma_{\bar{x}} = \sqrt{\frac{\sum[\bar{x}-E(\bar{x})]^2}{M}}, \quad \mu_p = \sigma_{\hat{p}} = \sqrt{\frac{\sum[\hat{p}-E(\hat{p})]^2}{M}}$$

这里抽样平均误差的计算公式是根据抽样平均误差的含义得出,因此也称为定义公式或理论公式。

抽样平均误差的定义公式能表明抽样平均误差的实质及含义。但由于连续抽取全部可能的样本并计算出样本指标是不可能的,总体平均数资料是未知的。因此,实际中,无法据以计算抽样平均误差。

2. 抽样平均误差的计算方法

根据定义上抽样平均误差的计算公式,通过数理统计理论可推导出简单随机抽样下抽样平均误差实际应用中的计算公式。

(1)平均数的抽样平均误差

重复抽样条件下:$\mu_{\bar{x}} = \dfrac{\sigma}{\sqrt{n}}$

不重复抽样条件下:$\mu_{\bar{x}} = \sqrt{\dfrac{\sigma^2}{n}\left(\dfrac{N-n}{N-1}\right)}$

当 N 很大时,$N-1$ 可用 N 代替,公式为:$\mu_{\bar{x}} = \sqrt{\dfrac{\sigma^2}{n}\left(1-\dfrac{n}{N}\right)}$

从公式可见,不重复抽样的误差总是小于重复抽样的误差。

总体方差 σ^2 一般是未知的,可以用样本方差 s^2 来代替。

【例 7-1】从某高校 30 000 名学生中随机抽取 400 名学生构成一个样本,经调查计算可得,学生月平均生活费支出额为 1 400 元,月生活费支出额的标准差为 180 元。试计算该高校学生月生活费支出额的抽样平均误差。

解:已知 $N=30\,000$(名),$n=400$(名),$\bar{x}=1\,400$(元),$s=180$(元)

由于不知道抽样方法,且总体单位数已知,因此可用两种公式分别计算抽样平均误差。实际中,一般是采用不重复抽样方法取样的。总体的标准差未知,可用样本的标准差代替。

重复抽样条件下:$\mu_{\bar{x}} = \dfrac{\sigma}{\sqrt{n}} = \dfrac{180}{\sqrt{400}} = 9$(元)

不重复抽样条件下:$\mu_{\bar{x}} = \sqrt{\dfrac{\sigma^2}{n}\left(\dfrac{N-n}{N-1}\right)} = \sqrt{\dfrac{180^2}{400} \times \dfrac{30\,000-400}{30\,000-1}} = 8.94$(元)

计算结果说明,重复抽样下,样本平均生活费支出额与总体平均生活费支出额的平均误差为 9 元;不重复抽样下,抽样平均误差为 8.94 元。

(2)成数的抽样平均误差

重复抽样条件下:$\mu_p = \sqrt{\dfrac{P(1-P)}{n}}$

不重复抽样条件下：$\mu_p = \sqrt{\dfrac{P(1-P)}{n}\left(\dfrac{N-n}{N-1}\right)}$

当 N 很大时：$\mu_p = \sqrt{\dfrac{P(1-P)}{n}\left(1-\dfrac{n}{N}\right)}$

同样，当总体成数的标准差未知时，用样本成数的标准差来代替。

【例 7-2】在某企业生产的某批 10 万零件中，随机抽取了 100 件，发现有 5 件不合格品，计算合格品率的抽样平均误差。

解：根据题意知：$N=100\,000$（件），$n=100$，样本成数：$\hat{p}=\dfrac{95}{100}=95\%$

因为总体成数未知，用样本成数的标准差计算抽样平均误差。

重复抽样条件下：$\mu_p = \sqrt{\dfrac{\hat{p}(1-\hat{p})}{n}} = \sqrt{\dfrac{95\%\times 5\%}{100}} = 2.179\%$

不重复抽样条件下：$\mu_p = \sqrt{\dfrac{\hat{p}(1-\hat{p})}{n}\left(\dfrac{N-n}{N-1}\right)} = \sqrt{\dfrac{5\%\times 95\%}{100}\left(\dfrac{100\,000-100}{100\,000-1}\right)} = 2.178\%$

计算结果说明，该批产品合格品率的抽样平均误差重复抽样下为 2.179%，不重复抽样下为 2.178%。

可以看出，当 N 很大时，$\dfrac{N-n}{N-1}$ 接近于 1，所以，两种抽样方法计算结果相差很小。当总体单位数未知时，可用重复抽样平均误差的公式近似地代替不重复抽样平均误差的公式进行计算。

7.2.3 抽样极限误差

抽样极限误差是从另一个角度考虑抽样误差问题的。用样本指标估计总体指标，要达到完全准确，没有误差是不可能的。抽样误差越大，样本的价值就越小。但是，减少抽样误差势必会增加很多费用。因此，抽样估计时，应根据研究对象的变异程度及分析任务的要求确定一个最大可以允许的误差范围。统计上称其为抽样极限误差。

设 $\Delta_{\bar{x}}$、Δ_p 分别表示平均数和成数的极限误差，其计算公式为

$$\Delta_{\bar{x}} = |\bar{x} - \overline{X}| \qquad \Delta_p = |\hat{p} - P|$$

可见，抽样极限误差实际上是样本指标与总体指标之间离差的绝对值。本来总体指标是确定的，样本指标是随机变量，它总是围绕在总体指标周围上下波动。但是现在的目的是要估计总体指标，因此，将上式经过变换，可以得到总体指标的置信区间

$$\bar{x} - \Delta_{\bar{x}} \leqslant \overline{X} \leqslant \bar{x} + \Delta_{\bar{x}} \qquad \hat{p} - \Delta_p \leqslant P \leqslant \hat{p} + \Delta_p$$

$[\bar{x}-\Delta_{\bar{x}}, \bar{x}+\Delta_{\bar{x}}]$、$[\hat{p}-\Delta_p, \hat{p}+\Delta_p]$ 分别称为总体平均数和总体成数的置信区间。置信区间表示，在一定的概率保证程度下，可以根据样本指标及极限误差估算出总体指标（总体平均数或成数）所在的范围。

7.2.4 抽样极限误差与抽样平均误差的关系

基于概率估计的要求，抽样极限误差通常要以抽样平均误差为标准单位来衡量，即用抽样极限误差除以抽样平均误差得相对数 z，表示抽样极限误差为抽样平均误差的 z 倍。一般称 z

为概率度。

$$z = \frac{\Delta_{\bar{x}}}{\mu_{\bar{x}}} \text{ 或 } \Delta_{\bar{x}} = z\mu_{\bar{x}}$$

$$z = \frac{\Delta_p}{\mu_p} \text{ 或 } \Delta_p = z\mu_p$$

这种关系是在将一般正态分布转化为标准正态分布的过程中形成的。

7.3 总体参数的估计

总体参数的估计是指按照已经抽定的样本指标（样本平均数或成数）估计总体指标或总体指标所在的区间范围。总体参数估计方法分为点估计和区间估计。

7.3.1 总体参数估计的优良标准

对总体参数进行估计时，作为总体参数的优良估计量应满足无偏性、有效性和一致性三个要求或标准。

1. 无偏性

无偏性是指所有可能样本指标的平均数等于被估计的总体指标。抽样估计时，如果样本指标的平均数等于被估计的总体指标，这个样本指标则是总体指标的无偏估计量。虽然每一个样本指标和总体指标之间可能都有误差，但在多次反复抽样时，所有样本指标的平均数等于总体指标，即平均来说没有偏误。

可以证明，$E(\bar{x}) = \bar{X}, E(\hat{p}) = P, E(s^2) = \sigma^2$（这里 $s^2 = \frac{\sum(x-\bar{x})^2}{n-1}$）

即样本平均数（成数、方差）是总体平均数（成数、方差）的无偏估计量。

2. 一致性

一致性指随着样本容量的增大，样本指标越来越接近被估计的总体指标，即随着样本单位的无限增加，样本指标与总体指标之差的绝对值为任意小的可能性趋于必然。

3. 有效性

有效性是指用抽样指标估计总体指标，要求作为优良估计量的方差应该比其他估计量的方差小。

假定有两个估计总体参数 θ 的无偏估计量 $\hat{\theta}_1$、$\hat{\theta}_2$，它们的方差分别为 $D(\hat{\theta}_1)$ 和 $D(\hat{\theta}_2)$，如果 $D(\hat{\theta}_1) < D(\hat{\theta}_2)$，则称 $\hat{\theta}_1$ 较 $\hat{\theta}_2$ 为有效估计量。若在 θ 的所有无偏估计量中，$\hat{\theta}$ 的方差 $D(\hat{\theta})$ 达到最小，则说明 $\hat{\theta}$ 为 θ 满足有效性的估计量。

7.3.2 总体参数的点估计

点估计是指用样本指标直接作为总体指标的估计值，即用样本平均数（成数）直接作为相应总体平均数（成数）的估计值等。

如从某企业生产的 20 000 只灯管中按照随机的原则抽出 100 只进行使用寿命抽样检验，结果测得，100 只灯管平均使用寿命为 1 200 h，合格率为 95%。

按照点估计的方法可以估计,20 000 只灯管的平均使用寿命为 1 200 h,合格率为 95%。

点估计简便易行,原理直观。但没有指出抽样估计误差大小以及概率保证程度有多大,估计有很大的风险性。

7.3.3 总体参数的区间估计

1. 抽样估计的置信度

从主观愿望上,希望抽样推断结果,样本指标的估计值都能够落在可允许的误差范围内,但并非都能如愿。这是因为样本指标是随机变量,样本指标和总体指标之间的误差也是随机变量,并不能保证误差不超过一定范围的事件是必然的,而只能给予一定的概率保证程度,即样本指标落在一定范围内的概率有多大,这就产生了估计的可靠程度(置信度)问题。

抽样估计的置信度指表明样本指标和总体指标之间的误差不超过一定范围的概率保证程度。置信度一般用 $F(z)$ 表示,则

$$F(z) = P(|\bar{x} - \bar{X}| \leqslant z\mu_{\bar{x}}) \qquad F(z) = P(|\hat{p} - P| \leqslant z\mu_p)$$

从上式可知,在抽样平均误差一定的情况下,z 增大,即抽样极限误差增大,估计的概率保证程度也增大。抽样极限误差增大,说明估计准确度降低。由此可见估计的准确性和估计的把握度是一对矛盾,进行估计时,必须在二者之间作出选择。

(1) 根据给定的 $F(z)$ 确定极限误差 Δ

对于一项估计,首先提出概率保证程度要求,这时利用正态分布概率积分表查出对应的概率度 z,再根据 $z\mu$ 得出 Δ。常用的概率 $F(z)$ 与对应的概率度见表 7-1。

表 7-1 概率与概率度

概率(面积)$F(z)$	概率度 z
0.8	1.28
0.9	1.64
0.95	1.96
0.99	2.58

一般抽样估计,其概率保证程度应达到 90%~95%,对于特别重大的问题,为了保证估计稳妥可靠,概率保证程度可以为 99%,即把误差范围扩大到 2.58z。

(2) 根据给定的极限误差 Δ 确定概率保证程度 $F(z)$

对于一项估计,首先对极限误差 Δ 提出要求,然后通过求出 $z\mu = \Delta$ 关系式求出 z。根据正态分布概率积分表查出 z 对应的概率 $F(z)$。常用的 z 值对应的概率保证程度见表 7-2。

表 7-2 概率度与概率

概率度 z	概率 $F(z)$
1	0.682 7
1.5	0.866 4
2	0.954 5
3	0.997 3
4	0.999 9

一般来说,极限误差在 $1\sim 2\mu$,即概率度为 1 到 2 之间。但对于许多需要避免作错误判断的估计,可以把误差范围扩大到 3μ,以提高估计的可靠性。

2. 区间估计

区间估计是指在一定可靠程度下根据样本统计量推断总体参数所在的区间范围。这种估计方法是以样本指标为依据,考虑了样本指标的分布,不仅可以给出估计的精确度,而且可以估计结果的把握度。

区间估计必须具备估计值(样本指标)、估计值的误差范围及相应的置信度 $F(z)$ 三个要素。区间估计的方法与步骤视给定条件而定。

(1)若对估计的置信度 $F(z)$ 提出要求时

总体参数估计的具体步骤为:

第一步,计算样本指标,$(\bar{x}, p)$ 及抽样平均误差 μ;

第二步,根据 $F(z)$ 查概率积分表,求概率度 z;

第三步,根据概率度 z 和抽样平均误差 μ,计算抽样极限误差 Δ;

第四步,计算总体参数的置信区间。

【例 7-3】某乡为了解农村居民家庭年人均纯收入的情况,从本地区 5 000 户家庭中,随机抽取 300 户家庭进行调查,调查结果如表 7-3 所示。要求按重复抽样方法:

①以 95% 的概率保证程度对该乡 5 000 户家庭年人均纯收入进行区间估计;

②以 95.45% 的概率保证程度估计该乡年人均纯收入在 20 000 元以上家庭所占比重的区间范围。

表 7-3 家庭年人均纯收入情况调查资料及计算表

年人均纯收入/元	调查户数 f/户	组中值 x	xf	$(x-\bar{x})^2$	$(x-\bar{x})^2 f$
12 000 以下	8	11 000	88 000	289 226 824	288 640 675.9
12 000~14 000	20	13 000	260 000	36 080 084	321 068 089.8
14 000~16 000	75	15 000	1 125 000	16 053 404	302 004 336.7
16 000~18 000	102	17 000	1 734 000	4 026 724.5	4 537.867 8
18 000~20 000	60	19 000	1 140 000	44.488 9	2 38 401 869.3
20 000~22 000	25	21 000	525 000	3 973 364.5	398 667 112.2
22 0000 以上	10	23 000	230 000	15 946 684	359 200 044.9
合　计	300	—	5 102 000	—	1 907 986 667

解:①第一步,计算样本平均数和抽样平均误差

$$\bar{x} = \frac{\sum xf}{\sum f} = \frac{5\ 102\ 000}{300} = 17\ 006.67(元)$$

$$s = \sqrt{\frac{\sum(x-\bar{x})^2 f}{\sum f}} = \sqrt{\frac{1\ 907\ 986\ 667}{300}} = 2\ 521.90(元)$$

$$\mu_{\bar{x}} = \frac{s}{\sqrt{n}} = \frac{2\ 521.90}{\sqrt{300}} \approx 145.61(元)$$

第二步,根据 $F(z)=95\%$ 查表得 $z=1.96$

第三步,计算抽样极限误差 $\Delta_{\bar{x}}=z\mu_{\bar{x}}=1.96\times145.61=285.40(元)$

第四步,计算该乡 5 000 户居民家庭年人均纯收入的区间置信区间

$17\,006.67-285.40\leqslant\bar{X}\leqslant17\,006.67+285.40$　即 $16\,721.27\leqslant\bar{X}\leqslant17\,292.07$

计算结果表明,在 95% 的把握程度下,该乡 5 000 户居民家庭年人均纯收入在 16 721.27 元至 17 292.07 元之间。

②第一步,计算样本成数和抽样平均误差

$$\hat{p}=\frac{35}{300}=11.67\%$$

$$\mu_p=\sqrt{\frac{\hat{p}(1-\hat{p})}{n}}=\sqrt{\frac{11.67\%\times(1-11.67\%)}{300}}=1.85\%$$

第二步,根据 $F(z)=95.45\%$,查概率积分表得 $z=2$

第三步,计算成数的抽样极限误差

$$\Delta_p=z\mu_p=2\times1.85\%=3.7\%$$

第四步,计算总体成数的估计置信区间

$11.67\%-3.7\%\leqslant P\leqslant11.67\%+3.7\%$　即 $7.97\%\leqslant P\leqslant15.37\%$

计算结果表明,在 95.45% 的概率保证程度下,该乡居民家庭年人均纯收入在 20 000 元以上家庭所占比重在 7.97%,至 15.37% 之间。

(2)若对精确度 Δ 提出要求时

总体参数估计的具体步骤为:

第一步,计算抽样指标及抽样平均误差 μ;

第二步,根据给定的 Δ 计算 z;

第三步,根据概率度 z 查正态分布概率积分表得概率 $F(z)$;

第四步,计算总体参数的置信区间。

【例 7-4】为了解某居民区的用电情况,随机抽查了 100 户居民家庭某月用电量,测得每户月平均用电量为 96 kW·h,标准差为 25 kW·h。要求:

①可允许的误差范围不超过 5.3 kW·h,估算该区所有居民户月平均用电量的置信区间;

②已知所调查的 100 户居民中月用电量超过 120 kW·h 的共有 15 户,估计的误差不超过 5.9%,试估计所有居民住户中月用电量超过 120 kW·h 的住户所占的比率。

解:①已知 $\bar{x}=96(\mathrm{kW\cdot h}),s=25(\mathrm{kW\cdot h}),n=100,\Delta_{\bar{x}}=5.3(\mathrm{kW\cdot h})$。

第一步,计算抽样平均误差:$\mu_{\bar{x}}=\dfrac{s}{\sqrt{n}}=\dfrac{25}{\sqrt{100}}=2.5(\mathrm{kW\cdot h})$

第二步,根据给定的 Δ 计算 z:$z=\dfrac{\Delta_{\bar{x}}}{\mu_{\bar{x}}}=\dfrac{5.3}{2.5}=2$

第三步,根据 $z=2$ 查正态分布概率积分表得 $F(z)=95.45\%$

第四步,估算所有居民户月平均用电量的置信区间

$(96-5.3)\leqslant\bar{X}\leqslant(96+5.3)$　即 $90.7\leqslant\bar{X}\leqslant101.3$

计算结果表明,在 95.45% 的概率保证程度下,该居民区所有居民户月平均用电量在 90.7 kW·h 至 101.3 kW·h 之间。

②已知 $n=100, \Delta_p=5.9\%$。

第一步,计算样本成数和抽样平均误差

$$\hat{p} = \frac{15}{100} = 15\%$$

$$\mu_p = \sqrt{\frac{\hat{p}(1-\hat{p})}{n}} = \sqrt{\frac{15\% \times (1-15\%)}{100}} = 3.57\%$$

第二步,根据给定的 Δ 计算 z

$$z = \frac{\Delta_p}{\mu_p} = \frac{5.9\%}{3.57\%} = 1.65\%$$

第三步,根据 $z=1.65$ 查正态分布概率积分表,得 $F(z)=90.11\%$

第四步,计算所有居民住户中月用电量超过 120 kW·h 所占比率的置信区间

$(15\%-5.9\%) \leqslant P \leqslant (15\%+5.9\%)$ 即 $9.1\% \leqslant P \leqslant 20.9\%$

计算结果表明,在 90.11% 的概率保证程度下,所有居民户中月用电量超过 120 kW·h 住户所占比率在 9.1% 至 20.9% 之间。

7.4 抽样的组织方式

7.4.1 简单随机抽样

1. 简单随机抽样的概念

简单随机抽样又称为纯随机抽样。它是按照随机的原则,直接从总体 N 个单位中抽取 n 个单位作为样本,保证总体中每个单位都有相等的中选机会。它一般有以下几种取样方法:

①直接抽选法。直接抽选法指对总体单位不进行任何编码或排队,按照随机的原则直接从总体中抽取样本单位。例如从仓库存放的所有同类产品中随机抽取若干件产品进行质量检验,从粮食仓库中随机抽取若干袋粮食进行含水量检验等。这种方法一般适用于总体单位数很多时。

②抽签法。抽签法是先给总体的每个单位编上号码,将号码写在纸上,掺和均匀后,从中抽选,抽到哪个就调查哪个单位,直到抽够预先规定的数量为止。在总体单位不很多时使用抽签法。

③随机数字表法。随机数字是由 0 至 9 这十个数码随机排列组成的多位数字表格。表中 0~9 十个数字出现的概率大体上各占 1/10,由 0~9 组成的每个多位数出现的机会也大致相同。

如果从 98 个总体单位中抽取 10 个单位,首先将总体单位按 1~98 编号。表 7-4 中有 5 个阴影部分,每一部分都是一个包含 10 个两位数编码的样本。值得注意的是,表的最后一行中间这个样本中,出现了两个 42,若为重复抽样,两个 42 编码单位均入选样本中,若为不重复抽样,则只算一个,可向任何方向再增选一个,如表 7-4 所示。

纯随机抽样是抽样中最基本也是最单纯的抽样方式,从理论上讲,它最符合随机性原则,它的抽样误差容易得到理论上的证明,因此,它可以作为更复杂抽样设计的基础和比较标准。它一般适合于均匀总体,或各单位标志值之间的差异不很大时。

表 7-4 随机数字表(部分)

03 47 43 73 86	36 96 47 36 61	46 98 63 71 62	33 26 16 80 45	60 11 14 10 95
97 74 24 67 62	42 81 14 57 20	42 53 32 37 32	27 07 36 07 51	24 51 79 89 73
16 76 62 27 66	56 50 26 71 07	32 90 79 78 53	13 55 38 58 59	88 97 54 14 10
12 56 85 99 26	96 96 68 27 31	05 03 72 93 15	57 12 10 14 21	88 26 49 81 76
55 59 56 35 64	38 54 82 46 22	31 62 43 09 90	06 18 44 32 53	23 83 01 30 30
16 22 77 94 39	49 54 43 54 82	17 37 93 23 78	87 35 20 96 43	84 26 34 91 64
84 42 17 53 31	57 24 55 06 88	77 04 74 47 67	21 76 33 50 25	83 92 12 06 76
63 01 63 78 59	16 95 55 67 19	98 10 50 71 75	12 86 73 58 07	44 39 52 38 79
33 21 12 34 29	78 64 56 07 82	52 42 07 44 38	15 51 00 13 42	99 66 02 79 54
57 60 86 32 44	09 47 27 96 54	49 17 46 09 62	90 52 84 77 27	08 02 73 43 28
18 18 07 92 46	44 17 16 58 09	79 83 86 19 62	06 76 50 03 10	55 23 64 05 05
26 62 38 97 75	84 16 07 44 99	83 11 46 32 24	20 14 85 88 45	10 93 72 88 71
23 42 40 64 74	82 97 77 77 81	07 45 32 14 08	32 98 94 07 72	93 85 79 10 75
52 36 28 19 95	50 92 26 11 97	00 56 76 31 38	80 22 02 53 53	86 60 42 04 53
37 85 94 35 12	83 39 50 08 30	42 34 07 96 88	54 42 06 87 98	35 85 29 48 39

2. 简单随机抽样必要样本容量的确定

样本容量的大小与抽样误差及调查费用直接相关。样本容量过大,抽样误差会很小,但调查费用会增多,体现不出抽样推断的优越性;反之,样本容量太小,调查费用少,但抽样误差会很大,抽样推断失去意义。因此,在对总体指标进行抽样推断之前,为了使抽样误差不超过所允许的误差范围,必须确定至少应抽取的样本单位数,即必要的样本容量。可以通过抽样极限误差公式 $\Delta = z\mu$ 来推导必要的样本容量。

(1)重复抽样条件下

平均数必要的样本容量确定公式:$n = \dfrac{z^2 \sigma^2}{\Delta_{\bar{x}}^2}$

成数必要的样本容量确定公式:$n = \dfrac{z^2 P(1-P)}{\Delta_p^2}$

(2)不重复抽样条件下

平均数必要的样本容量确定公式:$n = \dfrac{z^2 N \sigma^2}{N\Delta_{\bar{x}}^2 + z^2 \sigma^2}$

成数必要的样本容量确定公式:$n = \dfrac{z^2 N P(1-P)}{N\Delta_p^2 + z^2 P(1-P)}$

【例 7-5】 对某种规格灯泡进行使用寿命检验,根据以往正常生产经验,灯泡使用寿命的标准差 $\sigma = 0.4$ h,不合格品率 6%。现采取重复抽样方式,在 95% 的概率保证下,要求平均使用寿命的极限误差不超过 0.06 h,合格率的误差最大不超过 4%,试分别确定必要的样本容量应为多少?

解:由题意可知:$\sigma = 0.4$ $P = 6\%$ $\Delta_{\bar{x}} = 0.06$ $\Delta_{\hat{p}} = 4\%$ $z = 1.96$

重复抽样条件下,平均使用寿命必要的样本容量为

$$n = \dfrac{z^2 \sigma^2}{\Delta_{\bar{x}}^2} = \dfrac{1.96^2 \times 0.4^2}{0.06^2} = 171(只)$$

重复抽样条件下,成数的样本容量为

$$n = \frac{z^2 P(1-P)}{\Delta_p^2} = \frac{1.96^2 \times 0.06 \times 0.94}{0.04^2} = 135（只）$$

若抽取一个样本,同时满足推断平均使用寿命和合格率的共同需要,应取其中样本容量较大者,即抽取171个单位数加以检验,以避免样本单位数不足而影响抽样推断的准确性。

7.4.2 类型抽样

1. 类型抽样的概念

类型抽样也称分层抽样或分类抽样,是指先对总体各单位按主要标志分组,然后从各组中按随机原则分别抽选一定单位构成样本。例如,农产量抽样调查中按地势分为山区、丘陵、平原三类,在分类的基础上,从各类中随机抽选若干地块构成样本。

设总体由 N 个单位构成,把总体划分为 K 组,使 $N = N_1 + N_2 + \cdots + N_k$,然后从每组的 N_i 中抽取 n_i 个单位构成容量为 n 的样本,使 $n = n_1 + n_2 + \cdots + n_k$,这种抽样方法称为类型抽样。

2. 各组样本单位数的确定

类型抽样下样本单位数在各组中的分配方式有等额分配、等比例分配和最优分配三种。

等额分配是指在各类型组中分配同等样本单位数。如果各类型组的规模相等或差不多,用等额分配法抽样是适宜的,且计算简便。但在实践中,等额分配法很少采用。等额分配即

$$n_1 = n_2 = \cdots = n_k$$

等比例分配是按各类型单位数在总体中所占比重分配样本单位数。考虑了各组规模大小的因素,且计算操作方便,实际中常常采用等比例分配样本单位数,即

$$\frac{N_i}{N} = \frac{n_i}{n} \quad (i = 1, 2, \cdots, k), \quad n_i = \frac{N_i}{N} \cdot n \quad (i = 1, 2, \cdots, k)$$

最优分配是按各类型的规模大小和差异程度,确定各类型的样本单位数。这种样本单位数分配方法,既考虑了各类型的规模大小,同时也考虑了各类型的差异程度,由此确定各类型的样本单位数,无疑是减少抽样误差的最理想的方法。但实际上很少采用,因为除非有历史资料可以参考,在调查之前,一般不可能知道各类型内部的差异大小。最优分配各类型样本单位数 n_i 的公式为

$$n_i = \frac{N_i \sigma_i}{\sum N_i \sigma_i} \quad (i = 1, 2, \cdots, k)$$

总之,类型抽样的特点是通过分类,可以把总体中标志值或标志特征比较接近的单位归为一组,使各组的分布比较均匀,而且保证各组都有单位中选,这样抽取的样本具有更强的代表性,因而抽样误差也就相对减少。所以在总体各单位标志值大小相差悬殊的情况下,类型抽样比简单随机抽样可以取得更准确的效果。

3. 类型抽样的抽样平均误差

类型抽样方式下抽样平均误差和简单随机抽样方式下抽样平均误差的计算方法的区别在于,类型抽样方式下计算抽样平均误差时,是用平均组内方差 $\bar{\sigma}_i^2$ 代替总体方差 σ^2。

(1) 平均数抽样平均误差

重复抽样条件下: $\mu_{\bar{x}} = \sqrt{\dfrac{\bar{\sigma}_i^2}{n}}$

$\overline{\sigma_i^2}$ 为组内方差的平均数。其公式：$\overline{\sigma_i^2} = \dfrac{\sum \sigma_i^2 N_i}{N} = \dfrac{\sum \sigma_i^2 n_i}{n}$

如果没有总体各类型的资料,用各类型样本组内方差的平均值 $\overline{s_i^2}$ 代替 $\overline{\sigma_i^2}$,其公式为

$$\overline{s_i^2} = \dfrac{\sum s_i^2 n_i}{n}$$

式中：$\overline{\sigma_i^2}$ 代表平均组内方差,它是各个组方差的平均值;σ_i^2 代表各组的方差;N 代表总体的单位数;N_i 代表各组的总体单位数;n 代表单本单位数;n_i 代表各组样本单位数;s_i^2 代表各组样本方差。

不重复抽样条件下：$\mu_{\bar{x}} = \sqrt{\dfrac{\overline{\sigma_i^2}}{n}\left(1 - \dfrac{n}{N}\right)}$

(2) 成数的抽样平均误差

重复抽样条件下：$\mu_p = \sqrt{\dfrac{\overline{P_i(1-P_i)}}{n}}$

不重复抽样条件下：$\mu_p = \sqrt{\dfrac{\overline{P_i(1-P_i)}}{n}\left(1 - \dfrac{n}{N}\right)}$

其中,$\overline{P_i(1-P_i)} = \dfrac{\sum P_i(1-P_i)N_i}{N} = \dfrac{\sum P_i(1-P_i)n_i}{n}$

【例 7-6】假设某乡播种小麦 20 000 hm²,现根据其地理条件划分为平原和丘陵两类,按 2% 比例总共抽取 400 hm² 进行调查,假设公顷产量在 380 kg 以上的土地为高产田,调查结果如表 7-5 所示。试分别计算该乡平均产量及高产田所占比重的抽样平均误差。

表 7-5 全乡小麦种植及抽样调查资料

麦田类别	总面积 /hm²	样本平均公顷产量/kg	公顷产量方差/kg	高产田面积 /hm²	高产田所占比重的方差 /%
平原	14 000	5 600	800²	250	15
丘陵	6 000	3 500	1 500²	40	28
合计	20 000	—	—	290	—

解：(1) 全乡平均公顷产量的抽样平均误差

类型抽样一般使用不重复抽样方法。各类型总体方差未知,用各类型样本方差代替：

$$\overline{s_i^2} = \dfrac{\sum s_i^2 n_i}{n} = \dfrac{800^2 \times 280 + 1\,500^2 \times 120}{400} = 1\,123\,000$$

$$\mu_{\bar{x}} = \sqrt{\dfrac{\overline{\sigma_i^2}}{n}\left(1 - \dfrac{n}{N}\right)} \sqrt{\dfrac{1\,123\,000}{400}(1-2\%)} = 51.4 \text{ (kg)}$$

(2) 全乡高产田所占比重的抽样平均误差

$$\overline{P_i(1-P_i)} = \dfrac{\sum P_i(1-P_i)n_i}{n} = \dfrac{15\% \times 280 + 28\% \times 120}{400} = 0.189$$

$$\mu_p = \sqrt{\dfrac{\overline{P_i(1-P_i)}}{n}\left(1 - \dfrac{n}{N}\right)} = \sqrt{\dfrac{0.189}{400}\left(1 - \dfrac{400}{20\,000}\right)} = 2.15\%$$

3. 类型抽样样本容量的确定

类型抽样单位数的确定，只需要将简单随机抽样公式中的 σ^2 变为 $\overline{\sigma_i^2}$，$P(1-P)$ 变为 $\overline{P_i(1-P_i)}$ 即可，具体见表 7-6 所示。

表 7-6 类型抽样样本单位数计算公式

	重复	不重复
抽样平均数的单位数	$n=\dfrac{z^2\,\overline{\sigma_i^2}}{\Delta_{\bar{x}}^2}$	$n=\dfrac{Nz^2\,\overline{\sigma_i^2}}{N\Delta_{\bar{x}}^2+z^2\,\overline{\sigma_i^2}}$
抽样成数的单位数	$n=\dfrac{z^2\,\overline{P_i(1-P_i)}}{\Delta_p^2}$	$n=\dfrac{Nz^2\,\overline{P_i(1-P_i)}}{N\Delta_p^2+z^2\cdot\overline{P_i(1-P_i)}}$

7.4.3 等距抽样

1. 等距抽样的概念

等距抽样又称机械抽样或系统抽样，它是事先将总体单位按照某一标志排列，然后依固定的顺序和间隔抽选调查单位的一种抽样组织方式，它是一种不重复抽样方法。

设全及总体有 N 个单位，现要抽取一个容量为 n 的样本，可以将总体单位按一定标志排队，然后将 N 划分为 n 个相等的部分，每部分都含 k 个单位，$k=N/n$。在第一部分中顺序为 1、2、3…k 个单位中随机抽取一个单位 i，在第二部分中抽取第 $i+k$ 个单位，第三部分中抽取第 $i+2k$ 个单位，以此类推，在第 n 部分中抽取第 $i+(n-1)k$ 个单位，共抽取 n 个单位组成一个样本。这种相邻样本单位的间隔距离相等的抽样方法称为等距抽样。按顺序和间隔抽取第一个单位是随机的，当第一个单位确定以后，其他单位的位置也就确定了。

按等距抽样方式抽选调查单位，能够使抽出的调查单位更均匀地分布在全及总体中，因此，其抽样误差一般小于简单随机抽样。

等距抽样具体抽取样本的方法有中点取样法和随机取样法。

中点取样法是在排序的基础上，在 n 个部分中，每个 $1\sim k$ 个单位中确定中点位置的单位作为样本单位。其所抽出的样本具有较高的代表性。

随机取样法是在排序和确定了抽样间隔 k 后，在第一个区段 $1\sim k$ 个单位中随机确定一个起点，然后每隔 k 个单位抽取一个单位，使样本单位的出现呈现对称状态。

等距抽样排队时，按照排队标志与研究内容是否有关分为无关标志排队和有关标志排队两种。无关标志排队指对总体单位按照与调查内容无直接关系的标志进行排列，例如学生按照学号排队。按照无关标志排队，一般采取随机取样法。

有关标志排队指对总体单位按照与调查内容有直接关系的标志排队。例如，职工家计调查按照职工工资水平排队。按照有关标志排队，考虑到样本的代表性，一般采取中点取样法。

2. 等距抽样的抽样平均误差

按无关标志排队的等距抽样近似于简单随机抽样，可以按照简单随机抽样的抽样平均误差公式计算。

按照有关标志排队，实质上是一种特殊的类型抽样，可以使用类型抽样方式的不重复抽样平均误差公式计算。

若每组内总体方差已知,可以用类型抽样的重复抽样方法公式计算。由于等距抽样每组内只抽一个单位,则 $\frac{N_i-n_i}{N_i-1}=\frac{N_i-1}{N_i-1}=1$,所以抽样平均误差的计算公式为

$$\mu_{\bar{x}} = \sqrt{\frac{\overline{\sigma_i^2}}{n}\left(\frac{N_i-n_i}{N_i-1}\right)} = \sqrt{\frac{\overline{\sigma_i^2}}{n}}$$

$$\mu_p = \sqrt{\frac{\overline{p_i(1-p_i)}}{n}\left(\frac{N_i-n_i}{N_i-1}\right)} = \sqrt{\frac{\overline{p_i(1-p_i)}}{n}}$$

若每组内总体方差未知,用各组样本方差的平均数代替。由于等距抽样每组内只抽一个单位,无法计算各组内样本方差,因此,一般也按照简单随机抽样公式计算抽样平均误差。

【例 7-7】某企业袋装奶粉的最后一道生产线上,每小时下线 300 袋奶粉,现从某一天 24 h 下线的 7 200 袋奶粉中,每 45 min 抽取 1 袋奶粉,共抽取 32 袋奶粉测量其平均重量,测得 32 袋奶粉重量见表 7-7。试计算其抽样平均误差。

表 7-7 样本奶粉重量调查资料及抽样误差计算表

样本重量 x/kg	单位数 n_i	$n_i x$	$x-\bar{x}$	$(x-\bar{x})^2 n_i$
0.95	3	2.85	−0.06	0.010 8
0.98	8	7.84	−0.03	0.007 2
1.00	12	12.00	−0.01	0.001 2
1.08	7	7.56	0.07	0.034 3
1.10	2	2.20	0.09	0.016 2
合 计	32	32.45	0.06	0.069 7

解:由题意可知,抽样方式属于无关标志排队的等距抽样。

样本平均重量:$\bar{x} = \frac{\sum x n_i}{n} = \frac{32.45}{32} = 1.01 (\text{kg})$

样本的标准差:$s = \sqrt{\frac{\sum(x-\bar{x})^2 n_i}{n}} = \sqrt{\frac{0.069\ 7}{30}} = 0.047 (\text{kg})$

抽样平均误差:$\mu_{\bar{x}} = \sqrt{\frac{s^2}{n}\left(1-\frac{n}{N}\right)} = \sqrt{\frac{0.047^2}{32}\left(1-\frac{32}{7\ 200}\right)} = 0.008\ 3 (\text{kg})$

3. 等距抽样样本单位数的确定

等距抽样样本单位数计算公式如表 7-8 所示。

表 7-8 等距抽样样本单位数计算公式

	按无关标志排队	按有关标志排队
抽样平均数的单位数	$n=\dfrac{z^2 N \sigma^2}{N\Delta_{\bar{x}}^2 + z^2 \sigma^2}$	$n=\dfrac{z^2\ \overline{\sigma_i^2}}{\Delta_{\bar{x}}^2}$
抽样成数的单位数	$n=\dfrac{z^2 NP(1-P)}{N\Delta_p^2 + z^2 P(1-P)}$	$n=\dfrac{z^2\ \overline{P_i(1-P_i)}}{\Delta_p^2}$

7.4.4 整群抽样

1. 整群抽样的概念

整群抽样是将总体单位划归为若干群,然后以群为单位从中随机抽取一些群,对中选群中的所有单位进行全面调查的一种抽样组织方式。例如某高校中,以班为单位抽取学生;某县居民家计调查中,以行政村为单位抽取农民家庭户等。

整群抽样的优点是组织工作方便,确定一群便可以调查许多单位,同时样本单位比较集中,调查时节省人力、物力、财力和时间。其缺点是由于样本单位比较集中,限制样本单位在总体中分布的均匀性。所以,在相同条件下,整群抽样与纯随机抽样相比抽样误差较大。

2. 整群抽样的抽样平均误差

设总体的全部单位划分为 R 群,每群所包含的单位数为 M,现在从总体 R 群中随机抽取 r 群组成样本,并对中选的 r 群的所有 M 单位进行调查。可见,整群抽样实质上是以群代替总体单位,以群平均数代替总体单位标志值的简单随机抽样。所以,计算抽样平均误差时,实质上是以总体群数 R 代替总体单位数 N,以样本群数 r 代替样本单位数 n,用群平均数的群间方差 $\delta_{\bar{x}}^2$ 代替总体方差 σ^2。

整群抽样方式下的群间方差是把各群的平均数作为各个变量值求平均离差。

总体的群间方差:$\delta_{\bar{x}}^2 = \dfrac{\sum (\overline{X}_i - \overline{X})^2}{R}, \delta_P^2 = \dfrac{\sum (P_i - \hat{p})^2}{R}$

总体群资料未知时,一般用样本的群间方差代替总体群间方差,样本的群间方差为

$$\delta_{\bar{x}}^2 = \dfrac{\sum\limits_{i=1}^{r}(\overline{X}_i - \overline{X})^2}{r} \qquad \delta_P^2 = \dfrac{\sum\limits_{i=1}^{r}(P_i - P)^2}{r}$$

整群抽样一般采用不重复抽样的方法,所以平均数和成数的抽样平均误差分别为

$$\mu_{\bar{x}} = \sqrt{\dfrac{\delta_{\bar{x}}^2}{r}\left(\dfrac{R-r}{R-1}\right)} \qquad \mu_P = \sqrt{\dfrac{\delta_P^2}{r}\left(\dfrac{R-r}{R-1}\right)}$$

【例 7-8】 某城市调查队对该市居民家庭月支出情况进行调查时,以居委会为单位进行整群抽样。该市共有 2 600 个居委会,从中随机抽取 100 个居委会。对抽出的 100 个居委会中所有家庭都进行调查,得到平均家庭月支出额为 4 000 元,群间标准差为 200 元;月支出额在 5 000 元以上的居民家庭的比重为 85%,群间方差为 6.5%。计算其抽样误差。

解:已知 $R = 2\,600$(群),$r = 100$(群),$\delta_{\bar{x}}^2 = 200^2 = 40\,000$(元),$\delta_p^2 = 6.5\%$

则

$$\mu_{\bar{x}} = \sqrt{\dfrac{\delta_{\bar{x}}^2}{r}\left(\dfrac{R-r}{R-1}\right)} = \sqrt{\dfrac{40\,000}{100}\left(\dfrac{2\,600-100}{2\,600-1}\right)} = 19.62(元)$$

$$\mu_p = \sqrt{\dfrac{\sigma_p^2}{r}\left(\dfrac{R-r}{R-1}\right)} = \sqrt{\dfrac{0.065}{100}\left(\dfrac{2\,600-100}{2\,600-1}\right)} = 2.5\%$$

3. 整群抽样样本群的确定

整群抽样一般采取不重复抽样的方法。

平均数的样本群数:$r = \dfrac{Rz^2\delta_{\bar{x}}^2}{R\Delta_{\bar{x}}^2 + z^2\delta_{\bar{x}}^2}$

成数的样本群数：$r = \dfrac{Rz^2\delta_p^2}{R\Delta_p^2 + z^2\delta_p^2}$

7.4.5 多阶段抽样

1. 多阶段抽样的概念

以上几种抽样组织方式均为单阶段抽样，即都是从总体中进行一次抽样就产生一个完整的样本。在实际工作中，有时总体单位很多，分布很广，要一次抽出样本是很困难的。这时，需要采用多阶段抽样的组织方式。

多阶段抽样是先从总体中抽取一级单位，再从中选的一级单位中抽取二级单位，依次进行，到最后阶段才具体抽取到样本单位的抽样组织方式。

例如，要调查某县粮食平均亩产量，第一阶段，以乡为单位，全县所有乡中抽取部分乡；第二阶段，以生产小组为单位，从中选乡的所有生产小组中抽取部分生产组。第三阶段，以地块为单位，从中选生产组的所有土地中，随机抽取部分地块进行实割实测，并以样本点实割实测的数据来推断全县粮食平均亩产量和总产量。

多阶段抽样可以是两阶段、三阶段，也可以是更多阶段，一般段数不宜太多，二、三个阶段为宜。下面以最常用的两阶段为例说明抽样平均误差的计算方法。

2. 两阶段抽样的抽样平均误差

首先将总体划分为 R 群、每群包含 M_i 个单位，第一阶段是从总体 R 群中随机抽取 r 群，第二阶段是从中选的 r 群中分别随机抽取 m_i 个单位构成一个样本。即

$$N = M_1 + M_2 + \cdots + M_R \qquad n = m_1 + m_2 + \cdots + m_r$$

假定 R 组中各组的单位数相等，均为 M，则 $N=RM$，且从各组中抽取的单位数也相等，均为 m，则 $n=rm$，两阶段抽样实质上是类型抽样和整群抽样的结合。

在多阶段抽样中，每个阶段都会产生抽样误差，因此多阶段抽样的方差是各阶段抽样方差之和。两阶段抽样的方差实质是整群抽样的误差和类型抽样误差之和。第一阶段，把每个群看成是总体单位，从中随机抽取部分群，样本群与总体群之间会产生一个误差；第二阶段，把中选的所有群看成总体，从每个群中抽取若干个单位，会产生一个抽样误差，实际上是类型抽样的误差。

则两阶段抽样下平均数抽样平均误差计算公式为

不重复抽样条件下：$\mu_{\bar{x}} = \sqrt{\dfrac{\delta_{\bar{x}}^2}{r}\left(\dfrac{R-r}{R-1}\right) + \dfrac{\overline{\sigma_i^2}}{rm}\left(\dfrac{M-m}{M-1}\right)}$

重复抽样条件下：$\mu_{\bar{x}} = \sqrt{\dfrac{\delta_{\bar{x}}^2}{r} + \dfrac{\overline{\sigma_i^2}}{rm}} \quad (rm=n)$

式中：$\delta_{\bar{x}}^2$ 表示平均数的总体群间方差；$\overline{\sigma_i^2}$ 代表各样本群平均数的群内方差的平均值。若缺少总体资料，用样本的群间方差及群内方差的平均值代替。

两阶段抽样下成数抽样平均误差计算公式为

不重复抽样条件下：$\mu_p = \sqrt{\dfrac{\delta_p^2}{r}\left(\dfrac{R-r}{R-1}\right) + \dfrac{\overline{P_i(1-P)_i}}{rm}\left(\dfrac{M-m}{M-1}\right)}$

重复抽样条件下：$\mu_p = \sqrt{\dfrac{\delta_P^2}{r} + \dfrac{\overline{P_i(1-P)_i}}{rm}}$

式中：δ_P^2 表示成数的总体群间方差；$\overline{P_i(1-P)_i}$ 代表各样本群成数的群内方差的平均值。若缺少总体资料，用样本的群间方差及群内方差平均值代替。

一般多阶段抽样都用不重复抽样的方法。

【例 7-9】例 7-8 中，把该市 2 600 个居委会划归成 10 个群，先从 10 个群中抽 5 个群，再从中选群中每群抽 3 户调查家庭人均月消费额及人均月消费额在 3 000 元以上的居民家庭所占比重，两阶段抽样均采用不重复抽样的方法，所得资料如表 7-9 所示。计算抽样平均误差。

表 7-9 样本调查资料及抽样误差计算表

群别	家庭人均月消费额 x_{ij}/元	样本平均数 $\bar{x}_i$	离差平方 $(x_{ij}-\bar{x}_i)^2$	$\hat{p}_i$/%	$\hat{p}_i(1-\hat{p}_i)$/%
1	723		121	0	0
	727	734	49		
	752		324		
合计	2 202	—	494	—	0
2	771		121	0	0
	784	782	4		
	791		81		
合计	2 346	—	206	—	0
3	801		3 136	0	0
	834	857	529		
	936		6 241		
合计	2 571	—	9 906	—	0
4	993		2 704	33.33	22.22
	995	1 045	2 500		
	1 147		10 404		
合计	3 135	—	15 608	—	22.22
5	1 329		11 664	100	0
	1 438	1 437	1		
	1 544		11 449		
合计	4 311	—	23 114	—	0
合计	—	4 855	—	133.33	22.22

解：已知 $R=10$ 个群　$r=5$ 个群　$M=260$ 户　$m=3$ 户

表 7-9 中，$\hat{p}_i$ 表示人均月消费额在 3 000 元以上的家庭所占比重。

(1) 平均数的抽样平均误差

抽样平均数：$\bar{x} = \dfrac{\sum \bar{x}_i}{r} = \dfrac{4\,855}{5} = 971$（元）

则各样本群平均数的群间方差为

$$\delta_{\bar{x}}^2 = \frac{\sum_{i=1}^{r}(\bar{x}_i - \bar{x})^2}{r}$$

$$= \frac{(734-971)^2 + (782-971)^2 + (857-971)^2 + (1\,045-971)^2 + (1\,437-971)^2}{5}$$

$$= \frac{110\,362}{5} = 22\,072.4$$

各样本群平均数群内方差分别为

$$\sigma_1^2 = \frac{\sum_{j=1}^{m}(x_{ij}-\bar{x}_i)^2}{m} = \frac{494}{3} = 164.67(元)$$

$$\sigma_2^2 = \frac{206}{3} = 68.67(元) \qquad \sigma_3^2 = \frac{9\,906}{3} = 3\,302(元)$$

$$\sigma_4^2 = \frac{15\,608}{3} = 5\,202.67(元) \qquad \sigma_5^2 = \frac{23\,114}{3} = 7\,704.67(元)$$

样本群平均数群内方差的平均值 $\overline{\sigma_{\bar{x}}^2}$ 为

$$\overline{\sigma_i^2} = \frac{\sum \sigma_i^2}{r} = \frac{164.67 + 68.67 + 3\,302 + 5\,202.67 + 7\,704.67}{5} = 3\,288.54(元)$$

则平均数抽样平均误差为

$$\mu_{\bar{x}} = \sqrt{\frac{\delta^2}{r}\left(\frac{R-r}{R-1}\right) + \frac{\overline{\sigma_i^2}}{rm}\left(\frac{M-m}{M-1}\right)}$$

$$= \sqrt{\frac{22\,072.4}{5} \times \left(\frac{10-5}{10-1}\right) + \frac{3\,288.54}{5 \times 3} \times \left(\frac{5-3}{5-1}\right)} = 54.78(元)$$

(2) 成数的抽样平均误差

样本的成数：$\hat{p} = \frac{\sum \hat{p}_i}{r} = \frac{133.33\%}{5} = 26.67\%$

各样本群成数群间方差为

$$\delta_{\hat{p}}^2 = \frac{\sum(\hat{p}_i - \hat{p})^2}{r}$$

$$= [(0-26.67\%)^2 + (0-26.67\%)^2 + (0-26.67\%)^2$$
$$+ (33.33\%-26.67\%)^2 + (100\%-26.67\%)^2]/5$$

$$= \frac{0.755\,5}{5} = 15.11\%$$

各样本群成数群内方差的平均值为

$$\overline{\hat{p}_i(1-\hat{p}_i)} = \frac{\sum \hat{p}_i(1-\hat{p}_i)}{r} = \frac{0.222\,2}{5} = 4.44\%$$

则成数的抽样平均误差为

$$\mu_{\hat{p}} = \sqrt{\frac{\delta_{\hat{p}}^2}{r}\left(\frac{R-r}{R-1}\right) + \frac{\overline{P_i(1-P)_i}}{rm}\left(\frac{M-m}{M-1}\right)}$$

$$=\sqrt{\frac{15.11\%}{5}\left(\frac{10-5}{10-1}\right)+\frac{4.44\%}{5\times3}\times\left(\frac{260-3}{260-1}\right)}=14.04\%$$

以上五种抽样组织方式可以单独使用,也可结合起来同时使用。例如,我国 2019 年上半年居民收入和消费支出情况采用分层、多阶段、与人口规模大小成比例的概率抽样方法在全国 31 个省(区、市)的 1 800 个县(市、区)随机抽选 16 万个居民家庭作为调查户。又如全国人口变动情况抽样调查以全国为总体,以各省(区、市)为子总体,抽样采取分层、二阶段、整群抽样方法,最终样本单位为调查小区。

思考与练习

一、判断题

1.(　　)抽样推断的目的是用样本指标推断总体指标。

2.(　　)抽样平均误差是样本指标与总体指标之间的平均离差。

3.(　　)对各种不同型号的电冰箱进行使用寿命的检查,最好的方法是抽样推断。

4.(　　)为了保证抽样指标的分布趋近于正态分布,抽样时,一般样本容量应大于或等于 30,这时的样本称为大样本。

5.(　　)抽样极限误差是样本指标与总体指标之间最大允许的误差范围。

6.(　　)抽样平均误差一定时,概率保证程度越大,推断的准确程度越高。

7.(　　)在抽样平均误差一定的情况下,概率度增大,极限误差不变。

8.(　　)若样本指标的平均数等于总体指标,此样本指标是总体指标的一致性估计量。

9.(　　)其他条件一定时,重复抽样的抽样误差大于不重复抽样的抽样误差。

10.(　　)在其他条件一定时,按有关标志排队的等距抽样的抽样平均误差大于按无关标志排队的抽样平均误差。

二、单项选择题

1.从生产线上每隔 1 h 随机抽取 10 min 的产品进行检验,这种方式属于(　　)。

A. 等距抽样　　　　B. 类型抽样　　　　C. 整群抽样　　　　D. 简单随机抽样

2.在其他条件不变的情况下,如果重复抽样的极限误差缩小为原来的 1/2,则样本容量(　　)。

A. 扩大为原来的 4 倍　　　　　　　　B. 扩大为原来的 2 倍

C. 缩小原来的 1/2　　　　　　　　　D. 缩小原来的 1/4

3.当样本单位数充分大时,样本估计量充分地靠近总体指标的可能性趋于 1,称为抽样估计的(　　)。

A. 无偏性　　　　B. 一致性　　　　C. 有效性　　　　D. 充分性

4.其他条件不变,概率保证程度要求比原来增大,抽样单位数(　　)。

A. 必须增加　　　　B. 可以增加　　　　C. 应该减少　　　　D. 保持不变

5.纯随机抽样(重复)的抽样平均误差的大小取决于(　　)。

A. 样本单位数　　　　　　　　　　　B. 总体方差

C. 总体单位数和总体方差　　　　　　D. 样本单位数和总体方差

6.从纯理论出发,最符合随机性原则的抽样方式是(　　)。

A. 简单随机抽样　　　　B. 类型抽样　　　　　C. 等距抽样　　　　　D. 整群抽样

7. 根据对某超市 100 名顾客等候结账情况的调查,得知每次平均等候时间为 4 min,标准差为 2 min,在概率保证程度为 95.45% 的要求下,估计顾客平均等候时间的区间为(　　)分钟之间。($z=2$)

A. 3.9～4.1　　　　　B. 3.8～4.2　　　　　C. 3.7～4.3　　　　　D. 3.6～4.4

8. 在抽样推断中,抽样误差是(　　)。

A. 可以避免的　　　　　　　　　　　　　　B. 可避免且可控制

C. 不可且无法控制　　　　　　　　　　　　D. 不可避免但可控制

9. 假定 10 亿人口大国和 100 万人口小国的居民年龄变异程度相同,现在各自用重复抽样方法抽取本国的 1‰ 人口作为样本,则抽样误差(　　)。

A. 两者相等　　　　　B. 前者大于后者　　　　C. 前者小于后者　　　　D. 不能确定

10. 根据上年资料得知某地稻田平均公顷产量的标准差为 750 kg,若以 95% 的概率保证平均公顷产量的误差不超过 160 kg,应抽选(　　)公顷地作为样本进行调查。

A. 100　　　　　　　B. 120　　　　　　　C. 500　　　　　　　D. 1 000

三、简答题

1. 什么是抽样误差?影响抽样误差大小的各因素与抽样误差的关系如何?
2. 简要说明各种抽样组织方式有什么特点。
3. 衡量估计量是否优良的标准有哪些?每种标准具体是怎样要求的?
4. 什么是抽样推断?抽样推断有哪些特点?
5. 什么是置信度?什么是抽样估计的准确性?他们之间有什么关系?

四、计算题

1. 从 100 000 只某种型号的电子元件中简单随机抽取 1% 进行耐用时数的检验。测试结果的平均寿命为 1 100 h,标准差为 102 h,合格率为 92%。要求根据以上资料,在 95% 的可靠程度下,按不重复抽样方法推断该批电子元件平均寿命和合格率的区间范围。

2. 为了研究某新产品的适销情况,某公司在该市举办的商品交易会上,对 1 000 名顾客进行调查,得知其中有 600 人喜欢这种产品。以 95% 的概率保证程度确定该市居民喜欢此种产品比率的区间范围。

3. 假设往年的统计资料表明,在城镇登记失业人员中 30 岁以下的青年人占 60% 左右。现欲进行随机抽样调查,以估计今年 30 岁以下青年人在城镇登记失业人员中的比重。问至少需要抽样调查多少名登记失业人员,才能保证以 95% 的把握使估计误差不大于 5%?如果将规定的误差范围扩大一倍,其他条件不变,问至少需要抽样调查多少名登记失业人员?

4. 某汽车制造厂为了测定某种型号汽车轮胎的使用寿命,随机抽取 50 只作为样本进行寿命测试,计算出轮胎平均寿命为 45 000 km,标准差为 4 150 km,试以 95% 的置信度推断该厂这批汽车轮胎平均使用寿命的区间范围。如果极限误差扩大一倍,其他条件不变,需要抽取多少只轮胎进行测试?

5. 某大学欲调查学生的月生活费情况,现用重复抽样抽取 100 名学生进行调查,得到月生活费在 2 000 元以上的有 32 名,以 95% 的概率保证程度计算全体学生中月生活费在 2 000 元以上学生比重的区间范围;如果极限误差减少为 4.5%,概率保证程度仍为 95%,需要抽取多少名学生?

6.某储蓄所年终按定期储蓄存款进行每隔 10 户的等距抽样,得到如下资料。试以 95.45% 的概率估计平均定期存款的范围。

定期存款/万元	1～5	5～10	10～15	15～20	20 以上	合 计
户数 f/户	58	150	200	62	14	484

7.设某高校为了调查学生的平均月生活费支出额,从全校 900 个班中随机抽取 10 个班,对这 10 个班所有学生进行调查,得 10 个班学生平均月生活费支出额为 1 300 元,10 个班学生月生活费支出额的群间方差为 11 025 元。试在 95% 概率保证程度下对该校所有学生月平均生活费支出额进行区间估计。

第 8 章 假设检验

> **学习目标**

理解假设检验的含义、基本原理,分清原假设和备择假设、弃真错误和取伪错误;掌握假设检验的基本步骤;搞清不同条件下抽样指标的分布形式、假设检验应使用的检验统计量及对原假设取舍的判断标准;灵活运用假设检验方法对总体参数进行假设检验,并注意正确把握和运用假设检验的结果。

8.1 假设检验的一般问题

8.1.1 假设检验的概念

假设检验是先对总体参数或总体分布形式作出一个假设,然后利用样本信息去判断此假设是否成立,即判断样本信息与此假设是否有显著性差异,从而决定接受或否定这一假设的一种统计分析方法。因此假设检验也被称为显著性检验。本章仅介绍总体参数假设检验。

【例 8-1】产品质量监督管理部门接到消费者举报,反映市场上销售的某品牌纸盒包装牛奶重量问题。其包装上标明的每袋容量为 250 mL,而消费者测试发现平均每袋容量不足 250 mL,认为厂商欺骗了消费者。

质量监督管理部门如何作出判断,这是企业生产中的正常波动还是企业有意而为之?质量监督管理部门实际上要进行的是一项假设检验工作,检验总体平均每袋容量是否等于包装上注明的 250 mL。

首先假设总体平均每袋容量等于 250 mL,然后根据已知条件计算样本平均每袋容量,并以样本平均每袋容量来检验其假设是否成立,从而做出厂商是否欺骗消费者的判断。

8.1.2 原假设和备择假设

原假设是需要通过样本资料推断其正确与否的命题,通常用 H_0 表示。与原假设对立的假设是备择假设 H_1。原假设和备择假设的设定,要根据实际情况确定,一般把期望知道的结论作为备择假设。

如例 8-1 中可能的假设有三种:

如果质量监督管理部门希望了解该种牛奶的平均含量是否为标明的 250 mL,则
$$H_0: \overline{X} = 250, H_1: \overline{X} \neq 250$$

如果质量监督管理部门希望了解该种牛奶的平均含量是否小于标明的 250 mL,则
$$H_0: \overline{X} \geqslant 250, H_1: \overline{X} < 250$$

如果质量监督管理部门希望了解该种牛奶的平均含量是否大于标明的 250 mL,则
$$H_0: \overline{X} \leqslant 250, H_1: \overline{X} > 250$$

备择假设的选择不同,假设检验的方法也不完全相同。检验结果,如果原假设被否定,备择假设就自然成立。

8.1.3 假设检验中的两类错误及显著性水平

1. 假设检验中的两类错误

假设检验的目的是根据样本信息作出决策,也就是作出是否拒绝原假设而接受备择假设。虽然研究者总是希望能作出绝对正确的决策,即当原假设 H_0 正确时没有拒绝它,当原假设 H_0 不正确时拒绝它。但假设检验也是以样本资料为基础的,而样本统计量是随机变量,因此据此所做出的判断无法保证不犯错误。一般来说,决策结果存在以下四种情况:

表 8-1 假设检验决策结果表

检验结果	接受 H_0	拒绝 H_0
H_0 为真	判断正确	弃真错误(α)
H_0 为假	取伪错误(β)	判断正确

可见,假设检验过程中可能犯以下两类错误:

当原假设为真时拒绝原假设,所犯的错误称为第Ⅰ类错误,又称为弃真错误。犯第Ⅰ类错误的概率通常记为 α。

当原假设为假时没有拒绝原假设,所犯的错误称为第Ⅱ类错误,又称为取伪错误。犯第Ⅱ类错误的概率通常记为 β。

假设检验中我们自然希望犯两类错误的概率都尽可能小,但实际上难以做到。不难看出,第Ⅰ类错误 α 和第Ⅱ类错误 β 其实是一对矛盾体,在其他条件不变时,当犯第Ⅰ类错误的概率 α 增大时犯第Ⅱ类错误的概率 β 减小,当犯第Ⅰ类错误的概率 α 减小时犯第Ⅱ类错误的概率 β 增大,要使犯第Ⅰ类错误的概率 α 和犯第Ⅱ类错误的概率 β 同时减小的惟一办法是增加样本容量。然而,实际中样本容量的增加也会受到诸多因素的限制而不能如人们所愿。所以,人们只能在控制犯第Ⅰ类错误的概率 α 或控制犯第Ⅱ类错误的概率 β 之间进行平衡,把 α 和 β 控制在能够接受的范围内。一般来说,发生第Ⅰ类错误的后果更为严重,因此,在假设检验中,人们往往先控制犯第Ⅰ类错误的概率 α。

2. 假设检验中的显著性水平

假设检验的基本思想是应用小概率的原理。小概率原理是指发生概率很小的随机事件在一次实验中几乎是不可能发生的。根据这一原理,可以做出是否接受原假设的决定。

【例 8-2】有一位厂商声称其产品的合格率很高,可以达到 99%,那么从一批产品(如 100 件)中随机抽取 1 件,这一件恰好是次品的概率就非常小,只有 1%。如果厂商的宣称是真的,随机抽取 1 件是次品的情况就几乎是不可能发生的。但如果这种情况确实发生了,我们就有理由怀疑原来的假设,即产品中只有 1% 次品的假设是否成立,这时就可以推翻原来的假设,可以做出厂商的宣称是假的这样一个推断。我们进行推断的依据就是小概率原理。

当然,推断也可能会犯错误,即这 100 件产品中确实只有 1 件是次品,而恰好在一次抽取中被抽到了。所以这个例子中犯这种错误的概率是 1%,也就是说我们在冒 1% 的风险做出厂商宣称是假的这样一个推断。

这里的 1% 称为检验的显著性水平。显著性水平是人们事先指定的犯第Ⅰ类错误的概率 α 的最大允许值。显著性水平 α 越小，犯第Ⅰ类错误的可能性就越小，但犯第Ⅱ类错误的可能则随之增大。显著性水平是人们事先给出的一个值。一般情况下，人们认为犯第Ⅰ类错误的后果更严重一些，因此通常会取一个较小的 α 值。常用的显著性水平有 $\alpha=0.01$、$\alpha=0.05$、$\alpha=0.1$ 等。

8.1.4 单侧检验和双侧检验

从前面的介绍可知，通过确定的检验统计量和显著性水平，可以找出一个临界值，将统计量的取值范围划分成拒绝区域和接受区域两部分。拒绝区域就是检验统计量取值的小概率区域。对于不同形式的假设，H_0 的接受区域和拒绝区域也有所不同，就形成了单侧检验和双侧检验，其中单侧检验又有左侧检验和右侧检验。双侧检验的拒绝区域位于统计量分布曲线的两侧；左侧检验的拒绝区域位于统计量分布曲线的左侧；右侧检验的拒绝区域位于统计量分布曲线的右侧。在检验统计量服从正态分布且给定显著性水平 α 的条件下，单侧检验和双侧检验的拒绝域如图 8-1 所示。

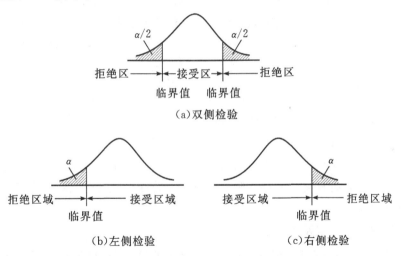

图 8-1 假设检验的接受区域和拒绝区域

一个假设检验究竟是使用双侧检验还是单侧检验，在单侧检验中是使用左侧检验还是右侧检验，取决于备择假设的形式。比如根据备择假设的不同，提出的假设有三种情形：

(1) $H_0: \overline{X}=\overline{X}_0, H_1: \overline{X} \neq \overline{X}_0$，这时，只要 $\overline{X} < \overline{X}_0$ 或 $\overline{X} > \overline{X}_0$ 中有一个成立，就可以否定原假设，显然拒绝域在两边，用双侧检验。

【例 8-3】质量监督管理部门希望了解某种牛奶的平均含量是否为标明的 250 mL？

假设应为：$H_0: \overline{X}=250, H_1: \overline{X} \neq 250$

(2) $H_0: \overline{X} \geq \overline{X}_0, H_1: \overline{X} < \overline{X}_0$，这时，拒绝域在左边，属于左侧检验。

【例 8-4】假如某企业规定灯泡的使用寿命平均低于 1 000 h，该批灯泡不能出厂。已知灯泡的使用寿命服从正态分布，标准差为 20 h。在总体中随机抽取了 100 只，得知样本均值为 960 h，该批灯泡能否出厂。

假设应为：$H_0: \overline{X} \geq 1\,000, H_1: \overline{X} < 1\,000$

(3) $H_0: \overline{X} \leqslant \overline{X}_0, H_1: \overline{X} > \overline{X}_0$,这时,拒绝域在右边,属于右侧检验。

【例 8 - 5】 某企业生产了一批灯管,若规定不合格率达到 5% 时,灯管就不能出厂。在总体中随机抽取了 100 只,得知样本的不合格率为 4.8%,问该批灯管能否出厂?

假设应为:$H_0: P \leqslant 5\%, H_1: P > 5\%$

8.1.5 假设检验的步骤

1. 提出原假设 H_0 和备择假设 H_1

对每个假设检验问题,一般可同时提出两个相反的假设,即原假设 H_0 和备择假设 H_1。原假设和备择假设不是随意提出的,应根据所检验问题的具体背景而定。常常是遵循"不轻易拒绝原假设"的原则,即把没有充分理由不能轻易否定的命题作为原假设,而把没有足够把握就不能轻易肯定的命题作为备择假设。原假设和备择假设是相互对立的,检验结果二者必取之一。

2. 确定适当的统计量并利用样本数据计算其数值

与参数估计一样,在参数的假设检验中,也要借助于样本统计量进行统计推断。所以,在原假设和备择假设确定之后,需要根据样本的大小、总体方差是否已知,构造一个适当的检验统计量来决定是否拒绝原假设。在大样本条件下,不论总体是否是正态分布,样本指标都服从或逼近正态分布,其统计量服从标准正态分布。所以,样本平均数和样本成数的检验统计量分别为

$$z = \frac{\overline{x} - \overline{X}}{\mu_{\overline{x}}} = \frac{\overline{x} - \overline{X}}{\frac{\sigma}{\sqrt{n}}}, \quad z = \frac{\hat{p} - P}{\mu_p} = \frac{\hat{p} - P}{\frac{P(1-P)}{\sqrt{n}}}$$

检验统计量确定之后,计算检验统计量的值。

3. 确定显著性水平 α

确定显著性水平 α 即犯第一类错误的概率。由于由显著性水平决定的临界值是判断样本统计量与总体参数是否有显著差异的界限值,因此,显著性水平的确定将会直接影响假设检验的结果。通常 α 取 0.05 或 0.01。

4. 确定统计量的否定域及临界值

确定了显著性水平 α,就可根据有关概率分布表查得临界值,根据样本资料计算出检验统计量的具体值,并用以与临界值比较,做出接受或拒绝原假设 H_0 的结论。临界值就是接受区域和拒绝区域的分界点。这里应注意是单边检验还是双边检验。

5. 判断假设是否成立

如果检验统计量的值落在拒绝区域内,说明样本所描述的情况与原假设有显著性差异,应拒绝原假设;反之,则接受原假设。

8.2 总体均值的假设检验

8.2.1 单个总体均值的假设检验

1. 正态分布总体且总体方差已知

(1) 构造统计量。如果总体服从正态分布,总体方差已知,则样本均值服从 $N(\mu, \sigma^2/n)$,检

验统计量为
$$z = \frac{\bar{x} - \bar{X}_0}{\frac{\sigma}{\sqrt{n}}}$$

(2)确定临界值,并判断决策。根据显著性水平查标准正态分布表,得相应临界值。

根据不同检验分为以下三种判断决策情况:

①双侧检验用临界值$z_{\alpha/2}$,当$|z| \geq z_{\alpha/2}$时,拒绝原假设,接受备择假设;反之,接受原假设。

②右侧检验用临界值z_α,当$z \geq z_\alpha$时,拒绝原假设,接受备择假设;反之,接受原假设。

③左侧检验用临界值$-z_\alpha$,当$z \leq -z_\alpha$时,拒绝原假设,接受备择假设;反之,接受原假设。

【例 8-6】我国出口的一种罐头,标准规格是每罐净重 250 g,据以往经验,标准差为 3 g。某食品厂采用自动装罐机分装这种罐头,从某日分装的所有罐头中随机抽取 100 罐进行检验,其平均净重 249 g。假定罐头重量服从正态分布,按规定显著性水平 $\alpha = 0.05$,问能否认为这天自动装罐机工作正常?

解:由题意可知,这是一个双侧检验。

第一步,提出原假设和备择假设。
$$H_0: \bar{X} = 250, \quad H_1: \bar{X} \neq 250$$

第二步,计算检验统计量。
$$z = \frac{\bar{x} - \bar{X}_0}{\frac{\sigma}{\sqrt{n}}} = \frac{249 - 250}{\frac{3}{\sqrt{100}}} = -3.33$$

第三步,确定临界值。根据 $\alpha = 0.05$,查标准正态分布表得 $z_{\alpha/2} = z_{0.025} = 1.96$。

第四步,作出决策。由于,$|z| = 3.33 > z_{\alpha/2} = 1.96$,拒绝原假设,接受备择假设,可以认为这天自动装罐机工作不正常。

2. 正态总体方差未知,且为大样本

构造统计量。大样本情况下,正态总体方差未知,可以用样本方差 s^2 代替总体方差 σ^2,统计量近似地服从正态分布,仍然可以采用 z 统计量作为检验统计量,即

$$z = \frac{\bar{x} - \bar{X}_0}{\frac{s}{\sqrt{n}}}$$

可以和总体为正态分布且方差已知情况下同样的方法与临界值比较,进行检验判断。

【例 8-7】例如某种机械设备零件要求高度为 15 cm。现随机抽查 100 件零件,测得其平均高度为 14.7 cm,样本的标准差为 1.4 cm。试判断在 $\alpha = 0.05$ 的显著水平下,该批零件是否符合要求?

解:有题意可知,这属于一个双侧检验。

(1)提出原假设和备择假设
$$H_0: \bar{X} = 15, \quad H_1: \bar{X} \neq 15$$

(2)计算检验统计量
$$z = \frac{\bar{x} - \bar{X}_0}{\frac{s}{\sqrt{n}}} = \frac{14.7 - 15}{\frac{1.4}{\sqrt{100}}} = -2.143$$

(3)确定临界值

根据 $\alpha=0.05$ 查标准正态分布表,得临界值 $z_{\alpha/2}=1.96$。

(4)对原假设进行取舍决策

由于 $|z|=2.143>z_{\alpha/2}=1.96$,拒绝原假设,接受备择假设,认为在 $\alpha=0.05$ 的显著水平下,该批零件不符合要求。

3. 正态总体方差未知,且为小样本

(1)构造统计量

在小样本条件下,正态总体方差未知,用样本方差 s^2 代替总体方差 σ^2,这时统计量服从 t 分布,t 检验统计量可以表示为

$$t = \frac{\bar{x} - \bar{X}_0}{\frac{s}{\sqrt{n}}} \sim t(n-1)$$

(2)确定临界值

利用显著性水平 α 查 t 分布表,得相应临界值。

(3)对原假设进行取舍决策

根据不同的检验,分为以下三种情况:

①双侧检验用临界值 $t_{\alpha/2}(n-1)$,当 $|t| \geq t_{\alpha/2}(n-1)$ 时,拒绝原假设,接受备择假设;反之,接受原假设。

②右侧检验用临界值 $t_\alpha(n-1)$,当 $t \geq t_\alpha(n-1)$ 时,拒绝原假设,接受备择假设;反之,接受原假设。

③左侧检验用临界值 $-t_\alpha(n-1)$,当 $t \leq -t_\alpha(n-1)$ 时,拒绝原假设,接受备择假设;反之,接受原假设。

【例 8-8】 某高校大一理工科高数统考完后,高数老师说学生考得不错,估计平均成绩达到 78 分。教务处随机从试卷中抽出 25 份,统计后 25 名学生高数平均成绩 70 分,标准差 9 分。在 $\alpha=0.05$ 的显著水平下,检验高数老师对该校理工科学生高数成绩的推测是否准确?

解:根据题意,这是一个双侧检验。

(1)提出原假设和备择假设

$$H_0: \bar{X} = 78 \text{ 分}, \quad H_1: \bar{X} \neq 78 \text{ 分}$$

(2)计算检验统计量

$$t = \frac{\bar{x} - \bar{X}_0}{\frac{s}{\sqrt{n}}} = \frac{70 - 78}{\frac{9}{\sqrt{25}}} = -4.44$$

(3)确定临界值

根据 $\alpha=0.05$ 查标准正态分布表,得临界值 $z_{\alpha/2}=1.96$。

(4)判断决策

由于 $|t|=4.44>t_{\alpha/2}=1.96$,拒绝原假设,接受备择假设,即在 $\alpha=0.05$ 的显著水平下,该校高数老师对理工科学生高数成绩的推测是不准确的。

4. 总体为非正态分布,且大样本

如果总体是非正态分布,或者总体的分布形式未知,在进行总体均值的假设检验时,需要

大样本,这时统计量近似的服从正态分布,可以用 z 统计量作为检验统计量,即

$$z = \frac{\bar{x} - \bar{X}_0}{\frac{\sigma}{\sqrt{n}}}$$

如果总体方差未知,可用样本方差代替总体方差,即 $z = \dfrac{\bar{x} - \bar{X}_0}{\frac{s}{\sqrt{n}}}$

判断标准与检验方法同方差未知大样本正态总体一致。

【例 8-9】 某房地产公司经理认为该市某区域房屋的平均价格低于 15 000 元。从该区域随机抽取 36 套房,调查得平均价格为 13 000 元,标准差为 1 800 元。在 $\alpha=0.05$ 的显著水平下,检验房地产公司经理的观点是否正确?

解:由题意可知,这是一个左单侧检验。

第一步,提出原假设和备择假设。

$$H_0: \bar{X} \geqslant 15\,000, \quad H_1: \bar{X} < 15\,000$$

第二步,计算检验统计量。

$$z = \frac{\bar{x} - \bar{X}_0}{\frac{\sigma}{\sqrt{n}}} = \frac{13\,000 - 15\,000}{\frac{1\,800}{\sqrt{36}}} = -6.667$$

第三步,确定临界值。根据 $\alpha=0.05$,查标准正态分布表得 $-z_\alpha = -z_{0.05} = -1.645$

第四步,对原假设进行取舍决策。由于,$z=-6.67 < -z_\alpha = -1.645$,拒绝原假设,接受备择假设,可以认为该房地产公司经理的观点是正确的。

8.2.2 两个总体均值之差的假设检验

在实际研究中,常常需要比较两个总体的差异,如某所大学的两个年级学生的数学平均成绩之间是否有显著差异;某企业在改进了生产工艺后的平均劳动生产率与原工艺下的平均劳动生产率相比是否有显著提高等等,这些都属于两个总体平均数之差的假设检验问题。

两个总体均值之差的三种基本假设形式如下。

双侧检验:$H_0: \bar{X}_1 - \bar{X}_2 = 0, H_1: \bar{X}_1 - \bar{X}_2 \neq 0$

左侧检验:$H_0: \bar{X}_1 - \bar{X}_2 \geqslant 0, H_1: \bar{X}_1 - \bar{X}_2 < 0$

右侧检验:$H_0: \bar{X}_1 - \bar{X}_2 \leqslant 0, H_1: \bar{X}_1 - \bar{X}_2 > 0$

1. 两个正态总体,方差已知且为大样本

首先,构造检验统计量。

当两个正态总体方差 σ_1^2、σ_2^2 已知,且 n_1、n_2 均为大样本,这时统计量服从正态分布,则检验统计量为

$$z = \frac{(\bar{x}_1 - \bar{x}_2) - (\bar{X}_1 - \bar{X}_2)}{\sqrt{\frac{\sigma_1^2}{n_1} + \frac{\sigma_2^2}{n_2}}} \sim N(0,1)$$

当两个总体方差 σ_1^2、σ_2^2 未知,可以分别用样本方差 s_1^2、s_2^2 替代,检验统计量为

$$z = \frac{(\bar{x}_1 - \bar{x}_2) - (\bar{X}_1 - \bar{X}_2)}{\sqrt{\frac{s_1^2}{n_1} + \frac{s_2^2}{n_2}}} \sim N(0,1)$$

其次,根据给定的显著性水平查标准正态分布积分表,得相应的临界值。

最后,根据不同的检验对原假设进行取舍判断。有以下三种判断情况:

双侧检验用临界值$z_{\alpha/2}$,当$|z|\geq z_{\alpha/2}$时,拒绝原假设,接受备择假设;反之,接受原假设。

右侧检验用临界值z_α,当$z\geq z_\alpha$时,拒绝原假设,接受备择假设;反之,接受原假设。

左侧检验用临界值$-z_\alpha$,当$z\leq -z_\alpha$时,拒绝原假设,接受备择假设;反之,接受原假设。

【例8-10】某所大学某些数学老师认为,该校某两个相邻年级学生在一年级时的数学平均成绩之间有显著差异。据以往经验,一年级学生数学成绩标准差(σ_1、σ_2)均为12分。如果从两个年级学生中分别随机抽取的学生数:$n_1=50$,$n_2=65$;样本平均数:$\bar{x}_1=75$,$\bar{x}_2=79$。试在显著性水平$\alpha=0.05$下,检验调查结果是否支持数学老师的观点?

解:根据题意提出原假设和备择假设 $H_0:\bar{X}_1-\bar{X}_2=0$,$H_1:\bar{X}_1-\bar{X}_2\neq 0$

该检验属于双侧检验,由显著性水平$\alpha=0.05$标准正态分布积分表,得临界值为1.96。

根据题意构造检验统计量并计算其具体数值:

$$z=\frac{(\bar{x}_1-\bar{x}_2)-(\bar{X}_1-\bar{X}_2)}{\sqrt{\frac{\sigma_1^2}{n_1}+\frac{\sigma_2^2}{n_2}}}=\frac{(75-79)}{\sqrt{\frac{12^2}{50}+\frac{12^2}{65}}}=-1.77$$

由于$|z|=1.77<1.96$,所以接受原假设,说明调查结果不支持数学老师的观点,即可以认为该校这两个年级学生在一年级时的数学平均成绩之间没有显著差异。

【例8-11】某年来自城市和农村中考考生的成绩都服从正态分布。抽样资料城市:$n_1=37$,$\bar{x}_1=545$,$s_1=50$。农村:$n_2=35$,$\bar{x}_2=495$,$s_2=55$。在显著性水平$\alpha=0.05$下,能否说明城市考生的平均成绩比农村考生的高。

解:根据题意,该检验属于左侧检验。

(1)提出原假设和备择假设

$$H_0:\bar{X}_1-\bar{X}_2\geq 0,\quad H_1:\bar{X}_1-\bar{X}_2<0$$

(2)确定临界值

由显著性水平$\alpha=0.05$查标准正态分布表,得临界值$-z_{0.05}=-1.645$

(3)计算检验统计量。

$$z=\frac{(\bar{x}_1-\bar{x}_2)-(\bar{X}_1-\bar{X}_2)}{\sqrt{\frac{s_1^2}{n_1}+\frac{s_2^2}{n_2}}}=\frac{(545-495)-0}{\sqrt{\frac{50^2}{37}+\frac{55^2}{35}}}=4.029$$

(4)判断决策

由于$z=4.029>-1.645$,接受原假设,说明城市考生的平均成绩比农村考生的高。

2. 两个正态总体,总体方差未知但相等

正态总体下,方差未知但相等时,进行两个总体均值之差的假设检验用t检验统计量,用两个样本总体的共同(公)方差代替两个总体的共同(公)方差。

首先,构造统计量。总体方差未知时,用样本方差代替总体方差。可以构造如下t统计量:

$$t=\frac{(\bar{x}_1-\bar{x}_2)-(\bar{X}_1-\bar{X}_2)}{s\sqrt{\frac{1}{n_1}+\frac{1}{n_2}}}\sim t(n_1+n_2-2)$$

其中,两个样本总体的共同(公)方差$s^2=\frac{(n_1-1)s_1^2+(n_2-1)s_2^2}{n_1+n_2-2}$,这时估计量$(\bar{x}_1-\bar{x}_2)$的

标准差为 $\sqrt{\dfrac{s^2}{n_1}+\dfrac{s^2}{n_2}}=s\sqrt{\dfrac{1}{n_1}+\dfrac{1}{n_2}}$。

其次,利用显著性水平查 t 分布表,查得相应临界值。

最后,根据不同的检验,分为以下三种对原假设的取舍判断标准:

双侧检验用临界值 $t_{\alpha/2}(n-1)$,当 $|t|\geqslant t_{\alpha/2}(n-1)$ 时,拒绝原假设,接受备择假设;反之,接受原假设。

右侧检验用临界值 t_α,当 $t\geqslant t_\alpha(n-1)$ 时,拒绝原假设,接受备择假设;反之,接受原假设。

左侧检验用临界值 $-t_\alpha$,当 $t\leqslant -t_\alpha(n-1)$ 时,拒绝原假设,接受备择假设;反之,接受原假设。

【例 8-12】某企业有 A、B 两台生产设备,从 A、B 设备生产的产品中分别随机抽出 11 件和 21 件构成两个样本。测得 A、B 两台设备所生产的产品平均长度分别为:$\bar{x}_A=15.4$ cm,$\bar{x}_B=14.8$ cm;方差分别为:$s_A^2=0.028$,$s_B^2=0.022$。假定两个总体均服从正态分布,且总体方差相等。试问 A、B 两台设备生产的产品平均尺寸有无显著性差异($\alpha=0.05$)?

解:根据题意,这是一个双侧检验。

(1)提出假设
$$H_0:\overline{X}_A-\overline{X}_B=0,\ H_1:\overline{X}_A-\overline{X}_B\neq 0$$

(2)计算共同方差的估计值样本的方差
$$s^2=\frac{(n_1-1)s_A^2+(n_2-1)s_B^2}{n_1+n_2-2}=\frac{(11-1)\times 0.028+(21-1)\times 0.022}{11+21-2}=0.024$$

(3)计算 t 统计量
$$t=\frac{(\bar{x}_A-\bar{x}_B)-(\overline{X}_A-\overline{X}_B)}{s\sqrt{\dfrac{1}{n_1}+\dfrac{1}{n_2}}}=\frac{(15.4-14.8)-0}{\sqrt{0.024}\sqrt{\dfrac{1}{11}+\dfrac{1}{21}}}=10.40$$

(4)确定临界值

根据自由度 $11+21-2=30$、显著性水平 $\alpha=0.05$,查 t 分布表得 $t_{\alpha/2}=2.042$

(5)作出判断

由于 $|t|=10.4\geqslant t_{\alpha/2}=2.042$,拒绝原假设,说明 A、B 两台设备生产的产品平均尺寸有显著性差异。

3. 两个总体方差未知且不等的正态总体

正态总体下,方差未知且不相等时,这时,统计量服从修正自由度的 t 分布。t 检验统计量为
$$t=\frac{(\bar{x}_1-\bar{x}_2)-(\overline{X}_1-\overline{X}_2)}{\sqrt{\dfrac{s_1^2}{n_1}+\dfrac{s_2^2}{n_2}}}\sim t(df')$$

其中,修正的自由度可由下式计算:
$$df'=\frac{\left(\dfrac{s_1^2}{n_1}+\dfrac{s_2^2}{n_2}\right)^2}{\left(\dfrac{s_1^2}{n_1}\right)^2\Big/n_1+\left(\dfrac{s_2^2}{n_2}\right)^2\Big/n_2}$$

【例 8-13】某企业有甲、乙两台生产设备,从甲、乙设备生产的产品中分别随机抽出 11 件和 21 件构成两个样本。测得甲乙两台设备所生产的产品长度分别为:$\bar{x}_1=15.4$ cm,$\bar{x}_2=14.8$ cm;$s_1^2=0.028$,$s_2^2=0.022$。假定两个总体均服从正态分布,但总体方差不相等。试问甲

乙两台设备生产的产品平均尺寸有无显著性差异？（$\alpha=0.05$）

解：(1)提出假设

根据题意，这是一个双侧检验，提出假设：$H_0:\overline{X}_1-\overline{X}_2=0,H_1:\overline{X}_1-\overline{X}_2\neq 0$

(2)计算 t 统计量

$$t=\frac{(\overline{x}_1-\overline{x}_2)-(\overline{X}_1-\overline{X}_2)}{\sqrt{\frac{s_1^2}{n_1}+\frac{s_2^2}{n_2}}}=\frac{(15.4-14.8)-0}{\sqrt{\frac{0.028}{11}+\frac{0.022}{21}}}=10$$

(3)计算修正的自由度

$$df'=\frac{\left(\frac{s_1^2}{n_1}+\frac{s_2^2}{n_2}\right)^2}{\left(\frac{s_1^2}{n_1}\right)^2/n_1+\left(\frac{s_2^2}{n_2}\right)^2/n_2}=\frac{\left(\frac{0.028}{11}+\frac{0.022}{21}\right)^2}{\left(\frac{0.028}{11}\right)^2/11+\left(\frac{0.022}{21}\right)^2/21}=21$$

(4)确定临界值

根据自由度为 21、显著性水平 $\alpha=0.05$，查 t 分布表得 $t_{\alpha/2}=2.08$

(5)作出判断

对原假设作出取舍判断。$|t|=10\geqslant t_{\alpha/2}=2.08$，拒绝原假设，说明甲乙两台设备生产的产品平均尺寸有显著性差异。

4. 两个非正态总体且方差未知

如果总体是非正态分布，只要两个样本容量足够大，则抽样分布近似服从正态分布。如果总体方差 σ_1^2 和 σ_2^2 未知，用 s_1^2 和 s_2^2 分别作为 σ_1^2 和 σ_2^2 的估计值。其检验统计量为

$$z=\frac{(\overline{x}_1-\overline{x}_2)-(\overline{X}_1-\overline{X}_2)}{\sqrt{\frac{s_1^2}{n_1}+\frac{s_2^2}{n_2}}}$$

判断标准与检验方法同"两个正态总体，方差已知且为大样本"一致。

【例 8-14】 甲乙两所高校采取相同的高数试卷考试。现从甲乙两所高校中分别抽出一个班 $A、B$，$A、B$ 两个班学生人数分别为 35 人和 40 人，两个班的平均成绩分别为 78 分、73 分，标准差分别为 10.5 和 7.5。试问 A 校学生平均高数成绩是否高于 B 校？（$\alpha=0.05$）

解：(1)提出假设

根据题意，这是一个右侧检验，提出假设：$H_0:\overline{X}_A\leqslant \overline{X}_B,H_1:\overline{X}_A>\overline{X}_2$

(2)计算 z 统计量

由于样本为大样本，根据中心极限定理，$\overline{x}_1-\overline{x}_2$ 近似服从正态分布，总体的方差未知，因此采用 z 统计量：$z=\frac{(\overline{x}_1-\overline{x}_2)-0}{\sqrt{\frac{s_1^2}{n_1}+\frac{s_2^2}{n_2}}}$

则 $z=\frac{(\overline{x}_1-\overline{x}_2)}{\sqrt{\frac{s_1^2}{n_1}+\frac{s_2^2}{n_2}}}=\frac{(78-73)}{\sqrt{\frac{10.5^2}{35}+\frac{7.5^2}{40}}}=2.342$

(3)确定临界值

根据显著性水平 $\alpha=0.05$，查 z 分布表得 $z_\alpha=1.645$

(4)作出判断

由于 $z=2.342>z_a=1.645$，拒绝原假设，说明甲校学生平均成绩高于乙校。

8.3 总体成数的假设检验

8.3.1 单个总体成数的假设检验

①构造统计量。在大样本下，且 $nP \geqslant 5$，$n(1-P) \geqslant 5$ 时，样本成数近似服从正态分布，因而，构造总体成数检验统计量为

$$z = \frac{\hat{p}-P}{\sqrt{\frac{\hat{p}(1-\hat{p})}{n}}} \sim N(0,1)$$

②利用显著性水平 α 查标准正态分布积分表，得相应临界值。根据不同的检验，有以下三种情况：

双侧检验用临界值 $z_{\alpha/2}$，当 $|z| \geqslant z_{\alpha/2}$ 时，拒绝原假设，接受备择假设；反之，接受原假设。

右侧检验用临界值 z_α，当 $z \geqslant z_\alpha$ 时，拒绝原假设，接受备择假设；反之，接受原假设。

左侧检验用临界值 $-z_\alpha$，当 $z \leqslant -z_\alpha$ 时，拒绝原假设，接受备择假设；反之，接受原假设。

【例 8-15】某电视台新推出了一档节目，该节目播出一段时间后，电视台声明有 30% 以上的观众喜欢该节目。研究者随机调查了 300 名观众，表示喜欢该节目的观众有 95 名。试在显著性水平 $\alpha=0.05$ 下，检验调查结果是否支持电视台的自我声明？

解：第一步，根据题意这是一个左侧检验，提出原假设和备择假设

$$H_0: P \geqslant 30\%, \quad H_1: P < 30\%$$

第二步，计算检验统计量

$$\hat{p} = 31.67\%, \quad z = \frac{\hat{p}-P_0}{\frac{\hat{p}(1-\hat{p})}{\sqrt{n}}} = \frac{31.67\% - 30\%}{\frac{31.67\%(1-31.67\%)}{\sqrt{300}}} = 1.337$$

第三步，确定临界值

根据显著性水平 $\alpha=0.05$，查标准正态分布表得 $z_\alpha = z_{0.05} = 1.645$

第四步，作出决策

由于 $-z=-1.337>-z_{0.05}=-1.645$，接受原假设，说明调查结果支持电视台的自我声明，即可以认为电视台的自我声明属实。

8.3.2 两个总体成数之差的假设检验

例如，某所大学的两个年级学生大学一年级时的数学成绩在 90 分以上的学生所占比重之间是否有显著差异；某企业在改进了生产工艺后的一级产品率与原工艺下的一级产品率相比是否有显著提高等等，这些都属于两个总体成数之差的假设检验问题。

首先，提出假设。和两个总体平均值之差假设检验类似，两个总体成数之差的假设检验亦分为双侧检验、右侧检验和左侧检验三种。

双侧检验：$H_0: P_1 - P_2 = 0$，$H_1: P_1 - P_2 \neq 0$

或右侧检验：$H_0:P_1-P_2\leqslant 0,H_1:P_1-P_2>0$
或左侧检验：$H_0:P_1-P_2\geqslant 0,H_1:P_1-P_2<0$

其次，确定临界值。利用显著性水平查 z 分布表，得相应临界值。双侧检验用临界值 $z_{\alpha/2}$、右侧检验用临界值 z_α，左侧检验用临界值 $-z_\alpha$。

最后，作出决策。根据不同的检验，拒绝域如下。

双侧、右侧、左侧检验的拒绝域分别为：$|z|\geqslant z_{\alpha/2}$、$z\geqslant z_\alpha$、$z\leqslant -z_\alpha$。

1. 两个总体成数之差是否为的假设检验

①构造检验统计量。在大样本条件下，两个样本成数之差服从或逼近正态分布，经过标准化后其统计量服从标准正态分布。检验统计量为

$$z=\frac{(\hat{p}_1-\hat{p}_2)-(P_1-P_2)}{\sqrt{\dfrac{P_1(1-P_1)}{n_1}+\dfrac{P_2(1-P_2)}{n_2}}}$$

由于两个总体成数 P_1 和 P_2 未知，分别用样本成数 $\hat{p}_1$ 和 $\hat{p}_2$ 替代。这时有两种情况：第一种情况是检验两个总体成数之差是否为 0 时，即 $H_0:P_1-P_2=0$，$H_1:P_1-P_2\neq 0$ 时，最佳估计量是将两个样本合并后得到的合并成数 $\hat{p}$。假设 m_1 表示样本 1 中具有某种属性的单位数，m_2 表示样本 2 中具有某种属性的单位数，则合并后的成数为

$$\hat{p}=\frac{m_1+m_2}{n_1+n_2}=\frac{\hat{p}_1 n_1+\hat{p}_2 n_2}{n_1+n_2}$$

这时，检验统计量为

$$z=\frac{(\hat{p}_1-\hat{p}_2)-(P_1-P_2)}{\sqrt{\dfrac{\hat{p}(1-\hat{p})}{n_1}+\dfrac{\hat{p}(1-\hat{p})}{n_2}}}=\frac{(\hat{p}_1-\hat{p}_2)-(P_1-P_2)}{\sqrt{\hat{p}(1-\hat{p})\left(\dfrac{1}{n_1}+\dfrac{1}{n_2}\right)}}$$

②利用显著性水平 α 查标准正态分布积分表，得相应临界值。
③根据不同的检验，有以下三种情况：

双侧检验用临界值 $z_{\alpha/2}$，当 $|z|\geqslant z_{\alpha/2}$ 时，拒绝原假设，接受备择假设；反之，接受原假设。
右侧检验用临界值 z_α，当 $z\geqslant z_\alpha$ 时，拒绝原假设，接受备择假设；反之，接受原假设。
左侧检验用临界值 $-z_\alpha$，当 $z\leqslant -z_\alpha$ 时，拒绝原假设，接受备择假设；反之，接受原假设。

【例 8-16】某所大学的数学教研室想了解某两个年级学生大学一年级时的数学成绩在 90 分以上的学生所占比重之间是否存在显著差异，分别从两个年级的学生中抽取了 200 名和 220 名学生进行调查，结果两个年级学生大一时数学成绩在 90 分以上学生数分别为 20 名和 25 名。在 $\alpha=0.01$ 的显著性水平下，可以判断这两个年级学生大一时数学成绩在 90 分以上学生比重有差异吗？

解：由题意可知，该检验属于双侧检验。
(1)提出原假设和备择假设
$$H_0:P_1-P_2=0, \quad H_1:P_1-P_2\neq 0$$
(2)确定临界值
根据显著性水平 $\alpha=0.01$ 查标准正态分布表，得临界值为 $z_{\alpha/2}=2.58$。
(3)计算检验统计量 z
$$n_1=200,n_2=220 \qquad m_1=20,m_2=25$$

$$\hat{p}_1 = \frac{20}{200} = 10\% \qquad \hat{p}_2 = \frac{25}{220} = 11.36\%$$

$$\hat{p} = \frac{m_1 + m_2}{n_1 + n_2} = \frac{20 + 25}{200 + 220} = 10.71\%$$

$$z = \frac{(\hat{p}_1 - \hat{p}_2) - (P_1 - P_2)}{\sqrt{\hat{p}(1-\hat{p})\left(\frac{1}{n_1} + \frac{1}{n_2}\right)}} = \frac{(10\% - 11.36\%) - 0}{\sqrt{10.71\%(1 - 10.71\%)\left(\frac{1}{200} + \frac{1}{220}\right)}} = -0.45$$

(4)作出决策

检验统计量$|z| = 0.45 < z_{\alpha/2} = 2.58$,接受原假设,说明这两个年级学生大一时数学成绩在90分以上学生比重无显著差异。

2. 两个总体成数之差是否为某一常数的假设检验

检验两个总体成数之差是否为某一不为零的常数时,其检验统计量为

$$z = \frac{(\hat{p}_1 - \hat{p}_2) - d_0}{\sqrt{\frac{P_1(1-P_1)}{n_1} + \frac{P_2(1-P_2)}{n_2}}}$$

如果两个总体成数P_1和P_2未知,分别用样本成数$\hat{p}_1$和$\hat{p}_2$替代。

这时检验统计量为

$$z = \frac{(\hat{p}_1 - \hat{p}_2) - d_0}{\sqrt{\frac{\hat{p}_1(1-\hat{p}_1)}{n_1} + \frac{\hat{p}_2(1-\hat{p}_2)}{n_2}}}$$

检验方法与判断标准和两个总体成数之差是否为0的假设检验一致。

【例8-17】 某厂检验员认为该厂A车间的产品一级品率比B车间的产品一级品率至少高于6%,现从A车间抽取210件,测得一级品160件;从B车间抽取200件,测得一级品150件。在$\alpha = 0.05$的显著性水平下,通过假设检验判断检验员的观点是否正确。

解:(1)提出原假设和备择假设

$$H_0: P_A - P_B \leqslant 6\%, \quad H_1: P_A - P_B > 6\%$$

(2)计算检验统计量z

$$\hat{p}_A = \frac{160}{210} = 76.19\% \qquad \hat{p}_B = \frac{150}{200} = 75\%$$

则

$$z = \frac{(76.19\% - 75\%) - 6\%}{\sqrt{\frac{76.19\%(1 - 76.19\%)}{210} + \frac{75\%(1 - 75\%)}{200}}} = -0.1134$$

(3)确定临界值

该检验属于右侧检验,在显著性水平$\alpha = 0.05$时,查标准正态分布概率积分表,得临界值为$z_{0.05} = 1.645$。

(4)作出判断

根据$z = -0.1134 < z_\alpha = 1.645$,所以接受原假设,说明$A$车间的产品一级品率不比$B$车间的产品一级品率至少高6%,即检验员的观点不正确。

8.4 正态总体方差的假设检验

8.4.1 单个总体方差的假设检验

方差的假设检验与平均数的假设检验基本思想是一致的,其主要差别在于检验的统计量不同。具体检验过程如下:

(1)建立假设

$H_0: \sigma^2 = \sigma_0^2, H_1: \sigma^2 \neq \sigma_0^2$(双侧检验)

或 $H_0: \sigma^2 \leq \sigma_0^2, H_1: \sigma^2 > \sigma_0^2$(右侧检验)

或 $H_0: \sigma^2 \geq \sigma_0^2, H_1: \sigma^2 < \sigma_0^2$(左侧检验)

(2)构造检验统计量

$$\chi^2 = \frac{(n-1)s^2}{\sigma_0^2}$$

其中 $s^2 = \frac{\sum(x-\bar{x})^2}{n-1}$ 为 σ^2 的估计量,当原假设为真时,该检验统计量服从自由度为 $n-1$ 的 χ^2 分布。

(3)确定临界值

根据 α 水平确定临界值(α 一般取 0.01 或 0.05)

(4)判断决策

根据不同检验分为三种情况:

①双侧检验用临界值 $\chi^2_{\alpha/2}(n-1)$ 和 $\chi^2_{1-\alpha/2}(n-1)$ 检验,当 $\chi^2 \geq \chi^2_{\alpha/2}(n-1)$ 或 $\chi^2 \leq \chi^2_{1-\alpha/2}(n-1)$ 时,拒绝原假设 H_0,接受备择假设;反之,接受原假设。$\chi^2_{1-\alpha/2}(n-1) < \chi^2 < \chi^2_{\alpha/2}(n-1)$ 时,接受原假设 H_0。

②右侧检验用临界值 $\chi^2_{\alpha}(n-1)$ 检验,当 $\chi^2 \geq \chi^2_{\alpha}(n-1)$ 时,拒绝原假设 H_0,接受备择假设;反之,接受原假设。

③左侧检验用临界值 $\chi^2_{1-\alpha}(n-1)$ 检验,当 $\chi^2 \leq \chi^2_{1-\alpha}(n-1)$ 时,拒绝原假设 H_0,接受备择假设;反之,接受原假设。

【例 8-18】设某地区小麦单位面积产量往年服从 $\sigma=71$ 的正态分布,现随机抽取 10 块地,测得单位面积产量(kg)分别为:340 430 474 480 494 495 508 536 580 645。检验该地区小麦单位面积产量的标准差是否发生显著性变化。($\alpha=0.05$)

解:这是一个正态总体方差的双侧检验。

(1)提出原假设和备择假设

$H_0: \sigma^2 = \sigma_0^2 = 71^2, H_1: \sigma^2 \neq 71^2$

(2)确定临界值

$\chi^2_{0.025}(9) = 19.023, \chi^2_{0.975}(9) = 2.7$

(3)计算统计量

$s^2 = 6709.96, \chi^2 = \frac{(n-1)s^2}{\sigma_0^2} = \frac{9 \times 6709.96}{71^2} = 11.98$

(4) 进行决策

由于 $\chi^2_{0.025}(9)=19.023>\chi^2=11.98>\chi^2_{0.975}(9)=2.7$，接受原假设，即该地区小麦单位面积产量的标准差未发生显著性变化。

【例 8-19】某种电子元件的寿命应该服从 $\sigma^2=50^2$ 的正态分布，现随机抽取 9 件，测得寿命(h)分别为：1 035 975 1 115 895 995 1 215 1 085 985 1 015。检验该批产品是否合格？（$\alpha=0.05$）

解：这是一个正态总体方差的右侧检验。

(1) 提出原假设和备择假设

$H_0:\sigma^2\leqslant\sigma_0^2=50^2, H_1:\sigma^2>50^2$

(2) 确定临界值

$\chi^2_{0.05}(8)=15.507, \chi^2_{0.975}(9)=2.7$

(3) 计算统计量

$s^2=8\,625, \chi^2=\dfrac{(n-1)s^2}{\sigma_0^2}=\dfrac{8\times 8\,625}{50^2}=27.6$

(4) 判断决策

由于 $\chi^2=27.6>\chi^2_{0.975}=15.507$，拒绝原假设，即该批产品的寿命方差超过规定标准。

8.4.2 两个总体方差比的假设检验

设有两个正态总体，其方差分别为 σ_1^2 和 σ_2^2，其估计量为样本方差 s_1^2 和 s_2^2，s_1^2 和 s_2^2 的样本容量分别为 n_1 和 n_2。此时检验统计量为：$F=\dfrac{s_1^2/\sigma_1^2}{s_2^2/\sigma_2^2}\sim F(n_1-1,n_2-1)$

在原假设 $H_0:\sigma_1^2=\sigma_2^2$ 成立的情况下，其统计量为：$F=\dfrac{s_1^2}{s_2^2}\sim F(n_1-1,n_2-1)$

双侧检验情况下：$H_0:\sigma_1^2=\sigma_2^2, H_1:\sigma_1^2\neq\sigma_2^2$

若 $F\leqslant F_{1-\alpha/2}(n_1-1,n_2-1)$ 或 $F\geqslant F_{\alpha/2}(n_1-1,n_2-1)$ 时，则拒绝原假设 H_0。

若 $F_{1-\alpha/2}(n_1-1,n_2-1)<F<F_{\alpha/2}(n_1-1,n_2-1)$ 时，则接受 H_0。

其中，$F_{1-\alpha/2}=\dfrac{1}{F_{\alpha/2}(n_1-1,n_2-1)}$

单侧检验情况下：$H_0:\sigma_1^2\leqslant\sigma_2^2, H_1:\sigma_1^2>\sigma_2^2$

当 $F\geqslant F_\alpha(n_1-1,n_2-1)$ 时，则拒绝原假设 H_0。

【例 8-20】甲乙两台机床同时加工某种同规格零件，为了检查两台机床加工零件的稳定性，质检员从两台机床加工的零件中各抽取 8 件进行检测，结果如下：

甲机床(单位：cm)：9.95 10.12 9.96 9.96 10.01 9.92 9.98 10.04
乙机床(单位：cm)：10.26 9.91 10.13 10.02 9.22 10.04 10.05 9.95

判断甲机床加工的零件的方差是否比乙机床的方差小。（$\alpha=0.10$）

解：(1) 提出假设

$$H_0:\sigma_甲^2\leqslant\sigma_乙^2, \sigma_甲^2>\sigma_乙^2$$

(2) 由样本调查结果计算统计量 F

$\bar{x}_甲=9.99, s_甲^2=0.003\,525; \bar{x}_乙=9.95, s_乙^2=0.085\,75$

$$F = \frac{s_甲^2}{s_乙^2} = \frac{0.003\,525}{0.085\,75} = 0.041\,1$$

(3)判断决策

当 $\alpha=0.10$ 时，$F_{0.10}(7,7)=2.78$，故拒绝域为 $F>2.78$。因为 $F=0.041\,1<2.78$，接受原假设，即甲机床加工的零件的方差比乙机床的方差小。

8.5 假设检验中的其他问题

8.5.1 总体参数区间估计与假设检验的关系

1. 总体参数区间估计与假设检验的区别

总体参数区间估计与假设检验二者各有不同的特点。

从含义来看，总体参数区间估计与假设检验均属于统计推断的重要内容。若总体分布的形式已知，而总体参数未知，这时的统计推断属于参数估计问题，它是根据样本资料估计总体指标的。如我们要在一定的概率把握度下用样本指标估计一大批产品的合格率，这是总体参数估计问题。假设检验是根据样本资料检验对总体参数的先验假设是否成立，即根据实际经验与理论知识，对总体参数做一个假设，然后在一定的显著性水平下，利用样本信息对此假设是否可信作出判断。如以一定的概率判断一大批产品是否合格，这属于一个假设检验问题。

从二者的特点来看，总体参数区间估计通常是以样本估计值为中心的双侧置信区间，假设检验不仅有双侧检验，也有单侧检验；总体参数区间估计立足于大概率，即较大的把握度去估计总体参数的置信区间，假设检验立足于小概率，即通常给定很小的显著性水平 α 去检验总体参数的假设是否成立。

2. 总体参数区间估计与假设检验的联系

总体参数区间估计与假设检验又有密切的联系。二者均是根据样本信息对总体参数进行推断的，都是以抽样分布为理论依据的，二者均是建立在概率基础上的推断，推断结果均有一定的可信程度及风险。同一个实际问题，总体参数区间估计与假设检验是可以相互转换的，即对于同一个实际问题，使用同一种分布、同一个样本、同一个统计量，因而，二者可以相互转换，如二者区别中所述产品合格率的区间估计和假设检验问题。

8.5.2 运用假设检验应注意的问题

(1)注意资料的可比性

在进行假设检验之前，应注意资料本身是否具有可比性，无可比性的资料，检验结果毫无意义。

(2)注意选择适当的检验方法

根据资料的特点及条件，选择双侧检验或单侧检验方法、构造适当的检验统计量。

(3)结论不能绝对化

无论采用什么样的检验方法，构造什么样的检验统计量，检验结果无论是接受还是拒绝原假设，都存在判断错误的可能性，因此，判断的结论不能绝对化。

思考与练习

一、判断题

1. ( )如果我们拒绝了原假设,则说明原假设一定是错误的。
2. ( )犯第Ⅰ类错误的概率增大,则犯第Ⅱ类错误的概率一定减少。
3. ( )实际中,如果事件出现会产生严重后果时,则显著性水平应选得大一些。
4. ( )基于小概率原则可能做出错误判断的概率不会大于显著性水平 α。
5. ( )单个总体均值假设检验时,左侧检验适用于 $H_0: \bar{X} \geqslant \bar{X}_0$,$H_1: \bar{X} < \bar{X}_0$ 的情况。
6. ( )单个总体成数右侧检验时,用临界值 $-z_\alpha$,当 $z \leqslant -z_\alpha$ 时,拒绝原假设,接受备择假设。
7. ( )在进行总体参数假设检验时,显著性水平 α 经常取 0.1、0.5。
8. ( )在假设检验中,通常犯第一类错误的概率称为取伪概率。
9. ( )在假设检验中,原假设与备择假设有且只有一个可能被接受。
10. ( )在假设检验中,双侧检验和单侧检验的检验结果是一致的。

二、多项选择题

1. 总体参数假设检验通常会检验( )总体参数。
   A. 总体平均数　B. 总体成数　C. 抽样估计　D. 总体方差　E. 总体分布形式

2. 在假设检验中,通常包括( )检验。
   A. 双侧　　　B. 左侧　　　C. 右侧　　　D. 内侧　　　E. 外侧

3. 根据样本资料对原假设做出接受或拒绝时,可能出现( )情况。
   A. 原假设为真时拒绝　　　B. 原假设为假时接受
   C. 原假设为假时拒绝　　　D. 原假设为真时接受
   E. 原假设和备择假设都拒绝

4. 根据样本资料对原假设做出接受或拒绝时,可能会犯的错误有( )。
   A. 原假设为真时拒绝　　　B. 原假设为假时接受
   C. 原假设为假时拒绝　　　D. 原假设为真时接受
   E. 原假设和备择假设均被接受

5. 假设检验时,显著性水平 α 的取值经常有( )。
   A. 0.1　　　B. 0.5　　　C. 0.01　　　D. 0.05　　　E. 0.95

6. 假设检验时,下列正确的说法有( )。
   A. 拒绝原假设,则原假设一定是错误的
   B. 接受原假设,则原假设一定是正确的
   C. 拒绝原假设,是因为小概率事件在一次实验中竟然发生了
   D. 接受原假设,是因为小概率事件在一次实验中并未发生
   E. 拒绝原假设,是因为样本统计量与总体参数假设有显著性差异

7. 对总体平均数进行假设检验,建立的假设可能有( )。
   A. $H_0: \bar{X} = \bar{X}_0$,$H_1: \bar{X} \neq \bar{X}_0$　　　B. $H_0: \bar{X} \leqslant \bar{X}_0$,$H_1: \bar{X} > \bar{X}_0$
   C. $H_0: \bar{X} \geqslant \bar{X}_0$,$H_1: \bar{X} < \bar{X}_0$　　　D. $H_0: \bar{X} = \bar{X}_0$,$H_1: \bar{X} < \bar{X}_0$

E. $H_0: \overline{X} > \overline{X}_0$, $H_1: \overline{X} \leqslant \overline{X}_0$

8. 运用假设检验结果是时,应注意( )。

A. 假设检验判断结论不能绝对化

B. 根据资料的特点及条件构造检验统计量

C. 给出的显著性水平在实际应用中有无意义

D. 检验前资料本身是否有可比性

E. 根据经验正确选择单侧或双侧检验

三、简答题

1. 什么是假设检验?假设检验与区间估计的联系和区别是什么?

2. 假设检验有哪些基本步骤?

3. 单侧检验和双侧检验的应用条件有何不同?

4. 什么是第Ⅰ类错误?什么是第Ⅱ类错误?

四、计算题

1. 有消费者向质量技术监督部门反映某超市所卖的包装上标明50 g装的薯片缺斤短两。质量技术监督部门到该商场进行调查,随机抽取了35袋进行检验,结果为平均每袋重48 g。问在显著性水平为$\alpha=0.05$的前提下,能否认为消费者所反映的问题成立?

2. 某电视台认为该台的某档娱乐节目的收视率为23%。某调查公司随机抽取了1 000名居民进行调查,结果表明,收视率为20%。问在显著性水平为$\alpha=0.10$的前提下,能否认为电视台的观点成立?

3. 研究者想了解某大学男女学生每周上网时间是否有显著性差异,在该大学学生中随机抽取了50名男生和45名女生,结果表明,男生平均每周上网时间为13 h,女生平均每周上网时间为8 h。问在显著性水平为$\alpha=0.05$的前提下,能否认为该大学男女学生每周上网时间有显著性差异?

4. 某企业想了解两种工艺生产的产品质量是否有显著差异。现从两种工艺生产的产品中分别随机抽取100件和130件进行检验,结果发现不合格品数量分别为5件和8件。问在显著性水平为$\alpha=0.10$的前提下,能否认为两种工艺生产的产品质量有显著差异?

第9章 相关关系分析

> **学习目标**

理解相关关系的概念、种类及相关点的分布特征；理解相关分析和回归分析的含义，研究内容，掌握计算相关系数和配合回归方程的方法，根据不同的变量选择适当的相关系数计算方法；结合实际资料对变量进行相关与回归分析。

9.1 相关关系分析概述

9.1.1 相关关系的概念

现实中，各种现象的存在都不是孤立的，它们是互相联系，彼此制约的。例如，家庭收入和消费支出之间，施肥量与粮食收获量之间，广告费支出额与商品销售量之间等等，都存在着一定的关系。现象之间的相互关系归纳起来可以区分为两种不同的类型：一种是函数关系，另一种是相关关系。

函数关系指变量之间存在着严格的、确定性的依存关系，在这种关系中，当一个变量取定一个数值时，另一个变量会有一个唯一确定的值和它对应。例如，圆的面积与半径之间，匀速条件下，时间与距离之间，价格一定情况下，商品销售量与销售额之间等均属于函数关系。

相关关系指现象之间客观存在的、不确定的数量依存关系，在这种关系中，当一个变量取定一个数值时，另一个变量会有若干个数值与之对应，这些数值按照某种规律在一定范围内上下波动。例如，某种日用品的销售量与当地居民人口数有一定的关系，人口愈多，日用品的销售量越大，但人口数相同的地区，日用品的销售量不一定相等，二者之间并不存在严格的依存关系。这种日用品的销售量与居民人口数之间的关系属于相关关系。又如，广告费投资额与商品销售量之间、家庭收入水平与银行存款额之间等均属于相关关系。

相关关系和函数关系既有区别，又有联系，在实践中，变量之间的相关关系和函数关系在一定条件下是可以相互转化的。有些函数关系往往因为有观察或测量误差以及各种随机因素的干扰等原因，常常通过相关关系表现出来；而在研究相关关系时，其数量间的规律性需要借助函数关系来近似地表现出来。

9.1.2 相关关系的种类

相关关系按照不同的分类依据可以区分为不同类型。

（1）按相关的程度不同分为完全相关、不完全相关和不相关

完全相关指两种现象之间，其中一种现象的数量变化完全由另一种现象的数量变化所确定，则这两种现象之间的关系为完全相关。在这种情况下，相关关系即成为函数关系，也可以说函数关系是相关关系的一种特例。如价格不变情况下，某种商品销售量与销售额之间的关

系属于完全相关。

若两种现象之间彼此互不影响,其数量变化各自独立,则称为不相关。如股票价格高低与气温高低是无关的,棉纱纤维长度与工人人数多少是无关的等。

若两种现象之间的关系介于完全相关和不相关之间,则称其为不完全相关。一般的相关现象都是指不完全相关,它是相关关系分析的研究对象。

(2) 按现象之间变化的方向不同分为正相关和负相关

当一种现象的值增加(减少)时,另一种现象的值也随之增加(减少),二者是同方向变动的,这种相关关系称为正相关。如家庭的消费支出额与收入水平之间、技术水平与产品合格率之间、冷饮的销售量与气温之间等均属于正相关。

当一种现象的值增加(减少)时,另一种现象的值随之减少(增加),二者是相反方向变动的,这种相关关系称为负相关。如商品流转的规模与流通费用水平之间、商品的价格和商品需求量之间、房屋的建造年限和租金之间等均属于负相关。

(3) 按照相关形式不同分为直线相关和曲线相关

直线相关指当一个变量发生增减变动时,另一变量随之发生大体均等的增减变动,从图形上看,其观察点分布在一条直线周围。

曲线相关也称为非线性相关,指当一个变量发生变动时,另一变量的值也随之发生不均等的变动,从图形上看,其观察点分布在一条曲线周围。

(4) 按相关因素的多少不同分为单相关和复相关

两个变量之间的相关关系称为单相关。例如家庭收入额与消费支出额之间的相关关系。三个或三个以上变量之间的相关关系称为复相关。如研究商品的销售额、广告费支出额、居民收入水平之间的关系,研究某种商品的需求量、价格及人们的收入水平之间的关系等。

9.1.3 相关关系分析的主要内容

相关关系分析的目的在于研究现象之间相互依存关系的形式及密切程度,并用一定的数学形式把这种关系反映出来,为统计估算和预测提供重要的依据和方法。相关关系分析的内容具体包括:

(1) 确定现象之间是否存在相关关系及相关关系的类型

现象之间有无相关关系是能否运用相关关系分析法的前提。确定现象之间有无相关关系的方法有两种:一是作定性判断,它是从现象之间的本质联系着手,根据有关的理论及实践经验进行分析研究来判断的;二是绘制相关图表,判断现象之间有无相关关系,相关的方向、形式等。

(2) 确定现象之间相关关系的密切程度

当现象之间存在相关关系时,就要测定它们之间相关关系的密切程度,为进一步分析研究问题提供依据。确定现象之间相关关系密切程度的方法:绘制相关图和计算相关系数。相关图对相关关系的密切程度可以做出粗略的判断,而相关系数能从数量上对经济现象之间的相关程度做出明确的测量。

(3) 建立现象之间数量变动关系的数学方程式

当变量之间至少呈现显著相关时,可以选择一个适当的数学模型近似地描述现象之间的变动规律,这里的数学模型称为回归方程。

(4)计算因变量的估计值

将自变量的值带入回归方程,可以计算出因变量的估计值。因变量的估计值用以说明自变量发生变动时,因变量平均来说会发生多大的变化。

(5)计算因变量的估计标准误差

因变量的估计值与实际值之间存在一定的差异,差异小,表示估计值比较准确,回归方程的拟合程度高;差异大,表示估计值不准确,回归方程的拟合程度低。所以相关关系分析还要测定因变量估计值和实际值之间差异的大小,用以反映因变量估计值的准确程度及回归方程的拟合程度高低。这种用来反映因变量估计值准确程度的指标叫估计标准误差。

其中,研究现象之间是否存在相关关系、相关关系的类型及相关关系的密切程度属于相关分析;根据变量之间的变动规律,配合适当的数学方程式,计算各个因变量的估计值,并且通过计算估计标准误差判断估计值的准确性、回归方程的拟合程度等内容属于回归分析。

9.2 相关分析

9.2.1 简单线性相关分析

进行简单直线相关分析时,一是对现象之间是否存在依存关系进行定性分析,即依据研究者的理论知识、专业知识和实践经验,对客观现象之间是否存在相关关系,以及何种相关关系做出初步判断,并在定性认识的基础上,利用相关图表对相关变量之间相关关系的形式、方向及密切程度进行粗略的判断;二是进行定量分析,即计算相关系数,准确反映相关变量之间相关关系的密切程度。

1. 相关表和相关图

(1)相关表

相关表是将相关的两个变量的对应数值按照一定的顺序或规格排列在一张表格上所形成的统计表。相关表根据资料是否分组分为简单相关表和分组相关表。

①简单相关表。简单相关表指资料未经分组,只将一个变量的数值按照从小到大的顺序,并配合相应的另一个变量的变量值一一对应排列起来形成的统计表。

【例 9-1】从某企业随机抽取 12 台机床,机床使用年限和年维修费用资料如表 9-1 所示。

从表中可以直观地看出,尽管在同样的使用年限下,年维修费用存在着差异。但总的来看,随着使用年限的增加,年维修费用也在不增加,两者之间呈现正相关的关系。

当原始资料很多,简单相关表编制和使用起来很不方便,且现象之间的依存关系不很清晰,这时需对原始资料进行分组整理,编制成分组相关表。根据分组的情况不同,分组相关表分为单变量分组相关表和双变量分组相关表。

②单变量分组相关表。在具有相关关系的两个变量中,只对一个变量进行分组,并统计出每组的次数,对应的另一个变量不分组,只计算各组的平均值,这样制成的表称为单变量分组相关表。

表 9-1　机床使用年限和年维修费用简单相关表

序号	机床使用年限/a	年维修费用/元
1	2	400
2	2	540
3	3	520
4	4	640
5	4	740
6	5	600
7	5	800
8	6	700
9	6	760
10	6	900
11	8	840
12	9	1 080

【例 9-2】对 12 台机床按照使用年限分组，可得单变量分组相关表，如表 9-2 所示。

单变量分组相关表可使资料简化，从而更清晰地反映出两个变量之间的相关关系。它是实际中使用最多的一种相关表。从表 9-2 中可以看出，机床使用年限和年维修费用之间存在着正相关的关系。

表 9-2　机床使用年限和年平均维修费用单变量分组相关表

使用年限/年	机床数/台	年平均维修费用/(元·a^{-1})
2	2	470
3	1	520
4	2	690
5	2	700
6	3	787
8	1	840
9	1	1 080
合　计	12	—

③双变量分组相关表。双变量分组相关表指对相关着的两个变量同时进行分组所形成的统计表。这种表的形状类似棋盘，故又称为棋盘式相关表。

【例 9-3】对 12 台机床按照使用年限和年维修费用分别分组，可得双变量分组相关表，如表 9-3 所示。

(2)相关图

相关图又称散点图，它是将两个变量间相对应的变量值用坐标点的形式描绘出来，用以表明相关点分布状况的图形。通过观察相关点的分布情况，可以大致看出两个变量之间有无相关关系及相关的类型、密切程度。两个变量之间各种相关关系均可以相关图显示出来。如图 9-1 所示。

表 9-3　机床使用年限和年平均维修费用双变量分组相关表

年维修费用/元	机床使用年限/a							合　计
	2	3	4	5	6	8	9	
1 000~1 100							1	1
900~1 000					1			1
800~900				1		1		2
700~800			1		2			3
600~700			1	1				2
500~600	1	1						2
400~500	1							1
合　计	2	1	2	2	3	1	1	12

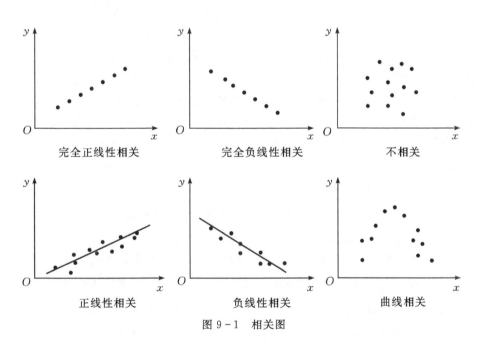

图 9-1　相关图

根据表 9-1 资料可以绘制机床使用年限与年维修费用相关图,如图 9-2 所示。

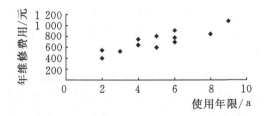

图 9-2　机床使用年限与年维修费用相关图

由图 9-2 可以看出,机床使用年限与年维修费用之间呈正线性相关关系。

2. 相关系数

(1)相关系数的概念

根据相关图和相关表可以初步判断现象之间有无相关关系及相关的类型。但是,这种直观的判断是粗略的,为了准确反映现象之间相关关系的密切程度,需要计算相关系数。在各种相关关系中,单相关是最基本的相关关系,它是复相关的基础。单相关有线性相关和非线性相关两种,而简单线性相关系数是最基本的,它是计算其他相关系数的基础。这里所说的相关系数指简单线性相关系数。

相关系数指在线性相关条件下用来说明两种现象之间相关关系密切程度的统计指标。

(2)未分组资料相关系数的一般计算公式及其剖析

①未分组资料相关系数的基本计算公式。大多数情况下都是由未分组资料计算相关系数的。计算相关系数的方法很多,以 1980 年英国统计学家卡尔·皮尔逊(Karl Pearson)提出的积差法相关系数使用最为普遍。积差法相关系数用 r 表示,其基本计算公式为

$$r = \frac{\sigma_{xy}^2}{\sigma_x \sigma_y} = \frac{\sum(x-\bar{x})(y-\bar{y})}{n\sigma_x\sigma_y} = \frac{\sum(x-\bar{x})(y-\bar{y})}{\sqrt{\sum(x-\bar{x})^2} \cdot \sqrt{\sum(y-\bar{y})^2}}$$

式中 Lr 为相关系数;$\bar{x}$ 为 x 变量数列的平均值;n 为变量值的项数;$\bar{y}$ 为变量 y 数列的平均值;σ_{xy}^2 为 x 与 y 的协方差;σ_x 为变量 x 的标准差;σ_y 为变量 y 的标准差。

②对未分组资料相关系数计算公式的剖析。协方差在公式中的作用主要有:

A. 决定 x 与 y 两个变量之间相关的性质。在平面坐标系中,以两个变量的平均值 $\bar{x}$、$\bar{y}$ 为原点将第一象限划为四个象限,由于其原点是平均数,所以各相关点的位置都改由它们的离差来决定,其原坐标中第一对观测值的坐标点为 (x_1,y_1),而在新的坐标图中表示为 $(x_1-\bar{x}, y_1-\bar{y})$,其余类推。

当大多数相关点分布在新坐标系中的第一、三象限时,$\sum(x-\bar{x})(y-\bar{y})$ 为正数,从而 r 为正值,表示 x 与 y 之间为正相关;当相关点大多数分布在新坐标系中第二、四象限时,$\sum(x-\bar{x})(y-\bar{y})$ 为负,从而 r 为负值,表示 x 与 y 之间为负相关。

B. 决定 x 与 y 两个变量之间相关关系的密切程度。当相关点在新坐标系的四个象限散乱分布时,$(x-\bar{x})(y-\bar{y})$ 的正负项相互抵消,$\sum(x-\bar{x})(y-\bar{y})$ 几乎等于 0,表示 x 与 y 线性相关程度很低;当相关点分布在 $y=\bar{y}$ 线上,表示 y 与 x 值的变化无关,或相关点分布在 $x=\bar{x}$ 线上,表示 x 与 y 值的变化无关,这时离差乘积 $\sum(x-\bar{x})(y-\bar{y})$ 都等于 0,从而相关系数等于 0,说明 x 与 y 不存在线性相关关系;当相关点的分布十分靠近于一条直线周围,表示 x 与 y 线性相关关系越密切,这时 $(x-\bar{x})(y-\bar{y})$ 很少或者没有正负项相互抵消,则积差和的绝对值较大,从而协方差的绝对值较大,表示 x 与 y 线性相关关系密切。

标准差在公式中的作用:

A. 消除离差积乘中两个变量原有计量单位的影响。协方差受两个变量原有计量单位的影响,两个计量单位相乘无实际经济意义。因此,两个变量的离差分别除以各自的标准差,分子分母的计量相同,因此所得结果是一个系数,将名数表示的协方差转化为不名数。

B. 将相关系数的值局限在 -1 到 $+1$ 之间。不同性质的变量,其协方差大小也不同,不同

变量之间无法进行相关关系密切程度的比较。若给每个变量的离差分别除以各自的标准差，然后计算标准数量的协方差，很容易证明，这时的相关系数取值在－1至1之间，便于变量之间线性相关关系密切程度的比较。

③相关关系密切程度的判断标准。

相关系数的取值范围是：$-1 \leqslant r \leqslant 1$

r 为正值，说明 x 与 y 之间为正线性相关，r 为负值，说明 x 与 y 之间为负线性相关。$|r|$ 越接近于1，表明 x 与 y 线性相关的程度越高。

一般情况下，根据相关系数判断线性相关关系密切程度的具体标准为：

当 $r=0$ 时，x 和 y 不存在线性相关关系；

$0<|r|<0.3$ 时，x 与 y 微弱相关；

$0.3 \leqslant |r|<0.5$ 时，x 与 y 低度相关；

$0.5 \leqslant |r|<0.8$ 时，x 与 y 显著相关；

$0.8 \leqslant |r|<1$ 时，x 与 y 高度相关；

$|r|=1$ 时，x 与 y 完全线性相关。

【例 9-4】某市就业人员工资性现金收入与城镇储蓄存款余额资料及其相关系数的计算过程见表 9-4。

表 9-4　工资性现金收入与城镇储蓄存款余额资料及其相关系数的计算过程表

年份	工资性现金收入 x /亿元	储蓄存款余额 y /亿元	$x-\bar{x}$	$y-\bar{y}$	$(x-\bar{x})^2$	$(y-\bar{y})^2$	$(x-\bar{x})(y-\bar{y})$
2012	50	12	－31	－15.5	961	240.25	480.5
2013	54	14	－27	－13.5	729	182.25	364.5
2014	62	15	－19	－12.5	361	156.25	237.5
2015	73	20	－8	－7.5	64	56.25	60.0
2016	90	28	9	0.5	81	0.25	4.5
2017	97	35	16	7.5	256	56.25	120.0
2018	105	45	24	17.5	576	306.25	420.0
2019	117	51	36	23.5	1 296	552.25	846.0
合　计	648	220	—	—	4 324	1 550.00	2 533.0

解：根据表 9-4 资料可得

$$\bar{x} = \frac{\sum x}{n} = \frac{648}{8} = 81（亿元）$$

$$\bar{y} = \frac{\sum y}{n} = \frac{220}{8} = 27.5（亿元）$$

则　　$$r = \frac{\sum(x-\bar{x})(y-\bar{y})}{\sqrt{\sum(x-\bar{x})^2} \cdot \sqrt{\sum(y-\bar{y})^2}} = \frac{2\,533}{\sqrt{4\,324}\sqrt{1\,550}} = 0.98$$

计算结果表明，该市从业人员工资性现金收入与城镇储蓄存款余额之间存在着高度的正线性相关关系。

④未分组资料相关系数的简化计算公式。相关系数的基本计算公式计算过程比较繁琐。由相关系数的基本计算公式可推算出相关系数的简化公式：

$$r = \frac{n\sum xy - \sum x \sum y}{\sqrt{n\sum x^2 - (\sum x)^2} \cdot \sqrt{n\sum y^2 - (\sum y)^2}} = \frac{L_{xy}}{\sqrt{L_{xx}L_{yy}}}$$

式中，$L_{xx} = n\sum x^2 - (\sum x)^2$，$L_{yy} = n\sum y^2 - (\sum y)^2$，$L_{xy} = n\sum xy - \sum x \sum y$。

【例9-5】某企业机床使用年限和年维修费用资料如表9-5，试根据简化式计算相关系数。

表9-5 机床使用年限和年维修费用资料

序号	机床使用年限 x/a	年维修费用 $y/元$	x^2	y^2	xy
1	2	400	4	160 000	800
2	2	540	4	291 600	1 080
3	3	520	9	270 400	1 560
4	4	640	16	409 600	2 560
5	4	740	16	547 600	2 960
6	5	600	25	360 000	3 000
7	5	800	25	640 000	4 000
8	6	700	36	490 000	4 200
9	6	760	36	577 600	4 560
10	6	900	36	810 000	5 400
11	8	840	64	705 600	6 720
12	9	1 080	81	1 166 400	9 720
合 计	60	8 520	352	6 428 800	46 560

解：根据表9-5资料，由相关系数的简化公式计算相关系数如下

$$r = \frac{n\sum xy - \sum x \sum y}{\sqrt{n\sum x^2 - (\sum x)^2}\sqrt{n\sum y^2 - (\sum y)^2}}$$

$$= \frac{12 \times 46\,560 - 60 \times 8\,520}{\sqrt{12 \times 352 - 60^2}\sqrt{12 \times 6\,428\,800 - 8\,520^2}} = 0.89$$

计算结果表明，机床使用年限和年维修费用之间存在着高度的正线性相关关系。

(2) 由分组资料计算相关系数

① 单变量分组资料相关系数的计算公式。单变量分组资料相关系数的基本计算公式为

$$r = \frac{\sum(x-\bar{x})(y-\bar{y})f}{\sqrt{\sum(x-\bar{x})^2 f}\sqrt{\sum(y-\bar{y})^2 f}}$$

单变量分组资料相关系数的简化计算公式为

$$r = \frac{\sum f \sum xyf - \sum xf \sum yf}{\sqrt{\sum f \sum x^2 f - (\sum xf)^2}\sqrt{\sum f \sum y^2 f - (\sum yf)^2}}$$

【例 9-6】 12 台机床按照使用年限分组资料见表 9-6。试计算二者之间的相关系数。

表 9-6　机床按照使用年限分组资料及相关系数计算过程资料表

使用年限 x/a	机床数 $f/$台	年平均维修费用 $y/$元	xf	yf	$x^2 f$	$y^2 f$	xyf
2	2	470	4	940	8	441 800	1 880
3	1	520	3	520	9	270 400	1 560
4	2	690	8	1 380	32	952 200	5 520
5	2	700	10	1 400	50	980 000	7 000
6	3	787	18	2 360	108	1 856 549	14 160
8	1	840	8	840	64	705 600	6 720
9	1	1 080	9	1 080	81	1 166 400	9 720
合　计	12	—	60	8 520	352	6 372 949	46 560

解：根据表 9-6 资料，由单变量分组资料相关系数的简化公式计算相关系数如下：

$$r = \frac{\sum f \sum xyf - \sum xf \sum yf}{\sqrt{\sum f \sum x^2 f - (\sum xf)^2} \sqrt{\sum f \sum y^2 f - (\sum yf)^2}}$$

$$= \frac{12 \times 46\,560 - 60 \times 8\,520}{\sqrt{12 \times 352 - 60^2} \sqrt{12 \times 6\,372\,949 - 8\,520^2}}$$

$$= \frac{12 \times 46\,560 - 60 \times 8\,520}{\sqrt{12 \times 352 - 60^2} \sqrt{12 \times 6\,372\,949 - 8\,520^2}} = 0.97$$

计算结果与未分组资料计算结果不一致，是因为分组表中维修费用使用平均维修费用作为因变量 y 计算相关系数引起的。

② 双变量分组资料计算相关系数。双变量分组资料相关系数的计算公式为

$$r = \frac{\sum (x - \bar{x})(y - \bar{y}) f_{xy}}{\sqrt{\sum (x - \bar{x})^2 f_x} \sqrt{\sum (y - \bar{y})^2 f_y}}$$

式中：f_x、f_y 分别为 x 组 y 组的次数；f_{xy} 为 x 与 y 交叉组的次数。

因分组资料相关系数的计算比较繁琐，因此很少使用。

3. 相关系数的显著性检验

相关系数既可以根据总体的全面资料计算，也可以根据样本资料计算来推断总体相关系数。根据样本资料计算的相关系数带有一定的随机性，并受抽样误差的影响，有时会产生一个虚假的相关系数，因此，在对总体两个变量线性相关性作出结论之前，必须对样本的相关系数 r 进行显著性检验。

(1) r 临界值检验法

为了便于检验，特编制了相关系数检验表，表中是相关系数绝对值的临界值。我们可以根据不同的显著性水平 α 以及自由度 $(n-2)$ 直接查相关系数检验表。当计算出变量 x 与 y 的相关系数绝对值大于表中临界值时，则认为总体相关系数 ρ 不等于零，判定 x 与 y 有线性相关关系。

通常，当 $|r|$ 大于表中 $\alpha=5\%$ 相应的临界值，但小于表中 $\alpha=1\%$ 相应的临界值时，称 x 与 y 有显著的线性相关关系；当 $|r|$ 大于表中 $\alpha=1\%$ 相应的临界值时，称 x 与 y 有高度的线性相

关关系;如果$|r|$小于表中$\alpha=5\%$相应的值时,就判定x与y没有明显的线性关系。这种通过比较$|r|$与$r(\alpha,n-2)$临界值大小的检验方法通常称为r的临界值检验法。

【例9-7】 根据表9-5资料,已知n为12,相关系数为0.89。试采取r临界值检验法对相关系数进行显著性检验。

解:当取$\alpha=5\%$,查相关系数临界值表,$r_{0.05}(10)=0.576$,$|r|=0.89>0.576$,因此认为总体的两个变量机床使用年限与年维修费用之间在$\alpha=5\%$显著性水平下有线性相关关系。

取$\alpha=1\%$,查相应的临界值$r_{0.01}(10)=0.708$,$|r|=0.89>0.708$,说明总体的两个变量机床使用年限与年维修费用之间有高度的线性相关关系。

(2)t检验法

在小样本的情况下,可采用t检验法检验相关系数的显著性。

设:H_0:总体相关系数$\rho=0$

H_1:总体相关系数$\rho\neq 0$

检验统计量为

$$t=\frac{r-\rho}{s_r}=\frac{r-0}{\sqrt{(1-r^2)/(n-2)}}=\frac{r\sqrt{n-2}}{\sqrt{1-r^2}}$$

可以证明,当H_0成立时,统计量t是服从自由度为$(n-2)$的t分布的,因而,给出显著性水平α,查t分布表中$t_{\alpha/2}(n-2)$的临界值。当$|t|\geq t_{\alpha/2}$时,则拒绝原假设,接受被择假设,说明总体的两个变量x与y之间存在线性相关关系;当$|t|<t_{\alpha/2}$时,则接受原假设,说明总体的两个变量x与y之间不存在线性相关关系。

【例9-8】 根据表9-5资料,已知n为12,相关系数为0.89。在显著性水平α为5%时,试采取t检验法对相关系数进行显著性检验。

解:根据相关资料计算t值:

$$t=\frac{0.89\times\sqrt{12-2}}{\sqrt{1-0.89^2}}=6.11$$

显著性水平$\alpha=0.05$,查t分布表得$t_{\alpha/2}(n-2)=t_{0.025}(12-2)=2.228$

由于$|t|=6.11\geq 2.228$,则拒绝原假设,接受被择假设,说明总体的两个变量机床使用年限与年维修费用之间存在线性相关关系。

4. 计算和应用积差法相关系数应注意的问题

①相关着的两个变量之间只能计算出一个相关系数,即变量x与变量y的相关系数等于变量y与变量x的相关系数。

②相关系数r只适用于两个变量之间的相关分析。若研究的变量为三个或三个以上时,则要用复相关系数计算多个变量之间的相关程度,或用偏相关系数测量剔除其他变量影响的情况下,某两个变量之间的线性相关程度。

③相关系数r只适合于两个变量之间线性相关关系密切程度的分析,若变量之间为曲线相关则要计算相关指数来测量两个变量之间曲线相关关系的密切程度。

④研究现象之间的联系时,必须警惕虚假相关导致的错误结论。由于相关系数只是用数量上的变化来考察事物之间的联系的,而现实中难免有巧合的情况出现,有时两变量之间并不存在相关关系,但却可能出现较高的相关系数。因此,进行相关分析时,不能轻率地下结论,应

使相关系数与定性分析相结合,以求相互佐证,以免出现虚假相关。

⑤存在相关关系不一定存在因果关系。在研究两个变量之间的关系时,不要把相关关系与因果关系相混淆。相关系数只是表明两个变量间互相影响的程度和方向,它并不能说明两变量间是否有因果关系,以及何为因,何为果。存在相关关系的两个变量中,其关系可能有三种:第一,变量 x 是变量 y 的因或部分因;第二,变量 y 是变量 x 的因或部分因;第三,变量 x 和变量 y 是另外一变量 z 的因(或果)或一部分因(或果)。如我们计算出物理成绩和化学成绩之间存在着显著的正相关关系,但常识表明,两个变量之间不存在因果关系。因此,相关系数并不能说明两个变量之间是否存在因果关系。

9.2.2 其他形式相关系数的介绍

积差法相关系数是一种应用广泛的相关系数计算方法。它在研究问题所涉及的两个变量均为随机变量且为正态分布时使用。实际中,有时需要研究多个变量之间的相关关系,并且研究的变量并非均为正态分布的随机变量,这时需要采用其他形式的相关系数计算方法,其他形式的相关系数计算公式一般是由积差法相关系数计算公式推导而来。

(1)点双列相关系数

在所研究的两个变量中,若一个变量属于正态分布的随机变量,而另一个是由是非标志转化的二分型变量,如男与女,成功与失败,对与错,合格与不合格等,为了测定二分型变量与另一随机变量之间相关关系的密切程度,则用点双列相关系数。点双列相关系数是根据积差相关系数的计算公式推演而来,用 r_b 表示。点双列相关系数计算公式如下:

$$r_b = \frac{(\bar{y}_p - \bar{y}_q)}{\sigma_y} \sqrt{pq}$$

式中:p 为具有某种属性的单位占总体单位数的比重;q 为不具有某种属性的单位占总体单位数的比重;$\bar{y}_p$ 为与具有某种属性的单位对应的 y 的平均值;$\bar{y}_q$ 为与不具有某种属性的单位对应的 y 的平均值。$\sqrt{pq}$ 为二分型变量的标准差;σ_y 为随机变量 y 的标准差。

【例9-9】某班有14名学生,其中,男生9人,女生5名,男生统计学成绩分别为65分、68分、70分、71分、72分、72分、74分、75分、81分,女生统计学成绩分别为62分、65分、70分、73分、80分。试计算性别与统计学学习成绩的相关系数。

解:男生所占比重:$p=\frac{9}{14}$;女生所占比重:$q=\frac{5}{14}$。

令统计学成绩为 y,则有

男生统计学平均成绩:$\bar{y}_p = \frac{648}{9} = 72$(分),女生统计学平均成绩:$\bar{y}_q = \frac{350}{5} = 70$(分)

统计学成绩的标准差:$\sigma_y = \sqrt{\frac{\sum(y-\bar{y})^2}{n}} = \sqrt{\frac{374.58}{14}} = 5.17$(分)

根据点双列相关系数公式得

$$r_b = \frac{72-70}{5.17} \times \sqrt{\frac{9}{14} \times \frac{5}{14}} = 0.19$$

计算结果说明,统计学学习成绩与性别基本无关。

(2)Φ 相关系数

当所研究的两个变量都是二分型时,要研究这两个变量之间相关关系的密切程度则用 Φ 相关系数,用 r_Φ 表示。其计算公式如下

$$r_\Phi = \frac{ad - bc}{\sqrt{(a+b)(a+c)(b+d)(c+d)}}$$

式中符号表示含义见表 9-7 所示。

表 9-7 双二分型变量分组相关表

x	y		
	1	0	$\sum f_x$
1	a	b	a+b
0	c	d	c+d
$\sum f_y$	a+c	b+d	n

【例 9-10】为了研究性别与吸烟态度之间的相关关系,现对 25 岁以上的 412 人进行调查,其中男女各半,调查结果见表 9-8。

表 9-8 性别与吸烟态度调查资料

吸烟态度	性别		合 计
	男性	女性	
容忍	150	40	190
反对	56	166	222
合 计	206	206	412

解:将表 9-8 中的资料代入 Φ 相关系数公式中得

$$r_\Phi = \frac{150 \times 166 - 40 \times 56}{\sqrt{190 \times 206 \times 206 \times 222}} = 0.54$$

计算结果说明,性别与吸烟态度之间存在着显著的相关关系。

(3)等级相关系数

当研究问题所涉及的两个变量都是顺序变量时,或将所研究的两个变量的值分别按从小到大的顺序排列成等级顺序(1、2、3…),形成两个序数数列时,一般用统计学家斯皮尔曼(Spearman)的等级相关系数测定两个变量之间相关关系的密切程度,它既适合品质标志,也适合数量标志。等级相关系数用 r_s 表示,其计算公式为

$$r_s = 1 - \frac{6\sum d^2}{n(n^2 - 1)}$$

式中:d 为对应等级之差;n 为等级的个数。

①根据顺序变量计算等级相关系数。当研究问题所涉及的两个变量均为顺序变量,可直接使用等级相关系数计算两个变量之间相关关系的密切程度。

【例 9-11】某企业组织一次技术操作劳动竞赛,参赛者是不同技术等级工人中的佼佼者,事后按竞赛优胜名次排列,如表 9-9 所示(注:1、2、3 级为初级工,4、5、6 级为中级工,7、8

级为高级工)。

表 9-9 工人劳动竞赛名次与技术等级资料

竞赛名次 x	1	2	3	4	5	6	7	8	—
技术等级 y	6	7	5	8	2	3	4	1	—
$d=x-y$	-5	-5	-2	-4	3	3	3	7	—
d^2	25	25	4	16	9	9	9	49	$\sum d^2 = 146$

解:d^2 见表 9-9。

则 $r_s = 1 - \dfrac{6\sum d^2}{n(n^2-1)} = 1 - \dfrac{6 \times 146}{8(8^2-1)} = 1 - \dfrac{876}{504} = 1 - 1.74 = -0.74$

计算结果说明,劳动竞赛名次与技术级别高低呈显著等级相关,技术等级值越高,名次数据越低,即名次排列越朝前。

②由随机变量计算等级相关系数。它是将两个变量的值分别由小到大的顺序排列,并依次赋予等级顺序(1、2、3…),形成两个序数数列,然后测定两个序数数列之间相关关系密切程度的方法。在样本容量不大时,它是一种计算比较简便的方法。但随机变量计算的等级相关系数没有积差法相关系数准确。

在赋予等级时,若有相同的数值时,按其应有的等级赋予其平均等级,如,有两个人的数学成绩是 65 分,应排为 5、6 级,则各赋予 5.5 级。

【例 9-12】从某班随机抽出 10 名学生,统计学成绩与高等数学成绩资料见表 9-10。试根据表中资料计算统计学成绩与高等数学成绩的等级相关系数。

表 9-10 统计学成绩与高等数学成绩资料

序号	统计学成绩/分		高等数学成绩/分		等级差 d	d^2
	分数	等级 x	分数	等级 y		
1	95	1	98	1	0	0
2	90	2	83	4	-2	4
3	88	3	90	2	1	1
4	85	4	81	5.5	-1.5	2.25
5	80	5	81	5.5	-0.5	0.25
6	72	6.5	78	7	-0.5	0.25
7	72	6.5	86	3	3.5	12.25
8	65	8	70	8	0	0
9	62	9	67	10	-1	1
10	60	10	64	9	1	1
合计	—	—	—	—	—	22.00

解:首先将统计学成绩和高数成绩分别转化为序数,并计算等级差 d,见表 9-10。

则 $r_s = 1 - \dfrac{6 \times 22}{10 \times (10^2-1)} = 0.87$

计算结果表明,统计学成绩与高等数学成绩之间存在着高度的正相关关系。

(4)复相关系数

在多个变量情况下,变量之间的相关关系是很复杂的,因此,对于多个变量之间的相关关系在计算简单相关系数的基础上,需要进一步计算复相关系数和偏相关系数。

复相关系数是测定两个或多个变量对某一特定变量之间相关关系密切程度的指标。其计算方法类同 9.3 节方差法相关系数。当研究的是三个自变量与一个因变量的平均相关程度时,复相关系数的计算公式为

$$R_{y\cdot 123} = \sqrt{\frac{u}{L_{yy}}} = \sqrt{1 - \frac{Q}{L_{yy}}}$$

式中:$u = \sum(\hat{y}-\bar{y})^2 = b_1 L_{x_1 y} + b_2 L_{x_2 y} + b_3 L_{x_3 y}$,$L_{yy} = \sum(y-\bar{y})^2$

$L_{x_1 y} = \sum(x_1-\bar{x})(y-\bar{y})$,其余两个 $b_2 L_{x_2 y}$、$b_3 L_{x_3 y}$ 同理。

$$0 \leqslant R_{y\cdot 123} \leqslant 1$$

当 $R=1$ 时,$Q=0$,$\hat{y}=y$,y 与 x_1、x_2、x_3 为完全相关关系;

当 $R=0$ 时,$u=0$,$\hat{y}=\bar{y}$,说明 y 与 x_1、x_2、x_3 之间不存在线性相关关系;

R 愈接近 1,线性相关愈密切,相反 R 愈接近 0,线性相关关系愈不密切。

实际中,经常计算多元判断系数 R^2,它反映在 y 的所有影响因素中,我们所选取的几个影响因素占总变差的比重。判断系数 R^2 愈大,所选取的因素愈为 y 的主要影响因素。

(5)偏相关系数

在多元相关中,任意两个变量间都可能存在相关关系。为了单纯反映一个变量对另一个变量的影响程度,必须剔除其他因素的影响。偏相关系数指在剔除其他因素影响条件下,测量多个变量中某两个变量之间线性相关关系密切程度的指标。如剔除工龄的影响后,分析工资性收入与受教育程度之间的关系等。根据剔除因素的多少不同,偏相关系数分为一级偏相关系数和多级偏相关系数。一般研究的变量不宜过多,这里仅介绍一级偏相关系数和二级偏相关系数。

①一级偏相关系数。一级偏相关系数指在相关着的三个变量中,剔除一个影响因素后,研究剩余两个变量之间相关关系密切程度的指标。计算公式为

$$r_{ij\cdot k} = \frac{r_{ij} - r_{ik} \cdot r_{jk}}{\sqrt{1-r_{ik}^2}\sqrt{1-r_{jk}^2}}$$

式中:k 为剔除因素,$r_{ij\cdot k}$ 表示剔除 k 的影响后 i 与 j 之间的偏相关关系。偏相关系数取值范围与单相关系数(即积差法相关系数)取值范围一致,即:$-1 \leqslant r_{ij\times k} \leqslant 1$

②二级偏相关关系。二级偏相关关系指在相关着的四个变量中,剔除两个影响因素后,研究其中另外两个变量之间相关关系密切程度的指标。计算公式为

$$r_{ij\cdot kl} = \frac{r_{ij\cdot k} - r_{il\cdot k} \cdot r_{jl\cdot k}}{\sqrt{1-r_{il\cdot k}^2}\sqrt{1-r_{jl\cdot k}^2}}$$

式中:kl 为剔除因素;$r_{ij\cdot kl}$ 表示剔除 kl 影响后 i 与 j 之间的偏相关系数。

9.3 简单直线回归分析

9.3.1 简单直线回归分析的意义

"回归"一词源于19世纪英国生物学家高尔登(F. Galton)对人体身高遗传问题的实验研究。高尔登在调查研究的基础上发现,子辈的身高受父辈影响,身高高的父辈,其子女身高也高,但平均来看,子辈的身高却比其父辈身高低;同样,身高低的父辈,其子女身高也低,但平均来看,其子女身高高于其父辈。他将这种身高趋向于人类平均高度的现象称为"回归","回归"一词即源于此,并作为统计上的术语加以应用。现代统计学中"回归"的概念已不是原来生物学中的特殊规律,回归分析作为研究现象间数量变化关系的方法,被广泛应用于许多领域。

简单直线相关分析可以分析现象之间是否存在相关关系及相关关系的类型,并且利用相关系数可以说明在直线相关的条件下,两种现象之间相关关系的方向、密切程度,但不能说明两种现象之间因果变动的数量关系,即无法从一个变量的变化来推测另一个变量大致变动多少。

回归分析指对具有相关关系的变量之间数量变化的一般关系进行测定,确立一个相应的数学表达式,以便根据已知变量的值来推测另一个未知变量的估计值。这里配合的数学表达式称为回归方程。

按照自变量的个数分,回归分析有一元回归和多元回归。只有一个自变量的称为一元回归,又称简单回归;有两个或两个以上自变量的称为多元回归。按照回归线的形式分,回归分析有直线回归(线性回归)和曲线回归(非线性回归)。其中直线回归是最基本的,这里介绍简单线性回归分析方法。

简单线性回归分析指对具有相关关系的两个变量之间数量变化的一般关系进行测定,确立一个相应的数学表达式,即直线回归方程,以便根据已知的一个变量的值来推测另一个未知变量的估计值,并且根据估计标准误差的大小判断回归方程的代表性或拟合优度。

9.3.2 回归分析与相关分析的联系与区别

就一般意义而言,相关关系分析包括相关分析和回归分析两方面的内容,但就具体问题解决的方法而言,回归分析和相关分析是有明显差别的。

相关分析与回归分析存在密切的联系。相关分析是回归分析的基础和前提,回归分析则是相关分析的深入和继续。相关分析需要依靠回归分析来表现变量之间数量相关的具体形式,而回归分析则需要依靠相关分析来表现变量之间数量变化的相关程度。只有当变量之间存在至少是显著相关时,进行回归分析寻求其相关的具体形式才有意义。如果在没有对变量之间是否相关以及相关的方向和程度做出正确判断之前,就进行回归分析,很容易造成"虚假回归"。与此同时,相关分析只研究变量间相关的方向、形式和程度,不能从一个变量的数量变化来推测另一个变量的数量变化情况,因此,在具体应用过程中,只有把相关分析和回归分析结合起来,才能达到研究和分析的目的。

相关分析与回归分析主要有以下几方面的区别:

①相关分析研究变量间相关的方向、形式和程度;而回归分析研究变量间的因果关系,并

配合适当的回归方程,根据自变量的值计算出因变量的估计值,并计算估计标准误差,以判断估计值的准确性。

②相关分析中,所研究的两个变量是对等的关系,不存在自变量和因变量的划分问题;回归分析必须根据研究对象的性质和研究分析的目的,对变量进行自变量和因变量的划分。因此,在回归分析中,变量之间的关系不是对等的关系。

③在相关分析中,所有的变量都必须是随机变量;而在回归分析中,自变量是给定的,因变量是随机的。

④相关分析中,相关系数是唯一确定的。而回归分析中,对于互为因果关系的两个变量(如人的身高与体重,商品的价格与需求量),则有可能存在两个回归方程。值得注意的是,若两个变量存在明显的因果关系时,只能配合一条回归方程,另一条回归方程配合出来也没有实际意义。

⑤相关分析中,相关系数的正负号表示正相关、负相关;直线回归方程中,自变量的系数 b 称为回归系数。回归系数的符号为正表示正相关,为负表示负相关。

9.3.3 简单直线回归方程及其分析

(1)简单直线回归方程的配合

配合直线回归方程的前提条件:两个变量之间确实存在线性相关关系,并且其相关的密切程度至少是显著的。若变量之间无真正的线性相关关系,配合直线回归方程就毫无意义。

随着变量 x 每变动一个单位,变量 y 的增长量大致相等时,或 x 与 y 的相关点分布在一条直线周围时,可配合直线回归方程:$\hat{y}=a+bx$

配合直线回归方程一般用最小二乘法。其基本要求是实际值和估计值离差平方和为最小值。

根据最小二乘法的要求,令 $\theta = \sum(y-\hat{y})^2 = $ 最小值,即,$\theta = \sum(y-a-bx)^2 = $ 最小值

根据极值原理,θ 对参数 a 和 b 的一阶偏导等于零,整理可得下列方程组:

$$\begin{cases} \sum y = na + b\sum x \\ \sum xy = a\sum x + b\sum x^2 \end{cases}$$

联立求解得:

$$\begin{cases} b = \dfrac{\sum xy - \dfrac{1}{n}\sum x \sum y}{\sum x^2 - \dfrac{1}{n}(\sum x)^2} \\ a = \bar{y} - b\bar{x} \end{cases}$$

将参数 a 和 b 的值代入直线回归方程中,即得所配合的回归方程。根据回归方程,给定自变量的值,可以求得因变量的估计值。

【例 9-13】某企业机床使用年限和年维修费用资料见表 9-11。试配合机床使用年限和年维修费用之间的直线回归方程,并绘制回归直线图。

解:根据相关分析,已知机床使用年限和年维修费用之间为直线相关,可配合直线回归方程:$\hat{y}=a+bx$

在相关分析表 9-5 中已经计算出参数 b 和 a 计算公式所需资料,则

$$b = \frac{\sum xy - \frac{1}{n}\sum x \sum y}{\sum x^2 - \frac{1}{n}(\sum x)^2} = \frac{46\,560 - \frac{1}{12} \times 60 \times 8\,520}{352 - \frac{1}{12} \times 60^2} = 76.15(元)$$

$$a = \bar{y} - \bar{b} = \frac{8\,520}{12} - 76.15 \times \frac{60}{12} = 329.25(元)$$

将 a 和 b 的值代入直线回归方程 $\hat{y} = a + bx$ 中得：

$$\hat{y} = 329.25 + 76.15x$$

回归系数 $b = 76.15$ 元，表示机床使用年限每增加一年，年维修费用平均增加 76.15 元。并且 b 为正，说明机床使用年限和年维修费用之间存在着正相关关系。

根据所配合的回归方程，给定自变量的任一数值，可求得因变量的估计值。将历年机床使用年限的值 x 代入回归方程中，可得出年维修费用的估计值 $\hat{y}$，如表 9-11 所示。

表 9-11　机床使用年限和年维修费用的相关资料表

序号	机床使用年限 x/a	年维修费用 $y/元$	$\hat{y}$
1	2	400	481.55
2	2	540	481.55
3	3	520	557.70
4	4	640	633.85
5	4	740	633.85
6	5	600	710.00
7	5	800	710.00
8	6	700	786.15
9	6	760	786.15
10	6	900	786.15
11	8	840	938.45
12	9	1 080	1 014.60
合　计	60	8 520	8 520.00

根据表 9-11 资料绘制的回归直线图见图 9-3。

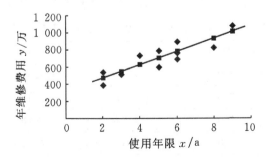

图 9-3　机床使用年限和年维修费用回归直线图

(2)回归系数 b 和相关系数 r 之间的关系

回归系数 b 和相关系数 r 之间存在着密切的数量关系,可以利用已知的一个推算出另一个。根据积差法相关系数的计算公式,通过变量代换可以推算出二者之间的关系式:

$$r = b \cdot \frac{\sigma_x}{\sigma_y} \quad \text{或} \quad b = r \cdot \frac{\sigma_y}{\sigma_x}$$

9.3.4 估计标准误差

1. 估计标准误差的含义

回归方程的一个重要作用在于根据自变量的已知值推算因变量的估计值。而估计值 $\hat{y}$ 与实际值 y 之间存在着差距,这就产生了推算结果的准确性问题。如果二者之间差距小,说明推算结果的准确性高;反之,则低。为此,需要分析估计值与实际值之间的差距。一般用估计标准误差度量因变量的实际值和估计值离差的一般水平。估计标准误差是衡量回归直线代表性大小的统计分析指标,估计标准误差愈大,则回归直线的代表性愈小;估计标准误差愈小,则回归直线的代表性愈强。

2. 估计标准误差的计算方法

(1)根据因变量的实际值和估计值的离差计算估计标准误差

由于因变量的实际值和估计值的离差恒为零,因此计算因变量实际值和估计值离差的一般水平同标准差的计算思路一致。即

$$s_y = \sqrt{\frac{\sum (y - \hat{y})^2}{n - 2}}$$

式中:s_y 代表估计标准误差;y 是因变量的实际值;$\hat{y}$ 是因变量的估计值;n 为因变量观察值的项数。由于 $e = y - \hat{y}$ 的自由度失去了两个,因此,分母自由度为 $n-2$。若因变量观察值为大样本($n \geq 30$)时,可用 n 近似地代替 $n-2$。

【例 9-14】某企业机床使用年限和年维修费用资料见表 9-12,试计算年维修费用的估计标准误差。

解:相关资料计算见表 9-12,则

$$s_y = \sqrt{\frac{\sum (y - \hat{y})^2}{n - 2}} = \sqrt{\frac{78\,030.75}{12 - 2}} = 88.33(\text{元})$$

计算结果表明年维修费用实际值和估计值之间的离差平均来说为 88.33 元。

表 9-12 机床年维修费用的估计标准误差资料表

机床使用年限 x/a	维修费 $y/$元	$\hat{y}$	$y - \hat{y}$	$(y - \hat{y})^2$
2	400	481.55	−81.55	6 650.40
2	540	481.55	58.45	3 416.40
3	520	557.70	−37.70	1 421.29
4	640	633.85	6.15	37.82
4	740	633.85	106.15	11 267.82

续表 9-12

机床使用年限 x/a	维修费 y/元	$\hat{y}$	$y-\hat{y}$	$(y-\hat{y})^2$
5	600	710.00	−110.00	12 100.00
5	800	710.00	90.00	8 100.00
6	700	786.15	−86.15	7 421.82
6	760	786.15	−26.15	683.82
6	900	786.15	113.85	12 961.82
8	840	938.45	98.45	9 692.40
9	1 084	1 014.60	65.40	4 277.16
合　计	8 520	8 520.00	—	78 030.75

（2）根据 a、b 两个参数计算估计标准误差

根据因变量的实际值和估计值的离差计算估计标准误差的方法在实际观察值很多，且数值很大时，计算比较麻烦，即需计算出各个因变量的估计值及因变量的实际值与估计值的离差平方。若已经有了直线回归方程的参数值，由上述计算公式通过变量代换，可得下列估计标准误差的计算公式

$$s_y = \sqrt{\frac{\sum y^2 - a\sum y - b\sum xy}{n-2}}$$

【例 9-15】根据表 9-5 资料及参数 a 和 b 的值计算估计标准误差如下：

$$s_y = \sqrt{\frac{\sum y^2 - a\sum y - b\sum xy}{n-2}}$$

$$= \sqrt{\frac{6\ 428\ 800 - 329.25 \times 8\ 520 - 76.15 \times 46\ 560}{12-2}}$$

$$= 88.33(元)$$

计算结果和根据因变量的实际值和估计值的离差计算公式的计算结果一致。

3. 估计标准误差和相关系数的关系

（1）总变差的分解

从相关关系的含义中我们知道，当 x 取定一个数值时，y 会有若干个数值和它对应，这些数值都是围绕着它们的平均值上下波动的，y 取值的这种波动现象称变差。变差的大小可以通过观察值 y_i 与平均数 $\bar{y}$ 的离差来表示。而全部 n 次观察值的总变差之和为 0，即 $\sum(y-\bar{y})=0$，所以只能对其加以平方后求和，用 $L_{yy}=\sum(y-\bar{y})^2$ 表示，以下简称 y 的总变差。见图 9-4 所示。

对于某一点来讲，其变差为：$y-\bar{y}=(y-\hat{y})+(\hat{y}-\bar{y})$

对此式加以平方，然后对所有 n 点求和得总变差

$$\sum(y-\bar{y})^2 = \sum[(y-\hat{y})+(\hat{y}-\bar{y})]^2$$

$$= \sum(y-\hat{y})^2 + \sum(\hat{y}-\bar{y})^2 + 2\sum(y-\hat{y})(\hat{y}-\bar{y})$$

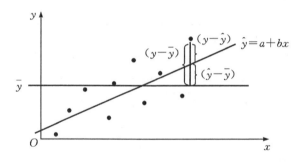

图 9-4 变差分解图

因为 $2\sum(y-\hat{y})(\hat{y}-\bar{y})=0$,则

$$\sum(y-\bar{y})^2 = \sum(y-\hat{y})^2 + \sum(\hat{y}-\bar{y})^2$$

$\sum(\hat{y}-\bar{y})^2$ 称为回归变差,是由于 x 与 y 的线性依存关系而引起 y 的变化部分。

$\sum(y-\hat{y})^2$ 称为估计误差或剩余变差,指除了 x 与 y 的线性依存关系影响以外的其他因素对 y 的影响部分,即总变差中减去回归变差后剩余的部分。由此可得

总变差 = 估计误差(剩余变差) + 回归变差

(2) 估计标准误差与相关系数间的关系式

根据总变差分解公式得

$$\begin{aligned}\sum(y-\hat{y})^2 &= \sum(y-\bar{y})^2 - (\hat{y}-\bar{y})^2 \\ &= L_{yy} - \sum(a+bx-a-b\bar{x})^2 \\ &= L_{yy} - b^2\sum(x-\bar{x})^2 \\ &= L_{yy} - b^2 L_{xx} \\ &= L_{yy} - \frac{L_{xy}^2}{L_{xx}L_{yy}}L_{yy} \\ &= L_{yy}(1-r^2)\end{aligned}$$

则估计标准误差与相关系数的关系式(大样本条件下)为

$$s_y^2 = \sigma_y^2(1-r^2)$$

(3) 可决系数(判定系数)

由 $s_y^2 = \sigma_y^2(1-r^2)$ 通过变量代换可得:$r^2 = \dfrac{\sum(\hat{y}-\bar{y})^2}{\sum(y-\bar{y})^2} = 1-\dfrac{\sum(y-\hat{y})^2}{\sum(y-\bar{y})^2}$

可决系数表示已判明的因素(回归变差)在总变差中所占比重,它是评价回归直线拟合优度的指标,用 r^2 表示。回归变差占的比重越大,观察点与回归线的距离越近,说明回归直线拟合优度越高。可决系数取值在 0 和 1 之间。

① 当 $r^2=1$ 时,估计误差 $\sum(y-\hat{y})^2 = 0$,$y=\hat{y}$,表示所有的点 y 都落在 $\hat{y}$ 上,x 与 y 完全线性相关。

② 当 $r^2=0$ 时,即 $\sum(\hat{y}-\bar{y})^2 = 0$,$\hat{y}=\bar{y}$,这时,$\hat{y}$ 与 $\bar{y}$ 完全重叠,y 的大小不受 x 变化的

影响，x 与 y 不存在线性依存关系。

③r^2 的值愈大，估计误差占的比重愈小，所有的观察点离回归线愈近，表示 x 与 y 的线性依存关系愈密切。

【例 9-16】 根据表 9-13 某企业机床使用年限和年维修费用资料计算可决系数。

表 9-13 机床使用年限和年维修费用的可决系数计算资料

机床使用年限 x/a	维修费 y/元	$\hat{y}$	$(y-\bar{y})^2$	$(y-\hat{y})^2$
2	400	481.55	96 100	6 650.40
2	540	481.55	28 900	3 416.40
3	520	557.70	36 100	1 421.29
4	640	633.85	4 900	37.82
4	740	633.85	900	11 267.82
5	600	710.00	12 100	12 100.00
5	800	710.00	8 100	8 100.00
6	700	786.15	100	7 421.82
6	760	786.15	2 500	683.82
6	900	786.15	36 100	12 961.82
8	840	938.45	16 900	9 692.40
9	1 084	1 014.60	139 876	4 277.16
合 计	8 520	8 520.00	382 576	78 030.75

解：可决系数相关资料计算见表 9-13，根据表中资料可得：

$$\bar{y} = \frac{8\ 520}{12} = 710$$

$$r^2 = 1 - \frac{\sum(y-\hat{y})^2}{\sum(y-\bar{y})^2} = 1 - \frac{78\ 030.75}{382\ 576} = 0.8$$

计算结果表明，在机床维修费用的总变差中，有 80% 可以由使用年限来解释，有 20% 属于不明原因引起的。因此，这条回归线拟合优度是比较理想的。

(3) 方差法相关系数

由可决系数的计算公式，可以得出方差法相关系数：

$$r = \sqrt{\frac{\sum(\hat{y}-\bar{y})^2}{\sum(y-\bar{y})^2}} = \sqrt{1 - \frac{\sum(y-\hat{y})^2}{\sum(y-\bar{y})^2}}$$

方差法相关系数既适合于线性相关，也适合于非线性相关。r 只取正值，但并不意味着表示正相关。线性相关时，方差法相关系数用 r 表示，相关关系是正相关、还是负相关，由回归系数 b 决定；非线性相关时，用 R 表示，称为相关指数。

【例 9-17】 根据表 9-13 资料，计算方差法相关系数。

$$r = \sqrt{1 - \frac{\sum(y-\hat{y})^2}{\sum(y-\bar{y})^2}} = \sqrt{1 - \frac{78\ 030.75}{382\ 576}} = 0.89$$

计算结果与由表 9-5 资料计算的积差法相关系数结果一致。只是这里的相关系数恒为正值,无法由方差法相关系数判断两个变量的性质。

9.3.5 一元线性回归方程的显著性检验

当我们根据随机观察到的 n 对 x 与 y 的数据拟合一个回归方程 $\hat{y}=a+bx$ 后,还不能用它去进行经济分析和预测,由于受到随机抽样误差的影响,它所确定的变量之间的线性关系是否显著,方程 $\hat{y}=a+bx$ 是否真正描述了变量 y 与 x 之间的统计规律性,给定自变量 x 值按照方程 $\hat{y}=a+bx$ 估计因变量的值 y 是否有效,必须通过显著性检验才可以作出结论。一元线性回归方程的显著性检验包括对回归系数 b 的检验和对回归方程进行的 F 检验。在一元回归方程中,由于只有一个解释变量 x,对回归系数 $b=0$ 的检验与对整个方程的 F 检验是等价的。

(1) 回归系数的显著性检验

回归系数 b 是决定变量 x 与 y 线性依存关系的重要参数。回归系数 b 的显著性检验是根据样本估计的结果对总体回归系数 β 的有关假设进行检验。大样本条件下,用 z 检验法,小样本条件下,采用 t 检验法。

设:H_0:总体回归系数 $\beta=0$

H_1:总体回归系数 $\beta \neq 0$

大样本条件下,检验统计量为

$$z = \frac{b-\beta}{s_b}$$

z 服从均值为 0、方差为 1 的标准正态分布。其中,s_b 是样本回归系数 b 的标准差,计算公式为

$$s_b = \sqrt{\frac{s_y^2}{\sum(x-\bar{x})^2}} = \frac{s_y}{\sqrt{\sum x^2 - n\bar{x}^2}}$$

式中:s_y 是 y 的估计标准误差。

根据给定的显著性水平和自由度查标准正态分布表,得 z 的临界值 $z_{\alpha/2}$。若 z 的绝对值大于或等于临界值 $z_{\alpha/2}$,则拒绝原假设 H_0,接受备择假设 H_1;若 z 的绝对值小于临界值 $z_{\alpha/2}$,则接受原假设 H_0。

小样本条件下,检验统计量为

$$t = \frac{b-\beta}{s_b} = \frac{b}{s_b}$$

t 服从自由度为 $n-2$ 的 t 分布。根据给定的显著性水平 α 和自由度 $n-2$,查 t 分布表得相应的临界值 $t_{\alpha/2}$。若 t 的绝对值大于或等于临界值 $t_{\alpha/2}$,则拒绝原假设 H_0,接受备择假设 H_1;若 t 的绝对值小于临界值 $t_{\alpha/2}$,则接受原假设 H_0。

一般情况下,回归分析所采用的样本资料都是小样本,采用 t 检验法。

【例 9-18】根据表 9-5 及例 9-14 资料,在 $\alpha=5\%$ 的要求下,对回归方程 $\hat{y}=329.25+76.15x$ 的回归系数进行显著性检验。

解:根据表 9-5 资料及 y 的估计标准误差资料计算可得

$$s_b = \frac{s_y}{\sqrt{\sum x^2 - n\bar{x}^2}} = \frac{88.33}{\sqrt{352 - 12 \times \left(\frac{60}{12}\right)^2}} = 12.25$$

则
$$t = \frac{b}{s_b} = \frac{76.15}{12.25} = 6.22$$

查 t 分布表得 $t_{\alpha/2}(n-2) = t_{0.025}(12-2) = 2.228$

由于 $|t| = 6.22 > t_{\alpha/2} = 2.228$，说明回归系数 $b=0$ 的可能性小于 5%，因而拒绝原假设，接受被择假设，说明机床使用年限对年维修费用的影响是显著的。

(2) 回归方程的 F 检验

在总变差 L_{yy} 中，剩余变差大，就意味着回归变差小。回归变差越小，表示变量间线性相关性越低，当 $b=0$ 时，回归变差是最小的。可见要检验总体两变量间是否真正线性相关，可以检验总体的回归系数 β 是否等于零，也可以用 F 检验比较回归变差与剩余变差的大小。

F 检验是将回归变差和剩余变差各自除以它们的自由度后加以比较，得到检验统计量 F，即

$$F = \frac{\sum(\hat{y}-\bar{y})^2/1}{\sum(y-\hat{y})^2/(n-2)}$$

$F \sim F(1, n-2)$。因为对于一元线性回归模型来说，只有一个自变量和因变量对应，因此，回归变差的自由度为 1；在 $\sum(y-\hat{y})^2 = \sum(y-a-bx)^2$ 公式中，参数 a 和 b 是根据观察值计算的，因而失去了两个自由度，剩余变差的自由度为 $n-2$。

当可决系数的值已知时，统计量 F 的计算公式如下

$$F = \frac{r^2}{1-r^2}(n-2)$$

根据给定的显著性水平 α 和第一自由度 1、第二自由度 $n-2$ 查 F 分布表得临界值 F_α，将计算的 F 值与临界值 F_α 进行比较，若 $F \geqslant F_\alpha(1, n-2)$，表明两个变量之间线性回归效果显著；若 $F < F_\alpha(1, n-2)$，表明两个变量之间线性回归效果不显著。

【例 9-19】例 9-16 中，由表 9-13 资料已经计算出某企业机床使用年限和年维修费用资料的判定系数。试在显著性水平为 5% 的条件下，对机床使用年限和年维修费用之间拟合的回归方程 $\hat{y} = 329.25 + 76.15x$ 进行显著性检验。

解：已知 $r^2 = 0.8$，$n-2 = 10$，$\alpha = 5\%$，则：

$$F = \frac{r^2}{1-r^2}(n-2) = \frac{0.8^2}{1-0.8^2} \times 10 = 17.78$$

查 F 分布表得 $F_{0.05}(1,10) = 4.96$，$F = 17.78 > F_{0.05}(1,10) = 4.96$，说明两个变量之间线性回归效果显著。

以上我们对同一线性回归方程 $\hat{y} = 329.25 + 76.15x$ 采用了 t 检验和 F 检验，其结论是一致的。在一元线性回归分析中，二者可取其一。但是，在多元线性回归分析中，t 检验和 F 检验是不等价的，t 检验只是对回归模型中各个回归系数的显著性进行检验；F 检验则是检验整个线性回归关系的显著性。

9.3.6 一元线性回归预测

若拟合的回归直线方程经检验优度比较高，或线性回归关系显著，则可以根据给定的自变量的值进行回归预测，预测是回归方程在统计中的重要应用。

1. 点估计

当给定某一特定 x 值时,根据直线回归方程计算出 y 相应的估计值,称为点估计。若给出的 x 值属于观察值之内的值时,利用回归方程预测的 y 值称为事后预测;若给出的 x 值属于观察值之外的值时,利用回归方程预测的 y 值称为事前预测值或外推预测值,一般所说的预测指事前预测值。

【**例 9-20**】在例 9-13 中,根据表 9-11 机床年维修费用与使用年限资料拟合的直线回归方程为 $\hat{y}=329.25+76.15x$,当机床使用年限为 10 年时,试预测机床年维修费用的值。

解:当机床使用年限为 10 年时,机床年维修费用的预测值为
$$\hat{y} = 329.25 + 76.15 \times 10 = 1\,090.75(元)$$

2. 回归区间预测

点估计没有指出估计的误差以及在误差范围内的概率保证程度有多大,因此,估计带有一定的风险性,要解决这个问题,必须采用回归区间预测法,也称回归区间估计法。

(1)大样本条件下

大样本条件下,在给定 x_0 时,y 的置信区间为:$(\hat{y}_0-z_{\alpha/2}s_y, \hat{y}_0+z_{\alpha/2}s_y)$,即
$$(a+bx_0) \pm z_{\alpha/2}s_y$$

可以推断,有 68% 的 y 值落在 $\hat{y}_0 \pm 1s_y$ 之间;有 95.45% 的 y 值落在 $\hat{y}_0 \pm 2s_y$ 之间;有 99.73% 的 y 值落在 $\hat{y}_0 \pm 3s_y$ 之间。

(2)小样本条件下

在给定 x_0 时,y 的置信区间为:$(\hat{y}_0-t_{\alpha/2}s_{y_0}, \hat{y}_0+t_{\alpha/2}s_{y_0})$

其中,s_{y_0} 为当 $x=x_0$ 时,y 的误差 $y-\hat{y}$ 的标准差,$s_{y_0} = s_y\sqrt{1+\dfrac{1}{n}+\dfrac{(x_0-\bar{x})^2}{\sum(x-\bar{x})^2}}$

【**例 9-21**】根据表 9-11 机床年维修费用与使用年限资料,当使用年限为 10 年、概率保证程度为 95% 时,利用回归方程 $\hat{y}=329.25+76.15x$ 对年维修费用进行区间预测。

解:已知 $\alpha=1-95\%=0.05$,$x_0=10$ 年,$s_y=88.33$,机床年维修费用与使用年限的直线回归方程为:$\hat{y}=329.25+76.15x$

当机床使用年限为 $x_0=10$ 年时,$\hat{y}_0=329.25+76.15\times10=1\,090.75(元)$

给定 $\alpha=1-95\%=0.05$,查 t 分布表得 $t_{0.05/2}(12-2)=2.23$

$$s_{y_0} = s_y\sqrt{1+\frac{1}{n}+\frac{(x_0-\bar{x})^2}{\sum(x-\bar{x})^2}}$$

$$= 88.33\sqrt{1+\frac{1}{12}+\frac{\left(10-\frac{60}{12}\right)^2}{\sum x^2 - \frac{1}{n}\left(\sum x\right)^2}}$$

$$= 88.33\sqrt{1+\frac{1}{12}+\frac{5}{352-\frac{1}{12}\times 60^2}} = 95.93(元)$$

$$t_{\alpha/2}s_{y_0} = 2.23 \times 95.93 = 213.92$$

则当使用年限为 10 年、概率保证程度为 95% 时,年维修费用的预测区间为
$$1\,090.75 - 213.92 \leqslant \hat{y} \leqslant 1\,090.75 + 213.92$$

即 $876.83 \leqslant \hat{y} \leqslant 1\,304.67$

计算结果说明当机床的使用年限为 10 年时,我们有 95% 的概率保证程度估计机床的年维修费用在 876.83 到 1 304.67 元之间。

9.4 多元线性回归与曲线回归分析

9.4.1 多元线性回归

简单直线回归分析只研究一个因变量与一个自变量之间的数量变动关系,也称为一元回归分析,这是最简单的回归分析方法。一元线性回归通常是对影响某种经济现象的多种因素进行了简化的结果。现实中,客观事物的联系是错综复杂的,一种现象的变化往往会受到两个或两个以上因素的影响。为了全面揭示这种复杂的依存关系,测定它们之间的数量变动关系,需要建立多元回归模型进行分析。统计中研究一个因变量与多个自变量之间数量变动关系的理论和方法称为多元回归分析。多元回归分析分为多元线性回归分析和多元曲线回归分析,这里只讨论多元线性回归分析。

1. 多元线性回归方程

当研究因变量 y 与 n 个自变量 x_1、x_2、$x_3 \cdots x_n$ 的关系时,多元线性回归方程一般形式为

$$\hat{y} = a + b_1 x_1 + b_2 x_2 + \cdots + b_n x_n$$

b_1、$b_2 \cdots b_n$ 为回归系数,也称偏回归系数,分别表示当其他自变量均固定不变时,该自变量变动一个单位,而使 y 平均变动的数值。多元线性回归分析与一元线性回归分析方法相似,只是计算过程更复杂。在自变量超过三个时,通过最小二乘法计算回归方程中的参数,一般要运用矩阵计算。

根据最小二乘法的理论依据,令

$$\theta = \sum (y - \hat{y})^2 = \sum (y - a - b_1 x_1 - b_2 x_2 - \cdots - b_n x_n)^2 = \text{最小值}$$

根据极值定理,多元线性回归方程中的参数 a、b_1、$b_2 \cdots b_n$ 由以下方程组解出

$$\begin{cases} \dfrac{\partial \theta}{\partial a} = 0 \\ \dfrac{\partial \theta}{\partial b_i} = 0 \quad (i = 1、2 \cdots n) \end{cases}$$

2. 二元线性回归方程及其参数求解

一般来说,在 y 的所有影响因素中,可以找出几个主要影响因素进行回归分析。对于一个因变量与两个自变量的线性回归分析,其二元线性回归方程为

$$\hat{y} = a + b_1 x_1 + b_2 x_2$$

根据最小二乘法,二元线性回归方程中的参数 a、b_1、b_2 由下面方程组解出:

$$\begin{cases} \sum y = na + b_1 \sum x_1 + b_2 \sum x_2 \\ \sum x_1 y = a \sum x_1 + b_1 \sum x_1^2 + b_2 \sum x_1 x_2 \\ \sum x_2 y = a \sum x_2 + b_1 \sum x_2 x_1 + b_2 \sum x_2^2 \end{cases}$$

【例 9 - 22】 某地区 10 户居民家庭年食物支出额、家庭收入及家庭规模资料如表 9 - 14。要求:(1)拟合三个变量之间的线性回归方程;(2)假设我们要对某一家庭的食物支出额进行预测,已知该家庭与所研究的样本来自同一个总体,该家庭的年收入额 $x_1=12$ 万元,家庭人口数 $x_2=3$ 人,根据所拟合的二元直线回归方程,预测该家庭的食物支出额。

表 9 - 14 10 户居民家庭年食物支出额、家庭收入及家庭规模资料

家庭编号	年食物支出额 y/千元	年纯收入额 x_1/万元	家庭人口数 x_2/人
1	22	8	6
2	23	10	7
3	18	7	5
4	9	2	2
5	14	4	3
6	20	6	4
7	20	7	4
8	21	6	3
9	18	4	3
10	16	6	3
合 计	181	60	40

解:(1)年食物支出额 y 随着家庭年收入水平 x_1 和家庭规模 x_2 的变化而变化,应建立以年食物支出额为因变量,家庭年收入水平 x_1 和家庭规模 x_2 为自变量的二元线性回归方程

$$\hat{y} = a + b_1 x_1 + b_2 x_2$$

根据最小二乘法的理论依据,二元直线方程中的参数 a、b_1、b_2 应满足下列方程组

$$\begin{cases} \sum y = na + b_1 \sum x_1 + b_2 \sum x_2 \\ \sum x_1 y = a \sum x_1 + b_1 \sum x_1^2 + b_2 \sum x_1 x_2 \\ \sum x_2 y = a \sum x_2 + b_1 \sum x_1 x_2 + b_2 \sum x_2^2 \end{cases}$$

根据表 9 - 14 资料计算求解方程中参数所需资料,见表 9 - 15。将计算所得资料代入方程组中得

$$\begin{cases} 181 = 10a + 60b_1 + 40b_2 \\ 1\,159 = 60a + 404b_1 + 269b_2 \\ 766 = 40a + 269b_1 + 182b_2 \end{cases}$$

联立求解方程得:$a=8.84, b_1=2.25, b_2=-1.06$

将参数计算结果代入二元直线回归方程:$\hat{y}=8.04+3.09x_1-2.12x_2$

(2)将给定的自变量的值代入二元直线回归方程中,则该居民家庭的食物支出额为

$$\begin{aligned} \hat{y} &= 8.04 + 3.09 x_1 - 2.12 x_2 \\ &= 8.84 + 3.09 \times 12 - 2.12 \times 3 \\ &= 38.76 (千元) \end{aligned}$$

表 9-15　居民家庭年食物支出额、家庭收入及家庭规模相关资料计算表

编号	y	x_1	x_2	$x_1 y$	$x_2 y$	$x_1 x_2$	x_1^2	x_2^2	y^2
1	22	8	6	176	132	48	64	36	484
2	23	10	7	230	161	70	100	49	529
3	18	7	5	126	90	35	49	25	324
4	9	2	2	18	18	4	4	4	81
5	14	4	3	56	42	12	14	9	196
6	20	6	4	120	80	24	36	16	400
7	20	7	4	147	84	28	49	16	400
8	21	6	3	108	54	18	36	9	441
9	18	4	3	64	48	12	16	9	324
10	16	6	3	114	57	18	36	9	256
合　计	181	60	40	1 159	766	269	404	182	3 435

3. 多元线性回归估计的标准误差

(1) 定义公式

多元线性回归方程的一个重要作用在于根据自变量的已知值推算因变量的估计值。而理论值 $\hat{y}$ 与实际值 y 之间存在着差距，也就产生了推算结果的准确性问题。多元回归估计误差仍采用估计平均误差来度量。以二元线性回归估计的标准误差为例，计算公式为

$$s_y = \sqrt{\frac{\sum(y-\hat{y})^2}{n-3}}$$

式中，因为根据 y 的观察值估算出三个参数 a、b_1、b_2，因此自由度失去了 3 个，为 $n-3$。

(2) 简捷公式

根据定义公式计算估计标准误差很繁琐，因此在定义公式基础上推导出简捷计算公式：

$$s_y = \sqrt{\frac{\sum y^2 - a\sum y - b_1\sum x_1 y - b_2\sum x_2 y}{n-3}}$$

【例 9-23】 根据表 9-15 资料，计算某地区居民家庭年食物支出额的估计标准误差。

解：根据例 9-22 计算出的表 9-15 中的资料，进一步计算出 y^2，见表 9-15。则居民家庭年食物支出额的估计标准误差为

$$s_y = \sqrt{\frac{3\,435 - 8.04 \times 181 - 3.09 \times 1\,159 + 2.12 \times 766}{10-3}} = 1.79\,(千元)$$

4. 多元判定系数

与一元线性回归中可决系数 r^2 相对应，多元回归分析中通过计算判定系数（或称可决系数）R^2，表明已判明的因素在总变差中所占比重。以常用的二元回归分析为例，二元判定系数的计算公式为

$$R^2 = \frac{\sum(\hat{y}-\bar{y})^2}{\sum(y-\bar{y})^2} = 1 - \frac{\sum(y-\hat{y})^2}{\sum(y-\bar{y})^2}$$

通过变量代换可推导出多元判定系数简化计算公式：

$$R^2 = \frac{a\sum y + b_1\sum x_1 y + b_2\sum x_2 y - n\bar{y}^2}{\sum y^2 - n\bar{y}^2}$$

【例 9-24】 根据表 9-15 资料，计算某地区居民家庭年食物支出额的多元判定系数。

解：根据表 9-15 资料，计算 $\bar{y} = \frac{181}{10} = 18.1$，用多元判定系数的简化计算公式计算 R^2：

$$R^2 = \frac{8.04 \times 181 + 3.09 \times 1\,159 - 2.12 \times 766 - 10 \times 18.1^2}{3\,435 - 10 \times 18.1^2} = 0.86$$

计算结果表明，在居民家庭年食物支出额的变化中，有 86% 可以由家庭收入及家庭规模的变化来解释，尚有 14% 由其他因素解释。

5. 多元线性回归方程的检验

多元线性回归方程显著性检验同样包括两方面内容，即回归系数的显著性检验和多元回归方程的显著性检验。

(1) 回归系数的显著性检验

回归系数 b_i 是决定变量 x_i 与 y 线性依存关系的重要参数。回归系数 b_i 的显著性检验是根据样本估计的结果检验各回归系数对应的自变量对因变量的影响是否显著。多元线性回归系数显著性一般采用 t 检验法，其原理和基本步骤与一元直线回归方程中回归系数的显著性检验基本相同。

设：H_0：总体回归系数 $\beta_i = 0$ $(i = 1, 2, \cdots, k)$

H_1：总体回归系数 $\beta_i \neq 0$

检验统计量：$t = \dfrac{b_i - \beta_i}{s_{b_i}}$ $(\beta_i = 0)$

$$s_{b_i} = \sqrt{\frac{s_y^2}{\sum(x_i - \bar{x}_i)^2}} = \frac{s_y}{\sqrt{\sum x_i^2 - n\bar{x}_i^2}}$$

式中，s_y 是 y 的估计标准误差。

t 服从自由度为 $n - k - 1$（k 为自变量的个数）的 t 分布。根据给定的显著性水平 α 和自由度 $n - k - 1$，查 t 分布表得相应的临界值 $t_{\alpha/2}$。若 t 的绝对值大于或等于临界值 $t_{\alpha/2}$，则拒绝原假设 H_0，接受备择假设 H_1；若 t 的绝对值小于临界值 $t_{\alpha/2}$，则接受原假设 H_0。

【例 9-25】 根据表 9-15 资料，要求在显著性水平为 5% 时，对某地区 10 户居民家庭年食物支出额、家庭收入及家庭规模拟合的二元线性回归方程 $\hat{y} = 8.84 + 2.25x_1 - 1.06x_2$ 的回归系数进行显著性检验。

解：因二元线性回归方程中有两个回归系数，因此需对两个回归系数进行显著性检验。

假设：H_0：总体回归系数 $\beta_1 = 0$、$\beta_2 = 0$

H_1：总体回归系数 $\beta_1 \neq 0$、$\beta_2 \neq 0$

由例 9-22、例 9-23 资料可得：

$$s_{b_1} = \frac{s_y}{\sqrt{\sum x_1^2 - n\bar{x}_1^2}} = \frac{1.79}{\sqrt{404 - 10 \times \left(\frac{60}{10}\right)^2}} = \frac{1.79}{6.63} = 0.269$$

$$s_{b_2} = \frac{s_y}{\sqrt{\sum x_2^2 - n\bar{x}_2^2}} = \frac{1.79}{\sqrt{182 - 10 \times \left(\frac{40}{10}\right)^2}} = \frac{1.79}{4.69} = 0.382$$

则 $t_{b_1} = \frac{b_1}{s_{b_1}} = \frac{3.09}{0.269} = 11.49, t_{b_2} = \frac{b_2}{s_{b_2}} = \frac{-2.12}{0.382} = -5.55$

根据显著性水平 $\alpha = 5\%$，自由度 $df = 10 - 3 - 1 = 6$，查 t 分布表得：$t_{0.05/2} = 2.447$，$t_{b_1} = 11.49 > t_{0.05/2} = 2.447$，$|t_{b_2}| = 5.55 > t_{0.05/2} = 2.447$，拒绝原假设，说明回归系数 b_1、b_2 所对应的自变量 x_1、x_2 对因变量的影响是显著的。

(2) 回归方程的显著性检验

一元直线回归方程中，回归系数的显著性检验（t 检验）与回归方程的显著性检验（F 检验）是等价的。但在多元线性回归中，二者不再是等价的。回归系数的显著性检验（t 检验）是分别检验每一个回归系数的显著性，整个回归方程的显著性不能由任何一个回归系数的显著性所替代，必须采用 F 检验法来检验整个回归方程的显著性。

假设：$H_0: \beta_1 = \beta_2 = \cdots = \beta_k = 0$

$H_1: \beta_i$ 不同时为 0 （$i = 1, 2, \cdots, k$）

F 检验的统计量为

$$F = \frac{\sum (\hat{y} - \bar{y})^2 / k}{\sum (y - \hat{y})^2 / (n - k - 1)}$$

式中：k 为自变量的个数。

若判定系数（可决系数）已经计算出来，则 F 检验统计量的计算公式为

$$F = \frac{r^2 / k}{(1 - r^2)/(n - k - 1)} = \frac{(n - k - 1)r^2}{k(1 - r^2)}$$

根据给定的显著性水平 α，自由度 $df_1 = k$，$df_2 = n - k - 1$，查 F 分布表，得相应的临界值 F_α，若 $F \geqslant F_\alpha$，拒绝原假设 H_0；若 $F < F_\alpha$，接受原假设 H_0。

【例 9-26】根据表 9-15 资料，要求在显著性水平为 5% 时，对某地区 10 户居民家庭年食物支出额、家庭收入及家庭规模拟合的二元线性回归方程 $\hat{y} = 8.84 + 2.25x_1 - 1.06x_2$ 进行显著性检验。

解：假设：$H_0: \beta_1 = \beta_2 = 0$

$H_1: \beta_1$、β_2 不同时为 0

由于例 9-24 已经计算出判定系数，因此用后一个公式计算统计量 F：

$$F = \frac{(n - k - 1)r^2}{k(1 - r^2)} = \frac{(10 - 3 - 1) \times 0.86}{3 \times (1 - 0.86)} = 12.29$$

根据显著性水平 $\alpha = 5\%$，自由度 $df_1 = 3$，$df_2 = 10 - 3 - 1 = 6$，查 F 分布表得：$F_\alpha = 8.94$。由于 $F = 12.29 > F_\alpha = 8.94$，拒绝原假设 H_0，说明回归方程的回归效果显著。

9.4.2 曲线回归分析

实际中有时变量之间的依存关系并非线性关系，而是近似于某种曲线关系，则可为其拟合曲线回归方程进行分析。如工农业产品产量与成本的关系，商品的销售额与流通费用率的关系，降雨量或施肥量与农作物产量的关系等往往呈现出某种曲线相关的依存关系。

曲线方程分为可线性化的曲线方程和不可线性化的曲线方程两种,这里主要介绍可线性化的曲线方程求解参数的途径。

首先,对已掌握的观察资料,利用相关图对相关点的分布特征进行分析判断,并结合一些已知的函数图形知识,或利用变量值的变动规律选择适当的曲线回归方程,如指数曲线、二次曲线、对数曲线等;其次,对于可线性化的曲线方程,将通过变量代换方式转化成直线方程,并根据直线方程求解参数的方法求解参数;最后将直线方程还原成曲线方程。几种常见的可线性化的曲线方程参考 5.3 长期趋势的测定,只是曲线方程中自变量的符号不同。

【例 9-27】某市各商店 2018 年商品销售额和流通费用率资料如表 9-16。试拟合二者之间的回归方程。

表 9-16　商品销售额和流通费用率及回归曲线资料计算表

销售额/万元	组中值 x/万元	流通费用率 y/%	$x'=\dfrac{1}{x}$	$(x')^2$	$y'=\dfrac{1}{y}$	$x'y'$
30 以上	15	7.0	0.066 67	0.004 444 9	0.142 9	0.009 53
30~60	45	4.8	0.022 22	0.000 493 7	0.208 3	0.004 63
60~90	75	3.6	0.013 33	0.000 177 7	0.277 8	0.003 7
90~120	105	3.1	0.009 52	0.000 090 6	0.322 6	0.003 07
120~150	135	2.7	0.007 41	0.000 054 9	0.370 4	0.002 74
150~180	165	2.5	0.006 06	0.000 036 7	0.400 0	0.002 42
180~210	195	2.4	0.005 13	0.000 026 3	0.416 7	0.002 14
210~240	225	2.3	0.004 44	0.000 019 7	0.434 8	0.001 93
240 以上	255	2.2	0.003 92	0.000 015 4	0.454 5	0.001 78
合　计	—	30.6	0.138 7	0.005 36	3.028	0.031 94

解:根据表 9-16 中资料绘制销售额和商品流通费用率相关图,见图 9-5。根据相关点的分布状况显示,随着商品的销售额的增大,流通费用率逐渐降低,开始降低幅度较大,以后逐渐减慢并趋于稳定,因此,销售额 x 和商品流通费用率 y 适合拟合双曲线回归方程:

$$\frac{1}{y}=a+b\frac{1}{x}$$

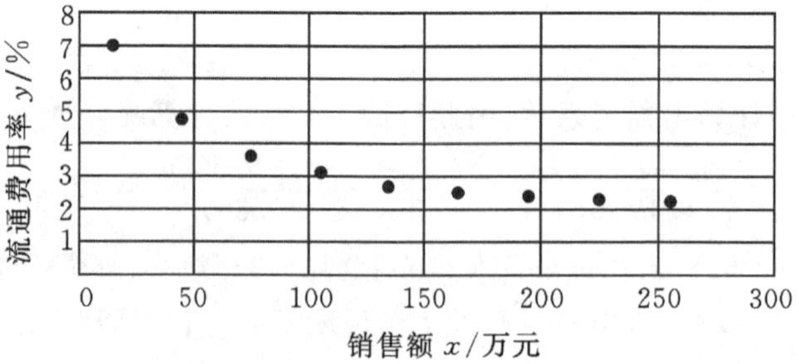

图 9-5　销售额 x 和商品流通费用率 y 相关图

令 $x'=\dfrac{1}{x}$, $y'=\dfrac{1}{y}$,则得直线方程:$y'=a+bx'$

根据最小二乘法的理论依据,直线方程中的参数 a 和 b 应满足下列方程组:

$$\begin{cases} \sum y' = na + b\sum x' \\ \sum x'y' = a\sum x' + b\sum (x')^2 \end{cases}$$

根据表 9-16 资料计算所需资料,见表 9-16 斜体字。将资料代入方程组中得:

$$\begin{cases} 3.028 = 9a + 0.138\ 7b \\ 0.031\ 94 = 0.138\ 7a + 0.005\ 36b \end{cases}$$

联立求解方程得:$a = 0.406\ 7, b = -4.562$

代入直线回归方程:$y' = 0.407 - 4.56x'$

则销售额和商品流通费用率之间的回归方程为:$\frac{1}{\hat{y}} = 0.407 - 4.56\frac{1}{x}$

据此,可以根据给定的或预计的商品销售额,估计相应的商品流通费用率。

曲线回归方程与曲线趋势方程求解参数的方法基本一致,这里不再赘述。

思考与练习

一、判断题

1.(　　)在相关系数 r 的计算公式中,协方差 σ_{xy}^2 所起的作用是:显示 x 与 y 之间是正相关还是负相关;显示 x 与 y 之间相关关系的密切程度。

2.(　　)简单直线回归方程 $\hat{y} = a + bx$ 中,b 表示 x 变动一个单位时,y 平均变动的数额。

3.(　　)相关系数的取值范围:$-1 \leqslant r \leqslant 1$。

4.(　　)某地区居民人数越多,某种日用品的销售量越高,说明二者之间存在着正相关的关系。

5.(　　)当直线回归方程中的回归系数 b 大于零时,说明两个变量之间为正相关,当回归系数小于零时,则为负相关。

6.(　　)每吨铸铁成本(元)倚铸件废品率(%)变动的回归方程为:$\hat{y} = 210 + 6x$,这意味着废品率每增加 1%,成本每吨增加 6 元。

7.(　　)相关系数 r 的绝对值越接近 0,表明两个变量间线性相关关系越弱。

8.(　　)因变量 y 的估计标准误差是反映回归方程代表性强弱的指标。

9.(　　)相关系数 r 的值越接近 -1,表明两个变量间线性相关关系越弱。

10.(　　)方差法相关系数为正值,表示两个变量间存在正相关关系。

二、单项选择题

1.相关分析是(　　)。

A. 研究变量之间的变动关系　　　　　　B. 研究变量之间的数量关系

C. 研究变量之间相互关系的种类及密切程度　D. 研究变量之间的因果关系

2.两个变量之间的相关关系叫(　　)。

A. 单相关　　　　B. 复相关　　　　C. 正相关　　　　D. 负相关

3.相关分析对资料的要求是(　　)。

A. 两变量均是随机变量　　　　　　　　B. 两变量均不是随机的

C. 自变量是随机的,因变量不是随机的　　D. 两变量均不是随机的

4. 相关系数的取值范围是（　　）。
A. $0 \leqslant r \leqslant 1$　　　　B. $-1 < r < 1$　　　　C. $-1 \leqslant r \leqslant 1$　　　　D. $-1 \leqslant r \leqslant 0$

5. 每一吨铸铁成本（元）倚铸件废品率（%）变动的回归方程为：$\hat{y} = 56 + 8x$，这意味着（　　）。
A. 废品率每增加 1%，成本每吨增加 56.08 元
B. 废品率每增加 1%，成本每吨增加 8%
C. 废品率每增加 1%，成本每吨增加 8 元
D. 废品率每增加 1%，成本每吨增加 56 元

6. 现象之间相互依存关系的程度越高，则相关系数值（　　）。
A. 越接近于 ∞　　B. 越接近于 -1　　C. 越接近于 1　　D. 越接近于 -1 或 1

7. 相关系数 $r=0$，说明两个变量之间（　　）。
A. 不存在任何相关关系　　　　　　B. 相关程度很低
C. 完全负相关　　　　　　　　　　D. 不存在直线相关关系

8. 下列关系中，属于正相关关系的是（　　）的关系。
A. 合理限度内，施肥量和粮食亩产量之间　　B. 产品产量与单位产品成本之间
C. 商品的价格与销售量之间　　　　　　　　D. 流通费用率与商品销售量之间

9. 下列现象的相关密切程度最高的是（　　）。
A. 某商店职工人数与商品销售额之间的相关系数 0.81
B. 商品的价格与销售量之间的相关关系为 -0.93
C. 商品销售额与利润率之间的相关系数为 0.50
D. 商品销售量与流通费用率的相关系数为 -0.80

10. 如果协方差 $\sigma_{xy}^2 < 0$，说明两变量之间是（　　）。
A. 相关程度弱　　　B. 负相关　　　C. 不相关　　　D. 正相关

三、多项选择题

1. 相关分析中的负相关是指（　　）。
A. 自变量数值增加，因变量数值也增加　　B. 自变量数值增加，因变量数值相应减少
C. 自变量数值减少，因变量数值也减少　　D. 自变量数值减少，因变量数值相应增加
E. 自变量数值增加，因变量数值不变

2. 配合回归方程对资料的要求是（　　）。
A. 因变量是给定数值，自变量是随机的　　B. 自变量和因变量都是随机的
C. 自变量和因变量不是对等的关系　　　　D. 自变量是给定的数值，因变量是随机的
E. 确定两个变量之间的相关程度

3. 积差法相关系数基本计算公式中，协方差的作用有（　　）。
A. 决定两变量线性相关关系的密切程度　　B. 决定两变量相互关系的方向
C. 将相关系数 r 的值局限在 1 到 -1 之间　　D. 决定两变量相互关系的性质
E. 消除两个变量原有计量单位的影响

4. 直线回归方程 $\hat{y} = a + bx$ 中，b 称为回归系数，其作用是（　　）。
A. 可确定两变量之间的因果关系
B. 可确定因变量的实际值与估计值的变异程度

C. 可确定两变量相关的密切程度　　　　D. 可确定两变量的相关方向

E. 可确定当自变量增加一个单位时，因变量的平均增加值

5. 在回归分析中，确定一元直线回归方程的两个变量必须是（　　）。

A. 一个自变量，一个因变量　　　　B. 均为随机变量　　　C. 对等关系

D. 不对等关系　　　　　　　　　　E. 一个是随机变量，一个是可控变量

6. 下列各回归方程及积差法相关系数中，错误的是（　　）。

A. $y=500+2.5x, r=-0.75$　　　　B. $y=100-0.9x, r=0.86$

C. $y=10+2x, r=0.8$　　　　　　　D. $y=58-3x, r=0.2$

E. $y=105.9+1.5x, r=0.95$

四、简答题

1. 什么是相关关系？相关关系研究的内容主要有哪些？

2. 相关关系按照相关的程度不同分为哪几种？试分别举出一例。

3. 相关关系按照相关的性质不同分为哪几种？解释并举例说明。

4. 简述相关系数的概念及其取值范围。

5. 简单直线相关分析有什么特点？

6. 简述相关分析和回归分析的区别和联系。

7. 什么是估计标准误差？它有哪些作用？

8. 什么是相关系数？在相关系数 r 的计算公式中，标准差和协方差所起的作用分别是什么？

9. 相关系数的取值范围是什么？详细说明如何利用相关系数来判断现象之间相关的方向和程度？

五、计算题

1. 随机抽查十五位学生，他们平均每天学习时间与平均学习成绩资料见下表。

学习时数/h	学习成绩/分
4	40
5	58
5	60
6	60
6	68
6	52
7	75
7	75
8	80
8	78
8	76
9	78
9	90
10	85
12	90

根据表中资料,要求:
(1)计算学习成绩与学习时间的相关系数;
(2)建立学习成绩 y 倚学习时间 x 的直线回归方程;
(3)当每天学习时间为 11 h,学习成绩可能为多少分?
(4)计算估计标准误差。

2.现有生产同种产品的 10 个企业,其月产品产量和单位产品成本资料如下表。要求:
(1)绘制 10 个企业月产品产量和单位产品成本的相关图;
(2)用积差法相关系数的简捷法计算相关系数;
(3)在 0.05 显著性水平下,检验两个变量之间是否线性相关;
(4)以产品产量为自变量、单位产品成本为因变量拟合直线回归方程;
(5)在 0.05 显著性水平下,对回归方程的回归系数进行显著性检验。

产品产量/t	单位产品成本/千元
260	3.6
270	3.5
280	3.4
290	3.3
300	3.2
350	3.1
380	3.0
390	2.9
400	2.8
420	2.6

3.某地区历年人均年收入额和支出额资料如下表。要求:
(1)绘制人均收入和人均支出之间的相关图;
(2)拟合人均支出 y 与人均收入 x 的直线回归方程;
(3)根据计算结果,解释回归系数 b 的经济含义;
(4)当年人均收入为 2.6 万元时,年人均支出额为多少万元?

年份	人均收入/(万元·人$^{-1}$)	人均支出/(万元·人$^{-1}$)
2010	1.7	0.9
2011	1.8	1.1
2012	2.0	1.3
2013	2.1	1.4
2014	2.3	1.6
2015	2.4	1.5
2016	2.5	1.6
2017	2.7	1.7
2018	2.8	1.8

4. 已知 $\sigma_x^2=36, \sigma_y^2=49, r=0.95, a=3$，根据以上资料编制直线回归方程。

5. 现从某高校大一学生中随机抽查了 30 名学生，结果 13 人对外语学习感兴趣，17 人对外语学习不感兴趣，他们的外语成绩如下表。通过调查结果计算相关系数，说明外语成绩与学习兴趣是否相关。

序号	1	2	3	4	5	6	7	8	9	10	11	12	13	14	15	16	17
感兴趣	90	82	93	79	89	88	73	85	87	78	86	85	84	—	—	—	—
不感兴趣	74	62	65	85	77	71	60	80	81	68	72	77	81	67	74	78	83

6. 为了研究性别与吸烟态度的相关程度，在 18 岁以上的人口中随机抽取 200 人进行调查，男女各半，其状况如下表。试通过计算二者之间的相关系数，说明性别与吸烟态度之间是否相关。

吸烟态度	性别		合 计
	男性	女性	
容忍	80	18	98
反对	20	82	102
合 计	100	100	200

7. 生产同种产品的 10 个企业的月产品产量和单位产品成本资料如下表。试通过计算二者之间的等级相关系数，说明月产品产量和单位产品成本之间相关关系的密切程度。

产品产量/t	260	270	280	290	300	350	380	390	400	420
单位产品成本/千元	3.6	3.5	3.4	3.3	3.2	3.1	3.0	3.0	2.8	2.6

8. 某企业在 10 个地区商品的销售收入、广告费支出额及居民人均收入水平资料如下表。试拟合一个以销售收入为因变量，人均年收入额、广告费支出额为自变量的二元线性回归方程。

编号	销售收入/万元	人均年收入/元	广告费支出额/万元
1	130	14 000	10.5
2	160	15 600	11.2
3	220	16 000	13.2
4	390	18 770	23.4
5	500	19 030	30.0
6	750	21 000	60.0
7	870	20 800	60.9
8	980	22 500	68.6
9	1 350	23 100	121.5
10	1 500	24 400	150.0

9. 随机抽查了10名从业人员,其受教育程度和年均收入水平资料如下表。试为二者拟合幂函数曲线回归方程。

编码	受教育程度/a	平均年收入/元
1	2	15 012
2	4	16 000
3	6	17 200
4	8	20 000
5	8	23 000
6	10	26 000
7	12	35 428
8	13	34 000
9	14	43 000
10	15	50 000

第 10 章 统计分析软件的应用

> **学习目标**

了解 Excel 及 SPSS 软件的主要功能;掌握 Excel 及 SPSS 的基本操作;通过实例掌握 Excel 及 SPSS 软件在统计分析中的基本应用步骤等。

10.1 Excel 在统计中的应用

Excel(Microsoft Office Excel 的简称)是 Microsoft 为使用 Windows 和 Apple Macintosh 操作系统的一款电子表格软件。直观的界面、出色的计算功能和图表工具,使 Excel 成为最流行的个人计算机数据处理软件。本书中,以 Microsoft Excel 2010(以下简称 Excel)为工具介绍其在统计中的应用。

Excel 的主要功能:

①建立电子表格,通过文件选项卡可以新建电子表格,可以根据样本模板轻松建工作表。

②修饰表格功能,在开始选项卡里可以方便地插入和删除表格的行、列或单元格并对数据进行字体、大小、颜色、底纹等修饰。

③丰富的图表功能,可以插入各种图表如柱形图、折线图、饼状图等,还有迷你图功能。

④强大的函数功能,并具备兼容性函数。

⑤公式编辑,可以很方便地插入各种数学公式和各种希腊符号、运算符等。

⑥数据管理,在这里可以方便地进行排序、筛选、设置有效性等。

其中后四项功能在统计领域经常用到。

10.1.1 Excel 基本操作

现以表 10-1 电子商务 1401 班部分课程成绩资料为例,介绍 Excel 在公式和函数使用、

表 10-1 商务 1401 班级课程成绩单(部分)

序号	学号	姓名	专业英语	应用统计	网站设计	APP 开发	合计
1	201309040211	宁小哲	63	68	68	76	
2	201409040101	王萱	65	68	69	88	
3	201409040102	贾大成	75	71	73	58	
4	201409040103	张咪	92	84	86	68	
5	201409040105	杨晓	85	82	83	79	
6	201409040106	毕大萍	100	86	90	89	
7	201409040107	张静	85	80	81	96	
8	201409040109	樊浩	83	65	71	80	
9	201409040110	项青	95	74	87	87	
10	201409040111	田小野	72	70	71	80	
11	201409040112	魏萍轩	100	89	92	80	
12	201409040113	齐星帖	95	76	82	87	
13	201409040114	张雨	85	70	75	76	
14	201409040115	高伸至	82	86	85	78	

条件格式使用、数据图表的绘制等方面的基本操作。

1. Excel 公式和函数使用

(1)求和计算

利用表 10-1 中的数据,计算商务 1401 班学生 4 门课程的总分。具体操作:

①单击 H3 单元格,以确保计算结果显示在该单元格。

②单击编辑栏"f(x)"插入函数,会出现图 10-1 所示界面,选择"SUM"函数,确定后即出现"函数参数"界面,如图 10-2 所示。在 Number1 框中输入"D3:G3"后,继续单击"确定"按钮,即可在 H3 单元格显示宁小哲 4 门课程总分为"275"。

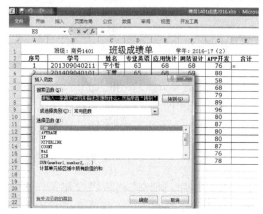

图 10-1　插入函数界面

图 10-2　函数参数界面

亦可在"编辑栏"直接键盘输入公式"=D3+E3+F3+G3"后,单击编辑栏的"输入"按钮 √,结束输入状态,同样会在 H3 单元格显示宁小哲 4 门课程总分为"275"。

③将鼠标移向 F3 单元格的右下角,当鼠标变成"十字"形时,向下拖动鼠标至 H16 单元格释放鼠标左键,则 14 名学生的 4 门课程总分会被自动计算出来,如图 10-3 所示。

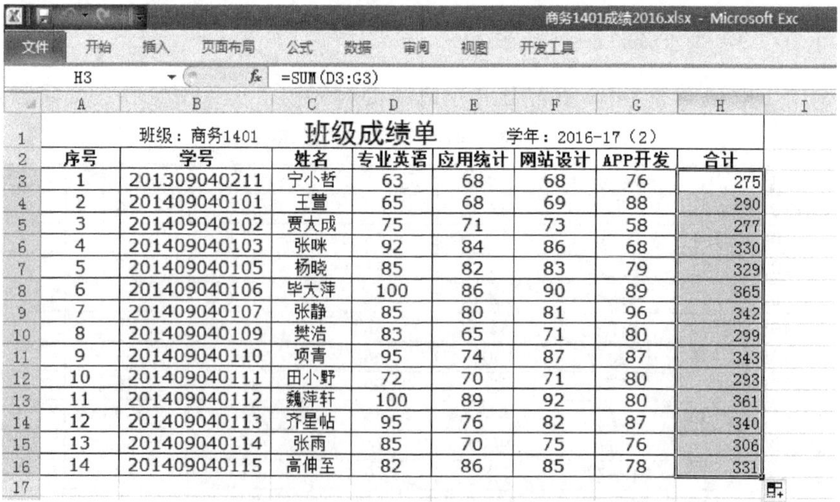

图 10-3　自动计算结果图

在上述求和过程中,可以发现插入函数界面(如图 10-1 所示),除了可以求和,还有求平均值(AVERAGE 函数)、最大值(MAX 函数)等标准函数可以使用(只需单击下拉箭头进行选择),如果标准函数不能满足需要,则可以在"编辑栏"键盘输入计算公式来求值。

(2)平均值计算

利用表 10-1 中的数据,计算电子商务 1401 班学生 4 门课程的平均分。具体操作:

①选中 I3 单元格,单击"插入公式"按钮 f_x,弹出"插入函数"对话框,在"选择函数"区域中选择"AVERAGE",单击"确定"按钮后弹出"函数参数"对话框。

②在工作表窗口中用鼠标选中 D3 到 G3 单元格,则即在 Number1 框中出现"D3:G3",或者直接在图 10-2 函数参数界面 Number1 框中输入"D3:G3",如图 10-4 所示。

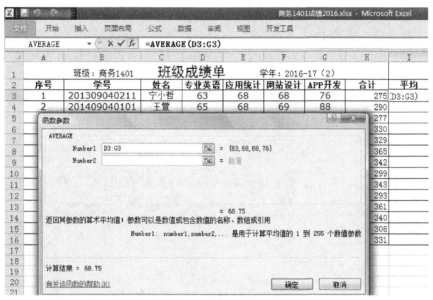

图 10-4 求平均值函数参数设置

③单击"确定"按钮,返回工作表窗口。

④利用自动填充功能完成其余学生平均成绩计算即可,结果如图 10-5 所示。

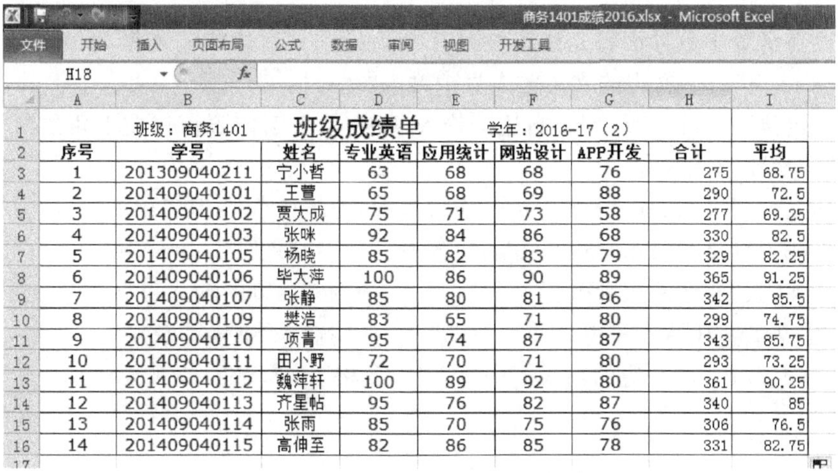

图 10-5 平均值计算结果

亦可直接在"编辑栏"直接键盘输入公式"＝AVERAGE(D3：G3)"后,单击编辑栏的"输入"按钮 ✓,结束输入状态,则同样会在 I3 单元格显示宁小哲的 4 门课平均成绩为"68.75",再按照自动填充方式完成其余学生成绩等级备注信息即可。

(3)IF 函数使用

如果想在备注栏对每位学生的成绩按照平均分标注出"优秀、良好、中等、及格和不及格"等级,此时可考虑条件函数。具体做法如下:

①选中 J3 单元格,单击"插入公式"按钮 fx,弹出"插入函数"对话框,在"选择函数"区域中选择"IF",单击"确定"按钮后弹出"函数参数"对话框。

②单击 Logical_test 右边的"拾取"按钮。

③单击工作表窗口中的 I3 单元格,然后在函数参数界面将光标定位到"Logical_test"右边的输入框,在"I3"后输入"＞＝90",之后在在 Value_if_ture 右边的文本输入框中输入"优秀",如图 10-6 所示。

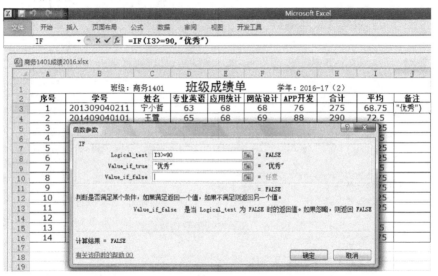

图 10-6　IF 函数参数界面(1)

或者直接在函数参数界面将光标定位到"Logical_test"右边的输入框,输入"I3＞＝90"即可,之后在 Value_if_ture 右边的文本输入框中输入"优秀"。

④将光标定位到 Value_if_false 右边的输入框中,单击工作表窗口左上角的"IF"按钮,又弹出一个"函数参数"对话框。

⑤将光标定位到"Logical_test"右边的输入框中,单击工作表窗口中的 I3 单元格,然后输入"＞＝80"。或者直接在"Logical_test"右边的输入框中输入"I3＞＝80"即可。

⑥重复步骤④、⑤,在函数参数界面的"Logical_test"右边的输入框分别输入"I3＞＝70""I3＞＝60";在 Value_if_ture 右边的文本输入框中分别输入"中等""及格"。

⑦在"Value_if_false"右边的输入框中输入"不及格",如图 10-7 所示。

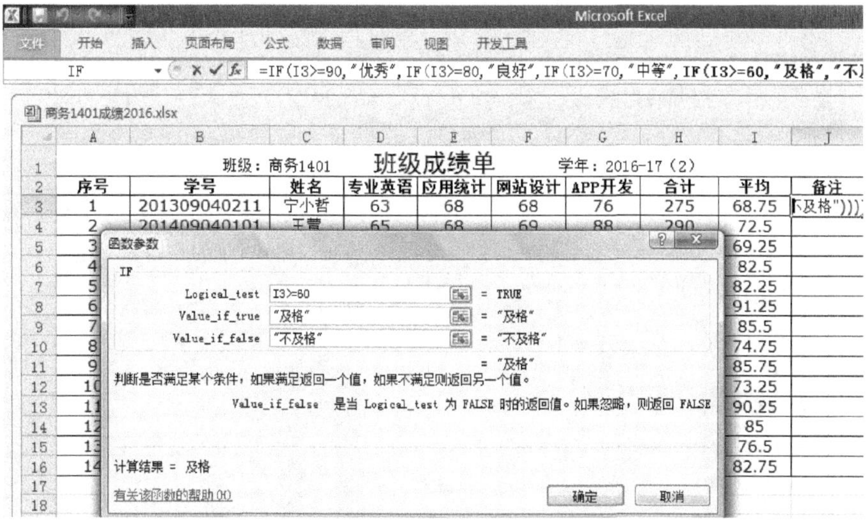

图 10-7 IF 函数参数界面(2)

⑧单击"确定"按钮,返回工作表窗口。
⑨利用自动填充功能完成其余学生的等级备注信息,结果如图 10-8 所示。

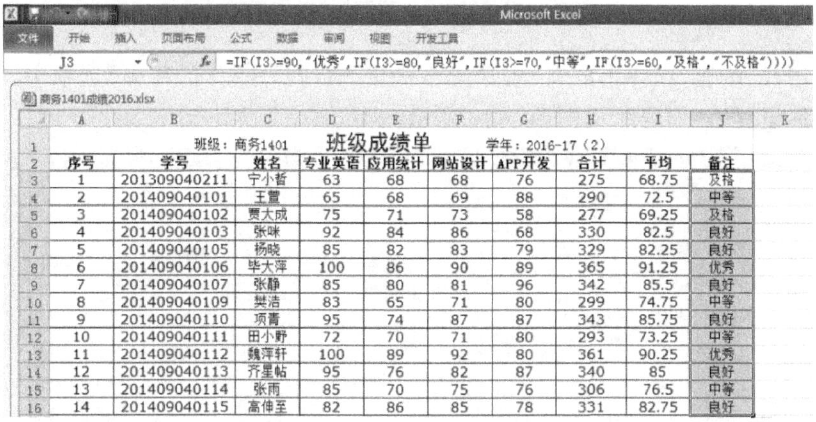

图 10-8 IF 函数备注成绩分级信息结果

当然,对于该问题如果对 IF 函数的用法比较熟悉,亦可在"编辑栏"直接键盘输入公式"=IF(I3>=90,"优秀",IF(I3>=80,"良好",IF(I3>=70,"中等",IF(I3>=60,"及格","不及格"))))"后,单击编辑栏的"输入"按钮 ✓,结束输入状态,则同样会在 I3 单元格显示宁小哲的成绩等级备注信息为"及格",再按照自动填充方式完成其余学生成绩等级备注信息即可。

2. Excel 条件格式使用

(1)设置条件格式

结合表 10-1 和图 10-8 的表格数据内容,将表格中所有成绩小于 60 的单元格设置为"红色"字体并"加粗";将表格中所有成绩大于 90 的单元格设置为"绿色"字体并加粗;将表格中"合计"小于 300 的数据,设置背景颜色。具体做法如下:

①选中 D3:G16 单元格区域,单击功能区中的"开始|样式|条件格式"按钮,在弹出的列表中选择"新建规则"命令,弹出"新建格式规则"对话框。

②在"选择规则类型"框中选择"只为包含以下内容的单元格设置格式"。在"编辑规则说明"中设置"单元格值小于60",如图10-9所示。

图10-9 "新建格式规则"对话框

③单击"格式"按钮,在弹出的"设置单元格格式"对话框中打开"字体"选项卡,将颜色设置为"红色",字形设置为"加粗",如图10-10所示。

图10-10 "字体"选项卡

④单击"确定"按钮,返回"新建格式规则"对话框,可以看到预览文字效果。

⑤单击"确定"按钮,退出该对话框,可以看到表格选定区域有一单元格成绩"58"呈红色加粗显示。

⑥用同样的方式完成各科成绩大于 90 的格式设置，要求为“绿色”字体并加粗。

⑦选中 H3 至 H16 单元格，单击功能区中的“开始|样式|条件格式”按钮，在弹出的列表中选择“新建规则”命令，弹出“新建格式规则”对话框。

⑧在“选择规则类型”框中选择“只为包含以下内容的单元格设置格式”。在“编辑规则说明”中设置“单元格值小于 300”。

⑨单击“格式”按钮，在弹出的“设置单元格格式”对话框中打开“填充”选项卡将单元格底纹设置为“浅紫色”，如图 10－11 所示。

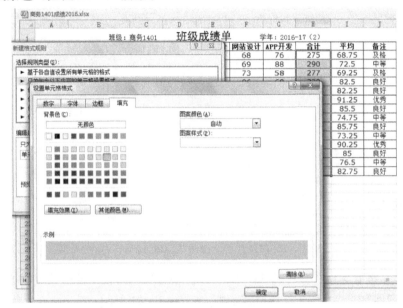

图 10－11　“填充”选项卡

⑩单击“确定”按钮，返回“新建格式规则”对话框，可以看到预览文字效果。

⑪单击“新建格式规则”对话框的“确定”按钮，退出该对话框，结果如图 10－12 所示。

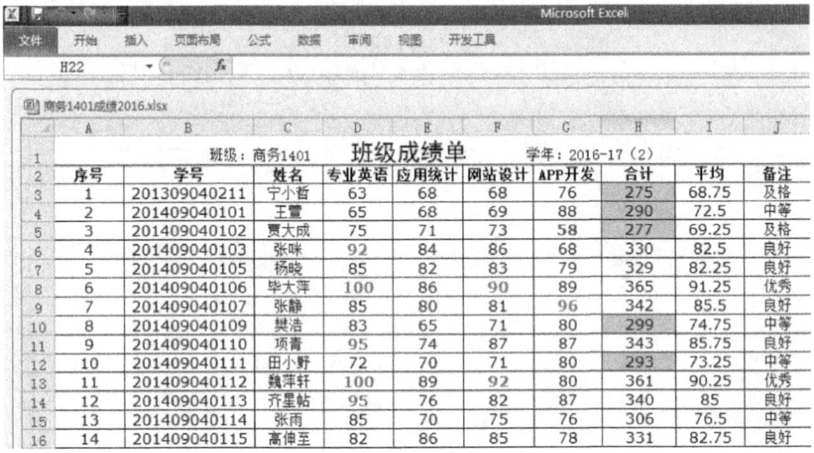

班级：商务1401　班级成绩单　学年：2016-17（2）

序号	学号	姓名	专业英语	应用统计	网站设计	APP开发	合计	平均	备注
1	201309040211	宁小哲	63	68	68	76	275	68.75	及格
2	201409040101	王萱	65	68	69	88	290	72.5	中等
3	201409040102	贾大成	75	71	73	58	277	69.25	及格
4	201409040103	张咪	92	84	86	68	330	82.5	良好
5	201409040105	杨晓	85	82	83	79	329	82.25	良好
6	201409040106	毕大萍	100	86	90	89	365	91.25	优秀
7	201409040107	张静	85	80	81	96	342	85.5	良好
8	201409040109	樊浩	83	65	71	80	299	74.75	中等
9	201409040110	项青	95	74	87	87	343	85.75	良好
10	201409040111	田小野	72	70	71	80	293	73.25	中等
11	201409040112	魏萍轩	100	89	92	80	361	90.25	优秀
12	201409040113	齐星帖	95	76	82	87	340	85	良好
13	201409040114	张雨	85	70	75	76	306	76.5	中等
14	201409040115	高伸王	82	86	85	78	331	82.75	良好

图 10－12　设置“条件格式”后工作表效果

(2)删除条件格式

条件格式删除可以通过以下两步来实现。

①将光标位于 D3 至 H16 单元格区域中的任意单元格中,单击功能区中的"开始|样式|条件格式"按钮,在弹出的列表中选择"管理规则"命令,弹出"条件格式规则管理器",对话框,如图 10-13 所示。

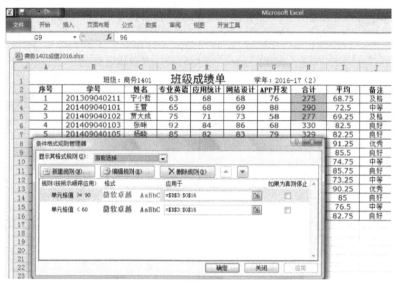

图 10-13 "条件格式规则管理器"对话框(1)

②选中"单元格值>=90"条件规则,单击"删除规则"按钮,该条件格式规则即被删除,"条件格式规则管理器"中显示现有条件格式规则,如图 10-14 所示。应用后,工作表上对应的"绿色、加粗"格式就会被删除。

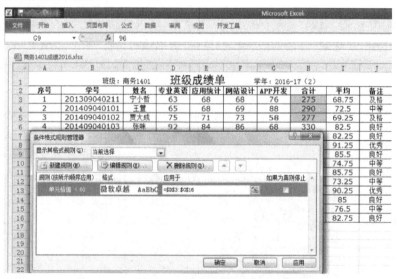

图 10-14 "条件格式规则管理器"对话框(2)

另外,也可通过"条件格式规则管理器"对话框查看任何工作表上应用的所有条件格式规则。只要通过"条件格式规则管理器"窗口将"显示其格式规则"右边的下拉列表框单击并选择

"当前工作表"项即可,如图 10-15 所示。

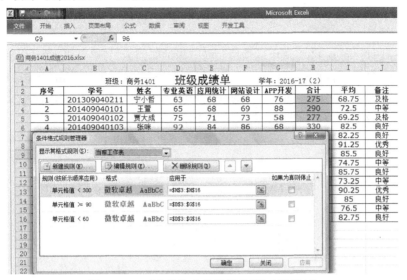

图 10-15 "条件格式规则管理器"对话框(3)

3. Excel 建立数据图表

(1)创建图表

利用表 10-1 的数据,对"商务 1401 成绩 2016"表中前 4 名学生的 4 门课程成绩数据,在当前工作表中建立嵌入式柱形图图表。具体做法如下:

①启动 Excel2010,打开"商务 1401 成绩 2016.xlsx"表文件,并选择 C2:G7 区域的数据。

②单击功能区中的"插入|图表|柱形图"按钮,在弹出的列表中选择"二维柱形图"中的"簇状柱形图",如图 10-16 所示。此时,在当前工作表中创建了一个柱形图表。

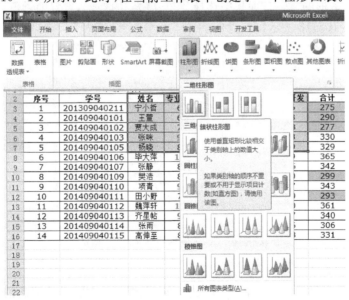

图 10-16 选择图表类型

③单击图表内空白处,然后按住鼠标左键进行拖动,将图表移动到工作表内的一个适当位置。

(2)添加标题

设置图表标题为"商务1401班级成绩单",横坐标轴标题为"姓名",纵坐标轴标题为"分数"。

①选中图表,激活功能区中的"设计"、"布局"和"格式"选项卡。单击"布局|标签|图表标题"按钮,在弹出的列表中选择"居中覆盖标题"命令,在图表中的标题输入框中输入图表标题"商务1401班级成绩单",单击图表空白区域完成输入,如图10-17所示。

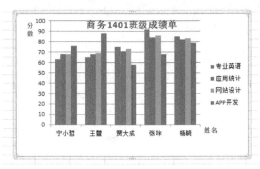

图10-17 创建图表并添加标题

②单击"布局|标签|坐标轴标题"按钮,在弹出的列表中分别完成横坐标与纵坐标标题的设置。

③选中图表,然后拖动图表四周的控制点,调整图表的大小。

(3)修饰数据系列图标

①双击"专业英语"数据系列或将鼠标指向该系列,单击鼠标右键,在弹出的菜单中单击"设置数据系列格式"。

②在打开的对话框的"填充"面板中选择"图案填充"的样式,设置前景色为需要的颜色(本例为"红色"),如图10-18所示。

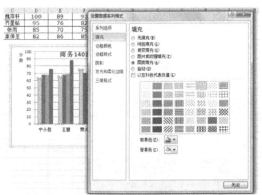

图10-18 "设置数据系列格式"对话框

(4)添加数据标签

①选中"网站设计"数据系列,单击"布局|标签|数据标签"按钮,在弹出的下拉列表中选择"数据标签外"命令,如图10-19所示。

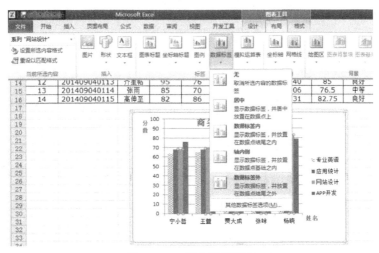

图 10-19 添加数据标签

②图表中"网站设计"数据系列上方显示数据标签。

(5)设置纵坐标轴刻度

①双击纵坐标轴上的刻度值,打开"设置坐标轴格式"对话框,在"坐标轴选项"区域中将"主要刻度单位"设置为"20",如图 10-20 所示。

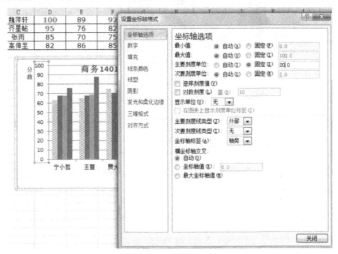

图 10-20 "设置坐标轴格式"对话框

②设置完毕后,单击"关闭"按钮。

(6)设置图表背景并保存文件

①双击图例和图表空白处,在打开的"设置图表区格式"界面分别选择"填充"和"边框样式"标签,在相应的对话框中进行设置,设置"填充"颜色如图 10-21 所示。

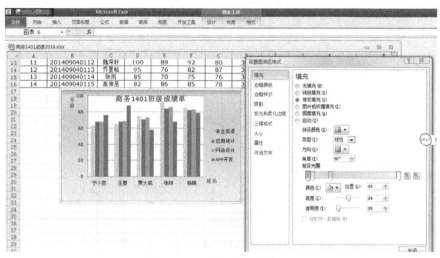

图 10-21 设置"填充颜色"

②设置完毕后,单击"关闭"按钮,效果如图 10-22 所示。

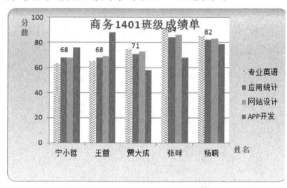

图 10-22 图表最终效果

③选择"文件|另存为"命令,弹出"另存为"对话框,选择保存路径。将文件名改为"商务 1401 班级成绩单",单击"保存"按钮。

4. Excel 数据列表的数据处理

现以表 10-2 能源古登堡公司工资表资料为例来说明 Excel 数据列表的数据排序方法、自动筛选方法和分类汇总。

(1)工作表的管理

①启动 Excel 2010,在 Sheet1 工作表中按表 10-2 完成数据的输入。

②右击工作表中的"Sheet1"标签,在弹出的菜单中单击"移动或复制"命令,打开"移动或复制工作表"对话框,选中"Sheet2"选项,选中"建立副本"复选框。

③单击"确定"按钮,将增加一个复制的工作表,它与原来的工作表中的内容相同,默认名称为 Sheet1(2)。

表 10-2　古登堡能源公司工资表

工号	姓名	部门	基本工资	奖金	津贴
201709040111	宁小哲	研发部	4000.00	4000.00	1800.00
201709040201	王萱	生产部	3800.00	4100.00	1600.00
201709040302	贾大成	销售部	3500.00	5500.00	2200.00
201709040303	张咪	销售部	3500.00	5200.00	2000.00
201709040205	杨晓	生产部	3800.00	4000.00	1600.00
201709040206	毕大萍	生产部	3900.00	4000.00	1800.00
201709040207	张静	生产部	3800.00	3960.00	1600.00
201709040209	樊浩	生产部	3800.00	4000.00	1600.00
201709040110	项青	研发部	4000.00	3000.00	1800.00
201709040111	田小野	研发部	4100.00	3200.00	2000.00
201709040312	魏萍轩	销售部	3800.00	3000.00	1200.00
201709040313	齐星帖	销售部	3500.00	4800.00	2600.00
201709040314	张雨	销售部	3600.00	5000.00	2700.00
201709040115	高伸至	研发部	4200.00	3000.00	1600.00

④用同样的方法创建另一张工作表，创建完成后，其默认名称为 Sheet1(3)，如图 10-23 所示。

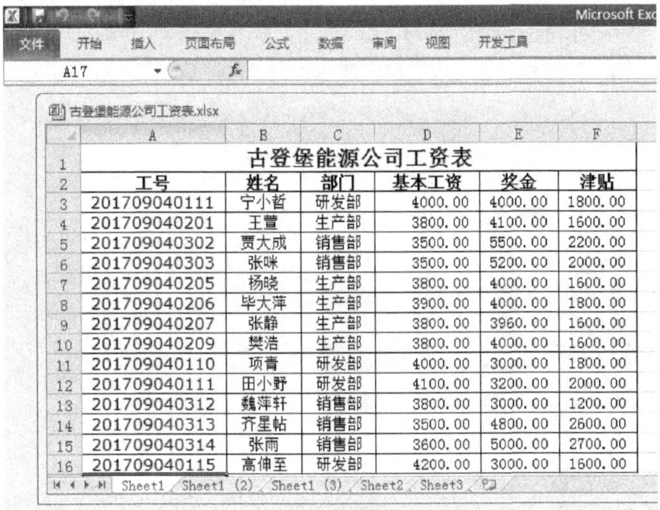

图 10-23　复制后的工资表

⑤右击工作表 Sheet1 标签，在弹出的菜单中单击"重命名"命令，然后在标签处输入新的名称"排序"。

⑥用同样的方式分别修改 Sheet1(2) 和 Sheet1(3) 工作表的名称为"筛选"和"分类汇总"，并删除 Sheet2 和 Sheet3 工作表，得到如图 10-24 所示效果。

图10-24 重命名并删除后的工作表效果

(2)数据排序

①使用"排序"工作表中的数据,将鼠标指针定位在数据区域任意单元格中,单击功能区中的"数据|排序和筛选|排序"按钮,弹出"排序"对话框。在"主要关键字"下拉列表中选择"基本工资"选项,在"次序"下拉列表中选择"降序"选项。

②单击"添加条件"按钮,增加"次要关键字"设置选项,在"次要关键字"下拉列表中选择"奖金"选项,"次序"下拉列表中选择"降序"选项。如图10-25所示。

图10-25 "排序"对话框

③单击"确定"按钮,即可将员工按基本工资降序方式进行排序,基本工资相同则按奖金进行降序排序,如图10-26所示。

图 10-26 排序后的工作表

(3) 数据筛选

① 使用"筛选"工作表中的数据,将鼠标指针定位在第 2 行任一单元格中,单击功能区中的"数据|排序和筛选|筛选"按钮,这时在第 2 行各单元格中出现如图 10-27 所示的下拉按钮。

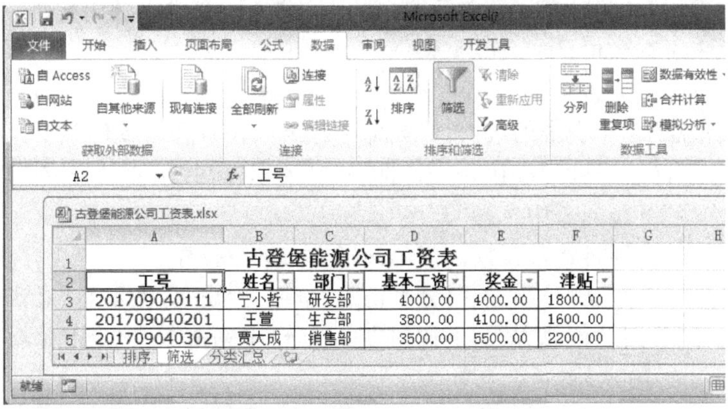

图 10-27 设置筛选后的工作表

② 单击"部门"单元格中的下拉按钮,在弹出的下拉列表中选择"研发部",单击"确定"按钮,即可筛选出部门为"研发部"的数据,如图 10-28 所示。

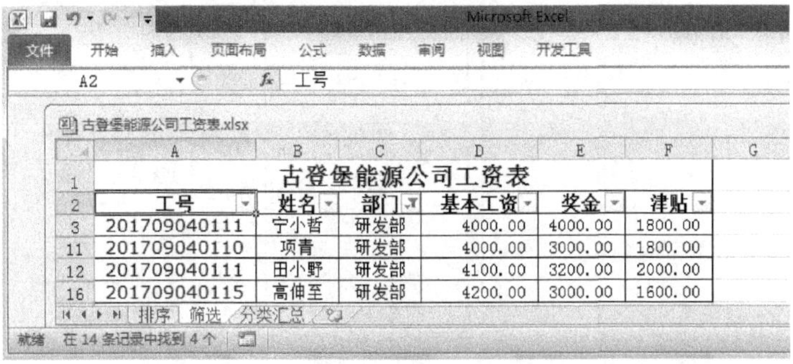

图 10-28 筛选后的"研发部"数据

③ 单击"基本工资"单元格的下拉按钮,在弹出的下拉列表中选择"数字筛选|大于或等于"

选项,出现如图 10-29 所示。

图 10-29 "自定义自动筛选方式"对话框

④在打开的"自定义自动筛选方式"对话框中,设置"基本工资"大于或等于 4000。

⑤单击"确定"按钮,即可筛选出"基本工资"大于等于 4000 的记录。

⑥分别单击"部门"和"基本工资"单元格中的下拉按钮,在弹出的下拉列表中选择"全部"选项,则会显示原来所有数据。

(4)分类汇总

①使用"分类汇总"工作表中的数据,将鼠标指针定位在数据区域任意单元格中,单击功能区中的"数据|排序和筛选|排序"按钮,弹出"排序"对话框。在"主要关键字"下拉列表中选择"部门"选项,在"次序"下拉列表中选择"升序"选项。

②单击"确定"按钮,即可将数据按部门的升序方式进行排序。

③单击功能区中的"数据|分级显示|分类汇总"按钮,弹出"分类汇总"对话框。在"分类字段"下拉列表中选择"部门""汇总方式"下拉列表中选择"平均值","选定汇总项"列表框中选择"基本工资",如图 10-30 所示。

图 10-30 "分类汇总"对话

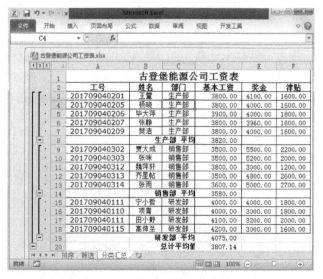

图 10-31 汇总后的工作表效果

④选中"替换当前分类汇总"与"汇总结果显示在数据下方"两项,单击"确定"按钮。效果如图10-31所示。

⑤单击分类汇总表左侧的减号,即可折叠分类汇总表。

5. Excel 数据透视表

数据透视表(Pivot Table)是一种交互式的表,可以进行某些计算,如求和与计数等。所进行的计算与数据跟数据透视表中的排列有关。

之所以称为数据透视表,是因为可以动态地改变它们的版面布置,以便按照不同方式分析数据,也可以重新安排行号、列标和页字段。每一次改变版面布置时,数据透视表会立即按照新的布置重新计算数据。另外,如果原始数据发生更改,则可以更新数据透视表。

(1)建立数据透视表

①以表10-1商务1401班部分课程成绩为基本操作表。

②单击数据区域中的任意一个单元格,切换至"插入"选项卡,在"表格"组中单击"数据透视表"按钮,弹出"创建数据透视表"对话框。单击"确定"按钮,即可创建一个空白的数据透视表,并在窗口的右侧自动显示"数据透视表字段列表"窗格,在其中勾选需要的字段(如"姓名、专业英语、应用统计、网站设计、App开发"五个字段),并在左侧的数据透视表中显示出来,效果如图10-32所示。

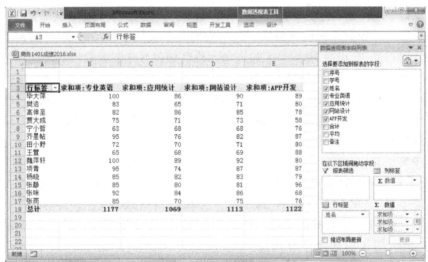

图10-32 数据透视表

③选择单元格"B3",切换至"数据透视表工具"的"选项"选项卡,单击"活动字段"组中"字段设置"按钮,弹出"值字段设置"对话框,切换至"值汇总方式"选项卡,在其列表框中选择"最大值"选项。单击"确定"按钮,此时,"专业英语"的数据在总计项中显示最大值"100",其他数据则没有变化,效果如图10-33所示。

图 10-33 "专业英语"字段设置后的效果

10.1.2　Excel 在描述统计中的应用

在使用 Excel 进行数据分析时，要经常使用到它的一些函数和数据分析工具。其中：

①函数是 Excel 预定义的内置公式，例如，前面基本应用中讲述的求和 SUM 函数、求平均值 Average 函数和 IF 函数等，对单元格或单元格区域执行相应运算。

②数据分析工具，被称为"分析工具库"，是 Excel 提供的一组在建立复杂的统计分析时，可以使用现成的数据分析工具。使用时只需为每一个分析工具提供必要的数据和参数，该工具就会使用适宜的统计或数学函数，在输出表格中显示相应的结果，其中的一些工具在生成输出表格时还能同时产生图表，可以节省很多时间。

如果要浏览已有的分析工具，可以单击"工具"菜单中的"数据分析"命令。如果"数据分析"命令没有出现在"工具"菜单上，则必须运行"安装"程序来加载"分析工具库"。安装完毕之后，必须通过"工具"菜单中的"加载宏"命令，在"加载宏"对话框中选择并启动它。

此外，还可通过 Excel 集成的函数功能进行计算，部分统计指标需要构造表达式或计算式，如置信度 95% 的置信区间计算式"＝TINV(0.05, COUNT()−1)＊STDEV()/SQRT(COUNT())"。最后还可通过采用 VBA 编程实现。相对来讲，利用"分析工具库"进行描述统计分析最为简单，但结果输出比较单一，很多时候不满足实际需要；而 Excel 集成函数比较灵活，但需要一定的统计学知识和相应的 Excel 统计函数等知识；VBA 编程需要一定的编程功底和 VBA 语言基础，但编程成功后，可以一劳永逸，相当于基于 Excel 的二次开发。

本节简单说明"分析工具库"的使用。

1. Excel 描述统计的操作步骤

"分析工具库"为 Excel 的高级应用，普通的安装不一定有此项功能，可以通过菜单栏"开发工具|加载项"进行安装"分析工具库"宏，如图 10-34 所示。

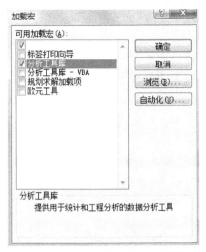

图 10-34 加载"分析工具库"宏

安装完毕后按照如下步骤打开。

①用鼠标点击工作表中待分析数据的任一单元格。

②选择"工具"菜单的"数据分析"子菜单。

③用鼠标双击数据分析工具中的"描述统计"选项。

④出现"描述统计"对话框,对话框内各选项的含义如下:

输入区域:在此输入待分析数据区域的单元格范围。

一般情况下 Excel 会自动根据当前单元格确定待分析数据区域。

分组方式:如果需要指出输入区域中的数据是按行还是按列排列,则单击"行"或"列"。

标志位于第一行/列:如果输入区域的第一行中包含标志项(变量名),则选中"标志位于第一行"复选框;如果输入区域的第一列中包含标志项,则选中"标志位于第一列"复选框;如果输入区域没有标志项,则不用选任何复选框,Excel 将在输出表中生成适宜的数据标志。

均值置信度:若需要输出由样本均值推断总体均值的置信区间,则选中此复选框,然后在右侧的编辑框中,输入所要使用的置信度。例如,置信度 95% 可计算出的总体样本均值置信区间为 10,则表示:在 5% 的显著水平下总体均值的置信区间为 $(X-10, X+10)$。

第 k 个最大/小值:如果需要在输出表的某一行中包含每个区域的数据的第 k 个最大/小值,则选中此复选框。然后在右侧的编辑框中,输入 k 的数值。

输出区域:在此框中可填写输出结果表左上角单元格地址,用于控制输出结果的存放位置。整个输出结果分为两列,左边一列包含统计标志项,右边一列包含统计值。根据所选择的"分组方式"选项的不同,Excel 将为输入表中的每一行或每一列生成一个两列的统计表。

新工作表:单击此选项,可在当前工作簿中插入新工作表,并由新工作表的 A1 单元格开始存放计算结果。如果需要给新工作表命名,则在右侧编辑框中键入名称。

新工作簿:单击此选项,可创建一新工作簿,并在新工作簿的新工作表中存放计算结果。

汇总统计:指定输出表中生成下列统计结果,则选中此复选框。这些统计结果有平均值、标准误差、中值、众数、标准偏差、方差、峰值、偏斜度、极差(全距)最小值、最大值、总和、样本个数。

⑤填写完"描述统计"对话框之后,按"确定"按钮即可。

2. Excel 直方图工具

直方图工具,用于在给定工作表中数据单元格区域和接收区间的情况下,计算数据的个别和累积频率,可以统计有限集中某个数值元素的出现次数。例如表 10-1 的 14 名学生课程成绩表,可以通过直方图确定考试成绩的分布情况,它会给出考分出现在指定成绩区间的学生个数,而用户必须把存放分段区间的单元地址范围填写在直方图工具对话框中的"接收区域"框中。Excel 直方图绘制步骤如下:

①用鼠标点击表中待分析数据的任一单元格,如"APP 开发"列数据。
②选择"工具"菜单的"数据分析"子菜单。
③用鼠标双击数据分析工具中的"直方图"选项。
④出现"直方图"对话框,如图 10-35 所示。

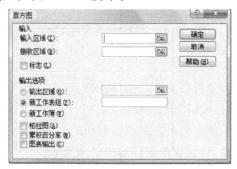

图 10-35 "直方图"对话框

对话框内主要选项的含义如下:

输入区域:在此输入待分析数据区域的单元格范围。

接收区域(可选):在此输入接收区域的单元格范围,该区域应包含一组可选的用来计算频数的边界值,这些值应当按升序排列。只要存在的话,Excel 将统计在各个相邻边界之间的数据出现的次数。如果省略此处的接收区域,Excel 将在数据组的最小值和最大值之间创建一组平滑分布的接收区间。

标志:如果输入区域的第一行或第一列中包含标志项,则选中此复选框;如果输入区域没有标志项,则清除该复选框,Excel 将在输出表中生成适宜的数据标志。

输出区域:在此输入结果输出表的左上角单元格的地址。如果输出表将覆盖已有的数据,Excel 会自动确定输出区域的大小并显示信息。

柏拉图:选中此复选框,可以在输出表中同时显示按降序排列频率数据。如果此复选框被清除,Excel 将只按升序来排列数据。

累积百分比:选中此复选框,可以在输出结果中添加一列累积百分比数值,并同时在直方图表中添加累积百分比折线。如果清除此选项,则会省略以上结果。

图表输出:选中此复选框,可以在输出表中同时生成一个嵌入式直方图表。

⑤按需要填写完"直方图"对话框之后,按"确定"按钮即可。

完整的直方图通常包括三列和一个频率分布图,如图 10-36 所示。第一列是数值的区间范围,第二列是数值分布的频数,第三列是频数分布的累积百分比。

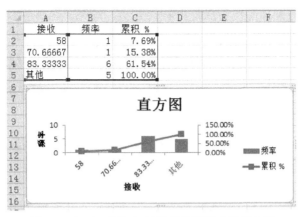

图 10-36　14 名学生 APP 开发课程成绩直方图

3. Excel 散点图工具

散点图是观察两个变量之间关系程度最为直观的工具之一。也可用于矩阵分析,看各分析对象在两个维度交叉的格子上如何分布,如重要性-满意度矩阵,可分析哪些因素应优先解决。利用 Excel 的图表向导,可以非常方便地创建并且改进一个散点图,也可以在一个图表中同时显示两个以上变量之间的散点图。

本节以表 10-3 数据为例来说明利用 Excel 绘制散点图,具体步骤如下。

表 10-3　31 地区居民消费数据

地区	粮食单价/元	人均食出/元	人均收入/元
1	0.78	992	2512
2	0.67	772	2008
3	1.01	968	2139
4	1.37	1267	3329
5	0.72	874	2106
6	0.73	638	1641
7	0.77	621	1611
8	0.72	711	1684
9	0.7	654	1951
10	0.74	540	1532
11	0.84	644	1612
12	0.7	767	1727
13	0.63	723	2045
14	0.75	763	1963
15	1.21	1072	2675
16	0.7	665	1683
17	0.98	1234	2925
18	0.65	576	1691
19	0.84	733	1929
20	1.49	968	2032
21	0.8	717	1906
22	0.72	716	1705
23	0.61	627	1542
24	0.7	829	1987
25	1.04	1016	2359
26	0.78	650	1764
27	1.01	928	2087
28	0.83	650	1959
29	0.72	852	2101
30	0.68	609	1877
31	0.98	863	2006

①选择数据,记得行和列的表头都要选定。
②从菜单栏"插入|散点图|仅带数据标记的散点图",如图10-37所示。

图10-37 菜单插入散点图

③导入的散点图比较原始,还需要调整才更适合需求。
④点击散点图,利用图表工具设置散点图的标题、坐标轴等数据系列格式,调整后得到如图10-38所示散点图结果。

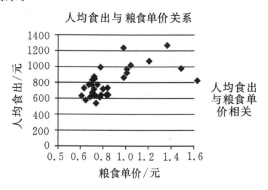

图10-38 调整散点图坐标

⑤结合现实,对散点图进行解释。如该图反映31区居民消费水平相对较低,因为0.6~1粮食单价上分布的点相对密集,人均食出多集中在600~800区域,高消费区点很稀疏。

10.1.3 Excel在抽样推断中的应用

1. 总体参数区间估计

利用Excel的几个函数,如求平均函数AVERAGE、标准差函数STDEV、T分布函数TINV等的组合使用可以构造出一个专门用于实现样本推断总体的Excel工作表。

以下例子先计算样本的平均数和标准差,然后在一定置信水平上估计总体均值的置信区间,操作步骤如下。

248

① 构造工作表。如图 10-39 所示,首先在各个单元格输入以下的内容,其中左边是变量名,右边是相应的计算公式。

	A	B
1		以样本均值推断总体均值的置信区间
2		
3	样本统计量	
4	样本个数	=COUNT(样本数据)
5	样本均值	=AVERAGE(样本数据)
6	样本标准差	=STDEV(样本数据)
7	用户输入	
8	置信水平	0.95
9	计算结果	
10	抽样标准误	='样本标准差'/SQRT('样本个数')
11	自由度	='样本个数'-1
12	t值	=TINV(1-'置信水平','自由度')
13	置信区间半径	='t值'*'抽样标准误'
14	置信区间上界	='样本均值'-'置信区间半径'
15	置信区间下界	='样本均值'+'置信区间半径'

图 10-39 样本统计量

② 为表格右边的公式计算结果定义左边的变量名。选定 A4:B6,A8:B8 和 A10:B15 单元格(先选择第一部分,再按住 Ctrl 键选取另外两个部分),选择"插入"菜单的"名称"子菜单的"指定"选项,用鼠标点击"最左列"选项,然后点击"确定"按钮即可。

③ 输入样本数据,用户指定的置信水平 0.95,如图 10-39 所示。

④ 为样本数据命名。选定 D1:D11 单元格,选择"插入"菜单的"名称"子菜单的"指定"选项,用鼠标点击"首行"选项,然后点击"确定"按扭,得到图 10-40 所示的计算结果。

	A	B	C	D
1		以样本均值推断总体均值的置信区间		样本数据
2				28.5
3	样本统计量			26.4
4	样本个数	10		33.5
5	样本均值	31.4		34.3
6	样本标准差	2.814249456		35.9
7	用户输入			29.6
8	置信水平	0.95		31.3
9	计算结果			31.1
10	抽样标准误	0.889943818		30.9
11	自由度	9		32.5
12	t值	2.262158887		
13	置信区间半径	2.013194318		
14	置信区间上界	29.38680568		
15	置信区间下界	33.41319432		

图 10-40 计算结果

以上说明了如何交叉组合使用 Excel 的公式和函数,以构造出一个能实现样本推断总体有关计算的 Excel 工作表。实际上,在用 Excel 进行数据统计处理之时,许多统计功能可以使用和上例类似的方法,通过组合使用 Excel 的各类统计函数和公式加以实现。

2. 假设检验

假设检验是统计推断中的重要内容。以下利用 Excel 的正态分布函数 NORMSDIST、判断函数 IF 等,构造一张能够实现在总体方差已知情况下进行总体均值假设检验的 Excel 工作表,操作步骤如下。

① 构造工作表。如图 10-41 所示，首先在各个单元格输入以下的内容，其中左边是变量名，右边是相应的计算公式。

	A	B
1		总体均值的假设检验
2	样本统计量	
3	样本个数	=COUNT(样本数据)
4	样本均值	=AVERAGE(样本数据)
5	用户输入	
6	总体标准差	
7	总体均值假设值	
8	置信水平	
9	计算结果	
10	抽样标准误	='总体标准差'/SQRT('样本个数')
11	计算Z值	=('样本均值'-'总体均值假设值')/'抽样标准误'
12	单侧检验	
13	单侧Z值	=NORMSINV(1-'置信水平')
14	检验结果	=IF(ABS('计算Z值')>ABS('单侧Z值'),"拒绝Ho","接收Ho")
15	单侧显著水平	=1-NORMSDIST(ABS('计算Z值'))
16	双侧检验	
17	双侧Z值	=NORMSINV((1-'置信水平')/2)
18	检验结果	=IF(ABS('计算Z值')>ABS('双侧Z值'),"拒绝Ho","接收Ho")
19	双侧显著水平	=IF('计算Z值'>0,2*(1-NORMSDIST('计算Z值')),2*NORMSDIST('计算Z值'))

图 10-41 总体均值假设检验统计量

② 为表格右边的公式计算结果定义左边的变量名。选定 A3:B4, A6:B8, A10:A11, A13:A15 和 A17:B19 单元格，选择"插入"菜单的"名称"子菜单的"指定"选项，用鼠标点击"最左列"选项，然后点击"确定"按钮即可。

③ 输入样本数据，以及总体标准差、总体均值假设、置信水平数据。如图 10-41 所示。

④ 为样本数据命名。选定 C1:C11 单元格，选择"插入"菜单的"名称"子菜单的"指定"选项，用鼠标点击"首行"选项，然后点击"确定"按扭，得到如图 10-42 中所示的计算结果。

	A	B	C
1		总体均值的假设检验	样本数据
2	样本统计量		28.5
3	样本个数	10	26.4
4	样本均值	31.4	33.5
5	用户输入		34.3
6	总体标准差	5.56	35.9
7	总体均值假设值	35	29.6
8	置信水平	0.95	31.3
9	计算结果		31.1
10	抽样标准误	1.758226379	30.9
11	计算Z值	-2.047517909	32.5
12	单侧检验		
13	单侧Z值	-1.644853	
14	检验结果	拒绝Ho	
15	单侧显著水平	0.020303562	
16	双侧检验		
17	双侧Z值	-1.959961082	
18	检验结果	拒绝Ho	
19	双侧显著水平	0.040607125	

图 10-42 计算结果

检验结果不论是单侧还是双侧均为拒绝 H_0 假设。所以，根据样本的计算结果，在 5% 的显著水平之下,拒绝总体均值为 35 的假设。同时由单侧显著水平的计算结果还可以看出,在总体均值是 35 的假设之下,样本均值小于等于 31.4 的概率仅为 0.020 303 562。

10.1.4 Excel 在相关与回归分析中的应用

相关分析的目的在于观察两组变量之间是否存在某种关系(包括线性与非线性关系),以便进行统计预测和决策。而回归分析就是在确定相关的基础上进一步确定两个或多个变量之间数量变化的关系进行测定,选择一个合适的数学模型(回归方程)近似地表示变量之间的平均变化关系,从而对因变量进行估计或预测的统计方法。

本节仍以表 10-3 数据为例来说明如何使用 Excel 软件进行相关分析与回归分析。

1. Excel 在相关分析中的应用

对表 10-3 中"人均收入"与"人均食出"两列数据做相关分析,验证人均收入与人均食出是否存在相关关系。在 Excel 2010 中操作如下。

①在 Excel 中打开表 10-3,选中相应数据绘制散点图(方法见 10.1.2),如图 10-43 所示。

②从相关图可看出"人均收入"与"人均食出"可能存在正相关线性关系。进而可通过计算相关系数进行确定。

③计算相关系数。在 Excel 中可以通过相关系数函数和相关系数宏两种方法取得。此处介绍如何利用相关系数函数取得相关系数值,过程如下。

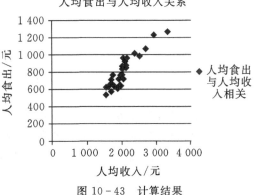

图 10-43 计算结果

在 Excel 表中选择任意一个空白单元格,用于放置相关系数的计算结果。然后单击编辑栏中的按钮,打开"插入函数"对话框。

选择"统计"类中的"CORREL"函数,然后单击"确定"按钮。

弹出"函数参数"对话框,在"Array1"文本框中输入"人均收入"数据所在区域,或点击文本框右边的"拾取"图标,用鼠标选取"人均收入"列数据区域。以同样的方法在"Array2"文本框中输入第二个变量的数据区域,即"人均食出"数据所在的区域,如图 10-44 所示。

图 10-44 相关系数函数参数设置

④点击"确定"按钮,可得到相关系数为 0.920 975。可见"人均收入"与"人均食出"两变量的相关度极高。

2. Excel 在回归分析中的应用

接着上例的相关分析,不妨假定"人均收入"与"人均食出"两变量存在线性相关关系,并用 Excel 工具进行回归分析。可用 LINEST 函数进行回归分析,亦可运用数据分析工具进行回归分析。本节对表 10-3 数据运用数据分析工具进行回归分析,步骤如下。

①在 Excel 窗口菜单栏点击"数据|分析·数据分析"命令,打开"数据分析"对话框。在"分析工具"列表框中选择"回归"选项,单击"确定"按钮,打开"回归"对话框,如图 10-45 所示。

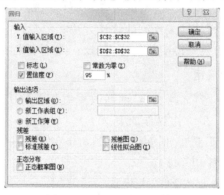

图 10-45 "回归"对话框

②在"输入"框架内,分别点击"Y 值输入区域"和"X 值输入区域"文本框右边的"拾取"图标,并分别选择"人均食出"和"人均收入"列的数据。在"输出"框架内选择"新工作簿"单选按钮,表示选择输出结果的是空白单元格,单击"确定"按钮,即可在该单元格的位置输出回归分析的结果,如图 10-46 所示。

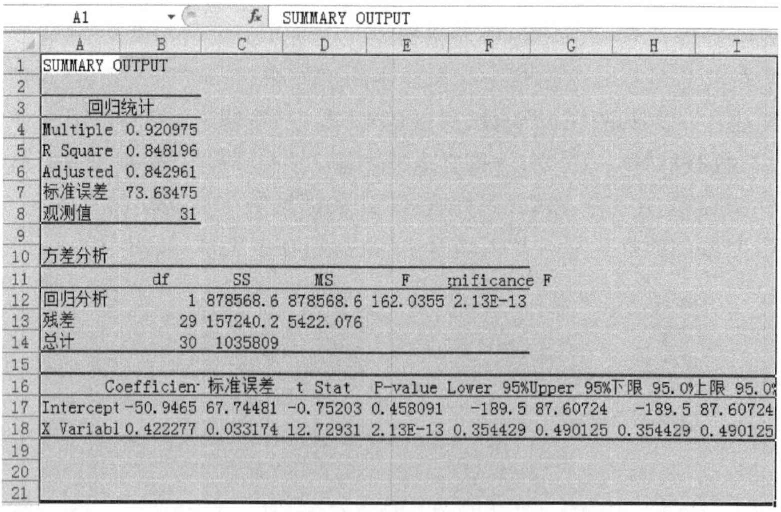

图 10-46 回归分析结果

输出的回归分析结果分为三部分:第一部分是回归统计,第二部分是方差分析,第三部分是回归系数表,其中"Intercept"是回归方程的参数 a,本例的计算结果为 -50.9465,"X Variable"为回归方程的参数 b,本例的计算结果为 0.422277。

采用 LINEST 函数进行回归分析的结果如图 10-47 所示。可见,两种方法结果相同。

故而,得到的回归方程可表示为:$Y=0.422\,277X-50.946\,5$。

图 10-47　LINEST 函数回归参数

10.1.5　Excel 在时间数列分析中的应用

1. 绘制折线图

时间序列折线图能够反映随着时间变迁观察变量的发展趋势。运用 Excel 绘制表 5-18,1999—2017 年 19 年的"我国谷物单位面积产量"时间数列折线图,可以反映我国谷物单位面积产量逐年增加的趋势。绘制步骤如下。

①将表 5-18 的"年份""谷物单位面积产量"数据输入 Excel 中,并在 Excel 窗口中选中年份和谷物单位面积产量所在的数据区域;

②在菜单栏单击"插入|图表|折线图"命令,单击所需绘制的折线图按钮,在折线图样式列表中选择所需的样式即可生成相应的折线图,如图 10-48 所示。

图 10-48　1999—2017 年我国谷物单产折线图

2. 计算发展速度

仍以表 5-18 为例，计算逐年增长量，环比增长速度，环比发展速度和平均发展速度等，结果如图 10-49 所示。

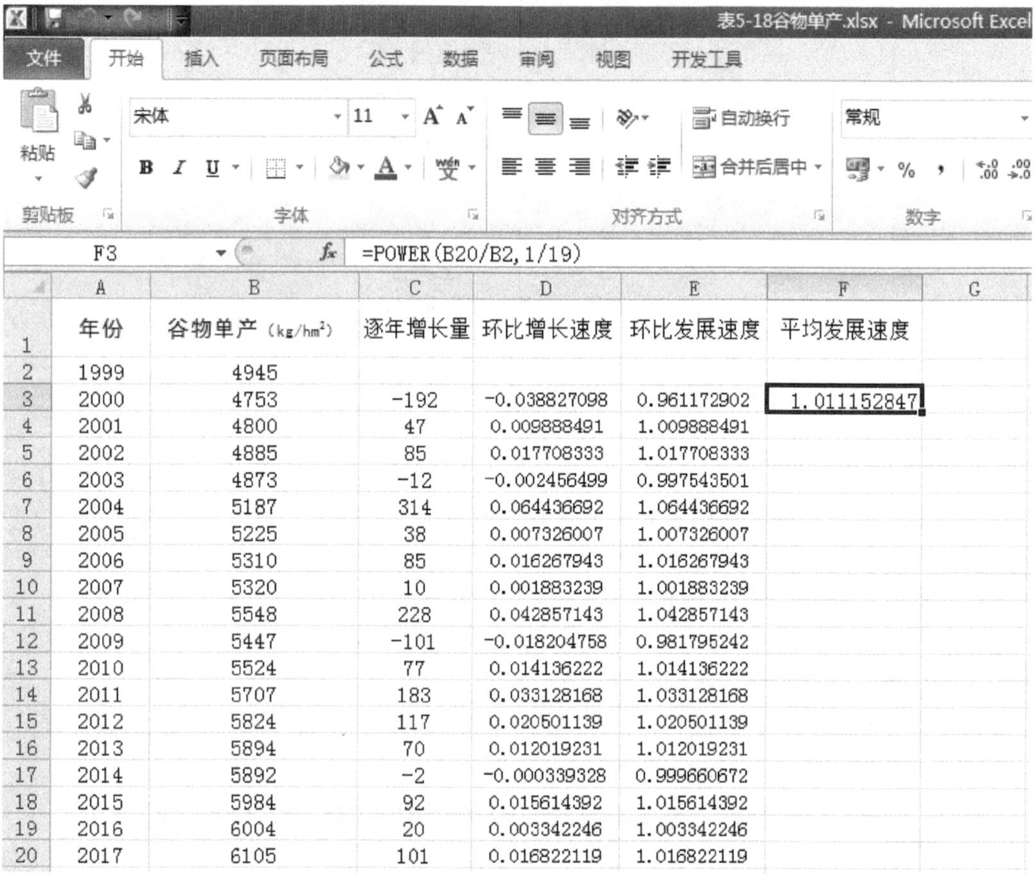

	A	B	C	D	E	F
1	年份	谷物单产 (kg/hm²)	逐年增长量	环比增长速度	环比发展速度	平均发展速度
2	1999	4945				
3	2000	4753	-192	-0.038827098	0.961172902	1.011152847
4	2001	4800	47	0.009888491	1.009888491	
5	2002	4885	85	0.017708333	1.017708333	
6	2003	4873	-12	-0.002456499	0.997543501	
7	2004	5187	314	0.064436692	1.064436692	
8	2005	5225	38	0.007326007	1.007326007	
9	2006	5310	85	0.016267943	1.016267943	
10	2007	5320	10	0.001883239	1.001883239	
11	2008	5548	228	0.042857143	1.042857143	
12	2009	5447	-101	-0.018204758	0.981795242	
13	2010	5524	77	0.014136222	1.014136222	
14	2011	5707	183	0.033128168	1.033128168	
15	2012	5824	117	0.020501139	1.020501139	
16	2013	5894	70	0.012019231	1.012019231	
17	2014	5892	-2	-0.000339328	0.999660672	
18	2015	5984	92	0.015614392	1.015614392	
19	2016	6004	20	0.003342246	1.003342246	
20	2017	6105	101	0.016822119	1.016822119	

F3 = POWER(B20/B2,1/19)

图 10-49　发展速度指标计算

①在"C1"单元格输入"逐年增长量"，然后在"C3"单元格输入"＝B3－B2"，表示 2000 年的谷物增长量"C3"等于当年的产量"B3"减去上一年的产量"B2"，回车后会在"C3"单元格显示 2000 年相比 1999 年的谷物单产增长量是－192 kg/hm²，说明想比上年每公顷减产 192 kg。

②将鼠标放在"C3"单元格右下角直至出现填充句柄符号"＋"时，向下拖动鼠标直至最后一行 2017 年数据行，这样就在"C"列计算出了 2000—2017 年的"逐年增长量"数据。

③在"D1"单元格输入"环比增长速度"，然后在"D3"单元格输入"＝（B3－B2）/B2 * 100％"，或者"＝C3/B2 * 100％"，表示 2000 年比 1999 年增长了"－0.038 827 098"。

④将鼠标放在"D3"单元格右下角直至出现填充句柄符号"＋"时，向下拖动鼠标直至最后一行 2017 年数据行，这样就在"D"列计算出了 2000—2017 年的"环比增长速度"数据。

⑤在"E1"单元格输入"环比发展速度"，然后在"E3"单元格输入"＝B3/B2 * 100％"，表示 2000 年比 1999 年发展了"0.961 172 902"，还达不到 1999 年的单产量。

⑥将鼠标放在"E3"单元格右下角直至出现填充句柄符号"＋"时，向下拖动鼠标直至最后一行 2017 年数据行，这样就在"E"列计算出了 2000—2017 年的"环比发展速度"数据。

⑦在"F1"单元格输入"平均发展速度",然后在"F3"单元格输入"＝Power(B20/B2,1/19)"回车,在"F3"单元格显示"1.011 152 847",表示从1999年到2000年我国谷物单位面积产量平均发展速度约是1.011,说明是有进步的。

说明　Power(number,power)函数的参数:number,底数是"最末发展水平除以最初发展水平",本例即为"B20/B2";power,幂值,即开方的次数,本例即为"1/19"(因为有B2－B20,19年的数据)。

3. 时间数列预测方法

本节以表5-18中,1999—2017年我国谷物单位面积产量时间数列为基础,来分别说明借助Excel工具进行移动平均法和最小平方法测定长期趋势。

(1)用移动平均法测定长期趋势

①选择一个空白单元格,在Excel窗口菜单栏点击"数据|数据分析"命令,打开"数据分析"对话框。在"分析工具"列表框选择"移动平均"选项,单击"确定"按钮,打开"移动平均"对话框,如图10-50所示。

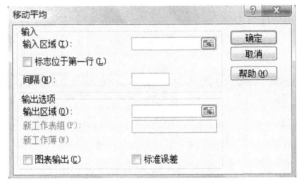

图10-50　"移动平均"对话框

②在"输入区域"文本框中输入需要进行移动平均的原始数据所在区域,也可单击文本框右边的"拾取"图标,拖动鼠标选取1999—2017年所在的数据区域。

"间隔"文本框输入的数字表示对时间数列进行移动平均的年数,即进行几项平均,这个需要根据具体的研究目的进行确定,本例进行3项平均,所以"间隔"文本框填写数字3。

在"输出区域"文本框中输入移动平均的结果,可以任意选择一个空白单元格。

根据需要勾选"图表输出"和"标准误差"复选按钮。本例为了对比移动平均前后的效果,勾选"图表输出"复选按钮。单击"确定"按钮后,即可显示移动平均的结果,如图10-51所示。

(2)用最小平方法测定长期趋势

①年份时间数列数据预处理。因为年份作为数据计算值会非常大,所以先需要将年份用自然数进行重新编号预处理,如图10-52所示。

②在Excel窗口菜单栏点击"数据|数据分析"命令,打开"数据分析"对话框。在"分析工具"列表框选择"回归"选项,单击"确定"按钮,打开"回归"对话框,如图10-52所示。

在"Y值输入区域"对话框中输入"谷物单产"的原始数据所在区域,也可以单击文本框右边的"拾取"图标,拖动鼠标选取"谷物单产"所在的数据区域。用同样的方法在"X值输入区域"对话框中输入时间序号的原始数据所在区域,也可以单击文本框右边的"拾取"图标,拖

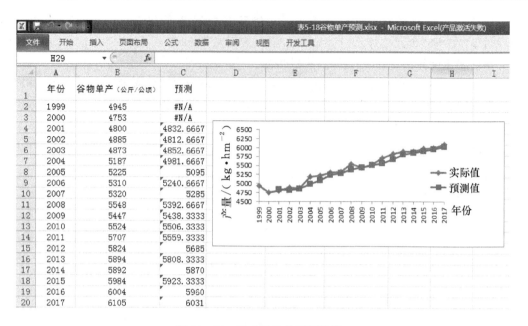

图 10-51　移动平均的预测结果

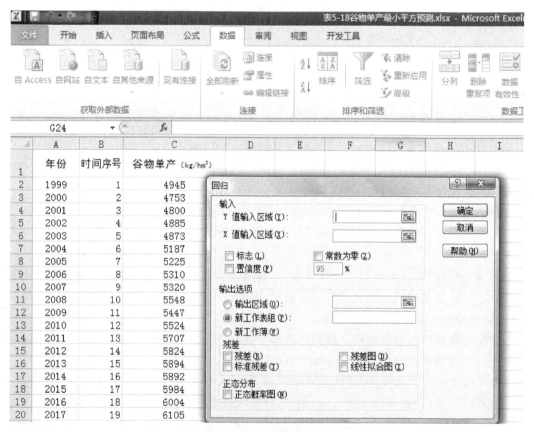

图 10-52　时间数列预处理与"回归"对话框

动鼠标选取时间序号所在的数据区域。

"输出选项"用于输出回归分析的结果,可以选择在新的工作表组、新的工作簿或者在本工作簿中的相关区域输出。本例选择在本工作簿中的相关区域输出,选中"输出区域"单选按钮,选择输出结果的空白单元格,单击"确定"按钮,即可在该单元格的位置输出回归的结果,如图10-53所示。

```
SUMMARY OUTPUT
        回归统计
Multiple   0.980738
R Square   0.961846
Adjusted   0.959602
标准误差    89.89819
观测值           19

方差分析
           df        SS         MS        F       Significance F
回归分析      1     3463513   3463513  428.5633    1.70201E-13
残差        17    137388.6  8081.684
总计        18    3600902

            Coefficien  标准误差   t Stat    P-value    Lower 95%   Upper 95%  下限 95.0%  上限 95.0%
Intercept   4653.491    42.9324   108.3911  1.38E-25   4562.91178  4744.071   4562.9118  4744.0707
X Variabl   77.95088    3.765421  20.70177  1.7E-13    70.00653406 85.89522  70.006534  85.89522
```

图 10-53　回归分析结果

该结果包括三部分:第一部分是回归统计,第二部分是方差分析,第三部分是回归系数表,其中"Intercept"是回归方程的参数 a,本例的计算结果为 4653.491,"X Variable"为回归方程的参数 b,本例的计算结果为 77.950 88。

10.1.6　Excel 在指数分析中的应用

以表 6-1 中某超市四种商品基期和报告期的销量和价格数据为例分别计算数量指标和质量指标指数。

1. 运用 Excel 计算数量指标指数

①分别计算 $q_1 p_0$,$q_0 p_0$。选中"G4"、"H4"单元格,分别在单元格内输入"=D4*E4"和"=C4*E4",并向下填充数据。

②计算销售额的合计值。在 G8 单元格中输入"=SUM(G4:G7)",按 Enter 键,使用填充句柄将公式复制到 H8。

③计算销售额的差值。在"G9"单元格中输入"=G8-H8",按 Enter 键,得"-310"。同法,在"I9"单元格中输入"=I8-J8",按 Enter 键,得"-305"。

④选择一个空白单元格"C11",输入公式"=G8/H8",即可获得以基期价格作为同度量因素的销售量指数的结果"0.987 698 413"。同法,在单元格"C12",输入公式"=I8/J8",即可获得以报告期价格作为同度量因素的销售量指数的结果"0.988 039 216",如图 10-54 所示,分析结果同第 6 章的结果。

	A	B	C	D	E	F	G	H	I	J
1	商品	计量单位	销售量		价格（元）		销售额			
2			q_0 基期	q_1 报告期	p_0 基期	p_1 报告期	q_1p_0	q_0p_0	q_1p_1	q_0p_1
3										
4	鲜蛋	kg	1000	1150	5.8	6.9	6670	5800	7935	6900
5	香蕉	kg	800	860	5	4	4300	4000	3440	3200
6	猪肉	kg	500	400	18	18.8	7200	9000	7520	9400
7	菠菜	kg	2000	2100	3.2	3	6720	6400	6300	6000
8	合计						24890	25200	25195	25500
9	数量差值						−310		−305	
10	质量差值								305	300
11			$I_q=\dfrac{\Sigma q_1 p_0}{\Sigma q_0 p_0}$	0.987698			$I_p=\dfrac{\sum q_0 p_1}{\sum q_0 p_0}$	1.011905		
12			$I_q=\dfrac{\Sigma q_1 p_1}{\Sigma q_0 p_1}$	0.988039			$I_p=\dfrac{\sum q_1 p_1}{\sum q_1 p_0}$	1.012254		

图 10-54　销售量指数

2. 运用 Excel 计算质量指标指数

①分别计算 q_1p_1，q_0p_1。选中"I4""J4"单元格，分别在单元格内输入"＝D4＊F4"和"＝C4＊F4"，并向下填充数据。

②计算销售额的合计值。在 I8 单元格中输入"＝SUM(I4:I7)"，按 Enter 键，使用填充句柄将公式复制到 J8。

③计算销售额的差值。在"H10"单元格中输入"＝J8－H8"，按 Enter 键，得"300"。同法，在"I10"单元格中输入"＝I8－G8"，按 Enter 键，得"305"。

④选择一个空白单元格"G11"，输入公式"＝J8/H8"，即可获得以基期销量作为同度量因素的价格指数的结果"1.011 905"。同法，在单元格"G12"，输入公式"＝I8/G8"，即可获得以报告期销量作为同度量因素的价格指数的结果"1.012 254"，如图 10-54 所示，分析结果同第 6 章的结果。

10.2　SPSS 在统计中的应用

SPSS 是 Statistical Product and Service Solutions(统计产品和服务解决方案)的缩写。最初软件全称为"社会科学统计软件包"(Solutions Statistical Package for the Social Sciences)，SPSS 公司已于 2000 年正式将英文全称更改为"统计产品与服务解决方案"。SPSS 为 IBM 公司推出的一系列用于统计学分析运算、数据挖掘、预测分析和决策支持任务的软件产品及相关服务的总称，有 Windows、Mac OS X、Linux 及 UNIX 等版本。

SPSS for Windows 是一个组合式软件包，它集数据录入、整理、分析功能于一身。用户可以根据实际需要和计算机的功能选择模块，以降低对系统硬盘容量的要求，有利于该软件的推广应用。

SPSS 的基本功能包括数据管理、统计分析、图表分析、输出管理等。SPSS 统计分析过程包括描述性统计、均值比较、一般线性模型、相关分析、回归分析、对数线性模型、聚类分析、数据简化、时间序列分析等几大类，每类中还可细分，比如回归分析中又分线性回归分析、曲线回归分析，而且每类分析又有不同的求解参数方法。SPSS 也有专门的绘图系统，可以根据数据绘制各种图形。

10.2.1 SPSS 的基本操作

要使用 SPSS 进行统计分析,必须经过数据准备、加工整理、数据分析和结果的分析与解释四个过程,其中数据准备是其他过程的基础,按照 SPSS 的要求准备 SPSS 数据文件,包括在数据编辑窗口中定义 SPSS 数据的结构、录入和修改 SPSS 数据等;加工整理过程主要对数据编辑窗口中的数据进行必要的预处理;选择正确的统计分析方法对数据编辑窗口中的数据进行分析建模是数据分析过程的核心任务;而读懂 SPSS 输出编辑窗口中的分析结果,明确其统计含义,并结合应用背景知识做出切合实际的合理解释是使用软件的目的。

SPSS 主要有三种运行模式:完全窗口菜单运行模式、批处理模式和程序运行模式,初学者采用"完全窗口菜单运行模式"学习,具体 SPSS 软件操作步骤如下。

1. 建立数据

①启动 SPSS。打开 Windows 开始菜单|程序|IBM SPSS Statistics,在它的次级菜单中单击"IBM SPSS 19"即可启动 SPSS 软件,进入 SPSS for Windows 对话框,如图 10-55 所示。

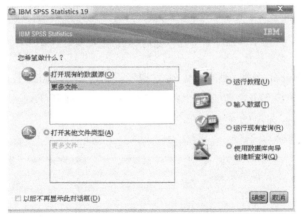

图 10-55 SPSS 启动对话框

②在图 10-55 界面选择"输入数据"单选按钮则进入 SPSS 基础数据录入界面。若选择"打开现有数据源"或"选择打开其他文件类型",则会导入以前保存的 SPSS 文件(.sav 文件)或其他格式文件。一般选择"输入数据"新建基础数据。进入图 10-56 界面。

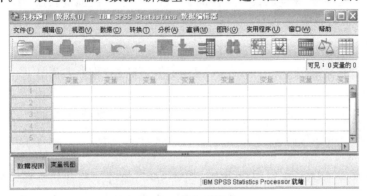

图 10-56 数据编辑窗口

③在数据编辑窗口,单击左下角【变量视图】标签进入变量视图界面,根据实际需要设计定义每个变量类型。

④变量定义完成以后,单击【数据视图】标签进入数据视图界面,将每个具体的变量值录入数据库单元格内。

注意:数据录入完后要保存。另外,如果数据来源于外部,可按如下步骤读取。

使用菜单命令"文件|打开|数据"调出打开数据对话框,在文件类型下拉列表中选择数据文件,如图 10-57 所示。

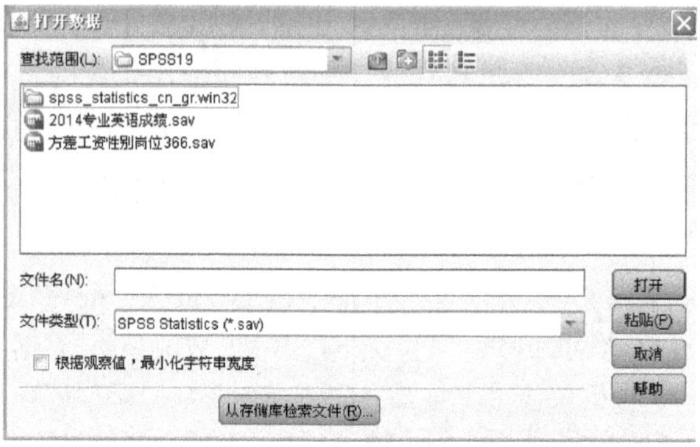

图 10-57　打开已存储的 SPSS 数据源对话框

如选择要打开的 Excel 文件,则在"文件类型"下拉列表框选择"Excel(＊.xls,＊.xlsx,＊.xlsm)",并选择相应 Excel 文件单击"打开"按钮,调出打开 Excel 数据源对话框,如图 10-58所示。对话框中各选项的意义如下。

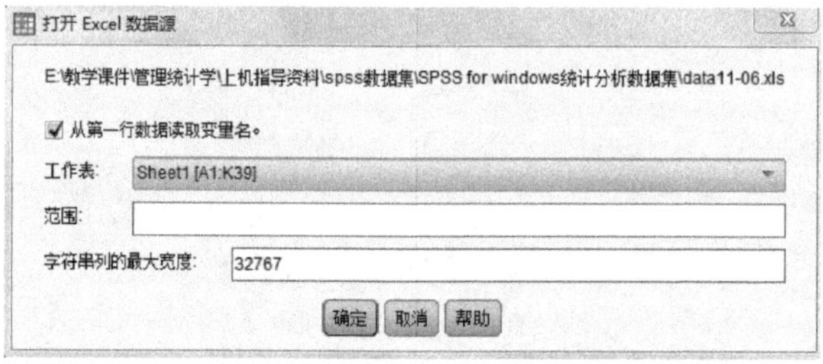

图 10-58　打开 Excel 数据源对话框

工作表下拉列表:选择被读取数据所在的 Excel 工作表。范围输入框:用于限制被读取数据在 Excel 工作表中的位置。

2. 加工整理

在 SPSS 中,数据整理的功能主要集中在【数据】和【转换】两个主菜单下。

(1)数据排序

对数据按照某一个或多个变量的大小排序将有利于对数据的总体浏览,基本操作:选择菜单"数据|排列个案",打开对话框,如图 10-59 所示。

(2)抽样

在统计分析中,有时不需要对所有的观测进行分析,而可能只对某些特定的对象有兴趣。利用 SPSS 的 Select Case 命令可以实现这种样本筛选的功能。以 SPSS 安装配套数据文件

图 10-59　排列个案对话框

Growth study.sav 为例,选择年龄大于 10 的观测,基本操作:打开数据文件 Growth study.sav,选择"数据|选择个案"菜单命令,打开对话框如图 10-60 所示。

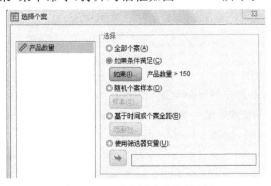

图 10-60　"选择个案"对话框

指定抽样的方式:在"选择"框架的 5 个单选按钮选择。本例选择"如果条件满足"按指定条件进行筛选。本例设置:产品数量>150,如图 10-61 所示。

图 10-61　"选择个案"界面

设置完成以后,单击"继续"命令按钮,进入下一步。

确定未被选择的观测的处理方法,这里选择默认选项"过滤掉未选定的个案"。

单击"确定"进行筛选，结果如图 10-62 所示。

序号	产品数量	filter_$
1	1	160.00	1
~~2~~	10	150.00	0
3	11	162.00	1
4	12	156.00	1
5	13	179.00	1
6	14	179.00	1
7	15	151.00	1
8	16	157.00	1
9	17	154.00	1
10	18	179.00	1
~~11~~	19	148.00	0
12	2	170.00	1
13	20	156.00	1
14	3	181.00	1
15	4	156.00	1
16	5	176.00	1
~~17~~	6	148.00	0
18	7	198.00	1
19	8	179.00	1
20	9	162.00	1

图 10-62 选择个案的结果

(3)增加个案的数据合并

将新数据文件中的观测合并到原数据文件中，在 SPSS 中实现数据文件纵向合并的方法：选择菜单"数据|合并文件|添加个案"，如图 10-63 所示，选择需要追加的数据文件，单击打开按钮，弹出"增加个案"对话框，如图 10-64 所示。

图 10-63 选择个体数据来源的文件

图 10-64 "增加个案"界面

(4)增加变量的数据合并

增加变量时指把两个或多个数据文件实现横向对接。例如将不同课程的成绩文件进行合并，收集来的数据被放置在一个新的数据文件中。在 SPSS 中实现数据文件横向合并的方法：选择菜单"数据|合并文件|添加变量"，选择合并的数据文件，单击"打开"，弹出添加变量，如图 10-65 所示。

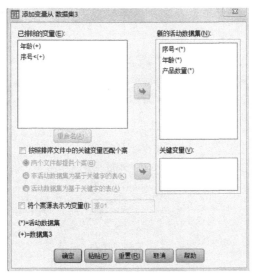

图 10-65　选择变量

单击"确定"执行合并命令。这样,两个数据文件将按观测的顺序一对一地横向合并。

(5)数据拆分

在进行统计分析时,经常要对文件中的观测进行分组,然后按组分别进行分析。例如要求按性别不同分组。在 SPSS 中具体操作:选择菜单"数据|分割文件",打开如图 10-66 对话框。

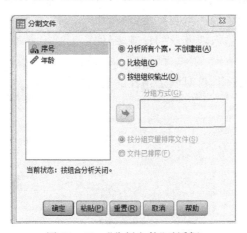

图 10-66　"分割文件"对话框

选择拆分数据后,输出结果的排列方式,该对话框提供了 3 种方式:对全部观测进行分析,不进行拆分;在输出结果中将各组的分析结果放在一起进行比较;按组排列输出结果,即单独显示每一分组的分析结果。

选择"按组组织输出"单选按钮,并选择其下的"按分组变量排序文件"排序方式,"确定"即可完成数据拆分。

(6)计算新变量

在对数据文件中的数据进行统计分析的过程中,为了更有效地处理数据和反映事务的本质,有时需要对数据文件中的变量加工产生新的变量。比如经常需要把几个变量加总或取加

权平均数,SPSS 中通过【计算】菜单命令来产生新变量,其步骤:选择菜单"转换|计算变量",打开如图 10-67 所示界面。

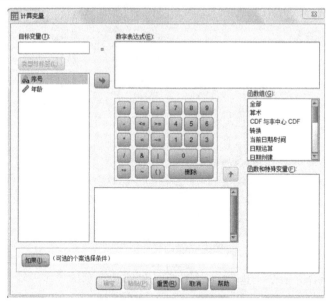

图 10-67 "计算变量"对话框

在目标变量输入框中输入生成的新变量的变量名。单击输入框下面类型与标签按钮,在跳出的对话框中可以对新变量的类型和标签进行设置。

在数字表达式输入框中输入新变量的计算表达式。例如"年龄>20"。单击【如果】按钮,弹出子对话框,如图 10-68 所示。"包含所有个体"单选按钮,对所有的观测进行计算;"如果个案满足条件则包括"单选按钮,仅对满足条件的观测进行计算。

图 10-68 "计算变量:1f 个案"对话框

选择"包含所有个体"单选按钮,单击"继续"按钮,执行命令,则可以在数据文件中看到一个新生成的变量。

3. 分析数据

①在标题栏选择"分析|描述性统计|频数分析"。
②在频数分析对话框中,从左框选择要分析的问题到右框中。
③选择"统计"出现对话框。
④选择对应输出项即可:Mean 平均数、Std. deviation 标准差、variance 方差、range 极差、max 最大、min 最小。点击"OK"确定即可。
同时也可以用"图表"选择要输出的图形。

4. 结果分析与解释

读取 Output 表中分析结果,并结合实际(经济社会现实)给予合理的解释。
当然 Excel 也可以完成这样的分析,但 SPSS 软件比起 Excel 来要更专业些,而且能够应对更复杂问题。

10.2.2　SPSS 在描述统计中的应用

如同前文用 Excel 工具做描述统计分析,SPSS 做描述性统计分析用到的统计量同样有频数分析、集中趋势指标(算数平均值、中位数、众数等)、离散程度指标(方差、标准差、均值标准误差、极差等)和反映分布形态的描述性指标(偏度、峰度等)分析。

本节以 IBM SPSS Statistics V19 的使用来说明描述性统计操作过程,以前文"商务 1401 成绩.xls"为数据源,具体步骤如下。

①打开 SPSS 软件,点击文件菜单,选择下拉菜单中的数据选项。在弹出的打开数据界面,选择要操作的数据文件商务 1401 成绩.xls。

数据加载进来后,点击加载界面的"变量视图",修改变量名称及相关类型等属性值,删除第一行,得到图 10-69 所示的数据界面。选择要进行分析的字段,这里选择"APP 开发"进行描述性统计分析。

②点击菜单栏"分析|描述统计|描述"命令,打开"描述性"对话框,如图 10-70 所示。

图 10-69　数据加载

图 10-70　"描述性"对话框

描述性界面中将"APP 开发"添加到变量面板,然后单击"选项"按钮,弹出"描述:选项"对话框,如图 10-71 所示。

图 10-71 "描述:选项"对话框

③在"描述:选项"对话框中,勾选如"标准差、方差、最大值、最小值"等需要的统计指标,并勾选"显示顺序"后,单击"继续"按钮。

④回到描述性界面,在这里可以点击"样式"按钮,设置统计结果的样式,如果不想设置样式,可直接点击"确定"按钮。

⑤最后 SPSS 软件就会自动将描述统计分析表格绘制好,如图 10-72 所示。

⑥结合相关指标值进行合理解释。

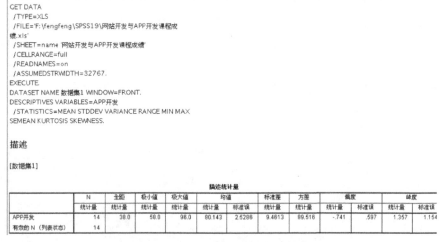

图 10-72 描述性统计分析统计值

10.2.3 SPSS 在抽样推断中的应用

1. 总体参数的区间估计

本节以 IBM SPSS Statistics V19 的使用来说明总体均值区间估计的操作过程。

例如,为研究在黄金时段中,即每晚 8:30—9:00 内,电视广告所占时间的多少。美国广告协会抽样调查了 20 个最佳电视时段中广告所占的时间(单位:分钟)。在置信度为 95% 时,试对每晚 8:30 开始的半小时内广告所占时间进行区间估计。

具体操作步骤如下。

①打开 SPSS,建立数据文件:"电视节目市场调查.sav"。此处研究变量为:time,即每天看电视的时间。

选择区间估计选项,方法:选择菜单"分析|描述统计|探索",打开如图 10-73 所示对话框。从源变量清单中将"每天看电视时间 time"变量移入因变量列表框中。

②单击图 10-73 右方的"统计量"按钮打开"探索:统计量"对话框,如图 10-74 所示。在设置均值的置信水平,如键入"95",完成后单击"继续"按钮回到主窗口。

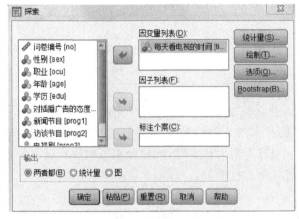

图 10-73 "探索"对话框

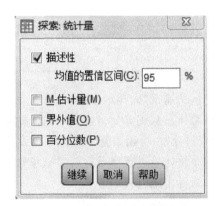

图 10-74 "探索:统计量"设置窗口

③返回主窗口,点击"确定",得到表 10-4 的运行结果。

表 10-4 描述统计量

			统计量	标准误
time	均值		6.535 0	0.134 80
	均值 95% 的置信区间	下限	6.252 9	
		上限	6.817 1	
	5% 修整均值		6.516 7	
	中值		6.450 0	
	方差		0.363	
	标准差		0.602 87	
	极小值		5.60	
	极大值		7.80	
	范围		2.20	
	四分位距		0.95	
	偏度		0.295	0.512
	峰度		−0.612	0.992

④计算结果的解释。如表10-4所示,"均值95%的置信区间"中可以得出,每晚8:30开始的半小时内广告所占时间在置信度为95%置信水平下的区间估计为:(6.2529,6.8171),其中下限表示置信区间的下限,上限表示置信区间的上限。点估计是:6.5350。

2. 总体均值的假设检验(正态总体均值假设检验)

这里仅以最常见的大样本、总体方差 σ^2 未知时单正态总体均值假设检验为例。

例如,已知商务13级2016年专业英语平均成绩为80.527分,14级64人2017年的成绩如表10-5所示,检验2017年的专业英语平均成绩有无提高或下降?

表10-5 商务14级学生2016年专业英语成绩

编号	专业英语成绩/分
1~16	63 65 75 92 85 100 85 83 95 72 100 95 85 82 82 78
17~32	85 82 83 63 85 75 78 88 93 90 68 50 74 80 75 71
33~48	75 77 65 84 78 78 81 80 74 81 69 73 70 90 89 86
49~64	78 76 75 78 86 80 70 80 78 76 80 83 70 74 76 80

该例属于"大样本、总体标准差 σ 未知"。建立假设为:$H_0:\mu=\mu_0$,$H_1:\mu\neq\mu_0$。

总体服从正态分布,总体方差未知,可用样本的方差代替总体方差,这时,抽样分布服从 $t(n-1)$ 分布,可用 t 统计量进行假设检验。当样本为大样本时,抽样分布近似服从正态分布,可用 z 统计量进行假设检验。这里选择 t 统计量进行检验。

软件实现过程如下:

启动SPSS,打开已知数据文件,然后选择菜单"分析|比较均值|单样本 t 检验",打开"单样本 t 检验",如图10-75所示。从源变量清单中将"专业英语"向右移入"检验变量"框中。

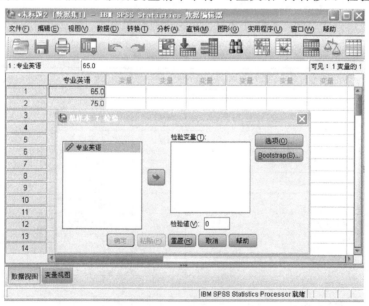

图10-75 "单样本 t 检验"窗口

在"检验值"框里输入假设检验值"80.527",然后单击"确定"按钮即可。t 检验过程将对每个检验变量分别检验它们的平均值与假设检验值是否相等的假设。输出结果如表 10-6、表 10-7 所示。

表 10-6 单个样本统计量

	学生人数	均值	标准差	均值的标准误
专业英语	64	79.359	8.819 8	1.102 5

表 10-6 分别给出样本的容量、均值、标准差和均值的标准误。本例中,专业英语分数均值为 79.359。

表 10-7 单个样本 T 检验

	检验值=80.527					
	t	df	Sig.(双侧)	均值差值	差分的 95% 置信区间	
					下限	上限
专业英语	-1.059	63	0.294	-1.167 6	-3.371	1.036

表 10-7 中,t 统计量的数值为 -1.059;"df"表示自由度为 63;"Sig.(双侧)"(双尾 t 检验),表示统计量的 P-值,并与双尾 t 检验的显著性的大小进行比较:Sig.=0.294>0.05,说明 14 级学生的专业英语平均分数与 80.527 无显著差异;"均值差值",表示均值差,即样本值与检验值 80.527 之差为 -1.167 6;"差分的 95% 置信区间",说明样本均值与检验值偏差的 95% 置信区间为(-3.371,1.036),置信区间包括数值 0,说明样本数量与 80.527 无显著差异,符合要求,即接受 H_0,认为 2014 级学生的专业英语成绩与 2013 级相比,并无显著提高或下降。

由于 $z_{0.025} \approx 1.96$,所以总体均值的 95% 的置信区间是:(79.359-1.96×1.102 5,79.359+1.96×1.102 5),即(77.198 1,81.519 9),该区间以 95% 的概率覆盖总体均值 80.527。该区间的两个端点与总体均值 80.527 之差为(-3.328 9,0.992 9),置信区间的两个端点一负一正,必然覆盖了总体均值,应当接受假设 H_0,认为 2017 年专业英语平均成绩没有显著提高或下降。

10.2.4 SPSS 在相关与回归分析中的应用

1. SPSS 在相关分析中的应用

SPSS 可用于简单相关分析(Pearson)、等级相关分析(Spearman)、偏相关分析和品质相关分析等。本节介绍使用 IBM SPSS 处理简单相关分析和等级相关分析两种操作。

(1)简单相关分析

如要分析 31 个地区人均收入与人均食品支出(简称"人均食出")之间的关系,数据见表 10-3,用 SPSS 的操作如下。

①启动 SPSS,打开分析数据文件,读入数据。

②在菜单栏点击"分析|相关|双变量",得到图 10-76 双变量相关对话框。在该对话框从左边列表框选"人均收入"与"人均食出"选项送入右边"变量"列表框。并在下面的"相关系数"框架内选择复选按钮"Pearson"。

图 10-76　"双变量相关"对话框

A. Pearson 相关系数是系统默认值。

B. Kandell's tu_b 相关系数,是一种根据配对样本之差的正负号个数计算出来的相关系数。

C. Spearman 等级相关系数。

③在下面的"显著性检验"框架内选择单选按钮"双尾"检验(系统默认)并勾选下面的"标记显著性相关"复选按钮,意思是要不要用星号标明输出结果的显著性,系统默认是"接受"它。

注意:在此对话框右边有一"选项"按钮,表明可按要求输出额外的统计值及选择缺失值的处理方式,点击后的界面如图 10-77 所示。

④单击"确定"按钮,系统会显示输出结果,如表 10-8。

表 10-8　相关系数的计算及显著性检验结果

		人均食出	人均收入
人均食出	Pearson 相关性	1	0.921**
	显著性(双侧)		0.000
	n	31	31
人均收入	Pearson 相关性	0.921**	1
	显著性(双侧)	0.000	
	n	31	31

图 10-77　"选项"对话框

**在 0.01 水平(双侧)上显著相关。

⑤结果解释。输出结果中 t 统计量的值的显著性概率(外侧概率)$p=0.000<0.05$,相关系数是显著异于 0 的。

(2)等级相关分析

借助表 10-1 数据分析商务 1401 班的"网站设计"课程成绩与"APP 开发"课程成绩的相关性如何,用 IBM SPSS 操作过程如下。

①启动 SPSS,读入表 10-1 中的"网站设计"课程与"APP 开发"课程成绩数据。

②在菜单栏点击"分析|相关|双变量",在如图 10-76 所示对话框,从左边列表框选"网站

设计"与"APP开发"选项送入右边"变量"列表框,并在下面的"相关系数"框架内选择复选按钮"Spearman"等级相关系数。

③在下面的"显著性检验"框架内选择单选按钮"双尾"检验(系统默认)并勾选下面的"标记显著性相关"复选按钮。

④单击"确定"按钮,系统会显示输出结果,如表10-9。

表10-9 网站设计、APP开发课程成绩的相关系数与显著性检验结果

			网站设计	APP开发
Spearman的rho	网站设计	相关系数	1.000	0.164
		Sig.(双侧)		0.576
		n	14	14
	APP开发	相关系数	0.164	1.000
		Sig.(双侧)	0.576	0.
		n	14	14

⑤结果解释。两门课程的相关系数仅0.164,t统计量的值的显著性概率(外侧概率)$p=0.576>0.05$,在0.05的显著性水平下与0没有显著差异,不能认为在这14个样本下,这两门课成绩是相关的。

需提醒大家注意的是:有些情况下,尽管相关系数较高(大于0.5),但t检验不显著,就不能认为两个变量是相关的。

2. SPSS在一元回归分析中的应用

IBM SPSS可用于一元和多元回归分析,本节以表10-3数据说明SPSS在一元回归分析中的应用,具体操作过程如下。

①首先打开SPSS,将数据导入。

②绘制散点图,单击菜单栏"图形|旧对话框|散点/点状",打开图10-78所示的对话框,选择"简单分布",单击"定义"按钮,打开"简单散点图"的设置对话框,如图10-79所示,添加的X轴、Y轴等项目,单击"确定"按钮,即得到人均收入与人均食出变量散点图,如图10-80所示。可认为在95%的显著性水平下"人均收入"与"人均食出"两变量高度线性相关,所以可拟合出如下直线方程:

图10-78 "散点图/点图"对话框

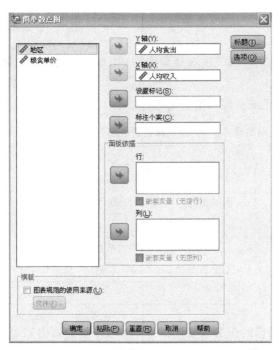

图 10-79 "简单散点图"设置对话框

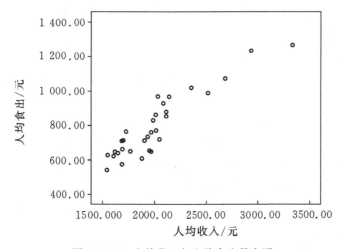

图 10-80 人均收入与人均食出散点图

$$人均食出 = \beta_1 + \beta_2(人均收入) + \mu$$

公式中,人均收入是自变量,亦称解释变量;人均食出是因变量,亦称被解释变量;β_1,β_2 是待估参数(其中 β_1 是截距项,β_2 是斜率项,反映了自变量的边际效益);μ 是随机扰动项,与自变量无关,反映了人均食出被人均收入解释的不确定性。

③点击菜单栏"分析|回归|线性",打开如图 10-81 所示对话框,将"人均食出"和"人均收入"分别添加进"因变量"和"自变量"栏中。

④单击"线性回归"对话框界面右边的"统计量"按钮,打开如图 10-82 所示的统计量设置窗口。

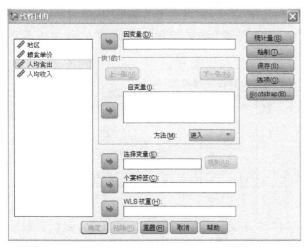
图 10-81 "线性回归"对话框

图 10-82 "统计量"设置窗口

在该窗口有"回归系数"框架,框架内有估计、置信区间和协方差矩阵三个复选按钮。其中"估计"复选按钮是系统默认选项,选择此项,系统输出回归系数 B、B 的标准差、标准回归系数 Beta、B 的 t 值及其双尾检验 p 值;"置信区间"复选按钮,选择此项,系统输出每一个 B(非标准化回归系数)的 95% 的置信区间,该例勾选此项;"协方差矩阵"复选按钮,选择此项,要求输出协方差矩阵。

单击"继续"按钮,回到"线性回归"对话框。

⑤在"线性回归"对话框点击"确定"按钮,输出回归分析结果,如表 10-10、表 10-11、表 10-12 所示,解释如下。

表 10-10 模型汇总

模型	R	R 方	调整 R 方	标准估计的误差
1	0.921[a]	0.848	0.843	73.634 75

a. 预测变量:(常数),人均收入。

表 10-10,给出了复相关系数 $R=0.921$,R 方(判定系数 R^2)$=0.848$,调整 R 方(校正系数 R_{adj}^2)$=0.843$,标准估计的误差,即回归的标准误差 $S_e=73.634\ 75$。预测变量就是外生变量,在对因变量做预测时,首先要预测外生变量的值,本例"人均收入"即为预测变量。

表 10-11 回归方差分析表(Anovab)

模型		平方和	df	均方	F	Sig.
1	回归	878 568.621	1	878 568.621	162.035	0.000[a]
	残差	157 240.218	29	5 422.076		
	总计	1 035 808.839	30			

a. 预测变量:(常量),人均收入。

表 10-11,给出了回归方差分析的结果。第一列为总变差的来源:回归和残差;第二列为具体值,总变差(1 035 808.839)等于已解释变差(878 568.621)加上残差的平方和(157 240.218);第三列为自由度,回归对应的自由度是 $k-1$,即 2(两个变量)$-1=1$,残差自

由度是 $n-k$，即 31（样本数）-2（两个变量）$=29$，总变差的自由度是 $k-1+n-k=n-1=30$；第四列为均方差，即用变差除以对应的自由度；第五列为方差检验的 F 值；第六列为 F 值的显著性概率（外侧概率）。

表 10-12　回归系数及显著性检验表

模型		非标准化系数		标准系数	t	Sig.	B 的 95.0% 置信区间	
		B	标准误差	试用版			下限	上限
1	（常量）	−50.946	67.745		−0.752	0.458	−189.500	87.607
	人均收入	0.422	0.033	0.921	12.729	0.000	0.354	0.490

a. 因变量：人均食出。

表 10-12 是回归系数表。第一列是对模型自变量的说明。第二列"B"为回归系数非标准化的回归系数，"标准误差"为 B 的标准误差，t 值就等于"B"除以"B 的标准误差"；第三列为标准回归系数；第四列为 t 值；第五列为 t 的显著性概率，即 t 值的 p 值，本例常数项的 $p=0.458>0.05$，即常数项的 t 检验不通过，相应系数与 0 无显著性差异，自变量人均收入的 $p=0.000<0.05$，t 检验通过，相应系数与 0 有显著性差异；第六列是 95% 的置信区间。

由于 t 检验，常数项与 0 没有显著性差异，所以该例最好采用给定的直线拟合方程及其系数。

10.2.5　SPSS 在时间数列分析中的应用

时间数列是同一现象在不同时间上的观察值按照时间先后顺序排列而成的序列。时间序列分为平稳序列和非平稳序列两大类。

平稳序列式基本上不存在趋势的序列，这类序列中的各种观察值基本上在某个固定的水平上波动。非平稳序列式包含趋势、季节性或周期性的序列，它可能只含有其中的一种成分，也可能是几种成分的组合，因此，非平稳序列又可分为有趋势的序列、有趋势和季节性的序列，几种因素混合而成的复合型序列。

对于非平稳时间序列一般含有趋势或者季节因素，此时需要用 ARIMA 模型。ARIMA 模型是时间序列分析中最常用的模型，它包含三个主要的参数，自回归阶数、差分阶数和移动平均阶数。

本节以表 5-16 某企业 2014—2018 年各月毛衣销量数据为对象，借助 SPSS 软件进行非平稳时间序列分析，具体步骤如下。

①打开 SPSS 软件，读取分析数据，以"年月"和"销量"作为变量，并建立时间数列。点击菜单栏"数据|定义日期"对话框，如图 10-83 所示。

在该对话框"个案为"列表框选"年份、月份"，并设置"第一个个案为"框架内的年为"2014"，月从"1"月开始，单击"确定"命令按钮回到主菜单界面。

②在菜单栏单击"分析|预测|创建模型"命令，打开"时间序列建模器"窗口，如图 10-84 所示。

在"变量"选项卡中将"销量"添加到因变量列表框。

在"方法"右边的下拉列表框选择"ARIMA"，

点击"条件"命令按钮，打开"ARIMA 条件"对话框。在该窗口"模型"选项卡下的"ARIMA 阶数"框架内设置"结构"。

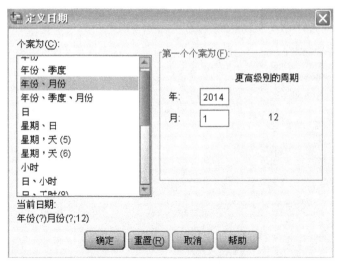

图 10-83 "定义日期"对话框

图 10-84 "时间序列建模器"窗口

在"转换"框架内单击选择"自然对数"单选按钮,并勾选下面的"在模型中包括常数"复选按钮,如图 10-85 所示,单击"继续"命令按钮回到"时间序列建模器"窗口。

③在"时间序列建模器"窗口单击"统计量"选项卡,打开如图 10-86 所示界面。

勾选"按模型显示拟合度量、Ljung-Box 统计量和离群值的数量"复选框。

在"拟合度量"框架内勾选"R 方"复选框。

在"比较模型的统计量"框架内勾选"拟合优度"复选框,并勾选下方的"显示预测值"复选

图 10-85 "ARIMA 条件"对话框

图 10-86 "统计量"选项卡界面

框,单击"确定"命令按钮回到"时间序列建模器"窗口。

④ 在"时间序列建模器"窗口单击"图表"选项卡,打开如图 10-87 所示界面。

图 10-87 "图表"选项卡

在"单个模型图"框架内,勾选"序列""残差自相关函数""残差部分自相关函数"复选框及"每张图显示的内容"框架内"观察值""预测值""拟合值"三个复选框,并点击下面的"确定"按钮回到"时间序列建模器"窗口。

⑤在"时间序列建模器"窗口单击"选项"选项卡,打开如图 10-88 所示界面。

在该界面"预测阶段"框架内,勾选"模型评估期后的第一个个案到指定日期之间的个案"单选按钮,并填入日期"2019"年"12"月。

在"用户缺失值"框架内,选择"视为无效"单选按钮。

在"置信区间宽度(%)"右边文本框中输入"95"。

在"输出中的模型识别前缀"右边文本框中输入想要的识别文字,默认值"模型"。

在"ACF 和 PACF 输出中的显示标签最大数"右边的文本框输入想要显示的 ACF 和 PACF 标签的数量,系统默认个案数,本例为"24"。

完成后,单击最下端的"确定"按钮,系统会输出表 10-13～表 10-19 和图 10-89、图 10-90 的结果。

表 10-13 为模型的总体说明。表 10-14、表 10-15 及表 10-16 是模型的拟合统计量,R 方的值是 0.970,说明模型能解释原数列中 97.0% 的信息,故模型能够较好地拟合 2014—2018 年的数据,可用于预测 2019 年销量。

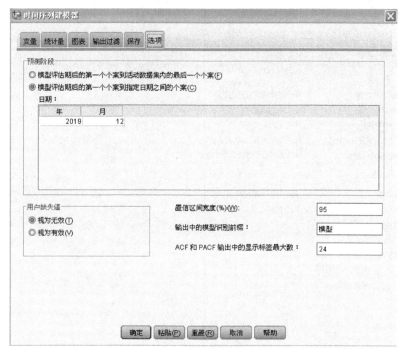

图 10-88 "选项"选项卡界面

表 10-13 模型描述

			模型类型
模型 ID	销量	模型_1	ARIMA(1,1,1)(1,1,0)

表 10-14 模型拟合

拟合统计量	均值	SE	最小值	最大值	百分位						
					5	10	25	50	75	90	95
平稳的 R 方	0.454	0	0.454	0.454	0.454	0.454	0.454	0.454	0.454	0.454	0.454
R 方	0.970	0	0.970	0.970	0.970	0.970	0.970	0.970	0.970	0.970	0.970
RMSE	12.000	0	12.000	12.000	12.000	12.000	12.000	12.000	12.000	12.000	12.000
MAPE	7.896	0	7.896	7.896	7.896	7.896	7.896	7.896	7.896	7.896	7.896
MaxAPE	47.782	0	47.782	47.782	47.782	47.782	47.782	47.782	47.782	47.782	47.782
MAE	9.104	0	9.104	9.104	9.104	9.104	9.104	9.104	9.104	9.104	9.104
MaxAE	26.988	0	26.988	26.988	26.988	26.988	26.988	26.988	26.988	26.988	26.988
正态化的 BIC	5.298	0	5.298	5.298	5.298	5.298	5.298	5.298	5.298	5.298	5.298

表 10-15 模型统计量

模型	预测变量数	模型拟合统计量	Ljung-Box Q(18)			离群值数
		R 方	统计量	DF	Sig.	
销量-模型_1	0	0.970	17.067	15	0.315	0

表 10-16 ARIMA 模型参数

					估计	SE	t	Sig.
销量-模型_1	销量	自然对数		常数	0.001	0.002	0.864	0.392
			AR	滞后 1	0.187	0.177	1.054	0.298
			差分		1			
			MA	滞后 1	0.996	2.364	0.422	0.675
			AR,季节性	滞后 1	−0.360	0.145	−2.494	0.017
			季节性差分		1			

表 10-17 残差 ACF

模型		1	2	3	4	5	6	7	8
销量-模型_1	ACF	−0.029	−0.062	−0.071	−0.051	0.048	−0.109	−0.01	0.093
	SE	0.146	0.146	0.147	0.147	0.148	0.148	0.15	0.15
模型		9	10	11	12	13	14	15	16
销量-模型_1	ACF	−0.14	0.282	0.149	−0.114	−0.132	−0.056	0.228	−0.144
	SE	0.151	0.154	0.164	0.167	0.169	0.171	0.171	0.178
模型		17	18	19	20	21	22	23	24
销量-模型_1	ACF	−0.004	−0.005	−0.02	0.068	−0.004	−0.004	0.082	−0.227
	SE	0.18	0.18	0.18	0.18	0.181	0.181	0.181	0.182

表 10-18 残差 PACF

模型		1	2	3	4	5	6	7	8
销量-模型_1	PACF	−0.029	−0.063	−0.076	−0.061	0.034	−0.12	−0.022	0.082
	SE	0.146	0.146	0.146	0.146	0.146	0.146	0.146	0.146
模型		9	10	11	12	13	14	15	16
销量-模型_1	PACF	−0.155	0.285	0.177	−0.12	−0.1	0.018	0.187	−0.165
	SE	0.146	0.146	0.146	0.146	0.146	0.146	0.146	0.146
模型		17	18	19	20	21	22	23	24
销量-模型_1	PACF	0.084	−0.08	−0.013	0.045	−0.068	−0.028	0.18	−0.153
	SE	0.146	0.146	0.146	0.146	0.146	0.146	0.146	0.146

表 10-17、表 10-18 及图 10-89 反应的残差自相关函数和偏相关函数都近似 0 阶截尾，说明序列中的相关性信息都被模型提取完全，模型的代表性很好。

图 10-90 说明拟合值与观测值之间的拟合效果良好，进一步印证了模型的准确度良好，可用于 2019 年各月份销量数据预测。

表 10-19 给出了 2019 年 12 个月各月的预测值。图 10-90 的右半部分是 2019 年的预测曲线。

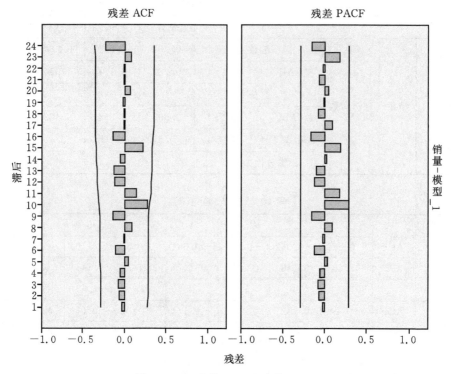

图 10-89 残差 ACF 和残差 PACF

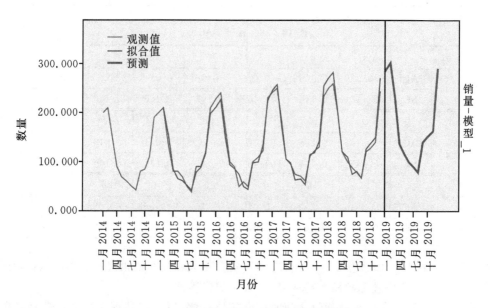

图 10-90 模型的观测值、拟合值及预测值曲线

表 10-19 预测

模型		一月 2019	二月 2019	三月 2019	四月 2019	五月 2019	六月 2019
销量-模型_1	预测	285.683	301.656	231.984	137.691	117.223	99.62
	UCL	349.883	371.02	285.413	169.408	144.225	122.567
	LCL	230.794	242.551	186.469	110.672	94.22	80.072
模型		七月 2019	八月 2019	九月 2019	十月 2019	十一月 2019	十二月 2019
销量-模型_1	预测	91.106	78.685	139.926	151.421	164.688	290.273
	UCL	112.09	96.807	172.15	186.289	202.608	357.103
	LCL	73.23	63.247	112.474	121.716	132.383	233.338

注：对于每个模型，预测都在请求的预测时间段范围内的最后一个非缺失值之后开始，在所有预测值的非缺失值都可用的最后一个时间段或请求预测时间段的结束日期（以较早者为准）结束。

思考与练习

1. 一家制造商生产钢圈，为了提高质量，如果某新的生产工艺生产出的钢圈的断裂强度大于现有平均断裂强度标准的话，公司将采用该工艺。当前技术水平下生产的钢圈的平均断裂强度标准是 500 kg，对新工艺生产的钢圈进行抽样，12 件棒材的断裂强度（单位：kg）如下：502，496，510，508，506，498，512，497，515，503，510 和 506，假设断裂强度的分布比较近似于正态分布，用 Excel 软件分析说明该制造商能否采用新的生产工艺。

2. 分析某班级学生的中考数学成绩是否存在性别上的差异。数据如下表所示。

性别	数学成绩/分
男（$n=18$）	85　89　75　58　86　80　78　76　84　89　99　95　82　87　60　85　75　80
女（$n=14$）	92　96　86　83　78　87　70　65　70　65　70　78　72　56

3. 用 SPSS 进行单因素方差分析。某个年级有三个小班，他们进行了一次数据考试，现从各班随机地抽取了一些学生，记录其成绩如下表所示，其数据文件保存为"数学考试成绩.sav"。试在显著性水平 0.05 下检验各班级的平均分数有无显著差异。

Ⅰ班成绩/分		Ⅱ班成绩/分		Ⅲ班成绩/分	
73	66	88	77	68	41
89	60	78	31	79	59
82	45	48	78	56	68
43	93	91	62	91	53
80	36	51	76	71	79
73	77	85	96	71	15
78	79	74	80	87	75
76	87	56	85	97	89

4. 查阅《中国统计年鉴》相关数据,分别用 Excel 和 SPSS 工具对我国 1998—2018 年人均 GDP 和人均实际可支配收入进行相关分析,看是否存在线性关系?如果存在,请做出拟合曲线方程。

5. 以表 5-3 我国 2012—2017 年人均国内生产总值数据为基础,查阅《中国统计年鉴》,补充 2018 年数据为研究对象,用 Excel 软件计算我国经济发展数量指标和质量指标(如人均国内生产总值增长量,增长速度等指标)。

附录 统计学常用表

附表1 标准正态分布概率表

z	$F(z)$	z	$F(z)$	z	$F(z)$	z	$F(z)$
0.00	0.0000	0.35	0.2737	0.70	0.5161	1.05	0.7063
0.01	0.0080	0.36	0.2812	0.71	0.5223	1.06	0.7109
0.02	0.0160	0.37	0.2886	0.72	0.5285	1.07	0.7154
0.03	0.0239	0.38	0.2961	0.73	0.5346	1.08	0.7199
0.04	0.0319	0.39	0.3035	0.74	0.5407	1.09	0.7243
0.05	0.0399	0.40	0.3108	0.75	0.5467	1.10	0.7287
0.06	0.0478	0.41	0.3182	0.76	0.5527	1.11	0.7330
0.07	0.0558	0.42	0.3255	0.77	0.5587	1.12	0.7373
0.08	0.0638	0.43	0.3328	0.78	0.5646	1.13	0.7415
0.09	0.0717	0.44	0.3401	0.79	0.5705	1.14	0.7457
0.10	0.0797	0.45	0.3473	0.80	0.5763	1.15	0.7499
0.11	0.0876	0.46	0.3545	0.81	0.5821	1.16	0.7540
0.12	0.0955	0.47	0.3616	0.82	0.5878	1.17	0.7580
0.13	0.1034	0.48	0.3688	0.83	0.5935	1.18	0.7620
0.14	0.1113	0.49	0.3759	0.84	0.5991	1.19	0.7660
0.15	0.1192	0.50	0.3829	0.85	0.6047	1.20	0.7699
0.16	0.1271	0.51	0.3899	0.86	0.6102	1.21	0.7737
0.17	0.1350	0.52	0.3969	0.87	0.6157	1.22	0.7775
0.18	0.1428	0.53	0.4039	0.88	0.6211	1.23	0.7813
0.19	0.1507	0.54	0.4108	0.89	0.6265	1.24	0.7850
0.20	0.1585	0.55	0.4177	0.90	0.6319	1.25	0.7887
0.21	0.1663	0.56	0.4245	0.91	0.6372	1.26	0.7923
0.22	0.1741	0.57	0.4313	0.92	0.6424	1.27	0.7959
0.23	0.1819	0.58	0.4381	0.93	0.6476	1.28	0.7995
0.24	0.1897	0.59	0.4448	0.94	0.6528	1.29	0.8030
0.25	0.1974	0.60	0.4515	0.95	0.6579	1.30	0.8064
0.26	0.2051	0.61	0.4581	0.96	0.6929	1.31	0.8098
0.27	0.2128	0.62	0.4647	0.97	0.6680	1.32	0.8132
0.28	0.2205	0.63	0.4713	0.98	0.6729	1.33	0.8165
0.29	0.2282	0.64	0.4778	0.99	0.6778	1.34	0.8198
0.30	0.2358	0.65	0.4843	1.00	0.6827	1.35	0.8230
0.31	0.2434	0.66	0.4907	1.01	0.6875	1.36	0.8262
0.32	0.2510	0.67	0.4971	1.02	0.6923	1.37	0.8293
0.33	0.2586	0.68	0.5035	1.03	0.6970	1.38	0.8324
0.34	0.2661	0.69	0.5098	1.04	0.7017	1.39	0.8355

续表

z	$F(z)$	z	$F(z)$	z	$F(z)$	z	$F(z)$
1.40	0.8385	1.75	0.9199	2.20	0.9722	2.90	0.9962
1.41	0.8415	1.76	0.9216	2.22	0.9736	2.92	0.9965
1.42	0.8444	1.77	0.9233	2.24	0.9749	2.94	0.9967
1.43	0.8473	1.78	0.9249	2.26	0.9762	2.96	0.9969
1.44	0.8501	1.79	0.9265	2.28	0.9774	2.98	0.9971
1.45	0.8529	1.80	0.9281	2.30	0.9786	3.00	0.9973
1.46	0.8557	1.81	0.9297	2.32	0.9797	3.20	0.9986
1.47	0.8584	1.82	0.9312	2.34	0.9807	3.40	0.9993
1.48	0.8611	1.83	0.9328	2.36	0.9817	3.60	0.99968
1.49	0.8638	1.84	0.9342	2.38	0.9827	3.80	0.99986
1.50	0.8664	1.85	0.9357	2.40	0.9836	4.00	0.99994
1.51	0.8690	1.86	0.9371	2.42	0.9845	4.50	0.999994
1.52	0.8715	1.87	0.9385	2.44	0.9853	5.00	0.999999
1.53	0.8740	1.88	0.9399	2.46	0.9861		
1.54	0.8764	1.89	0.9412	2.48	0.9869		
1.55	0.8789	1.90	0.9426	2.50	0.9876		
1.56	0.8812	1.91	0.9439	2.52	0.9883		
1.57	0.8836	1.92	0.9451	2.54	0.9889		
1.58	0.8859	1.93	0.9464	2.56	0.9895		
1.59	0.8882	1.94	0.9476	2.58	0.9901		
1.60	0.8904	1.95	0.9488	2.60	0.9907		
1.61	0.8926	1.96	0.9500	2.62	0.9912		
1.62	0.8948	1.97	0.9512	2.64	0.9917		
1.63	0.8969	1.98	0.9523	2.66	0.9922		
1.64	0.8990	1.99	0.9534	2.68	0.9926		
1.65	0.9011	2.00	0.9545	2.70	0.9931		
1.66	0.9031	2.02	0.9566	2.72	0.9935		
1.67	0.9051	2.04	0.9587	2.74	0.9939		
1.68	0.9070	2.06	0.9606	2.76	0.9942		
1.69	0.9090	2.08	0.9625	2.78	0.9946		
1.70	0.9109	2.10	0.9643	2.80	0.9949		
1.71	0.9127	2.12	0.9660	2.82	0.9952		
1.72	0.9146	2.14	0.9676	2.84	0.9955		
1.73	0.9164	2.16	0.9692	2.86	0.9958		
1.74	0.9181	2.18	0.9707	2.88	0.9960		

附表2 T分布临界值表

单侧 双侧	$\alpha=0.10$ $\alpha=0.20$	0.05 0.10	0.250 0.05	0.01 0.02	0.005 0.10
$n=1$	3.078	6.314	12.706	31.821	63.657
2	1.886	2.920	4.303	6.965	9.925
3	1.638	2.353	3.182	4.541	5.841
4	1.533	2.132	2.776	3.747	4.604
5	1.476	2.015	2.571	3.365	4.032
6	1.440	1.943	2.447	3.143	3.707
7	1.415	1.895	2.365	2.998	3.499
8	1.397	1.860	2.306	2.896	2.355
9	1.383	1.833	2.262	2.821	3.250
10	1.372	1.812	2.228	2.764	3.169
11	1.363	1.796	2.201	2.718	3.106
12	1.356	1.782	2.179	2.681	3.055
13	1.350	1.771	2.160	2.650	3.012
14	1.345	1.761	2.145	2.624	2.977
15	1.341	1.753	2.131	2.602	2.947
16	1.337	1.746	2.120	2.583	2.921
17	1.333	1.740	2.110	2.567	2.898
18	1.330	1.734	2.101	2.552	2.878
19	1.328	1.729	2.093	2.539	2.861
20	1.325	1.725	2.086	2.528	2.845
21	1.323	1.721	2.080	2.518	2.831
22	1.321	1.717	2.074	2.508	2.819
23	1.319	1.714	2.069	2.500	2.807
24	1.318	1.711	2.064	2.492	2.797
25	1.316	1.708	2.060	2.485	2.787
26	1.315	1.706	2.056	2.479	2.779
27	1.314	1.703	2.052	2.473	2.771
28	1.313	1.701	2.048	2.467	2.763
29	1.311	1.699	2.045	2.462	2.756
30	1.310	1.697	2.042	2.457	2.750
40	1.303	1.684	2.021	2.423	2.704
50	1.299	1.676	2.009	2.403	2.678
60	1.296	1.671	2.000	2.390	2.660
70	1.294	1.667	1.994	2.381	2.648
80	1.292	1.664	1.990	2.374	2.639
90	1.291	1.662	1.987	2.368	2.632
100	1.290	1.660	1.984	2.364	2.626
125	1.288	1.657	1.979	2.357	2.616
150	1.287	1.655	1.976	2.351	2.609
200	1.286	1.653	1.972	2.345	2.601
∞	1.282	1.645	1.960	2.326	2.576

附表3 χ^2 分布临界值表

自由度 n	显著性水平(α)						
	0.99	0.98	0.95	0.90	0.80	0.70	0.50
1	0.0002	0.0006	0.0039	0.0158	0.0642	0.148	0.455
2	0.0201	0.0404	0.103	0.211	0.446	0.713	1.386
3	0.115	0.185	0.352	0.584	1.005	1.424	2.366
4	0.297	0.429	0.711	1.064	1.649	2.195	3.357
5	0.554	0.752	1.145	1.610	2.343	3.000	4.351
6	0.872	1.134	1.635	2.204	3.070	3.828	5.348
7	1.239	1.564	2.167	2.833	3.822	4.671	6.346
8	1.646	2.032	2.733	3.490	4.594	5.527	7.344
9	2.088	2.532	3.325	4.168	5.380	6.393	8.343
10	2.558	3.059	3.940	4.865	6.179	7.267	9.342
11	3.053	3.609	4.575	5.578	6.989	8.148	10.341
12	3.571	4.178	5.226	6.304	7.807	9.304	11.340
13	4.107	4.765	5.892	7.042	8.634	9.926	12.340
14	4.660	5.368	6.571	7.790	9.467	10.821	13.339
15	5.229	5.985	7.261	8.547	10.307	11.721	14.339
16	5.812	6.614	7.962	9.312	11.152	12.624	15.338
17	6.408	7.255	8.672	10.035	12.002	13.531	16.338
18	7.015	7.906	9.390	10.865	12.857	14.440	17.338
19	7.633	8.567	10.117	11.651	13.716	15.352	18.338
20	8.260	9.237	10.851	12.443	14.578	16.266	19.337
21	8.897	9.915	11.591	13.240	15.445	17.182	20.337
22	9.542	10.600	12.338	14.041	16.314	18.101	21.337
23	10.196	11.293	13.091	14.848	17.187	19.021	22.337
24	10.856	11.992	13.848	15.659	18.062	19.943	23.337
25	11.524	12.697	14.611	16.473	18.940	20.867	24.337
26	12.198	13.409	15.379	17.292	19.820	21.792	25.336
27	12.897	14.125	16.151	18.114	20.703	22.719	26.336
28	13.565	14.847	16.928	18.930	21.588	23.647	27.336
29	14.256	15.574	17.708	19.768	22.475	24.577	28.336
30	14.593	16.306	18.493	20.599	23.364	25.508	29.336

续表

自由度 n	显著性水平(α)						
	0.30	0.20	0.10	0.05	0.02	0.01	0.005
1	1.074	1.642	2.706	3.841	5.412	6.635	7.879
2	2.403	3.219	4.605	5.991	7.824	9.210	10.597
3	3.665	4.642	6.251	7.815	9.837	11.341	12.838
4	4.878	5.989	7.779	9.488	11.668	13.277	14.860
5	6.064	7.289	9.236	11.070	13.388	15.068	16.750
6	7.231	8.558	10.645	13.592	15.033	16.812	18.548
7	8.383	9.803	12.017	14.067	16.622	18.475	20.278
8	9.524	11.030	13.362	15.507	18.168	20.090	21.955
9	10.656	12.242	14.684	16.919	19.679	21.666	23.589
10	11.781	13.442	15.987	18.307	21.161	23.209	25.188
11	12.899	14.631	17.275	19.675	22.618	24.725	26.757
12	14.011	15.812	18.549	21.026	24.054	26.217	28.299
13	15.119	16.985	19.812	22.362	25.472	27.688	29.819
14	16.222	18.151	21.064	23.685	26.873	29.141	31.319
15	17.322	19.311	22.307	24.996	28.259	30.578	32.801
16	18.413	20.465	23.542	26.296	29.633	32.000	34.267
17	19.511	21.615	24.769	27.587	30.995	33.409	35.718
18	20.601	22.760	25.989	28.869	32.346	34.805	37.156
19	21.689	23.900	27.204	30.144	33.687	36.191	38.582
20	22.775	25.038	28.412	31.410	35.020	37.566	39.997
21	23.858	26.171	29.615	32.671	36.343	38.932	41.401
22	24.939	27.301	30.813	33.924	37.659	40.289	42.796
23	26.018	28.429	32.007	35.172	37.968	41.638	44.181
24	27.096	29.553	33.196	36.415	40.270	42.980	45.559
25	28.172	30.675	34.382	37.652	41.566	44.314	46.928
26	29.246	31.795	35.563	38.885	42.856	45.642	48.290
27	30.319	32.912	36.741	40.113	44.140	46.963	49.645
28	31.391	34.027	37.916	41.337	45.419	48.278	50.993
29	32.461	35.139	39.087	42.557	46.693	49.588	52.336
30	33.530	36.250	40.256	43.773	47.962	50.892	53.672

附表4 F分布临界值表

($\alpha = 0.10$)

n_2	n_1								
	1	2	3	4	5	6	7	8	9
1	39.86	49.50	53.59	55.33	57.24	58.20	58.91	59.44	59.86
2	8.53	9.00	9.16	9.24	6.29	9.33	9.35	9.37	9.38
3	5.54	5.46	5.39	5.34	5.31	5.28	5.27	5.25	5.24
4	4.54	4.32	4.19	4.11	4.05	4.01	3.98	3.95	3.94
5	4.06	3.78	3.62	3.52	3.45	3.40	3.37	3.34	3.32
6	3.78	3.46	3.29	3.18	3.11	3.05	3.01	2.98	2.96
7	3.59	3.26	3.07	2.96	2.88	2.83	2.78	2.75	2.72
8	3.46	3.11	2.92	2.81	2.73	2.67	2.62	2.59	2.56
9	3.36	3.01	2.81	2.69	2.61	2.55	2.51	2.47	2.44
10	3.20	2.92	2.73	2.61	2.52	2.46	2.41	2.38	2.35
11	3.22	2.86	2.66	2.54	2.45	2.39	2.34	2.30	2.27
12	3.18	2.81	2.61	2.48	2.39	2.33	2.28	2.24	2.21
13	3.14	2.76	2.56	2.43	2.35	2.28	2.23	2.20	2.16
14	3.10	2.73	2.52	2.39	2.31	2.24	2.19	2.15	2.12
15	3.07	2.70	2.49	2.36	2.27	2.21	2.16	2.12	2.09
16	3.05	2.67	2.46	2.33	2.24	2.18	2.13	2.09	2.06
17	3.03	2.64	2.44	2.31	2.22	2.15	2.10	2.06	2.03
18	3.01	2.62	2.42	2.29	2.20	2.13	2.08	2.04	2.00
19	2.99	2.61	2.40	2.27	2.18	2.11	2.06	2.02	1.98
20	2.97	2.50	2.38	2.25	2.16	2.09	2.04	2.00	1.96
21	2.96	2.57	2.36	2.23	2.14	2.08	2.02	1.98	1.95
22	2.95	2.56	2.35	2.22	2.13	2.06	2.01	1.97	1.93
23	2.94	2.55	2.34	2.21	2.11	2.05	1.99	1.95	1.92
24	2.93	2.54	2.33	2.19	2.10	2.04	1.98	1.94	1.91
25	2.92	2.53	2.32	2.18	2.09	2.02	1.97	1.93	1.89
26	2.91	2.52	2.31	2.17	2.08	2.01	1.96	1.92	1.88
27	2.90	2.51	2.30	2.17	2.07	2.00	1.95	1.91	1.87
28	2.89	2.50	2.98	2.16	2.06	2.00	1.93	1.90	1.87
29	2.89	2.50	2.88	2.15	2.06	1.99	1.93	1.89	1.86
30	2.88	2.49	2.22	2.14	2.05	1.98	1.93	1.88	1.85
40	2.84	2.41	2.23	2.00	2.00	1.93	1.87	1.83	1.79
60	2.79	2.39	2.18	2.04	1.95	1.87	1.82	1.77	1.74
120	2.75	2.35	2.13	1.99	1.90	1.82	1.77	1.72	1.68
∞	2.71	2.30	2.08	1.94	1.85	1.77	1.72	1.67	1.63

($\alpha = 0.10$)

n_2	n_1									
	10	12	15	20	24	30	40	60	120	∞
1	60.19	60.71	61.22	61.74	62.06	62.26	62.53	62.79	63.06	63.33
2	9.39	9.41	9.42	9.44	9.45	9.46	9.47	9.47	9.48	9.49
3	5.23	5.22	5.20	5.18	5.18	5.17	5.16	5.15	5.14	5.13
4	3.92	3.90	3.87	3.84	3.83	3.82	3.80	3.79	3.78	3.76
5	3.30	3.27	3.24	3.21	3.19	3.17	3.16	3.14	3.12	3.10
6	2.94	2.90	2.87	2.84	2.82	2.80	2.78	2.76	2.74	2.72
7	2.70	2.67	2.63	2.59	2.58	2.56	2.54	2.51	2.49	2.47
8	2.54	2.50	2.46	2.42	2.40	2.38	2.36	2.34	2.32	2.29
9	2.42	2.38	2.34	2.30	2.28	2.25	2.23	2.21	2.18	2.16
10	2.32	2.28	2.24	2.20	2.18	2.16	2.13	2.11	2.08	2.06
11	2.25	2.21	2.17	2.12	2.10	2.08	2.05	2.03	2.00	1.97
12	2.19	2.15	2.10	2.06	2.04	2.01	1.99	1.96	1.93	1.90
13	2.14	2.10	2.05	2.01	1.98	1.96	1.93	1.90	1.88	1.85
14	2.10	2.05	2.01	1.96	1.94	1.91	1.89	1.82	1.83	1.80
15	2.06	2.02	1.97	1.92	1.90	1.87	1.85	1.82	1.79	1.76
16	2.03	1.99	1.94	1.89	1.87	1.84	1.81	1.78	1.75	1.72
17	2.00	1.96	1.91	1.86	1.84	1.81	1.78	1.75	1.72	1.69
18	1.98	1.93	1.89	1.84	1.81	1.78	1.75	1.72	1.69	1.66
19	1.96	1.91	1.86	1.81	1.79	1.76	1.73	1.70	1.67	1.63
20	1.94	1.89	1.84	1.79	1.77	1.74	1.71	1.68	1.64	1.61
21	1.92	1.87	1.83	1.78	1.75	1.72	1.69	1.66	1.62	1.59
22	1.90	1.86	1.81	1.76	1.73	1.70	1.69	1.64	1.60	1.57
23	1.89	1.84	1.80	1.74	1.72	1.69	1.66	1.62	1.59	1.55
24	1.88	1.83	1.78	1.73	1.70	1.67	1.64	1.60	1.57	1.53
25	1.87	1.82	1.77	1.72	1.69	1.66	1.63	1.59	1.56	1.52
26	1.86	1.81	1.76	1.71	1.68	1.65	1.61	1.58	1.54	1.50
27	1.85	1.80	1.75	1.70	1.67	1.64	1.60	1.57	1.53	1.49
28	1.84	1.79	1.74	1.69	1.66	1.63	1.59	1.56	1.52	1.48
29	1.83	1.78	1.73	1.68	1.65	1.62	1.58	1.55	1.51	1.47
30	1.82	1.77	1.72	1.67	1.64	1.61	1.57	1.54	1.50	1.46
40	1.76	1.71	1.71	1.61	1.57	1.54	1.51	1.47	1.42	1.38
60	1.71	1.66	1.66	1.54	1.51	1.48	1.44	1.40	1.35	1.29
120	1.65	1.60	1.60	1.48	1.45	1.41	1.37	1.32	1.36	1.19
∞	1.60	1.55	1.55	1.42	1.38	1.34	1.30	1.24	1.17	1.00

($\alpha = 0.05$) 续表

n_2	n_1								
	1	2	3	4	5	6	7	8	9
1	161.4	199.5	215.7	224.6	230.2	234.0	236.8	238.9	240.5
2	18.51	19.00	19.25	19.25	19.30	19.33	19.35	19.37	19.38
3	10.13	9.55	9.12	9.12	9.90	8.94	8.89	8.85	8.81
4	7.71	6.94	6.39	6.39	6.26	6.16	6.09	6.04	6.00
5	6.61	5.79	5.41	5.19	5.05	4.95	4.88	4.82	4.77
6	5.99	5.14	4.76	4.53	4.39	4.28	4.21	1.15	4.10
7	5.59	4.74	4.35	4.12	3.97	3.87	3.79	3.73	3.68
8	5.32	4.46	4.07	3.84	3.69	3.58	3.50	3.44	3.69
9	5.12	4.26	3.86	3.63	3.48	3.37	3.29	3.23	3.18
10	4.96	4.10	3.71	3.48	3.33	3.22	3.14	3.07	3.02
11	4.84	3.98	3.59	3.36	3.20	3.09	3.01	2.95	2.90
12	4.75	3.89	3.49	3.26	3.11	3.00	2.91	2.85	2.80
13	4.67	3.81	3.41	3.18	3.03	2.92	2.83	2.77	2.71
14	4.60	3.74	3.34	3.11	2.96	2.85	2.76	2.70	2.65
15	4.54	3.68	3.29	3.06	2.90	2.79	2.71	2.64	2.59
16	4.49	3.63	3.24	3.01	2.85	2.74	2.66	2.59	2.54
17	4.45	3.59	3.20	2.96	2.81	2.70	2.61	2.55	2.49
18	4.41	3.55	3.16	2.93	2.77	2.66	2.58	2.51	2.46
19	4.38	3.52	3.13	2.90	2.74	2.63	2.54	2.48	2.42
20	4.35	3.49	3.10	2.87	2.71	2.60	2.51	2.45	2.39
21	4.32	3.47	3.07	2.84	2.68	2.57	2.49	2.42	2.37
22	4.30	3.44	3.05	2.82	2.66	2.55	2.46	2.40	2.34
23	4.28	3.42	3.03	2.80	2.64	2.53	2.44	2.37	2.32
24	4.26	3.40	3.01	2.78	2.62	2.51	2.42	2.36	2.30
25	4.24	3.39	2.99	2.76	2.60	2.49	2.40	2.34	2.28
26	4.23	3.37	2.98	2.74	2.59	2.47	2.39	2.32	2.27
27	4.21	3.35	2.96	2.73	2.57	2.46	2.37	2.31	2.25
28	4.20	3.34	2.95	2.71	2.56	2.45	2.36	2.29	2.24
29	4.18	3.33	2.93	2.70	2.55	2.43	2.35	2.28	2.22
30	4.17	3.32	2.92	2.69	2.53	2.42	2.33	2.27	2.21
40	4.08	3.23	2.84	2.61	2.45	2.34	2.25	2.18	2.12
60	4.00	3.15	2.76	2.53	2.37	2.25	2.17	2.10	2.04
120	3.92	3.07	2.68	2.45	2.29	2.17	2.09	2.02	2.96
∞	3.84	3.00	2.60	2.37	2.21	2.10	2.01	1.94	1.88

($\alpha = 0.05$)

n_2	n_1									
	10	12	15	20	24	30	40	60	120	∞
1	241.9	243.9	245.9	248.0	249.1	250.1	251.1	252.2	253.3	254.3
2	19.40	19.41	19.43	19.45	19.45	19.46	19.47	19.48	19.49	19.50
3	8.79	8.74	8.70	8.66	8.64	8.62	8.59	8.57	8.55	8.53
4	5.96	5.91	5.86	5.80	5.77	5.75	5.72	5.69	5.66	5.63
5	4.74	4.68	4.62	4.56	4.53	4.50	4.46	4.43	4.40	4.36
6	4.06	4.00	3.94	3.87	3.84	3.81	3.77	3.74	3.70	3.67
7	3.64	3.57	3.51	3.44	3.41	3.38	3.34	3.30	3.27	3.23
8	3.35	3.28	3.22	3.15	3.12	3.08	3.04	3.01	2.97	2.93
9	3.14	3.07	3.01	2.94	2.90	2.86	2.83	2.79	2.95	2.71
10	2.98	2.91	2.85	2.77	2.74	2.70	2.66	2.62	2.58	2.54
11	2.85	2.79	2.72	2.65	2.61	2.57	2.53	2.49	2.45	2.40
12	2.75	2.69	2.62	2.54	2.51	2.47	2.43	2.38	2.34	2.30
13	2.67	2.60	2.53	2.46	2.42	2.38	2.34	2.30	2.25	2.21
14	2.60	2.53	2.46	2.39	2.35	2.31	2.27	2.22	2.18	2.13
15	2.54	2.48	2.40	2.33	2.29	2.25	2.20	2.16	2.11	2.07
16	2.49	2.42	2.35	2.28	2.24	2.19	2.15	2.11	2.06	2.01
17	2.45	2.38	2.31	2.23	2.19	2.15	2.10	2.06	2.01	1.96
18	2.41	2.34	2.27	2.19	2.15	2.11	2.06	2.02	1.97	1.92
19	2.38	2.31	2.23	2.16	2.11	2.07	2.03	1.98	1.93	1.88
20	2.35	2.28	2.20	2.12	2.08	2.04	1.99	1.95	1.90	1.84
21	2.32	2.25	2.18	2.10	2.05	2.01	1.96	1.92	1.87	1.81
22	2.30	2.23	2.15	2.07	2.03	1.98	1.94	1.89	1.84	1.78
23	2.27	2.20	2.13	2.05	2.01	1.96	1.91	1.86	1.81	1.76
24	2.25	2.18	2.11	2.03	1.98	1.94	1.89	1.84	1.79	1.73
25	2.24	2.16	2.09	2.01	1.96	1.92	1.87	1.82	1.77	1.71
26	2.22	2.15	1.07	1.99	1.95	1.90	1.85	1.80	1.75	1.69
27	2.20	2.13	1.06	1.97	1.93	1.88	1.84	1.79	1.73	1.67
28	2.19	2.12	1.04	1.96	1.91	1.87	1.82	1.77	1.71	1.65
29	2.18	2.10	1.03	1.94	1.90	1.85	1.81	1.75	1.70	1.64
30	2.16	2.09	2.01	1.93	1.89	1.84	1.79	1.74	1.68	1.62
40	2.08	2.00	1.92	1.84	1.79	1.74	1.69	1.64	1.58	1.51
60	1.99	1.92	1.84	1.75	1.70	1.65	1.59	1.53	1.47	1.39
120	1.91	1.83	1.75	1.66	1.61	1.55	1.50	1.43	1.35	1.25
∞	1.83	1.75	1.67	1.57	1.52	1.46	1.39	1.32	1.22	1.00

($\alpha=0.025$)

n_2	n_1									
	1	2	3	4	5	6	7	8	9	10
1	647.8	799.5	864.2	899.6	921.8	937.1	948.2	956.7	963.3	968.6
2	38.51	39.00	39.17	39.25	39.30	39.33	39.36	39.37	39.39	39.40
3	17.44	16.04	15.44	15.10	14.88	14.73	14.62	14.54	14.47	14.42
4	12.22	10.65	9.98	9.60	9.36	9.20	9.07	8.98	8.90	8.64
5	10.01	8.43	7.76	7.39	7.15	6.98	6.85	6.76	6.68	6.82
6	8.81	7.26	6.60	6.23	5.99	5.82	5.70	5.60	5.52	5.45
7	8.07	6.54	4.89	5.52	5.29	5.12	4.99	4.90	4.82	4.76
8	7.57	6.06	5.42	5.05	4.82	4.65	4.53	4.43	4.36	4.30
9	7.21	5.71	5.08	4.72	4.48	4.32	4.20	4.10	4.03	3.96
10	6.94	5.46	4.83	4.47	4.24	4.07	3.95	3.85	3.78	3.72
11	6.72	5.26	4.63	4.28	4.04	3.88	3.76	3.66	3.59	3.53
12	6.55	5.10	4.47	4.12	3.89	3.73	3.61	3.51	3.44	3.37
13	6.41	7.97	1.35	4.00	3.77	3.60	3.48	3.39	3.31	3.25
14	6.30	4.86	4.24	3.89	3.66	3.50	3.38	3.29	3.21	3.15
15	6.20	4.77	4.15	3.80	3.58	3.41	3.29	3.20	3.12	3.06
16	6.12	4.69	4.08	3.73	3.50	3.34	3.22	3.12	3.05	2.99
17	6.04	4.62	4.01	3.66	3.44	3.28	3.16	3.06	2.98	2.92
18	5.98	4.56	3.95	3.61	3.38	3.22	3.10	3.01	2.93	2.87
19	5.92	4.51	3.90	3.56	3.33	3.17	3.05	2.96	2.88	2.82
20	5.87	4.46	3.86	3.51	3.29	3.13	3.01	2.91	2.84	2.77
21	5.83	4.42	3.82	3.48	3.25	3.09	2.97	2.87	2.80	2.73
22	5.79	4.38	3.78	3.44	3.22	3.05	2.93	2.84	2.76	2.70
23	5.75	4.35	3.75	3.41	3.18	3.02	2.90	2.81	2.73	2.67
24	5.72	4.32	3.72	3.38	3.15	2.99	2.87	2.78	2.70	2.64
25	5.69	4.29	3.69	3.35	3.13	2.97	2.85	2.75	2.68	2.61
26	5.66	4.27	3.67	3.33	3.10	2.94	2.82	2.73	2.65	2.59
27	5.63	4.24	3.65	3.31	3.08	2.92	2.80	2.71	2.63	2.57
28	5.61	4.22	3.63	3.29	3.06	2.90	2.78	2.69	2.61	2.55
29	5.59	4.20	3.61	3.27	3.04	2.88	2.76	2.67	2.59	2.53
30	5.57	4.18	3.59	3.25	3.03	2.87	2.75	2.65	2.57	2.51
40	5.42	4.05	3.46	3.13	2.90	2.74	2.62	2.53	2.45	2.39
60	5.29	3.93	3.34	3.01	2.79	2.63	2.51	2.41	2.33	2.27
120	5.15	3.80	3.23	2.89	2.67	2.52	2.39	2.30	2.22	2.16
∞	5.02	3.69	3.12	2.79	2.57	2.41	2.29	2.19	2.11	2.05

($\alpha = 0.025$)

n_2	n_1								
	12	15	20	24	30	40	60	120	∞
1	976.7	984.9	993.1	997.2	1001	1006	1010	1014	1018
2	39.41	39.43	39.45	39.46	39.46	39.47	39.48	39.49	39.50
3	14.34	14.25	14.17	14.12	14.08	14.04	13.99	13.95	13.90
4	8.75	8.66	8.56	8.51	8.46	8.41	8.36	8.31	8.26
5	6.52	6.43	6.33	6.28	6.23	6.18	6.12	6.07	6.02
6	5.37	5.27	5.17	5.12	5.07	5.01	4.96	4.90	4.85
7	4.67	4.57	4.47	4.42	4.36	4.31	4.25	4.20	4.14
8	4.20	4.10	4.00	3.95	3.89	3.84	3.78	3.73	3.67
9	3.87	3.77	3.67	3.61	3.56	3.51	3.45	3.39	3.33
10	3.62	3.52	3.42	3.37	3.31	3.26	3.20	3.41	3.08
11	3.43	3.33	3.23	3.17	3.12	3.06	3.00	2.94	2.88
12	3.28	3.18	3.07	3.02	2.96	2.91	2.85	2.79	3.72
13	3.15	3.05	2.95	2.89	2.84	2.78	2.72	2.66	2.60
14	3.05	2.95	2.84	2.79	2.73	2.67	2.61	2.55	2.49
15	2.96	2.86	2.76	2.70	2.64	2.59	2.52	2.46	2.40
16	2.89	2.79	2.68	2.63	2.57	2.51	2.45	2.38	2.32
17	2.82	2.72	2.62	2.56	2.50	2.44	2.38	2.32	2.25
18	2.77	2.67	2.56	2.50	2.44	2.38	2.32	2.26	2.19
19	2.72	2.62	2.51	2.45	2.39	2.33	2.27	2.20	2.13
20	2.68	2.57	2.46	2.41	2.35	2.29	2.22	2.16	2.09
21	2.64	2.53	2.42	2.37	2.31	2.25	2.18	2.11	2.04
22	2.60	2.50	2.39	2.33	2.27	2.21	2.14	2.08	2.00
23	2.57	2.47	2.36	2.30	2.24	2.18	2.11	2.04	1.97
24	2.54	2.44	2.33	2.27	2.21	2.15	2.08	2.01	1.94
25	2.51	2.41	2.30	2.24	2.18	2.12	2.05	1.98	1.91
26	2.49	2.39	2.28	2.22	2.16	2.09	2.03	1.95	1.88
27	2.47	2.36	2.25	2.19	2.13	2.07	2.00	1.93	1.85
28	2.45	2.34	2.23	2.17	2.11	2.05	1.98	1.91	1.83
29	2.43	2.32	2.21	2.15	2.09	2.03	1.96	1.89	1.81
30	2.41	2.31	2.20	2.14	2.07	2.01	1.94	1.87	1.79
40	2.29	2.18	2.07	2.01	1.94	1.88	1.80	1.72	1.64
60	2.17	2.06	1.94	1.88	1.82	1.74	1.67	1.58	1.48
120	2.05	1.94	1.82	1.76	1.69	1.61	1.53	1.43	1.31
∞	1.94	1.83	1.71	1.64	1.57	1.48	1.39	1.27	1.00

续表

($\alpha = 0.01$)

n_2	n_1									
	1	2	3	4	5	6	7	8	9	10
1	4052	4999.5	5403	5626	5764	5859	5928	5982	6022	6056
2	98.50	99.00	99.17	99.25	99.30	99.33	99.36	99.37	99.39	99.40
3	34.12	30.82	29.46	28.71	28.24	27.91	27.67	27.49	27.35	27.33
4	21.20	18.00	16.69	15.98	15.52	15.21	14.98	14.80	14.66	14.55
5	16.26	13.27	12.06	11.39	10.97	10.67	10.46	10.29	10.16	10.05
6	13.75	10.92	9.78	9.15	8.75	8.47	8.46	8.10	7.98	7.87
7	12.25	9.55	8.45	7.85	7.46	7.19	6.99	6.84	6.72	6.62
8	11.26	8.65	7.59	7.01	6.63	6.37	6.18	6.03	5.91	5.81
9	10.56	8.02	6.99	6.42	6.06	5.80	5.61	5.47	5.35	5.26
10	10.04	7.56	6.55	5.99	5.64	5.39	5.20	5.06	4.94	4.85
11	9.65	7.21	6.22	5.67	5.32	5.07	4.49	4.74	4.63	4.54
12	9.33	6.93	5.95	5.41	5.06	4.82	4.64	4.50	4.39	4.30
13	9.07	6.70	5.74	5.21	4.86	4.62	4.44	4.30	4.19	4.10
14	8.86	6.51	5.56	5.04	4.69	4.46	4.28	4.14	4.03	3.94
15	8.68	6.36	5.42	4.89	4.56	4.32	4.14	4.00	3.89	3.80
16	8.53	6.23	5.29	4.77	4.44	4.20	4.03	3.39	3.78	3.69
17	8.40	6.11	5.18	4.67	4.34	4.10	3.93	3.79	3.68	3.59
18	8.29	6.01	5.09	4.58	4.25	4.01	3.84	3.71	3.60	3.51
19	8.18	5.93	5.01	4.50	4.17	3.94	3.77	3.63	3.52	3.34
20	8.10	5.85	4.94	4.43	4.10	3.87	3.70	3.56	3.46	3.37
21	8.02	5.78	4.87	4.37	4.04	3.81	3.64	3.51	3.40	3.31
22	7.95	5.72	4.82	4.31	3.99	3.76	3.59	3.45	3.35	3.26
23	7.88	5.66	4.76	4.26	3.94	3.71	3.54	3.41	3.30	3.21
24	7.82	5.61	4.72	4.22	3.90	3.67	3.50	3.36	3.26	3.17
25	7.77	5.57	4.68	4.18	3.85	3.63	3.46	3.32	3.22	3.13
26	7.72	5.53	4.64	4.14	3.82	3.59	3.42	3.29	3.18	3.09
27	7.68	5.49	4.60	4.11	3.78	3.56	3.39	3.26	3.15	3.06
28	7.64	5.45	4.57	4.07	3.75	3.53	3.36	3.23	3.12	3.03
29	7.60	5.42	4.54	4.04	3.73	3.50	3.33	3.20	3.09	3.00
30	7.56	5.39	4.51	4.02	3.70	3.47	3.31	3.17	3.07	2.98
40	7.31	5.18	4.31	3.83	3.51	3.29	3.12	2.99	2.89	2.80
60	7.08	4.98	4.13	3.65	3.34	3.12	3.95	2.82	2.72	2.63
120	6.85	4.79	3.95	3.48	3.17	2.96	2.79	2.96	2.56	2.47
∞	6.63	4.61	3.78	3.32	3.02	2.80	2.64	2.51	2.41	2.32

($\alpha=0.01$)

n_2	n_1								
	12	15	20	24	30	40	60	120	∞
1	6106	6157	6209	6235	6261	6287	6313	6339	6366
2	99.42	99.43	99.45	99.46	99.47	99.47	99.48	99.49	99.50
3	27.05	26.87	26.69	26.60	26.50	26.41	26.32	26.22	26.13
4	14.37	14.20	14.02	13.93	13.84	13.75	13.65	13.56	13.46
5	9.29	9.72	9.55	9.47	9.38	9.29	9.20	9.11	9.02
6	7.72	7.56	7.40	7.31	7.23	7.14	7.06	6.97	6.88
7	6.47	6.31	6.16	6.07	5.99	5.91	5.82	5.74	5.65
8	5.67	5.52	5.36	5.28	5.20	5.12	5.03	4.95	4.86
9	5.11	4.96	4.81	4.73	4.65	4.57	4.48	4.40	4.31
10	4.71	4.56	4.41	4.33	4.25	4.17	4.08	4.00	3.91
11	4.40	4.25	4.10	4.02	3.95	3.86	3.78	3.69	3.60
12	4.16	4.01	3.86	3.78	3.70	3.62	3.54	3.45	3.36
13	3.96	3.82	3.66	3.59	3.51	3.43	3.34	3.25	3.17
14	3.80	3.66	3.51	3.43	3.35	4.27	3.18	3.09	3.00
15	3.67	3.52	3.37	3.29	3.21	3.13	3.05	2.96	2.87
16	3.55	3.41	3.26	3.18	3.10	3.02	2.93	2.84	2.74
17	3.46	3.31	3.16	3.08	3.00	2.92	2.83	2.75	2.65
18	3.37	3.23	3.08	3.00	2.92	2.84	2.75	2.66	2.57
19	3.30	3.15	3.00	2.92	2.84	2.76	2.67	2.58	2.49
20	3.23	3.09	2.94	2.86	2.78	2.69	2.61	2.52	2.42
21	3.17	3.03	2.88	2.80	2.72	2.64	2.55	2.46	2.36
22	3.12	2.98	2.83	2.75	2.67	2.58	2.50	2.40	2.31
23	3.07	2.93	2.78	2.70	2.62	2.54	2.45	2.35	2.26
24	3.03	2.89	2.74	2.66	2.58	2.49	2.40	2.31	2.21
25	2.99	2.85	2.70	2.62	2.54	2.45	2.36	2.27	2.17
26	2.96	2.81	2.66	2.58	2.50	2.42	2.33	2.23	2.13
27	2.93	2.78	2.63	2.55	2.47	2.38	2.29	2.20	2.10
28	2.90	2.75	2.60	2.52	2.44	2.35	2.26	2.17	2.06
29	2.87	2.73	2.57	2.49	2.41	2.33	2.23	2.14	2.03
30	2.84	2.70	2.55	2.47	2.39	2.30	2.21	2.11	2.01
40	2.66	2.52	2.37	2.29	2.20	2.11	2.02	1.92	1.80
60	2.50	2.35	2.20	2.12	2.03	1.94	1.84	1.78	1.60
120	2.34	2.19	2.03	1.95	1.86	1.76	1.66	1.53	1.38
∞	2.18	2.04	1.88	1.79	1.70	1.59	1.47	1.32	1.00

续表

($\alpha = 0.005$)

n_2	n_1									
	1	2	3	4	5	6	7	8	9	10
1	16211	20000	21615	22500	23056	23437	23715	23925	24091	24224
2	198.5	199.0	199.2	199.2	199.3	199.3	199.4	199.4	199.4	199.4
3	55.55	49.80	47.47	46.19	45.39	44.84	44.43	44.13	43.88	43.69
4	31.33	26.28	24.26	23.15	22.46	21.97	21.62	21.35	21.14	20.97
5	22.78	18.31	16.53	15.56	14.94	14.51	14.20	13.96	13.77	13.62
6	18.63	14.54	12.92	12.03	11.46	11.07	10.79	10.57	10.39	10.25
7	16.24	12.40	10.88	10.05	9.52	9.16	8.89	8.68	8.51	8.38
8	14.69	11.04	9.60	8.81	8.30	7.95	7.69	7.50	7.34	7.21
9	13.61	10.11	8.72	7.96	7.47	7.13	6.88	6.69	6.54	6.42
10	12.83	9.43	8.08	7.34	6.87	6.54	6.30	6.12	5.97	5.85
11	12.23	8.91	7.60	6.88	6.42	6.10	5.86	5.68	5.54	5.42
12	11.75	8.51	7.23	6.52	6.07	5.76	5.52	5.35	5.20	5.09
13	11.37	8.19	6.93	6.23	5.79	5.48	5.25	5.08	4.94	4.82
14	11.06	7.92	6.68	6.03	5.56	5.26	5.03	4.86	4.72	4.60
15	10.80	7.70	6.48	5.80	5.37	5.07	4.85	4.67	4.54	4.42
16	10.58	7.51	6.30	5.64	5.21	4.91	4.69	4.52	4.38	4.27
17	10.38	7.35	6.16	5.50	5.07	4.78	4.56	4.39	4.25	4.14
18	10.22	7.21	6.03	5.37	4.96	4.66	4.44	4.28	4.14	4.03
19	10.07	7.09	5.92	5.27	4.85	4.56	4.34	4.18	4.04	3.93
20	9.94	6.99	5.82	5.17	4.76	4.47	4.26	4.09	3.96	3.85
21	9.83	6.89	5.73	5.09	4.68	4.39	4.18	4.01	3.88	3.77
22	9.73	6.81	5.65	5.02	4.61	4.32	4.11	3.94	3.81	3.70
23	9.63	6.73	5.58	4.95	4.54	4.26	4.05	3.88	3.75	3.64
24	9.55	6.66	5.52	4.89	4.49	4.20	3.99	3.83	3.69	3.59
25	9.48	6.60	5.46	4.84	4.43	4.15	3.94	3.78	3.64	3.54
26	9.41	6.54	5.41	4.79	4.38	4.10	3.89	3.73	3.60	3.49
27	9.34	6.49	5.36	4.74	4.34	4.06	3.85	3.69	3.56	3.45
28	9.28	6.44	5.32	4.70	4.30	4.02	3.81	3.65	3.52	3.41
29	9.23	6.40	5.28	4.66	4.26	3.98	3.77	3.61	3.48	3.38
30	9.18	6.35	5.24	4.62	4.23	3.95	3.74	3.58	3.45	3.34
40	8.83	6.07	4.98	4.37	3.99	3.71	3.51	3.35	3.22	3.12
60	8.49	5.79	4.73	4.14	3.76	3.49	3.29	3.13	3.01	2.90
120	8.18	5.54	4.50	3.92	3.55	3.28	3.09	2.93	2.81	2.71
∞	7.88	5.30	4.28	3.72	3.35	3.09	2.90	2.74	2.62	2.52

($\alpha=0.005$) 续表

n_2	n_1								
	12	15	20	24	30	40	60	120	∞
1	24426	24630	24836	24940	25044	25148	25253	25359	25465
2	199.4	199.4	199.4	199.5	199.5	199.5	199.5	199.5	199.5
3	43.39	43.08	42.78	42.62	42.47	42.31	42.15	41.99	41.83
4	20.70	20.44	20.17	20.03	19.89	19.75	19.61	19.47	19.32
5	13.38	13.15	12.90	12.78	12.66	12.53	12.40	12.27	12.14
6	10.03	9.81	9.59	9.47	9.36	9.24	9.12	9.00	8.88
7	8.18	7.97	7.75	7.65	7.53	7.42	7.31	7.19	7.08
8	7.01	6.81	6.61	6.50	6.40	6.29	6.18	6.06	5.95
9	6.23	6.03	5.83	5.73	5.62	5.52	5.41	5.30	5.19
10	5.66	5.47	5.27	5.17	5.07	4.97	4.86	4.75	4.64
11	5.24	5.05	4.86	4.76	4.65	4.55	4.44	4.34	4.23
12	4.91	4.72	4.53	4.43	4.33	4.23	4.12	4.01	3.90
13	4.64	4.46	4.27	4.17	4.07	3.97	3.87	3.76	3.65
14	4.43	4.25	4.06	3.96	3.86	3.76	3.66	3.55	3.44
15	4.25	4.07	3.83	3.79	3.69	3.58	3.48	3.37	3.26
16	4.10	3.92	3.73	3.64	3.54	3.44	3.33	3.22	3.11
17	3.97	3.79	3.61	3.51	3.41	3.31	3.21	3.10	2.98
18	3.86	3.68	3.50	3.40	3.30	3.20	3.10	2.99	2.87
19	3.76	3.59	3.40	3.31	3.21	3.11	3.00	2.89	2.78
20	3.68	3.50	3.32	3.22	3.12	3.02	2.92	2.81	2.69
21	3.60	3.43	3.24	3.15	3.05	2.95	2.84	2.73	2.61
22	3.54	3.36	3.18	3.08	2.98	2.88	2.77	2.66	2.55
23	3.47	3.30	3.12	3.02	2.92	2.82	2.71	2.60	2.48
24	3.42	3.25	3.06	2.97	2.87	2.77	2.66	2.55	2.43
25	3.37	3.20	3.01	2.92	2.82	2.72	2.61	2.50	2.38
26	3.33	3.15	2.97	2.87	2.77	2.67	2.56	2.45	2.33
27	3.28	3.11	2.93	2.83	2.73	2.63	2.52	2.41	2.29
28	3.25	3.07	2.89	2.79	2.69	2.59	2.48	2.37	2.25
29	3.21	3.04	2.86	2.76	2.66	2.56	2.45	2.33	2.21
30	3.18	3.01	2.82	2.73	2.63	2.52	2.42	2.30	2.18
40	2.95	2.78	2.60	2.50	2.40	2.30	2.18	2.06	1.93
60	2.74	2.57	2.39	2.29	2.19	2.08	1.96	1.83	1.69
120	2.54	2.37	2.19	2.09	1.98	1.87	1.75	1.61	1.43
∞	2.36	2.19	2.00	1.90	1.79	1.67	1.53	1.36	1.00

($\alpha = 0.001$)

n_2	n_1									
	1	2	3	4	5	6	7	8	9	10
1	4053+	5000+	5404+	5625+	5764+	5859+	5929+	5981+	6023+	6056+
2	998.5	999.0	999.2	999.2	999.3	999.3	999.4	999.4	999.4	999.4
3	167.0	148.5	141.1	137.1	134.6	132.8	131.6	130.6	129.9	129.2
4	74.14	61.25	56.18	53.44	51.71	50.53	49.66	49.00	48.47	48.05
5	47.18	37.12	33.20	31.09	29.75	28.84	28.16	27.64	27.24	26.92
6	35.51	27.00	23.70	21.92	20.81	20.03	19.46	19.03	19.69	18.41
7	29.25	21.69	18.77	17.19	16.21	15.52	15.02	14.63	14.33	14.08
8	25.42	18.49	15.83	14.39	13.49	12.86	12.40	12.04	11.77	11.54
9	22.86	16.39	13.90	12.56	11.71	11.13	10.70	10.37	10.11	9.89
10	21.04	14.91	12.55	11.28	10.48	9.92	9.52	9.20	8.96	8.75
11	19.69	13.81	11.56	10.35	9.58	9.05	8.66	8.35	8.12	7.92
12	18.64	12.97	10.80	9.63	8.89	8.38	8.00	7.71	7.48	7.29
13	17.81	12.31	10.21	9.07	8.35	7.86	7.49	7.21	6.98	6.80
14	17.14	11.78	9.73	8.62	7.92	7.43	7.08	6.80	6.58	6.40
15	16.59	11.34	9.34	8.25	7.57	7.09	6.74	6.47	6.26	6.08
16	16.12	10.97	9.00	7.94	7.27	6.81	6.46	6.19	5.98	5.81
17	15.72	10.66	8.73	7.68	7.02	6.56	6.22	5.96	5.75	5.58
18	15.38	10.39	8.49	7.46	6.81	6.35	6.02	5.76	5.56	5.39
19	15.08	10.16	8.28	7.26	6.62	6.18	5.85	5.59	5.39	5.22
20	14.82	9.95	8.10	7.10	6.46	6.02	5.69	5.44	5.24	5.08
21	14.59	9.77	7.94	6.95	6.32	5.88	5.56	5.31	5.11	4.95
22	14.38	9.61	7.80	6.81	6.19	5.76	5.44	5.19	4.99	4.83
23	14.19	9.47	7.67	6.69	6.08	5.65	5.33	5.09	4.89	4.73
24	14.03	9.34	7.55	6.59	5.98	5.55	5.23	4.99	4.80	4.64
25	13.88	9.22	7.45	9.49	5.88	5.46	5.15	4.91	4.71	4.56
26	13.74	9.12	7.36	6.41	5.80	5.38	5.07	4.83	4.64	4.48
27	13.61	9.02	7.27	6.33	5.73	5.31	5.00	4.76	4.57	4.41
28	13.50	8.93	7.19	6.25	5.66	5.24	4.93	4.69	4.50	4.35
29	13.39	8.85	7.12	6.19	5.59	5.18	4.87	4.64	4.45	4.29
30	13.29	8.77	7.05	6.12	5.53	5.12	4.82	4.58	4.39	4.24
40	12.61	8.25	6.60	5.70	5.13	4.73	4.44	4.21	4.02	3.87
60	11.97	7.76	6.17	5.31	4.76	4.37	4.09	3.87	3.69	3.54
120	11.38	7.32	5.79	4.95	4.42	4.04	3.77	3.55	3.38	3.24
∞	10.83	6.91	5.42	4.62	4.10	3.74	3.47	3.27	3.10	2.96

($\alpha = 0.001$) 续表

n_2	n_1								
	12	15	20	24	30	40	60	120	∞
1	6107+	6158+	6209+	6235+	6261+	6287+	6313+	6340+	6366+
2	999.4	999.4	999.4	999.5	999.5	999.5	999.5	999.5	999.5
3	128.3	127.4	126.4	125.9	125.4	125.0	124.5	124.0	123.5
4	47.41	46.76	46.10	45.77	45.43	45.09	44.75	44.40	44.05
5	26.42	25.91	25.39	25.14	24.87	24.60	24.33	24.06	23.79
6	17.99	17.56	17.12	16.89	16.67	16.44	16.21	15.99	15.75
7	13.71	13.32	12.93	12.73	12.53	12.33	12.12	11.91	11.70
8	11.19	10.84	10.48	10.30	10.11	9.92	9.73	9.53	9.33
9	9.57	9.24	8.90	8.72	8.55	8.37	8.19	8.00	7.81
10	8.45	8.13	7.80	7.64	7.47	7.30	7.12	6.94	6.76
11	7.63	7.32	7.01	6.85	6.68	6.52	6.35	6.17	6.00
12	7.00	6.71	6.40	6.25	6.09	5.93	5.76	5.59	5.42
13	6.52	6.23	5.93	5.78	5.63	5.47	5.30	5.14	4.97
14	6.13	5.85	5.56	5.41	5.25	5.10	4.94	4.77	4.60
15	5.81	5.54	5.52	5.10	4.95	4.80	4.64	4.47	4.31
16	5.55	5.27	4.99	4.85	4.70	4.54	4.39	4.23	4.06
17	5.32	5.05	4.78	4.63	4.48	4.33	4.18	4.02	3.85
18	5.13	4.87	4.59	4.45	4.30	4.15	4.00	3.84	3.67
19	4.97	4.70	4.43	4.29	4.14	3.99	3.84	3.68	3.51
20	4.82	4.56	4.29	4.15	4.00	3.86	3.70	3.54	3.38
21	4.70	4.44	4.17	4.03	3.88	3.74	3.58	3.42	3.26
22	4.58	4.33	4.06	3.92	3.78	3.63	3.48	3.32	3.15
23	4.48	4.23	3.96	3.82	3.68	3.53	3.38	3.22	3.05
24	4.39	4.14	3.87	3.74	3.59	3.45	3.29	3.14	2.97
25	4.31	4.06	3.79	3.66	3.52	3.37	3.22	3.06	2.89
26	4.24	3.99	3.72	3.59	3.44	3.30	3.15	2.99	2.82
27	4.17	3.92	3.66	3.52	3.38	3.23	3.08	2.92	2.75
28	4.11	3.86	3.60	3.46	3.32	3.18	3.02	2.86	2.69
29	4.05	3.80	3.54	3.41	3.27	3.12	2.97	2.81	2.64
30	4.00	3.75	3.49	3.36	3.22	3.07	2.92	2.76	2.59
40	3.64	3.40	3.15	3.01	2.87	2.73	2.57	2.41	2.23
60	3.31	3.08	2.83	2.69	2.55	2.41	2.25	2.08	1.89
120	3.02	2.78	2.53	2.40	2.26	2.11	1.95	1.76	1.54
∞	2.74	2.51	2.27	2.13	1.99	1.84	1.66	1.45	1.00

注：+表示要将此数乘以 100

附表5 相关系数显著性检验表($n-2$ 为自由度)

α	0.10	0.05	0.02	0.01	0.001	α
$n-2=-1$	0.9877	0.9969	0.9995	0.9999	0.9999	$n-2=1$
2	0.9000	0.9500	0.9800	0.9900	0.9990	2
3	0.8054	0.8783	0.9343	0.9587	0.9912	3
4	0.7293	0.8114	0.8822	0.9172	0.9741	4
5	0.6694	0.7545	0.8329	0.8745	0.9507	5
6	0.6215	0.7067	0.7887	0.8343	0.9249	6
7	0.5822	0.6664	0.7498	0.7977	0.8982	7
8	0.5494	0.6319	0.7155	0.7646	0.8721	8
9	0.5214	0.6021	0.6851	0.7348	0.8471	9
10	0.4973	0.5760	0.6581	0.7079	0.8233	10
11	0.4762	0.5529	0.6339	0.6835	0.8010	11
12	0.4575	0.5324	0.6120	0.6614	0.7800	12
13	0.4409	0.5139	0.5923	0.6411	0.7603	13
14	0.4259	0.4973	0.5742	0.6226	0.7420	14
15	0.4124	0.4821	0.5577	0.6055	0.7246	15
16	0.4000	0.4683	0.5425	0.5897	0.7084	16
17	0.3887	0.4555	0.5285	0.5751	0.6932	17
18	0.3783	0.4438	0.5155	0.5614	0.6787	18
19	0.3687	0.4329	0.5034	0.5487	0.6652	19
20	0.3598	0.4227	0.4921	0.5368	0.6524	20
25	0.3233	0.3809	0.4451	0.4869	0.5974	25
30	0.2960	0.3494	0.4093	0.4487	0.5541	30
35	0.2746	0.3246	0.3810	0.4182	0.5189	35
40	0.2573	0.3044	0.3578	0.3932	0.4896	40
45	0.2428	0.2875	0.3384	0.3721	0.4648	45
50	0.2306	0.2732	0.3218	0.3541	0.4433	50
60	0.2108	0.2500	0.2948	0.3248	0.4078	60
70	0.1954	0.2319	0.2737	0.3017	0.3799	70
80	0.1829	0.2172	0.2565	0.2830	0.3568	80
90	0.1726	0.2050	0.2422	0.2673	0.3375	90
100	0.1638	0.1946	0.2301	0.2540	0.3211	100

附表6　Spearman 等级相关系数检验表

$\alpha(1)$	0.05	0.025	0.01	0.005	0.001
$\alpha(2)$	0.10	0.05	0.02	0.01	0.002
$n=4$	1.000	—	—	—	—
5	0.900	1.000	1.000	—	—
6	0.829	0.886	0.943	1.000	—
7	0.714	0.786	0.893	0.929	1.000
8	0.643	0.738	0.833	0.881	0.952
9	0.600	0.700	0.783	0.833	0.917
10	0.564	0.648	0.745	0.794	0.879
11	0.536	0.618	0.709	0.755	0.845
12	0.503	0.587	0.678	0.727	0.818
13	0.484	0.560	0.648	0.703	0.791
14	0.464	0.538	0.626	0.679	0.771
15	0.446	0.521	0.604	0.654	0.750
16	0.429	0.503	0.582	0.635	0.729
17	0.414	0.485	0.566	0.615	0.713
18	0.401	0.472	0.550	0.600	0.695
19	0.391	0.460	0.535	0.584	0.677
20	0.380	0.447	0.520	0.570	0.662
21	0.370	0.435	0.508	0.556	0.648
22	0.361	0.425	0.496	0.544	0.634
23	0.353	0.415	0.486	0.532	0.622
24	0.344	0.406	0.476	0.521	0.610
25	0.337	0.398	0.466	0.511	0.598
26	0.331	0.390	0.457	0.501	0.587
27	0.324	0.382	0.448	0.491	0.577
28	0.317	0.375	0.440	0.483	0.567
29	0.312	0.368	0.433	0.475	0.558
30	0.306	0.362	0.425	0.467	0.549
31	0.301	0.356	0.418	0.459	0.541
32	0.296	0.350	0.412	0.452	0.533
33	0.291	0.345	0.405	0.446	0.525
34	0.287	0.340	0.399	0.439	0.517
35	0.283	0.335	0.394	0.433	0.510
36	0.279	0.330	0.388	0.427	0.504
37	0.275	0.325	0.383	0.421	0.497
38	0.271	0.321	0.378	0.415	0.491
39	0.267	0.317	0.373	0.410	0.485
40	0.264	0.313	0.368	0.405	0.479
41	0.261	0.309	0.364	0.400	0.473
42	0.257	0.305	0.359	0.395	0.468
43	0.254	0.301	0.355	0.391	0.463
44	0.251	0.298	0.351	0.386	0.458
45	0.248	0.294	0.347	0.382	0.453
46	0.246	0.291	0.343	0.378	0.448
47	0.243	0.288	0.340	0.374	0.443
48	0.240	0.285	0.336	0.370	0.439
49	0.238	0.282	0.333	0.366	0.434
50	0.235	0.279	0.329	0.363	0.430

附表7 随机数码表(两位数)

03 47 43 73 86	36 96 47 36 61	46 93 63 71 62	97 74 24 67 62	42 81 14 57 20
42 53 32 37 32	16 76 62 27 66	56 50 26 71 07	32 90 96 78 53	12 56 85 99 26
96 63 27 31 79	05 03 72 93 15	55 59 56 35 64	38 54 82 46 22	31 62 43 09 90
33 26 18 80 45	60 11 14 10 95	16 22 77 94 39	27 07 36 07 51	24 51 79 89 73
84 42 17 53 31	13 55 38 58 59	88 97 54 14 10	63 01 63 78 59	57 12 10 14 21
23 83 01 30 53	57 24 55 06 88	12 86 73 58 07	49 17 46 09 62	83 92 12 06 76
57 60 86 32 44	77 04 74 47 67	33 21 12 34 29	90 52 84 77 27	26 62 38 97 75
49 54 43 18 82	21 76 33 50 25	78 64 56 07 82	84 26 34 91 64	44 17 16 58 09
17 37 93 23 78	16 95 55 67 19	52 42 07 44 38	18 54 07 92 45	83 92 12 06 76
87 35 20 96 43	98 10 50 71 75	09 47 27 96 54	44 17 16 58 09	26 62 38 97 75
44 39 52 38 79	50 92 26 11 97	06 76 50 03 10	07 45 32 14 08	86 60 42 04 53
23 42 40 64 74	08 02 73 43 28	55 23 64 77 05	32 98 94 07 72	42 34 07 96 88
82 97 77 81 05	37 85 94 35 12	83 11 46 32 24	93 85 79 10 75	54 42 06 87 98
99 66 02 79 54	83 39 50 08 30	20 14 85 88 45	18 56 76 31 38	35 85 29 48 39
52 36 28 19 95	79 83 86 19 62	10 93 72 88 71	80 22 02 53 30	67 19 45 71 74
70 29 17 12 13	97 12 25 93 47	16 08 15 04 72	31 16 93 32 43	20 15 37 66 49
40 33 20 38 26	99 49 57 22 77	45 59 34 68 49	68 34 30 13 70	04 43 18 66 79
13 89 51 03 74	88 42 95 45 72	50 27 89 87 19	70 33 24 03 54	94 77 24 21 90
56 62 18 37 35	16 64 36 02 77	17 76 37 13 04	97 77 46 44 80	27 42 37 86 53
96 83 50 87 75	33 27 14 34 09	07 74 21 19 30	14 57 25 65 76	12 72 07 34 45
99 27 72 95 14	18 39 68 29 61	52 85 66 60 44	44 22 78 84 26	59 29 97 68 60
38 68 88 11 80	29 94 98 94 24	55 74 30 77 40	04 33 40 09 52	71 91 38 67 54
13 58 18 24 76	48 55 90 65 72	96 57 69 36 10	96 46 92 42 45	66 37 32 20 30
77 84 57 03 29	10 45 65 04 26	68 49 69 10 82	53 75 91 93 30	34 25 20 57 27
45 07 31 66 49	68 07 97 06 57	16 90 82 66 59	94 13 38 47 11	15 54 55 95 52
53 27 94 75 06	35 80 39 94 88	97 60 49 04 91	35 24 10 16 20	16 04 61 67 87
11 04 96 67 24	38 23 16 86 38	90 89 12 76 33	40 48 73 51 29	31 96 25 91 47
83 62 64 11 78	60 47 21 29 68	06 09 19 74 66	16 94 37 34 02	76 70 90 30 86
42 38 97 01 50	87 75 66 81 41	16 92 53 56 02	79 45 04 91 12	33 32 51 26 38
96 44 33 49 13	40 01 74 91 62	34 86 82 53 91	85 52 43 48 85	02 37 03 31 16
66 90 40 67 14	64 05 71 95 86	38 45 94 30 38	14 90 84 45 11	75 73 88 05 90
02 75 50 95 98	68 05 51 18 44	33 96 02 75 79	48 51 84 08 32	20 46 28 73 67
27 55 26 89 62	64 19 58 97 79	15 06 15 93 20	11 05 65 09 68	97 51 40 14 02
57 16 91 11 66	22 98 12 22 08	07 60 62 93 55	76 83 20 37 90	04 02 33 31 08
52 27 41 14 86	07 52 74 95 80	59 33 82 43 90	49 37 38 44 59	39 54 16 49 36
47 95 93 13 30	02 67 74 17 33	05 26 93 70 60	22 35 85 15 13	92 03 51 59 77
01 90 10 75 06	61 71 62 99 15	07 97 10 88 23	09 98 42 99 15	54 87 66 47 54
40 78 89 62 85	73 32 08 11 12	63 71 86 78 85	26 99 61 65 53	58 37 78 80 70
14 65 52 68 75	26 78 63 06 55	42 10 50 67 42	34 50 57 74 37	85 22 04 39 43
87 59 36 22 41	52 91 05 70 74	59 56 78 06 83	06 51 29 16 93	44 95 92 63 66
29 56 24 29 48	09 79 13 77 48	32 17 55 85 74	94 44 67 16 94	88 75 80 18 14
15 29 39 04 43	90 96 23 70 32	09 77 93 19 82	74 94 80 04 39	13 08 27 01 50
73 81 53 94 79	33 62 46 86 28	73 82 97 22 21	08 31 54 46 31	98 80 33 22 91
05 13 27 24 83	72 89 44 05 60	22 95 75 42 49	02 48 07 70 37	39 32 82 22 49
55 85 78 38 36	32 12 53 46 96	39 61 03 06 90	40 73 23 84 10	94 37 30 69 32

附表8 常用对数表

log	0	1	2	3	4	5	6	7	8	9	表尾差								
											1	2	3	4	5	6	7	8	9
10	0000	0043	0086	0128	0170	0212	0253	0294	0334	0374	4	8	12	17	21	25	29	33	37
11	0414	0453	0492	0531	0569	0607	0645	0682	0719	0755	4	8	11	15	19	23	26	30	34
12	0792	0828	0864	0899	0934	0969	1004	1038	1072	1106	3	7	10	14	17	21	24	28	31
13	1139	1173	1206	1239	1271	1303	1335	1367	1399	1430	3	6	10	13	16	19	22	26	29
14	1461	1492	1523	1553	1584	1614	1644	1673	1703	1732	3	6	9	12	15	18	21	24	27
15	1761	1790	1818	1847	1875	1903	1931	1959	1987	2014	3	6	8	11	14	17	20	22	25
16	2041	2068	2095	2122	2148	2175	2201	2227	2253	2279	3	5	8	11	13	16	18	21	24
17	2304	2330	2355	2380	2405	2430	2455	2480	2504	2529	2	5	7	10	12	15	17	20	22
18	2553	2577	2601	2625	2648	2672	2695	2718	2742	2765	2	5	7	9	12	14	16	19	21
19	2788	2810	2833	2856	2878	2900	2923	2945	2967	2989	2	4	7	9	11	13	16	18	20
20	3010	3032	3054	3075	3096	3118	3139	3160	3181	3201	2	4	6	8	11	13	15	17	19
21	3222	3243	3263	3284	3304	3324	3345	3365	3385	3404	2	4	6	8	10	12	14	16	18
22	3424	3444	3464	3483	3502	3522	3541	3560	3579	3598	2	4	6	8	10	12	13	15	17
23	3617	3636	3655	3674	3692	3711	3729	3747	3766	3784	2	4	6	7	9	11	13	15	17
24	3802	3820	3838	3856	3874	3892	3909	3927	3945	3962	2	4	5	7	9	11	12	14	16
25	3979	3997	4014	4031	4048	4065	4082	4099	4116	4133	2	3	5	7	9	10	12	14	15
26	4150	4166	4183	4200	4216	4232	4249	4265	4281	4298	2	3	5	7	8	10	11	13	15
27	4314	4330	4346	4362	4378	4393	4409	4425	4440	4456	2	3	5	6	8	9	11	13	14
28	4472	4487	4502	4518	4533	4548	4564	4579	4594	4609	2	3	5	6	8	9	11	12	14
29	4624	4639	4654	4669	4683	4698	4713	4728	4742	4757	1	3	4	6	7	9	10	12	13
30	4771	4786	4800	4814	4829	4843	4857	4871	4886	4900	1	3	4	6	7	9	10	11	13
31	4914	4928	4942	4955	4969	4983	4997	5011	5024	5038	1	3	4	6	7	8	10	11	12
32	5051	5065	5079	5092	5105	5119	5132	5145	5159	5172	1	3	4	5	7	8	9	11	12
33	5185	5198	5211	5224	5237	5250	5263	5276	5289	5302	1	3	4	5	6	8	9	10	12
34	5315	5328	5340	5353	5366	5378	5391	5403	5416	5428	1	3	4	5	6	8	9	10	11
35	5441	5453	5465	5478	5490	5502	5514	5527	5539	5551	1	2	4	5	6	7	9	10	11
36	5563	5575	5587	5599	5611	5623	5635	5647	5658	5670	1	2	4	5	6	7	8	10	11
37	5682	5694	5705	5717	5729	5740	5752	5763	5775	5786	1	2	3	5	6	7	8	9	10
38	5798	5809	5821	5832	5843	5855	5866	5877	5888	5899	1	2	3	5	6	7	8	9	10
39	5911	5922	5933	5944	5955	5966	5977	5988	5999	6010	1	2	3	4	5	7	8	9	10

续表

log	0	1	2	3	4	5	6	7	8	9	表尾差								
											1	2	3	4	5	6	7	8	9
40	6021	6031	6042	6053	6064	6075	6085	6096	6107	6117	1	2	3	4	5	6	7	9	10
41	6128	6138	6149	6160	6170	6180	6191	6201	6212	6222	1	2	3	4	5	6	7	8	9
42	6232	6243	6253	6263	6274	6284	6294	6304	6314	6325	1	2	3	4	5	6	7	8	9
43	6335	6345	6355	6365	6375	6385	6395	6405	6415	6425	1	2	3	4	5	6	7	8	9
44	6435	6444	6454	6464	6474	6484	6493	6503	6513	6522	1	2	3	4	5	6	7	8	9
45	6532	6542	6551	6561	6571	6580	6590	6599	6609	6618	1	2	3	4	5	6	7	8	9
46	6628	6637	6646	6656	6665	6675	6684	6693	6702	6712	1	2	3	4	5	6	7	7	8
47	6721	6730	6739	6749	6758	6767	6776	6785	6794	6803	1	2	3	4	5	5	6	7	8
48	6812	6821	6830	6839	6848	6857	6866	6875	6884	6893	1	2	3	4	4	5	6	7	8
49	6902	6911	6920	6928	6937	6946	6955	6964	6972	6981	1	2	3	4	4	5	6	7	8
50	6990	6998	7007	7016	7024	7033	7042	7050	7059	7067	1	2	3	3	4	5	6	7	8
51	7076	7084	7093	7101	7110	7118	7126	7135	7143	7152	1	2	3	3	4	5	6	7	8
52	7160	7168	7177	7185	7193	7202	7210	7218	7226	7235	1	2	2	3	4	5	6	7	7
53	7243	7251	7259	7267	7275	7284	7292	7300	7308	7316	1	2	2	3	4	5	6	6	7
54	7324	7332	7340	7348	7356	7364	7372	7380	7388	7396	1	2	2	3	4	5	6	6	7
55	7404	7412	7419	7427	7435	7443	7451	7459	7466	7474	1	2	2	3	4	5	5	6	7
56	7482	7490	7497	7505	7513	7520	7528	7536	7543	7551	1	2	2	3	4	5	5	6	7
57	7559	7566	7574	7582	7589	7597	7604	7612	7619	7627	1	2	2	3	4	5	5	6	7
58	7634	7642	7649	7657	7664	7672	7679	7686	7694	7701	1	1	2	3	4	4	5	6	7
59	7709	7716	7723	7731	7738	7745	7752	7760	7767	7774	1	1	2	3	4	4	5	6	7
60	7782	7789	7796	7803	7810	7818	7825	7832	7839	7846	1	1	2	3	4	4	5	6	6
61	7853	7860	7868	7875	7882	7889	7896	7903	7910	7917	1	1	2	3	4	4	5	6	6
62	7924	7931	7938	7945	7952	7959	7966	7973	7980	7987	1	1	2	3	3	4	5	6	6
63	7993	8000	8007	8014	8021	8028	8035	8041	8048	8055	1	1	2	3	3	4	5	5	6
64	8062	8069	8075	8082	8089	8096	8102	8109	8116	8122	1	1	2	3	3	4	5	5	6
65	8129	8136	8142	8149	8156	8162	8169	8176	8182	8189	1	1	2	3	3	4	5	5	6
66	8195	8202	8209	8215	8222	8228	8235	8241	8248	8254	1	1	2	3	3	4	5	5	6
67	8261	8267	8274	8280	8287	8293	8299	8306	8312	8319	1	1	2	3	3	4	5	5	6
68	8325	8331	8338	8344	8351	8357	8363	8370	8376	8382	1	1	2	3	3	4	4	5	6
69	8388	8395	8401	8407	8414	8420	8426	8432	8439	8445	1	1	2	2	3	4	4	5	6

续表

log	0	1	2	3	4	5	6	7	8	9	表尾差								
											1	2	3	4	5	6	7	8	9
70	8451	8457	8463	8470	8476	8482	8488	8494	8500	8506	1	1	2	2	3	4	4	5	6
71	8513	8519	8525	8531	8537	8543	8549	8555	8561	8567	1	1	2	2	3	4	4	5	5
72	8573	8579	8585	8591	8597	8603	8609	8615	8621	8627	1	1	2	2	3	4	4	5	5
73	8633	8639	8645	8651	8657	8663	8669	8675	8681	8686	1	1	2	2	3	4	4	5	5
74	8692	8698	8704	8710	8716	8722	8727	8733	8739	8745	1	1	2	2	3	3	4	5	5
75	8751	8756	8762	8768	8774	8779	8785	8791	8797	8802	1	1	2	2	3	3	4	5	5
76	8808	8814	8820	8825	8831	8837	8842	8848	8854	8859	1	1	2	2	3	3	4	5	5
77	8865	8871	8876	8882	8887	8893	8899	8904	8910	8915	1	1	2	2	3	3	4	4	5
78	8921	8927	8932	8938	8943	8949	8954	8960	8965	8971	1	1	2	2	3	3	4	4	5
79	8976	8982	8987	8993	8998	9004	9009	9015	9020	9025	1	1	2	2	3	3	4	4	5
80	9031	9036	9042	9047	9053	9058	9063	9069	9074	9079	1	1	2	2	3	3	4	4	5
81	9085	9090	9096	9101	9106	9112	9117	9122	9128	9133	1	1	2	2	3	3	4	4	5
82	9138	9143	9149	9154	9159	9165	9170	9175	9180	9186	1	1	2	2	3	3	4	4	5
83	9191	9196	9201	9206	9212	9217	9222	9227	9232	9238	1	1	2	2	3	3	4	4	5
84	9243	9248	9253	9258	9263	9269	9274	9279	9284	9289	1	1	2	2	3	3	4	4	5
85	9294	9299	9304	9309	9315	9320	9325	9330	9335	9340	1	1	2	2	3	3	4	4	5
86	9345	9350	9355	9360	9365	9370	9375	9380	9385	9390	1	1	2	2	3	3	4	4	5
87	9395	9400	9405	9410	9415	9420	9425	9430	9435	9440	0	1	1	2	2	3	3	4	4
88	9445	9450	9455	9460	9465	9469	9474	9479	9484	9489	0	1	1	2	2	3	3	4	4
89	9494	9499	9504	9509	9513	9518	9523	9528	9533	9538	0	1	1	2	2	3	3	4	4
90	9542	9547	9552	9557	9562	9566	9571	9576	9581	9586	0	1	1	2	2	3	3	4	4
91	9590	9595	9600	9605	9609	9614	9619	9624	9628	9633	0	1	1	2	2	3	3	4	4
92	9638	9643	9647	9652	9657	9661	9666	9671	9675	9680	0	1	1	2	2	3	3	4	4
93	9685	9689	9694	9699	9703	9708	9713	9717	9722	9727	0	1	1	2	2	3	3	4	4
94	9731	9736	9741	9745	9750	9754	9759	9763	9768	9773	0	1	1	2	2	3	3	4	4
95	9777	9782	9786	9791	9795	9800	9805	9809	9814	9818	0	1	1	2	2	3	3	4	4
96	9823	9827	9832	9836	9841	9845	9850	9854	9859	9863	0	1	1	2	2	3	3	4	4
97	9868	9872	9877	9881	9886	9890	9894	9899	9903	9908	0	1	1	2	2	3	3	4	4
98	9912	9917	9921	9926	9930	9934	9939	9943	9948	9952	0	1	1	2	2	3	3	4	4
99	9956	9961	9965	9969	9974	9978	9983	9987	9991	9996	0	1	1	2	2	3	3	3	4

附表9 平均增长速度累计法查对表(摘选)

平均每年增长率/%	递增速度(各年发展水平总和为基期水平的百分数)/%				
	1年	2年	3年	4年	5年
0.1	100.10	200.30	300.60	401.00	501.50
0.2	100.20	200.60	301.20	402.00	503.00
0.3	100.30	200.90	301.80	403.00	504.50
0.4	100.40	201.20	302.40	404.00	506.01
0.5	100.50	201.50	303.01	405.03	507.56
0.6	100.60	201.80	303.61	406.03	509.06
0.7	100.70	202.10	304.21	407.03	510.57
0.8	100.80	202.41	304.83	408.07	512.14
0.9	100.90	202.71	305.44	409.09	513.67
1.0	101.00	203.01	306.04	410.10	515.20
1.1	101.10	203.31	306.64	411.11	516.73
1.2	101.20	203.61	307.25	412.13	518.27
1.3	101.30	203.92	307.87	413.17	519.84
1.4	101.40	204.22	308.48	414.20	521.40
1.5	101.50	204.52	309.09	415.23	522.96
1.6	101.60	204.83	309.71	416.27	524.53
1.7	101.70	205.13	310.32	417.30	526.10
1.8	101.80	205.43	310.93	418.33	527.66
1.9	101.90	205.74	311.55	419.37	529.24
2.0	102.00	206.04	312.16	420.40	530.80
2.1	102.10	206.34	312.77	421.44	532.39
2.2	102.20	206.65	313.40	422.50	534.00
2.3	102.30	206.95	314.01	423.53	535.57
2.4	102.40	207.26	314.64	424.60	537.20
2.5	102.50	207.56	315.25	425.63	538.77
2.6	102.60	207.87	315.88	426.70	540.40
2.7	102.70	208.17	316.49	427.73	541.97
2.8	102.80	208.48	317.12	428.80	543.61
2.9	102.90	208.78	317.73	429.84	545.20
3.0	103.00	209.09	318.36	430.91	546.84
3.1	103.10	209.40	319.00	432.00	548.50
3.2	103.20	209.70	319.61	433.04	550.10
3.3	103.30	210.01	320.24	434.11	551.74
3.4	103.40	210.32	320.88	435.20	553.41
3.5	103.50	210.62	321.49	436.24	555.01
3.6	103.60	210.93	322.12	437.31	556.65
3.7	103.70	211.24	322.76	438.41	558.34
3.8	103.80	211.54	323.37	439.45	559.94
3.9	103.90	211.85	324.01	440.54	561.61
4.0	104.00	212.16	324.65	441.64	563.31

续表

平均每年增长率/%	递增速度(各年发展水平总和为基期水平的百分数)/%				
	1年	2年	3年	4年	5年
4.1	104.10	212.47	325.28	442.72	564.98
4.2	104.20	212.78	325.92	443.81	566.65
4.3	104.30	213.08	326.54	444.88	568.31
4.4	104.40	213.39	327.18	445.98	570.01
4.5	104.50	213.70	327.81	447.05	571.66
4.6	104.60	214.01	328.45	448.15	573.36
4.7	104.70	214.32	329.09	449.25	575.06
4.8	104.80	214.63	329.73	450.35	576.76
4.9	104.90	214.94	330.37	451.46	578.48
5.0	105.00	215.25	331.01	452.56	580.19
5.1	105.10	215.56	331.65	453.66	581.89
5.2	105.20	215.87	332.29	454.76	583.60
5.3	105.30	216.18	332.94	455.89	585.36
5.4	105.40	216.49	333.58	456.99	587.06
5.5	105.50	216.80	334.22	458.10	588.79
5.6	105.60	217.11	334.86	459.29	590.50
5.7	105.70	217.42	335.51	460.33	592.26
5.8	105.80	217.74	336.17	461.47	594.04
5.9	105.90	218.05	336.82	462.60	595.80
6.0	106.00	218.36	337.46	463.71	597.54
6.1	106.10	218.67	338.11	464.84	599.30
6.2	106.20	218.98	338.75	465.95	601.04
6.3	106.30	219.30	339.42	467.11	602.84
6.4	106.40	219.61	340.07	468.24	604.61
6.5	106.50	219.92	340.70	469.35	606.35
6.6	106.60	220.24	341.38	470.52	608.18
6.7	106.70	220.55	342.03	471.65	609.95
6.8	106.80	220.86	342.68	472.78	611.73
6.9	106.90	221.18	343.35	473.95	613.56
7.0	107.00	221.49	343.99	475.07	616.33
7.1	107.10	221.80	344.64	476.20	617.10
7.2	107.20	222.12	345.31	477.37	618.94
7.3	107.30	222.43	345.96	478.51	620.74
7.4	107.40	222.75	346.64	479.70	622.61
7.5	107.50	223.06	347.29	480.84	624.41
7.6	107.60	223.38	347.96	482.01	626.25
7.7	107.70	223.69	348.61	483.15	628.05
7.8	107.80	224.01	349.28	484.32	629.89
7.9	107.90	224.32	349.94	485.48	631.73
8.0	108.00	224.64	350.61	486.66	633.59

续表

平均每年增长率/%	递增速度(各年发展水平总和为基期水平的百分数)/%				
	1年	2年	3年	4年	5年
8.1	108.10	224.96	351.29	487.85	635.47
8.2	108.20	225.27	351.94	489.00	637.30
8.3	108.30	225.59	352.62	490.19	639.18
8.4	108.40	225.91	353.29	491.37	641.05
8.5	108.50	226.22	353.95	492.54	642.91
8.6	108.60	226.54	354.62	493.71	644.76
8.7	108.70	226.86	355.30	494.91	646.67
8.8	108.80	227.17	355.96	496.08	648.53
8.9	108.90	227.49	356.63	497.26	650.41
9.0	109.00	227.81	357.31	498.47	652.33
9.1	109.10	228.13	357.99	499.67	654.24
9.2	109.20	228.46	358.67	500.87	656.15
9.3	109.30	228.76	359.33	502.04	658.02
9.4	109.40	229.08	360.01	503.25	659.95
9.5	109.50	229.40	360.69	504.45	611.87
9.6	109.60	229.72	361.37	505.66	663.80
9.7	109.70	230.04	362.05	506.86	665.72
9.8	109.80	230.36	362.73	508.07	667.65
9.9	109.90	230.68	363.42	509.30	669.62
10.0	110.00	231.00	364.10	510.51	671.56
10.1	110.10	231.32	364.78	511.72	673.50
10.2	110.20	231.64	365.47	512.95	675.47
10.3	110.30	231.96	366.15	514.16	677.42
10.4	110.40	232.28	366.84	515.39	679.39
10.5	110.50	232.60	367.52	516.61	681.35
10.6	110.60	232.92	368.21	517.84	683.33
10.7	110.70	233.24	368.89	519.05	685.28
10.8	110.80	233.57	369.60	520.32	687.32
10.9	110.90	233.89	370.29	521.56	689.32
11.0	111.00	234.21	370.97	522.77	691.27
11.1	111.10	234.53	371.66	524.01	693.27
11.2	111.20	234.85	372.35	525.25	695.27
11.3	111.30	235.18	373.06	526.52	697.32
11.4	111.40	235.50	373.75	527.76	699.33
11.5	111.50	235.82	374.44	529.00	701.33
11.6	111.60	236.15	375.15	530.27	703.33
11.7	111.70	236.47	375.84	531.52	705.41
11.8	111.80	236.79	376.53	532.76	707.43
11.9	111.90	237.12	377.24	534.03	709.48
12.0	112.00	237.44	377.93	535.28	711.51

续表

平均每年增长率/%	递增速度(各年发展水平总和为基期水平的百分数)/%				
	1年	2年	3年	4年	5年
12.1	112.10	237.76	378.62	536.52	713.53
12.2	112.20	238.09	379.34	537.82	715.63
12.3	112.30	238.41	380.03	539.07	717.67
12.4	112.40	238.74	380.75	540.37	719.78
12.5	112.50	239.06	381.44	541.62	721.82
12.6	112.60	239.39	382.16	542.92	723.94
12.7	112.70	239.71	382.85	544.17	725.98
12.8	112.80	240.04	383.57	545.47	728.09
12.9	112.90	240.36	384.26	546.72	730.14
13.0	113.00	240.69	384.98	548.03	732.28
13.1	113.10	241.02	385.70	549.33	734.40
13.2	113.20	241.34	386.39	550.59	736.46
13.3	113.30	241.67	387.11	551.89	738.59
13.4	113.40	242.00	387.83	553.20	740.73
13.5	113.50	242.32	388.53	554.48	742.88
13.6	113.60	242.65	389.25	555.79	744.98
13.7	113.70	242.98	389.97	557.10	747.13
13.8	113.80	243.30	390.67	558.38	749.23
13.9	113.90	243.63	391.39	559.69	751.38
14.0	114.00	243.96	392.11	561.00	753.53
14.1	114.10	244.29	392.84	562.34	755.74
14.2	114.20	244.62	393.56	563.65	757.89
14.3	114.30	244.94	394.26	564.93	760.01
14.4	114.40	245.27	394.99	566.27	762.21
14.5	114.50	245.60	395.71	567.59	764.39
14.6	114.60	245.93	396.43	568.90	766.55
14.7	114.70	246.26	397.16	570.24	768.76
14.8	114.80	246.59	397.88	571.56	770.94
14.9	114.90	246.92	398.61	572.90	773.16
15.0	115.00	247.25	399.34	574.24	775.38
15.1	115.10	247.58	400.06	575.56	777.56
15.2	115.20	247.91	400.79	576.91	779.80
15.3	115.30	248.24	401.52	578.25	782.02
15.4	115.40	248.57	402.25	579.60	784.26
15.5	115.50	248.90	402.98	580.94	786.48
15.6	115.60	249.23	403.71	582.29	788.73
15.7	115.70	249.56	404.44	583.64	790.97
15.8	115.80	249.90	405.19	585.02	793.26
15.9	115.90	250.23	405.92	586.36	795.49
16.0	116.00	250.56	406.65	587.71	797.74

参考文献

[1] 王爱莲,史晓燕. 统计学[M]. 西安:西安交通大学出版社,2010.

[2] 袁卫,庞皓,曾五一. 统计学[M]. 北京:高等教育出版社,2000.

[3] 宫春子,刘卫东. 统计学原理[M]. 2版. 北京:机械工业出版社,2014.

[4] 刘素荣,刘伟伟,齐建民,等. 管理统计学[M]. 修订版. 北京:电子工业出版社,2015.

[5] 李洁明,祁新娥. 统计学原理[M]. 5版. 上海:复旦大学出版社,2010.

[6] 吴和成. 管理统计学[M]. 北京:电子工业出版社,2015.

[7] 梁前德. 统计学[M]. 2版. 北京:高等教育出版社,2008.

[8] 贾俊平,何晓群. 统计学[M]. 7版. 北京:中国人民大学出版社,2018.

[9] 王文博,赵昌昌,吴润,等. 统计学——经济社会统计[M]. 西安:西安交通大学出版社,2005.

[10] 马国庆. 管理统计——数据获取、统计原理、SPSS工具与应用研究[M]. 北京:科学出版社,2002.